Advanced
Visual C++ 5

Advanced Visual C++ 5

Steven Holzner

New York

M&T Books
A Division of MIS:Press, Inc.
A Subsidiary of Henry Holt and Company, Inc.
115 West 18th Street
New York, New York 10011

Limits of Liability and Disclaimer of Warranty

The Author and Publisher of this book have used their best efforts in preparing the book and the programs contained in it. These efforts include the development, research, and testing of the theories and programs to determine their effectiveness.

The Author and Publisher make no warranty of any kind, expressed or implied, with regard to these programs or the documentation contained in this book. The Author and Publisher shall not be liable in any event for incidental or consequential damages in connection with, or arising out of, the furnishing, performance, or use of these programs.

All products, names, and services are trademarks or registered trademarks of their respective companies.

Library of Congress Cataloging-in-Publication Data

```
Holzner, Steven.
    Advanced Visual C++ 5 / by Steven Holzner.
       p.   cm.
    ISBN  1-55851-565-8
    1. C++ (Computer program language)  2. Microsoft Visual C++.
  I. Title.
QA76.73.C153H6292   1997

    005.13'3--dc21                          97-12287
                                               CIP
```

10 9 8 7 6 5 4 3 2 1

MIS:Press and M&T Books are available at special discounts for bulk purchases for sales promotions, premiums, and fundraising. Special editions or book excerpts can also be created to specification. For details contact the Special Sales Director at the address above.

Associate Publisher: Paul Farrell	**Managing Editor:** Shari Chappell
Editor: Michael Sprague	**Copy Edit Manager:** Karen Tongish
Production Editor: Kitty May	**Copy Editor:** Sara Black

To My Sweetie, Nancy, the Amazing Editor

Acknowledgements

A book like this is the result of the work of many people—in particular, I'd like to thank Kurt Andrews for keeping the book on schedule with the printer, Kitty May for making each page look its best, and Sara Black, Karen Tongish, and Carmen Walker for their swift and precise copyediting and proofreading efforts. And finally, thanks to the entire M&T Books team for believing in my work.

CONTENTS IN BRIEF

CONTENTS

CHAPTER 6 ◆ MAKING DYNAMIC LINK LIBRARIES WORK FOR YOU . .305

CHAPTER 7 ◆ BEHIND THE SCENES WITH WINDOWS HOOKS 361

CHAPTER 8 ◆ MULTITHREADED PROGRAMS AND SYNCHRONIZATION IN VISUAL C++ 5 423

CHAPTER 9 ◆ MAKING FULL USE OF WINDOWS 95'S RESOURCES 489

INTRODUCTION

Welcome to Advanced Visual C++ 5. In this book, our plan is to push Visual C++ 5 to the limits, seeing what it can do and adding as much power as we can to our programs. We're going to pull out all the stops in this book. We'll see many techniques that advanced programmers should know, both following established Visual C++ methods and working behind the scenes for additional strength. We'll reveal many of the secrets that professional programmers use as we put Visual C++ to work for us.

Why Visual C++?

Visual C++ is the premiere Windows programming tool today. Windows programs can become long and complex, and the MFC class library that comes with Visual C++ provides the ideal set of predefined classes, which are ready for us to use and save us a great deal of time as we let Microsoft do much of the programming for us. Although there are other programming packages out there, none are as powerful as Visual C++, and we're going to put that power to work.

What's in This Book

We'll cover many in-depth Visual C++ topics in this book, but we won't exhaust every possibility—doing so would take many books. However, we will survey as much of the best Visual C++ has to offer as we can. Here's an overview of some of the topics we'll cover in this book:

- Customizing the toolbar by adding a drop-down combo box
- Status bar prompts
- Status bar indicators
- Tool tips
- How to capture the mouse
- Scrolling windows
- Splitter windows

- Registering a new window class
- Subclassing a window
- Using dialog boxes as main windows
- Creating topmost windows
- Expanding dialog boxes on the fly
- How screen capture works
- Owner-draw list boxes
- Using metafiles for automatic window refreshing
- How to draw anywhere on the screen
- Win32 memory handling
- How to allocate large amounts of memory
- How virtual and physical memory allocation work
- How to scan through memory to see what module is where
- How to use memory-mapped files to pass data between processes
- How to use custom 32-bit heaps for our C++ objects
- Dynamic link libraries
- How to read Windows messages from a dynamic link library
- How to share memory between DLLs
- How to export an entire class from a DLL
- Windows hooks
- Using a journal hook
- Using a keyboard hook to make a hotkey program
- Using a hook procedure to send messages to a window
- Multithreaded multitasking programs
- Coordination between threads
- Thread synchronization techniques
- Unicode
- The Windows registry
- ActiveX controls

As you can see, there is a great deal of programming power here. In this book, our goal is to go from standard Visual C++ programs to professional ones, and from there to the legendary.

What You'll Need

This book is designed for Microsoft Visual C++ 5 under Windows 95 (although, of course, the material in it applies to Windows NT as well). Using it with an earlier edition of Visual C++ is not recommended because Visual C++ has changed so much in each version and many new things have been added. On the other hand, if you are already using Visual C++ 5, you have all you need to use this book profitably, since we will use the Microsoft Visual Studio to develop and build our programs. In addition, you should have a basic knowledge of Visual C++. This is an advanced book, and for that reason, we assume you know how to create Visual C++ programs, although that information is reviewed in Chapter 1. If you can work through Chapter 1 without problems, the rest of the book should not present too much trouble (and hopefully will be rewarding). With that in mind, let's turn to Chapter 1 now, where we review Visual C++ and get up to speed.

CHAPTER 1

Our Review of Visual C++

Welcome to Advanced Visual C++ 5. This is where we really put Visual C++ 5 to work.

In this book, we'll see a great deal of what Microsoft Visual C++ 5 has to offer, including using Windows threads for multitasking, conserving memory with customized heaps, using Windows hooks to create programs that "pop up" when you press a hotkey, passing data from one program to another using shared memory, subclassing windows to modify their behavior, capturing graphics from the screen, making a window a "topmost" window so that it will always stay on top of others, exporting MFC extension classes from dynamic link libraries (DLLs), and much more. Visual C++ is the premiere tool for Windows programming today, and we will go far with it.

Why Choose Visual C++ 5?

Programming Windows used to be a very complex task, even to create simple programs. The programming was in C, and the overall style of Windows programming was questionable (even to the point of being built on a backbone of a single giant switch statement that could go on for many pages). In addition, programmers were dismayed by the complexity of the Windows interface, and the fact that they had to specify dozens of options whenever they wanted to work with it.

The complexity of Windows programming demanded some kind of solution, and that's where C++ comes in. As a programming language, C++ is expressly designed for larger programs. Although some programmers still program Windows in C, C++ is far more naturally suited to this task. In C++, we can take all the options and complexity of Windows programming and wrap them up into C++ classes, compartmentalizing the program, which is how C++ was designed to break up large programs into discrete and manageable sections. To create a window in C, programmers were required to specify option after option: the window style, how much extra data space was required, Windows "handles," and so on. In C++, everything could be wrapped up into predefined window classes (a process called *encapsulation*). When programmers wanted to create a window of a specific predefined class, they simply created an object of that class; all the details were handled automatically. This is the job of the C++ classes defined in the Microsoft Foundation Class (MFC) library.

In some sense, it would be most accurate to say that this is a book about the MFC class library and the set of Windows function calls, the Windows Application Programming Interface (API). Although we will rely on the C++ language, it is the MFC library that largely makes Visual C++ what it is, encapsulating as it does so much programming power in the hundreds of classes available. In addition, of course, there is the set of function calls available to us under Windows, the Windows API, involving something like 1500 functions under Windows 95. The Windows API has grown in complexity since the early days of Windows programming, and becoming an advanced Windows programmer often means having a knowledge of hundreds of these functions—there is no way around that. For this reason, much of this book will be about functions that have evolved to become programmers' favorites, functions like `WindowFromPt()`, `BringWindowToTop()`, `SetWindowPos()`, `SetForegroundWindow()`, among others.

Bringing together the MFC library and the Windows API is Visual C++ itself. Visual C++ will be our vehicle as we explore the world of Windows programming, and a knowledge of Visual C++ techniques will be essential. For that reason, we will review Visual C++ programming and programs in this chapter to bring us up to speed. Even if you are a proficient Visual C++ programmer, you can still benefit from reviewing the structure of a Visual C++ program.

Our First Visual C++ Program: ShowKeys

Start Visual C++ 5 now, as shown in Figure 1.1. Visual C++ has grown in complexity through the years. For example, you can now display a total of eight toolbars, not just the three shown in Figure 1.1 (to add or remove toolbars, use the **View I Toolbars...** menu item). On the other hand, it is also true that in many ways, Visual C++ has never been easier or more intuitive to use.

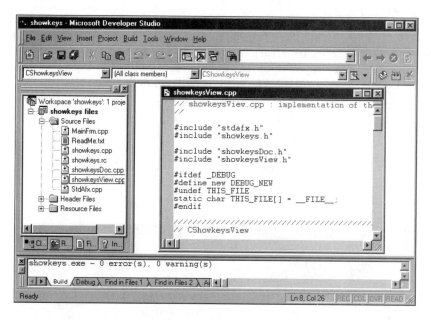

FIGURE 1.1 VISUAL C++ ITSELF.

For example, to create a new Visual C++ 5 program, we simply select the **File|New...** menu item, and as you might expect, we will do that very soon. To start our review, our purpose will be to dissect the parts of a standard Visual C++ program, so our first program will be a very simple one. In this program, we might simply accept keys as the user types them and display them in our window's client area like this:

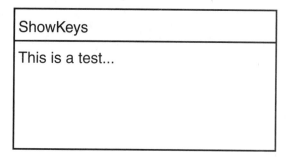

4

This program will let us examine the four major parts of a Visual C++ program and review how a Visual C++ 5 program handles Windows messages. Let's create this program, which we'll name ShowKeys. Select the **File | New...** menu item in Visual C++, opening a dialog box named New. Select the **Projects** tab in this dialog box. Next, select the **MFC AppWizard(exe)** item in the New dialog box.

We use the MFC AppWizard to create Visual C++ projects (AppWizard, which writes a program's skeleton for us, is one of the advantages of using Visual C++), and a project might be compiled into an executable EXE file, a Windows dynamic link library, an ActiveX control, or other possibilities. For SHOWKEYS.EXE, select the **MFC AppWizard(exe)** option now. Give this project the name ShowKeys, and click the OK button, opening AppWizard, as shown in Figure 1.2.

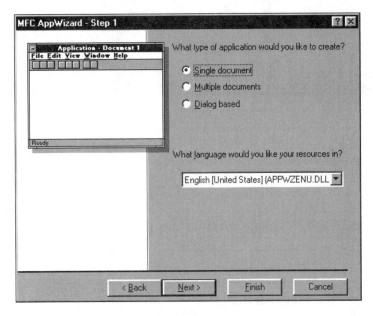

FIGURE 1.2 THE MFC APPWIZARD CREATES PROJECTS.

AppWizard has six "steps" that help you create a Visual C++ project. In this case, we will accept all the default options that AppWizard offers except one—the default MFC AppWizard that creates an EXE file that supports the multiple document interface (MDI). In other words, it presents the user with a single large window that encloses other child windows. We do not need that complication in this, our first program. For that reason, click the **Single Document** option in the MFC AppWizard—Step 1 dialog box, as shown in Figure 1.2.

To create the skeleton of our program's code, you can either click the **Finish** button now, skipping the remaining five steps of the AppWizard process, or work through them as a review by successively clicking the **Next>** button (each step presents you with various options). When you reach the end of the six steps, AppWizard presents the New Project Information dialog box, summarizing the options you have accepted. Click the **OK** button in this box to create the SHOWKEYS project.

What AppWizard actually produces is a number of code, header, and project files that comprise the project. There is a summary of the files created in the README.TXT file, also created by AppWizard. We include that here because it provides a quick overview of the project files as created by AppWizard.

===

MICROSOFT FOUNDATION CLASS LIBRARY : showkeys

===

```
AppWizard has created this showkeys application for you.  This application
not only demonstrates the basics of using the Microsoft Foundation classes
but is also a starting point for writing your application.


This file contains a summary of what you will find in each of the files that
make up your showkeys application.

showkeys.h

    This is the main header file for the application.  It includes other
    project specific headers (including Resource.h) and declares the
    CShowkeysApp application class.


showkeys.cpp

    This is the main application source file that contains the application
    class CShowkeysApp.


showkeys.rc

    This is a listing of all of the Microsoft Windows resources that the
    program uses.  It includes the icons, bitmaps, and cursors that are stored
    in the RES subdirectory.  This file can be directly edited in Microsoft
        Developer Studio.
```

res\showkeys.ico

> This is an icon file, which is used as the application's icon. This
> icon is included by the main resource file showkeys.rc.

res\showkeys.rc2

> This file contains resources that are not edited by Microsoft
> Developer Studio. You should place all resources not
> editable by the resource editor in this file.

showkeys.clw

> This file contains information used by ClassWizard to edit existing
> classes or add new classes. ClassWizard also uses this file to store
> information needed to create and edit message maps and dialog data
> maps and to create prototype member functions.

///

For the main frame window:

MainFrm.h, MainFrm.cpp

> These files contain the frame class CMainFrame, which is derived from
> CFrameWnd and controls all SDI frame features.

res\Toolbar.bmp

> This bitmap file is used to create tiled images for the toolbar.
> The initial toolbar and status bar are constructed in the
> CMainFrame class. Edit this toolbar bitmap along with the
> array in MainFrm.cpp to add more toolbar buttons.

///

AppWizard creates one document type and one view:

showkeysDoc.h, showkeysDoc.cpp - the document

> These files contain your CShowkeysDoc class. Edit these files to
> add your special document data and to implement file saving and loading
> (via CShowkeysDoc::Serialize).

```
showkeysView.h, showkeysView.cpp - the view of the document
     These files contain your CShowkeysView class.
     CShowkeysView objects are used to view CShowkeysDoc objects.
```

//
Other standard files:

```
StdAfx.h, StdAfx.cpp
     These files are used to build a precompiled header (PCH) file
     named showkeys.pch and a precompiled types file named StdAfx.obj.
```

```
Resource.h
     This is the standard header file, which defines new resource IDs.
     Microsoft Developer Studio reads and updates this file.
```

//
Other notes:

```
AppWizard uses "TODO:" to indicate parts of the source code you
should add to or customize.
```

```
If your application uses MFC in a shared DLL, and your application is
in a language other than the operating system's current language, you
will need to copy the corresponding localized resources MFC40XXX.DLL
from the Microsoft Visual C++ CD-ROM onto the system or system32 directory,
and rename it to be MFCLOC.DLL.  ("XXX" stands for the language abbreviation.
For example, MFC40DEU.DLL contains resources translated to German.)  If you
don't do this, some of the UI elements of your application will remain in the
language of the operating system.
```

//
Let's examine the structure of the program now.

The Structure of a Visual C++ Program

There are four major components to a Visual C++ program—the application object, the main window object, the document object, and the view object. They are all tied together, and each has its own function:

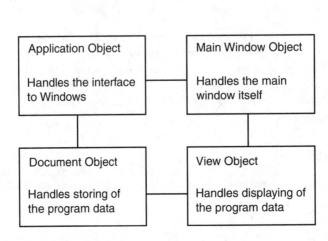

Specifically, the application object connects our program to Windows itself; the main window object handles our program's window; the document object stores our data; and the view object displays the program's data (in a single document program like SHOWKEYS, the view is a window covering the main window's client area). With this framework in mind, we will now add the code to the skeleton program supplied to us by AppWizard that will make SHOWKEYS perform properly. After we get the program working, we will dissect each of the four parts of SHOWKEYS to make sure our understanding of Visual C++ programming is properly grounded.

Adding Code to SHOWKEYS to Store Data

Our plan in SHOWKEYS is to read typed characters and display them in our window. To do that, we can save the keys as they are typed. For that purpose, we will use our first (and one of the handiest) MFC classes, the CString class, which holds and manipulates a string of characters. In particular, we will create a new CString object named, say, CStringData, and place it into our program's document. The document is actually a document object of class CShowkeysDoc, which was derived for us by AppWizard from the base class CDocument, so storing our string data in the document will work something like this:

CShowkeysDoc object

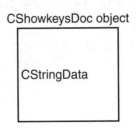

To place our `CString` object into the document, select and open the file SHOWKEYSDOC.H in the developer studio (i.e. by selecting the **Files** tab to see what files are in our project and double-clicking SHOWKEYSDOC.H to open it), as shown in Figure 1.3.

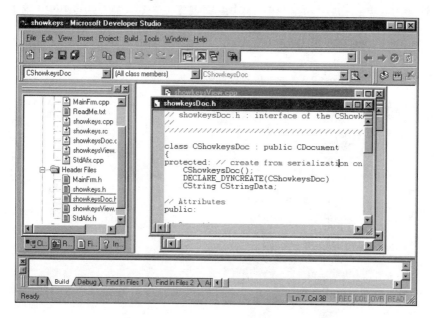

FIGURE 1.3 OPENING A FILE IN THE DEVELOPER STUDIO.

Next, add this line near the top of the file and save the file back to disk:

```
// showkeysDoc.h : interface of the CShowkeysDoc class//
////////////////////////////////////////////////////////////////////

class CShowkeysDoc : public CDocument
{
protected: // create from serialization only
        CShowkeysDoc();
        DECLARE_DYNCREATE(CShowkeysDoc)
->      CString CStringData;

                .
                .
                .
```

We have now added the `CString` object `CStringData` as a data member in our `CShowKeysDoc` document class. Notice that in naming this new object, we try to indicate something about its type by calling it `CStringData`. This is a common practice in Windows, where variables can proliferate astonishingly in a large program. The usual conventions for Windows variable naming prefixes appears in Table 1.1 (e.g., `lpszDataString` is a long pointer to a zero-terminated character string).

TABLE 1.1 PREFIX CONVENTION FOR WINDOWS VARIABLES

Prefix	Stands for
a	array
b	BOOL
c	char
cr	color reference value
cx, cy	count of x, y length
dw	dword
f	flag (BOOL)
fn	function
h	handle
i	integer
l	long pointer
m_	data member of a class
n	int
p	pointer
pt	point
s	string
sz	string terminated with a zero
tm	TEXTMETRIC
w	word

Now that we have a place to store our data as the user types it in, let's initialize it to an empty string, "". We do that in the document's constructor, which is in the file CSHOWKEYSDOC.CPP. Open that file now and add this line to the document's constructor:

```
CShowkeysDoc::CShowkeysDoc()
```

```
{
->      CStringData = "";
}
```

One useful aspect of programming with AppWizard MFC EXE projects is that much of the file handling capabilities are already added for us. In particular, we can let users save the data they have typed to disk and retrieve this information merely by piping our CStringData object to the archive object that we get a reference to in the function Serialize() (which is also in SHOWKEYSDOC.CPP). Find that function now, and add these lines of code to enable disk storage of our data:

```
void CShowkeysDoc::Serialize(CArchive& ar)
{
        if (ar.IsStoring())
        {
->              ar << CStringData;
        }
        else
        {
->              ar >> CStringData;
        }
}
```

Next, let's see how to read and store keys as the user types. That's done in the view object, and we'll turn to that now.

Adding Code to SHOWKEYS to Read Keys

As we know, communication in Windows is built on the idea of sending and receiving Windows *messages*. When the user presses a key, for example, a WM_KEYDOWN message is sent to our program (as long as our program has the focus). When the user releases the key, a WM_KEYUP message is sent to us by Windows. We will not actually use either of those messages to read keys in SHOWKEYS, however (although we will in later programs in this book, notably when we install Windows hook programs and read keys from DLL functions). Instead, we will intercept the WM_CHAR message (which, actually, is not a message sent directly to us by Windows, but rather one that is generated after the WM_KEYDOWN and WM_KEYUP messages are interpreted by calling the function TranslateMessage(), a detail which is handled by the MFC framework for us).

To intercept the WM_CHAR message, we will use the Visual C++ tool ClassWizard to add a new function named OnChar() to our view class. When the user types a key, our function OnChar() is called, and we can determine what key was typed.

Our view class, created by AppWizard and named CShowkeysView, is usually responsible for maintaining the interface with the user, and that often means both gathering data from the user and displaying it. To add the OnChar() function to the view class, just open ClassWizard—either by clicking its button or by selecting it in the View menu—as shown in Figure 1.4.

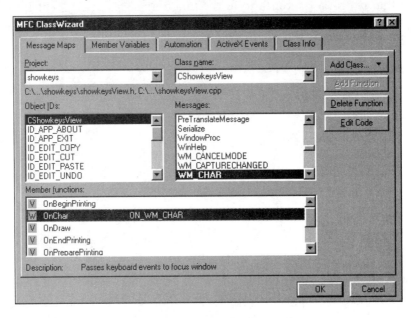

FIGURE 1.4 CLASSWIZARD ADDS MESSAGE HANDLERS TO PROGRAMS.

Make sure that the class we want to work with, CShowkeysView, is selected in the Class Name box, as shown in Figure 1.4. Next, select the WM_CHAR messages in the Messages box as also shown in Figure 1.4, click the **Add Function** button, and accept the default name that ClassWizard gives this function, OnChar(). The new function appears in the Member functions box as shown in Figure 1.4. Double-click the OnChar() entry in that box to open the actual new member function itself:

```
void CShowkeysView::OnChar(UINT nChar, UINT nRepCnt, UINT nFlags)
{
        // TODO: Add your message handler code here and/or call default
```

```
        CView::OnChar(nChar, nRepCnt, nFlags);
}
```

This is the function `CShowkeysView::OnChar()` that we have added to our view class. When the user presses a key, we will be notified of it in this function. In particular, the value passed in the parameter `nCode` is the character code of the struck key, and we need to add that to our `CString` object `CStringData`, which is in the document. Although the document is a separate object from the view, we can get a pointer to the document using the `GetDocument()` function. We do that this way, where we store the resulting pointer to the document in `pDoc`:

```
void CShowkeysView::OnChar(UINT nChar, UINT nRepCnt, UINT nFlags)
{
        CView::OnChar(nChar, nRepCnt, nFlags);
->      CShowkeysDoc* pDoc = GetDocument();
->      ASSERT_VALID(pDoc);
            .
            .
            .
}
```

We can now refer to `CStringData` like this: `pDoc->CStringData`. We add the newly typed character to the document by adding this code:

```
void CShowkeysView::OnChar(UINT nChar, UINT nRepCnt, UINT nFlags)
{
        CView::OnChar(nChar, nRepCnt, nFlags);
        CShowkeysDoc* pDoc = GetDocument();
        ASSERT_VALID(pDoc);
->      pDoc->CStringData += nChar;
            .
            .
            .
}
```

The data are now stored internally, but we still have to display them. Doing that is the job of the view class's `OnDraw()` function. To make sure that function is called to update the displayed data, we use the `Invalidate()` function here in `OnChar()` to *invalidate* our entire client area. Doing so makes Windows call `OnDraw()` to refresh our display:

```
void CShowkeysView::OnChar(UINT nChar, UINT nRepCnt, UINT nFlags)
{
        CView::OnChar(nChar, nRepCnt, nFlags);
        CShowkeysDoc* pDoc = GetDocument();
        ASSERT_VALID(pDoc);
        pDoc->CStringData += nChar;
->      Invalidate();
}
```

The next and final step is to make sure that the data are actually displayed in the OnDraw() function.

Adding Code to SHOWKEYS to Display Our Data

The OnDraw() function is so commonly called that it is already built into our view class support file, SHOWKEYSVIEW.CPP:

```
void CShowkeysView::OnDraw(CDC* pDC)
{
        CShowkeysDoc* pDoc = GetDocument();
        ASSERT_VALID(pDoc);

        // TODO: add draw code for native data here

}
```

As you can see, AppWizard has already provided us with a pointer to the document in anticipation of displaying the document's data. In our case, that means that we will print the character string in CStringData in the view (i.e., the client area of our main window) with the TextOut() function. This function is a member function of the CDC MFC class, and the DC part of that stands for device context. As you know, drawing in Windows takes place in device contexts, so our first requirement is to get a device context corresponding to our view. The MFC framework has already done that for us, and passes a pointer, pDC, to the device context corresponding to the view when it calls the OnDraw() function. We can use that pointer to display our text this way:

```
void CShowkeysView::OnDraw(CDC* pDC)
{
        CShowkeysDoc* pDoc = GetDocument();
```

```
         ASSERT_VALID(pDoc);
->       pDC->TextOut(0, 0, pDoc->CStringData);
}
```

Now we have stored our data in the document, and displayed it as well. To create SHOWKEYS.EXE, select the **Build | Build showkeys.exe** menu item. To run the program, select the **Build | Execute showkeys.exe** menu item. Our first program, SHOWKEYS.EXE, appears in Figure 1.5.

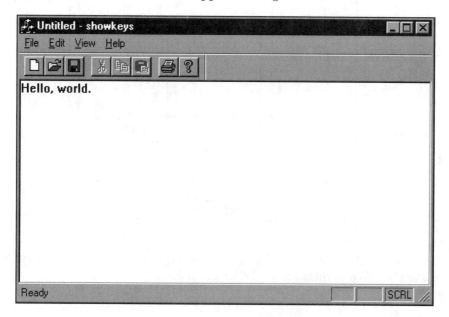

FIGURE 1.5 OUR FIRST VISUAL C++ PROGRAM.

As you can see, when we type some message (**Hello, world.**), it appears in our program's client area, as expected. Our program is a success. The next step is to dissect the program and see what makes it tick. These are the files we'll be looking at, in order, when we discuss the four major parts of this program:

Application object	SHOWKEYS.H and SHOWKEYS.CPP	Listing 1.1
Mainframe window	MAINFRM.H and MAINFRM.CPP	Listing 1.2
Document object	SHOWKEYSDOC.H and SHOWKEYSDOC.CPP	Listing 1.3
View object	SHOWKEYSVIEW.H and SHOWKEYSVIEW.CPP	Listing 1.4

Here's how those parts are tied together in our program:

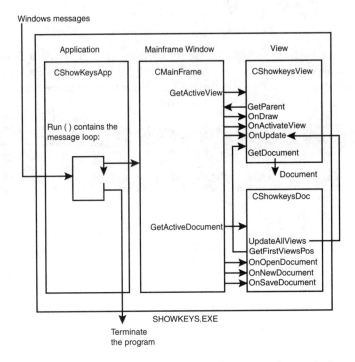

The first object we will examine is the application object (whose support files are SHOWKEYS.H and SHOWKEYS.CPP).

The Application Object

The *application object,* derived from the MFC class `CWinApp`, is responsible for our interface to Windows. If you have done any Windows programming in C, then you will know that the function `WinMain()` is the backbone of any Windows program and is encapsulated in the application object:

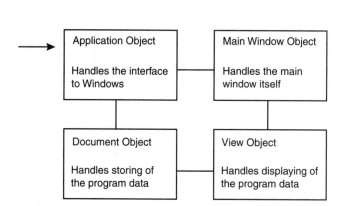

AppWizard has declared one object of our application class, CShowkeysApp (derived from CWinApp) in our program:

```
////////////////////////////////////////////////////////////////////////////
// The one and only CShowkeysApp object

CShowkeysApp theApp;
```

This object's constructor stores a pointer to object itself so that WinMain() can call the object's two most important functions: InitInstance() and Run(). In InitInstance() we can see how our program is initialized (and override what we don't like). Programmers rarely see the CWinApp::Run() function, but it is where an MFC EXE program spends most of its time. After WinMain() calls InitInstance(), it calls Run(), and the program runs (the message loop is in Run(), and Run() calls ExitInstance() when the program ends). One of the first things that our program will do in the Run() function is to assemble the remaining three objects in our program: the mainframe object, the view object, and the document object, and place our window on the screen. CShowkeysApp::Run() knows what classes to use for these objects from the *document template*, which is a very important part of our program. This template is created in the CShowkeysApp::InitInstance() function this way:

```
BOOL CShowkeysApp::InitInstance()
{
        // Standard initialization
        // If you are not using these features and wish to reduce the size
        //  of your final executable, you should remove from the following
        //  the specific initialization routines you do not need.
```

```
#ifdef _AFXDLL
        Enable3dControls();    // Call this when using MFC in a shared DLL
#else
        Enable3dControlsStatic(); // Call this when linking to MFC statically
#endif

        // Change the registry key under which our settings are stored.
        // You should modify this string to be something appropriate
        // such as the name of your company or organization.
        SetRegistryKey(_T("Local AppWizard-Generated Applications"));

        LoadStdProfileSettings();  // Load standard INI file options

        // Register the application's document templates.  Document templates
        //  serve as the connection between documents, frame windows and views.

->      CSingleDocTemplate* pDocTemplate;
->      pDocTemplate = new CSingleDocTemplate(
->              IDR_MAINFRAME,
->              RUNTIME_CLASS(CShowkeysDoc),
->              RUNTIME_CLASS(CMainFrame),        // main SDI frame window
->              RUNTIME_CLASS(CShowkeysView));
->      AddDocTemplate(pDocTemplate);

        // Parse command line for standard shell commands, DDE, file open
        CCommandLineInfo cmdInfo;
        ParseCommandLine(cmdInfo);

        // Dispatch commands specified on the command line
        if (!ProcessShellCommand(cmdInfo))
                return FALSE;

        return TRUE;
}
```

When the program runs, these classes are connected together for our main-frame window, document, and view. In Chapter 2, we will have occasion to change the classes specified in a document template when we derive classes from the default view class and install them in our program. From a programmer's point of view, InitInstance() is usually the most interesting of the `CWinApp` functions (although even `Run()` can be overridden), and we'll see how to work with it soon.

The application object gets our program started and connects it to Windows. Its support files appear in Listing 1.1.

LISTING 1.1 SHOWKEYS.H AND SHOWKEYS.CPP

```
// showkeys.h : main header file for the SHOWKEYS application
//

#ifndef __AFXWIN_H__
        #error include 'stdafx.h' before including this file for PCH
#endif

#include "resource.h"        // main symbols


/////////////////////////////////////////////////////////////////////////
// CShowkeysApp:
// See showkeys.cpp for the implementation of this class
//

class CShowkeysApp : public CWinApp
{
public:
        CShowkeysApp();

// Overrides
        // ClassWizard generated virtual function overrides
        //{{AFX_VIRTUAL(CShowkeysApp)
        public:
        virtual BOOL InitInstance();
        //}}AFX_VIRTUAL

// Implementation

        //{{AFX_MSG(CShowkeysApp)
        afx_msg void OnAppAbout();
        // NOTE - the ClassWizard will add and remove member functions here.
        //     DO NOT EDIT what you see in these blocks of generated code !
```

```
            //}}AFX_MSG
            DECLARE_MESSAGE_MAP()
};


/////////////////////////////////////////////////////////////////////////////
// showkeys.cpp : Defines the class behaviors for the application.
//

#include "stdafx.h"
#include "showkeys.h"

#include "MainFrm.h"
#include "showkeysDoc.h"
#include "showkeysView.h"

#ifdef _DEBUG
#define new DEBUG_NEW
#undef THIS_FILE
static char THIS_FILE[] = __FILE__;
#endif

/////////////////////////////////////////////////////////////////////////////
// CShowkeysApp

BEGIN_MESSAGE_MAP(CShowkeysApp, CWinApp)
        //{{AFX_MSG_MAP(CShowkeysApp)
        ON_COMMAND(ID_APP_ABOUT, OnAppAbout)
        // NOTE - the ClassWizard will add and remove mapping macros here.
        //     DO NOT EDIT what you see in these blocks of generated code!
        //}}AFX_MSG_MAP
        // Standard file based document commands
        ON_COMMAND(ID_FILE_NEW, CWinApp::OnFileNew)
        ON_COMMAND(ID_FILE_OPEN, CWinApp::OnFileOpen)
        // Standard print setup command
        ON_COMMAND(ID_FILE_PRINT_SETUP, CWinApp::OnFilePrintSetup)
END_MESSAGE_MAP()


/////////////////////////////////////////////////////////////////////////////
// CShowkeysApp construction
```

```
CShowkeysApp::CShowkeysApp()
{
        // TODO: add construction code here,
        // Place all significant initialization in InitInstance
}


/////////////////////////////////////////////////////////////////////////
// The one and only CShowkeysApp object

CShowkeysApp theApp;

/////////////////////////////////////////////////////////////////////////
// CShowkeysApp initialization

BOOL CShowkeysApp::InitInstance()
{
        // Standard initialization
        // If you are not using these features and wish to reduce the size
        //  of your final executable, you should remove from the following
        //  the specific initialization routines you do not need.

#ifdef _AFXDLL
        Enable3dControls();    // Call this when using MFC in a shared DLL
#else
        Enable3dControlsStatic();  // Call this when linking to MFC statically
#endif

        LoadStdProfileSettings();  // Load standard INI file options

        // Register the application's document templates.  Document templates
        //  serve as the connection between documents, frame windows and views.

        CSingleDocTemplate* pDocTemplate;
        pDocTemplate = new CSingleDocTemplate(
                IDR_MAINFRAME,
                RUNTIME_CLASS(CShowkeysDoc),
                RUNTIME_CLASS(CMainFrame),         // main SDI frame window
                RUNTIME_CLASS(CShowkeysView));
        AddDocTemplate(pDocTemplate);
```

```
        // Parse command line for standard shell commands, DDE, file open
        CCommandLineInfo cmdInfo;
        ParseCommandLine(cmdInfo);

        // Dispatch commands specified on the command line
        if (!ProcessShellCommand(cmdInfo))
                return FALSE;

        return TRUE;
}


/////////////////////////////////////////////////////////////////////////
// CAboutDlg dialog used for App About
class CAboutDlg : public CDialog
{
public:
        CAboutDlg();

// Dialog Data
        //{{AFX_DATA(CAboutDlg)
        enum { IDD = IDD_ABOUTBOX };
        //}}AFX_DATA

        // ClassWizard generated virtual function overrides
        //{{AFX_VIRTUAL(CAboutDlg)
        protected:
        virtual void DoDataExchange(CDataExchange* pDX);    // DDX/DDV support
        //}}AFX_VIRTUAL

// Implementation
protected:
        //{{AFX_MSG(CAboutDlg)
                // No message handlers
        //}}AFX_MSG
        DECLARE_MESSAGE_MAP()
};


CAboutDlg::CAboutDlg() : CDialog(CAboutDlg::IDD)
{
```

```
        //{{AFX_DATA_INIT(CAboutDlg)
        //}}AFX_DATA_INIT
}


void CAboutDlg::DoDataExchange(CDataExchange* pDX)
{
        CDialog::DoDataExchange(pDX);
        //{{AFX_DATA_MAP(CAboutDlg)
        //}}AFX_DATA_MAP
}


BEGIN_MESSAGE_MAP(CAboutDlg, CDialog)
        //{{AFX_MSG_MAP(CAboutDlg)
                // No message handlers
        //}}AFX_MSG_MAP
END_MESSAGE_MAP()


// App command to run the dialog
void CShowkeysApp::OnAppAbout()
{
        CAboutDlg aboutDlg;
        aboutDlg.DoModal();
}



/////////////////////////////////////////////////////////////////////////
// CShowkeysApp commands
```

The next object we will review is the mainframe object (support files MAIN-FRM.H and MAINFRM.CPP), the object responsible for our window itself.

The MainFrame Object

A programmer should never confuse a program's window with the program itself. As we have just seen, our program loads a mainframe window, together with the associated view and document classes, and then displays it. Of course, a Windows program need never display a window at all. Most of the programs in this book will display windows, however, and the foundation of that window is the *mainframe object:*

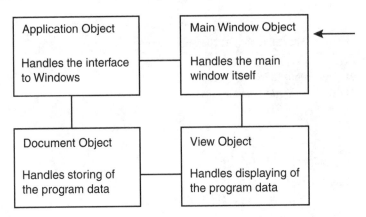

The main window in a single document interface (SDI) program simply displays the view window in its client area (and programmers are often responsible only for handling the client area of a Windows program), whereas for an MDI program, the mainframe window is an MDI frame window which holds various MDI child windows. In our program, the mainframe object is of class CMainFrame, derived by AppWizard for us from the CFrameWnd class (all four main classes in our program are derived from MFC base classes, of course, to allow us the chance to customize them and override members). That's the main point here. Our window is built on the CFrameWnd class, and associated with the program through the document template. The CFrameWnd class handles most of the operations that display and manage our window, including resizing, maximizing and minimizing, and others. This class deals with the nonclient area in our SDI program (including the title bar, the menu bar, the toolbar, and the status bar), and we are more interested in the client area:

ShowKeys	(Title bar)
File Edit View Help (Menu bar)	
[] [] [] (Toolbar)	
Client Area	
Ready	(Status bar)

Because Visual C++ programs usually confine their operations to the client area (handled by the view object), we mostly work with the mainframe class to customize its appearance. That is done in two functions, `CMainFrame::PreCreateWindow()` and `CMainFrame::OnCreate()`. In `CMainFrame::PreCreateWindow()`, we get the chance to change the mainframe's class and Windows style before the mainframe window is actually created (from MAINFRM.CPP):

```
BOOL CMainFrame::PreCreateWindow(CREATESTRUCT& cs)
{
        // TODO: Modify the Window class or styles here by modifying
        //   the CREATESTRUCT cs
        return CFrameWnd::PreCreateWindow(cs);
}
```

We'll see how this works soon, when we work in `PreCreateWindow()` to change the default mouse cursor used in a window.

The other function of note here is `CMainFrame::OnCreate()` (objects derived from the basic MFC `CWnd` class are created in two steps: declaring the object and then calling the object's `Create()` member function). In this function, we get the chance to work with the parameters specified in the window's CREATESTRUCT structure (such as its size and placement on the screen), and the toolbar and status bar of the window are loaded:

```
int CMainFrame::OnCreate(LPCREATESTRUCT lpCreateStruct)
{
        if (CFrameWnd::OnCreate(lpCreateStruct) == -1)
                return -1;

        if (!m_wndToolBar.Create(this) ||
                !m_wndToolBar.LoadToolBar(IDR_MAINFRAME))
        {
                TRACE0("Failed to create toolbar\n");
                return -1;       // fail to create
        }

        if (!m_wndStatusBar.Create(this) ||
                !m_wndStatusBar.SetIndicators(indicators,
                  sizeof(indicators)/sizeof(UINT)))
        {
```

```
                    TRACE0("Failed to create status bar\n");
                    return -1;      // fail to create
            }

            // TODO: Remove if you don't want tool tips or a resizeable toolbar
            m_wndToolBar.SetBarStyle(m_wndToolBar.GetBarStyle() |
                    CBRS_TOOLTIPS | CBRS_FLYBY | CBRS_SIZE_DYNAMIC);

            // TODO: Delete these three lines if you don't want the toolbar to
            //  be dockable
            m_wndToolBar.EnableDocking(CBRS_ALIGN_ANY);
            EnableDocking(CBRS_ALIGN_ANY);
            DockControlBar(&m_wndToolBar);

            return 0;
        }
```

We'll see how to work with this function soon when we customize a toolbar to display a combo box (which is not something directly supported by the various wizards of Visual C++).

The mainframe window contains much of the functionality provided to our program by Visual C++ before we even write a line of code, and that includes the toolbar (complete with working buttons), the menu bar (complete with items for file handling, an About dialog box, and more), and the status bar (complete with status bar indicators, ready to be used). This support is another asset of using Visual C++, although it is also flexible enough to customize. For example, if you want to do your own file handling, you would simply override functions tied to the File menu like `CWinApp::OnFileNew()` and `CWinApp::OnFileOpen()`. From the mainframe window object, you can reach the application object with `AfxGetApp()`, the document with `CFrameWnd::GetActiveDocument()`, and the view with `CFrameWnd::GetActiveView()`. That's it for our overview of the mainframe window; the support files for this window, MAINFRM.H and MAINFRM.CPP, appear in Listing 1.2.

LISTING 1.2 MAINFRM.H AND MAINFRM.CPP

```
// MainFrm.h : interface of the CMainFrame class
//
/////////////////////////////////////////////////////////////////////////////
```

```
class CMainFrame : public CFrameWnd
{
protected: // create from serialization only
        CMainFrame();
        DECLARE_DYNCREATE(CMainFrame)

// Attributes
public:

// Operations
public:
// Overrides
        // ClassWizard generated virtual function overrides
        //{{AFX_VIRTUAL(CMainFrame)
        public:
        virtual BOOL PreCreateWindow(CREATESTRUCT& cs);
        virtual void ActivateFrame(int nCmdShow = -1);
        //}}AFX_VIRTUAL

// Implementation
public:
        virtual ~CMainFrame();
#ifdef _DEBUG
        virtual void AssertValid() const;
        virtual void Dump(CDumpContext& dc) const;
#endif

protected:  // control bar embedded members
        CStatusBar   m_wndStatusBar;
        CToolBar     m_wndToolBar;

// Generated message map functions
protected:
       //{{AFX_MSG(CMainFrame)
       afx_msg int OnCreate(LPCREATESTRUCT lpCreateStruct);
       afx_msg void OnShowWindow(BOOL bShow, UINT nStatus);
       afx_msg void OnActivate(UINT nState, CWnd* pWndOther, BOOL
bMinimized);
       //}}AFX_MSG
```

```
        DECLARE_MESSAGE_MAP()
};

/////////////////////////////////////////////////////////////////////////
// MainFrm.cpp : implementation of the CMainFrame class
//

#include "stdafx.h"
#include "showkeys.h"

#include "MainFrm.h"

#ifdef _DEBUG
#define new DEBUG_NEW
#undef THIS_FILE
static char THIS_FILE[] = __FILE__;
#endif


/////////////////////////////////////////////////////////////////////////
// CMainFrame

IMPLEMENT_DYNCREATE(CMainFrame, CFrameWnd)

BEGIN_MESSAGE_MAP(CMainFrame, CFrameWnd)
        //{{AFX_MSG_MAP(CMainFrame)
        ON_WM_CREATE()
        ON_WM_SHOWWINDOW()
        ON_WM_ACTIVATE()
        //}}AFX_MSG_MAP
END_MESSAGE_MAP()

static UINT indicators[] =
{
        ID_SEPARATOR,           // status line indicator
        ID_INDICATOR_CAPS,
        ID_INDICATOR_NUM,
        ID_INDICATOR_SCRL,
};
```

```
/////////////////////////////////////////////////////////////////////
// CMainFrame construction/destruction

CMainFrame::CMainFrame()
{
        // TODO: add member initialization code here

}


CMainFrame::~CMainFrame()
{
}

int CMainFrame::OnCreate(LPCREATESTRUCT lpCreateStruct)
{
        if (CFrameWnd::OnCreate(lpCreateStruct) == -1)
                return -1;


        if (!m_wndToolBar.Create(this) ||
                !m_wndToolBar.LoadToolBar(IDR_MAINFRAME))
        {
                TRACE0("Failed to create toolbar\n");
                return -1;       // fail to create
        }

        if (!m_wndStatusBar.Create(this) ||
                !m_wndStatusBar.SetIndicators(indicators,
                  sizeof(indicators)/sizeof(UINT)))
        {
                TRACE0("Failed to create status bar\n");
                return -1;       // fail to create
        }

        // TODO: Remove if you don't want tool tips or a resizeable toolbar
        m_wndToolBar.SetBarStyle(m_wndToolBar.GetBarStyle() |
                CBRS_TOOLTIPS | CBRS_FLYBY | CBRS_SIZE_DYNAMIC);

        // TODO: Delete these three lines if you don't want the toolbar to
```

29

```
        //  be dockable
        m_wndToolBar.EnableDocking(CBRS_ALIGN_ANY);
        EnableDocking(CBRS_ALIGN_ANY);
        DockControlBar(&m_wndToolBar);

        return 0;
}
BOOL CMainFrame::PreCreateWindow(CREATESTRUCT& cs)
{
        // TODO: Modify the Window class or styles here by modifying
        //   the CREATESTRUCT cs

        return CFrameWnd::PreCreateWindow(cs);
}


/////////////////////////////////////////////////////////////////////////
// CMainFrame diagnostics

#ifdef _DEBUG
void CMainFrame::AssertValid() const
{
        CFrameWnd::AssertValid();
}

void CMainFrame::Dump(CDumpContext& dc) const
{
        CFrameWnd::Dump(dc);
}

#endif //_DEBUG

/////////////////////////////////////////////////////////////////////////
// CMainFrame message handlers
```

Next, we'll look at our program's document object (support files SHOWKEYSDOC.H and SHOWKEYSDOC.CPP).

The Document Object

As we know, the *document object* is responsible for storing our program's data:

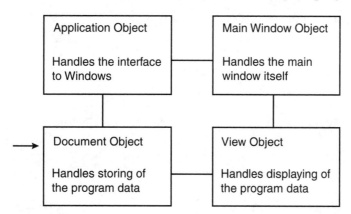

Application Object	Main Window Object
Handles the interface to Windows	Handles the main window itself
Document Object	View Object
Handles storing of the program data	Handles displaying of the program data

In our case, AppWizard has derived a class named `CShowkeysDoc` for us from the MFC base class `CDocument`. The document manages our data and works with the MFC file-handling operations to store (serialize) it on disk.

The AppWizard framework of our program provides support for serialization and creating new documents, but we can customize the rest of the document. We do that by embedding objects in the document to store our data; specifically, to store SHOWKEY's data in the document, we added the `CString` object `CStringData` to `CShowkeysDoc`:

CShowkeysDoc object

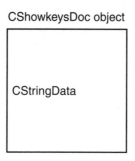

CStringData

In code, we added `CStringData` to the file SHOWKEYSDOC.H this way:

```
// showkeysDoc.h : interface of the CShowkeysDoc class
//
/////////////////////////////////////////////////////////////////////////////
```

```
class CShowkeysDoc : public CDocument
{
protected: // create from serialization only
        CShowkeysDoc();
        DECLARE_DYNCREATE(CShowkeysDoc)
->      CString CStringData;

                .

                .

                .
```

Next, we initialized CStringData this way in the document's constructor, CShowkeysDoc::CShowkeysDoc():

```
CShowkeysDoc::CShowkeysDoc()
{
        CStringData = "";
}
```

To enable the document serialization operations, we also specified that our CStringData object be read in and out from and to disk with the rest of the document like this:

```
void CShowkeysDoc::Serialize(CArchive& ar)
{
        if (ar.IsStoring())
        {
                ar << CStringData;
        }
        else
        {
                ar >> CStringData;
        }
}
```

In an SDI program, there is only one document, but in an MDI program, of course, there can be many. From the document, you can reach the application object with AfxGetApp(), and the view object with CDocument::GetFirstViewPosition() to get the first view attached to this document (a document may have multiple views open into it), followed by CDocument::GetNextView() to get the next and additional views. You can reach the mainframe object by using `GetParent()` from the view class. Suppport files for the document, SHOWKEYSDOC.H and SHOWKEYSDOC.CPP, appear in Listing 1.3.

LISTING 1.3 SHOWKEYSDOC.H AND SHOWKEYSDOC.CPP

```
// showkeysDoc.h : interface of the CShowkeysDoc class
//
/////////////////////////////////////////////////////////////////////////////

class CShowkeysDoc : public CDocument
{
protected: // create from serialization only
        CShowkeysDoc();
        DECLARE_DYNCREATE(CShowkeysDoc)
        CString CStringData;

// Attributes
public:

// Operations
public:

// Overrides
        // ClassWizard generated virtual function overrides
        //{{AFX_VIRTUAL(CShowkeysDoc)
        public:
        virtual BOOL OnNewDocument();
        virtual void Serialize(CArchive& ar);
        //}}AFX_VIRTUAL

// Implementation
public:
        virtual ~CShowkeysDoc();
#ifdef _DEBUG
        virtual void AssertValid() const;
        virtual void Dump(CDumpContext& dc) const;
#endif
```

```
protected:

// Generated message map functions
protected:
        //{{AFX_MSG(CShowkeysDoc)
        // NOTE - the ClassWizard will add and remove member functions here.
        //     DO NOT EDIT what you see in these blocks of generated code
!
        //}}AFX_MSG
        DECLARE_MESSAGE_MAP()
};

// showkeysDoc.cpp : implementation of the CShowkeysDoc class
//

#include "stdafx.h"
#include "showkeys.h"

#include "showkeysDoc.h"

#ifdef _DEBUG
#define new DEBUG_NEW
#undef THIS_FILE
static char THIS_FILE[] = __FILE__;
#endif

/////////////////////////////////////////////////////////////////////////////
// CShowkeysDoc

IMPLEMENT_DYNCREATE(CShowkeysDoc, CDocument)

BEGIN_MESSAGE_MAP(CShowkeysDoc, CDocument)
        //{{AFX_MSG_MAP(CShowkeysDoc)
        // NOTE - the ClassWizard will add and remove mapping macros here.
        //     DO NOT EDIT what you see in these blocks of generated code!
        //}}AFX_MSG_MAP
END_MESSAGE_MAP()


/////////////////////////////////////////////////////////////////////////////
```

```
// CShowkeysDoc construction/destruction

CShowkeysDoc::CShowkeysDoc()
{
        CStringData = "";
        SetTitle("ShowKeys");
}

CShowkeysDoc::~CShowkeysDoc()
{
}

BOOL CShowkeysDoc::OnNewDocument()
{
        if (!CDocument::OnNewDocument())
                return FALSE;

        // TODO: add reinitialization code here
        // (SDI documents will reuse this document)

        return TRUE;
}

/////////////////////////////////////////////////////////////////////
// CShowkeysDoc serialization

void CShowkeysDoc::Serialize(CArchive& ar)
{
        if (ar.IsStoring())
        {
                ar << CStringData;
        }
        else
        {
                ar >> CStringData;
        }
}

/////////////////////////////////////////////////////////////////////
```

```
// CShowkeysDoc diagnostics

#ifdef _DEBUG
void CShowkeysDoc::AssertValid() const
{
        CDocument::AssertValid();
}

void CShowkeysDoc::Dump(CDumpContext& dc) const
{
        CDocument::Dump(dc);
}
#endif //_DEBUG


//////////////////////////////////////////////////////////////////////
// CShowkeysDoc commands
```

Next, we'll review our program's view object (whose support files are SHOWKEYSVIEW.H and SHOWKEYSVIEW.CPP).

The View Object

The *view object* is responsible for displaying our program's data and, usually, for handling user input:

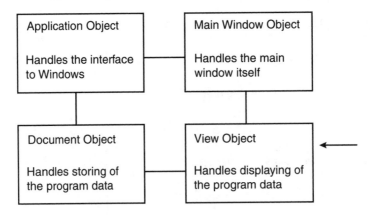

In our case, we have intercepted the WM_CHAR message and had the program call the CShowkeysView::OnChar() function. ClassWizard usually maintains such message-handling functions for us with a *message map*. Message maps tie together Windows messages and the functions in our program (removing the need for an old Windows programming favorite: message cracker macros). In our view class's header file, SHOWKEYSVIEW.H, ClassWizard has added the necessary declaration of the OnChar() function:

```
// Generated message map functions
protected:
        //{{AFX_MSG(CShowkeysView)
        afx_msg void OnChar(UINT nChar, UINT nRepCnt, UINT nFlags);
        //}}AFX_MSG
        DECLARE_MESSAGE_MAP()
};
```

In the view's implementation file, SHOWKEYSVIEW.CPP, ClassWizard has placed the entry ON_WM_CHAR() into the message map like this:

```
BEGIN_MESSAGE_MAP(CShowkeysView, CView)
        //{{AFX_MSG_MAP(CShowkeysView)
->      ON_WM_CHAR()
        //}}AFX_MSG_MAP
        // Standard printing commands
        ON_COMMAND(ID_FILE_PRINT, CView::OnFilePrint)
        ON_COMMAND(ID_FILE_PRINT_DIRECT, CView::OnFilePrint)
        ON_COMMAND(ID_FILE_PRINT_PREVIEW, CView::OnFilePrintPreview)
END_MESSAGE_MAP()
```

This ties the WM_CHAR message to the OnChar() function, and Visual C++ has ON_WM_XXX message map entries for most of the Windows messages like WM_KILLFOCUS, WM_HELPINFO, and others.

ClassWizard also adds the body of the OnChar() function, and all we had to do was to fill in the lines that got a pointer to our CStringData CString object in the document and append the new character to it:

```
void CShowkeysView::OnChar(UINT nChar, UINT nRepCnt, UINT nFlags)
{
        CView::OnChar(nChar, nRepCnt, nFlags);
```

```
        CShowkeysDoc* pDoc = GetDocument();
        ASSERT_VALID(pDoc);
->      pDoc->CStringData += nChar;
->      Invalidate();
}
```

That ties the WM_XXX messages to our program. Besides Windows messages like those, we can receive messages when a menu item is selected or controls like buttons clicked. ClassWizard helps us tie these messages to functions as well. For example, we might add a new item to the Edit menu named, say, Clear. When selected, this item clears the data in the document:

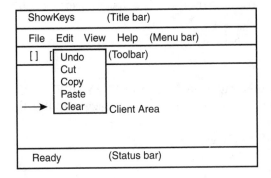

How would we add this menu item? This brings up the topic of how to work with Visual C++ resources.

Working with Visual C++ Resources

To add our new menu item, we just click the **Resources** tab in Visual C++ to display the range of resources available to us: dialogs, icons, menus, toolbars, and so on. Click the Menu folder to open the menus available to us in SHOWKEYS and select the IDR_SHOWKEYTYPE menu, opening it as shown in Figure 1.6.

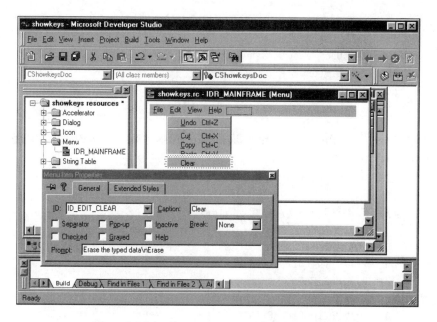

FIGURE 1.6 INSERTING A NEW MENU ITEM IN VISUAL C++.

To add a new menu item to the Edit menu, we simply move to the bottom of that menu and add our new entry, Clear, as shown in Figure 1.6 (to insert the new menu item between existing menu items, we could use the **Ins** key). Visual C++ gives this new menu item the control ID ID_EDIT_CLEAR. Now we open ClassWizard and connect this new control ID to a function, OnEditClear(), in just the same way as we added a function to handle the WM_CHAR message. Double-click the OnEditClear() entry in ClassWizard to open the function itself (from SHOWKEYSVIEW.CPP):

```
void CShowkeysView::OnEditClear()
{
        // TODO: Add your command handler code here


}
```

We simply place the code here to clear the CString CStringData of any characters we have stored there, using the CString Empty() function:

```
void CShowkeysView::OnEditClear()
{
->      CShowkeysDoc* pDoc = GetDocument();
->      ASSERT_VALID(pDoc);
->      pDC->CStringData.Empty();
}
```

ClassWizard has altered our message map (in SHOWKEYSVIEW.CPP) to tie
the new menu item

ID_EDIT_CLEAR to the function OnEditClear() this way:

```
BEGIN_MESSAGE_MAP(CShowkeysView, CView)
        //{{AFX_MSG_MAP(CShowkeysView)
        ON_WM_CHAR()
->      ON_COMMAND(ID_EDIT_CLEAR, OnEditClear)
        //}}AFX_MSG_MAP
        // Standard printing commands
        ON_COMMAND(ID_FILE_PRINT, CView::OnFilePrint)
        ON_COMMAND(ID_FILE_PRINT_DIRECT, CView::OnFilePrint)
        ON_COMMAND(ID_FILE_PRINT_PREVIEW, CView::OnFilePrintPreview)
END_MESSAGE_MAP()
```

Notice that because this is a menu message (actually sent to us as part of a
WM_COMMAND Windows message), there is no predefined message map entry like
ON_WM_CHAR for it (e.g., if we wanted to add an Edit menu item like Install
palettes, it would be rather unreasonable to expect to find a Windows mes-
sage WM_EDIT_INSTALLPALETTES already defined in the system), and
ClassWizard must specify the actual name of the function we want called
when the menu item is selected. There are two types of functions we connect
in this way: command functions (like those that respond to the ID_EDIT_CLEAR
item), for which ClassWizard uses ON_COMMAND() entries in message maps, and
command update functions, for which it uses ON_UPDATE_COMMAND_UI()
entries. Update functions are called whenever the program is about to display
a control, so that we get a chance to set the control's state properly. For exam-
ple, we could add an update function named OnUpdateEditClear() to our
message map for the Edit|Clear menu item using ClassWizard:

```
BEGIN_MESSAGE_MAP(CShowkeysView, CView)
        //{{AFX_MSG_MAP(CShowkeysView)
        ON_WM_CHAR()
```

```
        ON_COMMAND(ID_EDIT_CLEAR, OnEditClear)
  ->    ON_UPDATE_COMMAND_UI(ID_EDIT_CLEAR, OnUpdateEditClear)
        //}}AFX_MSG_MAP
        // Standard printing commands
        ON_COMMAND(ID_FILE_PRINT, CView::OnFilePrint)
        ON_COMMAND(ID_FILE_PRINT_DIRECT, CView::OnFilePrint)
        ON_COMMAND(ID_FILE_PRINT_PREVIEW, CView::OnFilePrintPreview)
END_MESSAGE_MAP()
```

This function is called before the **Edit I Clear** menu item is displayed, and if there were no characters stored in our document, we could disable the Clear item like this:

```
void CShowkeysView::OnUpdateOverstrike(CCmdUI* pCmdUI)
{
->      CShowkeysDoc* pDoc = GetDocument();
->      ASSERT_VALID(pDoc);
->      pCmdUI->Enable(!pDoc->CStringData.IsEmpty());
}
```

In this way, message maps tie the messages we get—Windows messages, command messages, and command update messages—to functions. Although there are stern warnings in files written by AppWizard not to edit the message maps (i.e., "DO NOT EDIT what you see in these blocks of generated code!"), sometimes there is little choice, since ClassWizard can't help us out. For example, SHOWKEYS comes with three toggle key indicators at the right in the status bar, one to show the state of the **Caps Lock** key, one for the **Num Lock** key, and one for the **Scroll Lock** key. These indicators are placed into an array named indicators[] in MAINFRM.CPP:

```
        static UINT indicators[] =
        {
                ID_SEPARATOR,              // status line indicator
                ID_INDICATOR_CAPS,
                ID_INDICATOR_NUM,
                ID_INDICATOR_SCRL,
        };
```

However, more indicators are defined in SHOWKEYS.RC, such as an indicator for that shows the string "OVR" for overstrike:

```
STRINGTABLE DISCARDABLE
BEGIN
      ID_INDICATOR_EXT        "EXT"
      ID_INDICATOR_CAPS       "CAP"
      ID_INDICATOR_NUM        "NUM"
      ID_INDICATOR_SCRL       "SCRL"
  ->  ID_INDICATOR_OVR        "OVR"
      ID_INDICATOR_REC        "REC"
END
```

We can add OVR as a fourth indicator to our status bar simply by placing ID_INDICATOR_OVR in the array indicators[] in MAINFRM.CPP:

```
        static UINT indicators[] =
        {
                ID_SEPARATOR,             // status line indicator
                ID_INDICATOR_CAPS,
                ID_INDICATOR_NUM,
                ID_INDICATOR_SCRL,
  ->            ID_INDICATOR_OVR,
        };
```

Next, we can make this indicator display its string, "OVR", by defining an update function for the indicator, OnUpdateOverstrike() and enabling the indicator in the function. We make sure our overstrike indicator always displays its associated string, "OVR", with the Enable() function like this:

```
void CMainFrame::OnUpdateOverstrike(CCmdUI* pCmdUI)
{
        pCmdUI->Enable(TRUE);
}
```

(If you want this indicator to match, say, the toggle state of the Ins key, you could cleverly define the Ins key as an accelerator in the SHOWKEYS program and tie it to its own command function, toggling an internal flag whenever the Ins key is pressed. Next, you would then check that flag in OnUpdateOverstrike() to enable or disable the OVR indicator appropriately.)

The problem now is to connect OnUpdateOverstrike() to the update command for the indicator ID_INDICATOR_OVR—andClassWizard won't do that for us, because it doesn't handle indicators. Instead, we can edit the list of message map functions in MAINFRM.H ourselves, adding `OnUpdateOverstrike()`'s prototype like this:

```
// Generated message map functions
protected:
        //{{AFX_MSG(CMainFrame)
        afx_msg int OnCreate(LPCREATESTRUCT lpCreateStruct);
        afx_msg void OnShowWindow(BOOL bShow, UINT nStatus);
        afx_msg void OnActivate(UINT nState, CWnd* pWndOther, BOOL
bMinimized);
  ->   afx_msg void OnUpdateOverstrike(CCmdUI* pCmdUI);
        //}}AFX_MSG
        DECLARE_MESSAGE_MAP()
};
```

Then we can make the actual connection between the indicator `ID_INDICA-TOR_OVR` and the function `OnUpdateOverstrike()` by editing the messsage map in MAINFRM.CPP. Note that because we are intercepting the update command for the indicator, we use the `ON_UPDATE_COMMAND_UI` macro, not `ON_COMMAND`:

```
BEGIN_MESSAGE_MAP(CMainFrame, CFrameWnd)
        //{{AFX_MSG_MAP(CMainFrame)
        ON_WM_CREATE()
        ON_WM_SHOWWINDOW()
        ON_WM_ACTIVATE()
  ->    ON_UPDATE_COMMAND_UI(ID_INDICATOR_OVR, OnUpdateOverstrike)
        //}}AFX_MSG_MAP
END_MESSAGE_MAP()
```

We've connected the indicator's ID to its function in our code and added the OVR indicator to our status bar by editing the message map ourselves. Note, however, that this is an advanced technique. Editing message maps should be avoided if at all possible, and the preceding discussion is not meant to say otherwise. In all cases, you should let the AppWizard/ClassWizard framework of the program do its job, unless there is really no alternative. In this book, we'll gain expertise enough to see when that is the case. Now that we've reviewed how to accept data from the user in our view class, let's review the process of displaying that data.

Displaying Data in the View

We display the actual data in our SHOWKEYS program in the view's
OnDraw() function (here, the view is a child window that covers the client
area of the mainframe window):

```
void CShowkeysView::OnDraw(CDC* pDC)
{
        CShowkeysDoc* pDoc = GetDocument();
        ASSERT_VALID(pDoc);
->      pDC->TextOut(0, 0, pDoc->CStringData);
}
```

There is almost always code in a view class's OnDraw() function to display
the data from the document.

Besides OnDraw(), there are other functions that can display data, such
as OnUpdate() and OnSize(). It's also worth noting that we can have several
views into the same document. For example, if we have a very long docu-
ment, the user might open several views into it so that they could see the
data in that document at various locations in it. In this way, the concept of
views lets the user handle very long documents indeed. Often a program
will let them scroll through a long document (as we will do ourselves in the
next chapter when we see how to support scrolling a document in a view).

To reach the application from the view, use AfxGetApp(). To reach the
document, use GetDocument(), and to reach the mainframe window, use
GetParent().

That's it for our review of the view class. The support files for this class,
SHOWKEYSVIEW.H and SHOWKEYSVIEW.CPP, appear in Listing 1.4.

LISTING 1.4 SHOWKEYSVIEW.H AND SHOWKEYSVIEW.CPP

```
// showkeysView.h : interface of the CShowkeysView class
//
/////////////////////////////////////////////////////////////////////

class CShowkeysView : public CView
{
protected: // create from serialization only
        CShowkeysView();
```

```
        DECLARE_DYNCREATE(CShowkeysView)

// Attributes
public:
        CShowkeysDoc* GetDocument();

// Operations
public:

// Overrides
        // ClassWizard generated virtual function overrides
        //{{AFX_VIRTUAL(CShowkeysView)
        public:
        virtual void OnDraw(CDC* pDC);  // overridden to draw this view
        virtual BOOL PreCreateWindow(CREATESTRUCT& cs);
        protected:
        virtual BOOL OnPreparePrinting(CPrintInfo* pInfo);
        virtual void OnBeginPrinting(CDC* pDC, CPrintInfo* pInfo);
        virtual void OnEndPrinting(CDC* pDC, CPrintInfo* pInfo);
        //}}AFX_VIRTUAL

// Implementation
public:
        virtual ~CShowkeysView();
#ifdef _DEBUG
        virtual void AssertValid() const;
        virtual void Dump(CDumpContext& dc) const;
#endif

protected:

// Generated message map functions
protected:
        //{{AFX_MSG(CShowkeysView)
        afx_msg void OnChar(UINT nChar, UINT nRepCnt, UINT nFlags);
        afx_msg void OnShowWindow(BOOL bShow, UINT nStatus);
        //}}AFX_MSG
        DECLARE_MESSAGE_MAP()
};
```

```
#ifndef _DEBUG   // debug version in showkeysView.cpp
inline CShowkeysDoc* CShowkeysView::GetDocument()
   { return (CShowkeysDoc*)m_pDocument; }
#endif

// showkeysView.cpp : implementation of the CShowkeysView class
//

#include "stdafx.h"
#include "showkeys.h"

#include "showkeysDoc.h"
#include "showkeysView.h"

#ifdef _DEBUG
#define new DEBUG_NEW
#undef THIS_FILE
static char THIS_FILE[] = __FILE__;
#endif

/////////////////////////////////////////////////////////////////////////
// CShowkeysView

IMPLEMENT_DYNCREATE(CShowkeysView, CView)

BEGIN_MESSAGE_MAP(CShowkeysView, CView)
        //{{AFX_MSG_MAP(CShowkeysView)
        ON_WM_CHAR()
        ON_WM_SHOWWINDOW()
        //}}AFX_MSG_MAP
        // Standard printing commands
        ON_COMMAND(ID_FILE_PRINT, CView::OnFilePrint)
        ON_COMMAND(ID_FILE_PRINT_DIRECT, CView::OnFilePrint)
        ON_COMMAND(ID_FILE_PRINT_PREVIEW, CView::OnFilePrintPreview)
END_MESSAGE_MAP()

/////////////////////////////////////////////////////////////////////////
// CShowkeysView construction/destruction
```

```
CShowkeysView::CShowkeysView()
{
        // TODO: add construction code here

}


CShowkeysView::~CShowkeysView()
{
}


BOOL CShowkeysView::PreCreateWindow(CREATESTRUCT& cs)
{
        // TODO: Modify the Window class or styles here by modifying
        //   the CREATESTRUCT cs

        return CView::PreCreateWindow(cs);
}


/////////////////////////////////////////////////////////////////////////////
// CShowkeysView drawing

void CShowkeysView::OnDraw(CDC* pDC)
{
        CShowkeysDoc* pDoc = GetDocument();
        ASSERT_VALID(pDoc);
        pDC->TextOut(0, 0, pDoc->CStringData);
        // TODO: add draw code for native data here
}


/////////////////////////////////////////////////////////////////////////////
// CShowkeysView printing

BOOL CShowkeysView::OnPreparePrinting(CPrintInfo* pInfo)
{
        // default preparation
        return DoPreparePrinting(pInfo);
}


void CShowkeysView::OnBeginPrinting(CDC* /*pDC*/, CPrintInfo* /*pInfo*/)
```

```
{
        // TODO: add extra initialization before printing
}

void CShowkeysView::OnEndPrinting(CDC* /*pDC*/, CPrintInfo* /*pInfo*/)
{
        // TODO: add cleanup after printing
}

/////////////////////////////////////////////////////////////////////////////
// CShowkeysView diagnostics

#ifdef _DEBUG
void CShowkeysView::AssertValid() const
{
        CView::AssertValid();
}

void CShowkeysView::Dump(CDumpContext& dc) const
{
        CView::Dump(dc);
}
CShowkeysDoc* CShowkeysView::GetDocument() // non-debug version is inline
{
        ASSERT(m_pDocument->IsKindOf(RUNTIME_CLASS(CShowkeysDoc)));
        return (CShowkeysDoc*)m_pDocument;
}
#endif //_DEBUG

/////////////////////////////////////////////////////////////////////////////
// CShowkeysView message handlers

void CShowkeysView::OnChar(UINT nChar, UINT nRepCnt, UINT nFlags)
{
        // TODO: Add your message handler code here and/or call default

        CView::OnChar(nChar, nRepCnt, nFlags);
        CShowkeysDoc* pDoc = GetDocument();
        ASSERT_VALID(pDoc);
```

```
        pDoc->CStringData += nChar;
        Invalidate();
}
```

The last topic we will review is how to set up MDI programs.

MDI Programs

By default, MFC AppWizard EXE programs are multiple document pro-
grams. If we had accepted that default, we would have gotten the version of
SHOWKEYS.CPP (the application support file) that appears in Listing 1.5.

LISTING 1.5 MDI VERSION OF SHOWKEYS.H AND SHOWKEYS.CPP

```
// showkeys.h : main header file for the SHOWKEYS application
//


#ifndef __AFXWIN_H__
        #error include 'stdafx.h' before including this file for PCH
#endif


#include "resource.h"        // main symbols


/////////////////////////////////////////////////////////////////////////
// CShowkeysApp:
// See showkeys.cpp for the implementation of this class
//


class CShowkeysApp : public CWinApp
{
public:
        CShowkeysApp();

// Overrides
        // ClassWizard generated virtual function overrides
        //{{AFX_VIRTUAL(CShowkeysApp)
        public:
        virtual BOOL InitInstance();
```

```
        //}}AFX_VIRTUAL

// Implementation

        //{{AFX_MSG(CShowkeysApp)
        afx_msg void OnAppAbout();
        // NOTE - the ClassWizard will add and remove member functions here.
        //    DO NOT EDIT what you see in these blocks of generated code
!
        //}}AFX_MSG
        DECLARE_MESSAGE_MAP()
};


/////////////////////////////////////////////////////////////////////////

// showkeys.cpp : Defines the class behaviors for the application.
//

#include "stdafx.h"
#include "showkeys.h"

#include "MainFrm.h"
#include "ChildFrm.h"
#include "showkeysDoc.h"
#include "showkeysView.h"

#ifdef _DEBUG
#define new DEBUG_NEW
#undef THIS_FILE
static char THIS_FILE[] = __FILE__;
#endif

/////////////////////////////////////////////////////////////////////////
// CShowkeysApp

BEGIN_MESSAGE_MAP(CShowkeysApp, CWinApp)
        //{{AFX_MSG_MAP(CShowkeysApp)
        ON_COMMAND(ID_APP_ABOUT, OnAppAbout)
```

```
        // NOTE - the ClassWizard will add and remove mapping macros here.
        //      DO NOT EDIT what you see in these blocks of generated code!
        //}}AFX_MSG_MAP
        // Standard file based document commands
        ON_COMMAND(ID_FILE_NEW, CWinApp::OnFileNew)
        ON_COMMAND(ID_FILE_OPEN, CWinApp::OnFileOpen)
        // Standard print setup command
        ON_COMMAND(ID_FILE_PRINT_SETUP, CWinApp::OnFilePrintSetup)
END_MESSAGE_MAP()


/////////////////////////////////////////////////////////////////////////
// CShowkeysApp construction
CShowkeysApp::CShowkeysApp()
{
        // TODO: add construction code here,
        // Place all significant initialization in InitInstance
}


/////////////////////////////////////////////////////////////////////////
// The one and only CShowkeysApp object
CShowkeysApp theApp;


/////////////////////////////////////////////////////////////////////////
// CShowkeysApp initialization

BOOL CShowkeysApp::InitInstance()
{
        // Standard initialization
        // If you are not using these features and wish to reduce the size
        //  of your final executable, you should remove from the following
        //  the specific initialization routines you do not need.

#ifdef _AFXDLL
        Enable3dControls();        // Call this when using MFC in a shared DLL
#else
        Enable3dControlsStatic(); // Call this when linking to MFC statically
#endif

        LoadStdProfileSettings(); // Load standard INI file options
```

```
          // Register the application's document templates.  Document templates
          //  serve as the connection between documents, frame windows and views.

          CMultiDocTemplate* pDocTemplate;
          pDocTemplate = new CMultiDocTemplate(
                  IDR_SHOWKETYPE,
                  RUNTIME_CLASS(CShowkeysDoc),
                  RUNTIME_CLASS(CChildFrame), // custom MDI child frame
                  RUNTIME_CLASS(CShowkeysView));
          AddDocTemplate(pDocTemplate);

          // create main MDI Frame window
          CMainFrame* pMainFrame = new CMainFrame;
          if (!pMainFrame->LoadFrame(IDR_MAINFRAME))
                  return FALSE;
          m_pMainWnd = pMainFrame;

          // Parse command line for standard shell commands, DDE, file open
          CCommandLineInfo cmdInfo;
          ParseCommandLine(cmdInfo);

          // Dispatch commands specified on the command line
          if (!ProcessShellCommand(cmdInfo))
                  return FALSE;

          // The main window has been initialized, so show and update it.
          pMainFrame->ShowWindow(m_nCmdShow);
          pMainFrame->UpdateWindow();

          return TRUE;
}


/////////////////////////////////////////////////////////////////////////////
// CAboutDlg dialog used for App About

class CAboutDlg : public CDialog
{
public:
          CAboutDlg();
```

```
// Dialog Data
        //{{AFX_DATA(CAboutDlg)
        enum { IDD = IDD_ABOUTBOX };
        //}}AFX_DATA

        // ClassWizard generated virtual function overrides
        //{{AFX_VIRTUAL(CAboutDlg)
        protected:
        virtual void DoDataExchange(CDataExchange* pDX);    // DDX/DDV
support
        //}}AFX_VIRTUAL

// Implementation
protected:
        //{{AFX_MSG(CAboutDlg)
                // No message handlers
        //}}AFX_MSG
        DECLARE_MESSAGE_MAP()
};

CAboutDlg::CAboutDlg() : CDialog(CAboutDlg::IDD)
{
        //{{AFX_DATA_INIT(CAboutDlg)
        //}}AFX_DATA_INIT
}

void CAboutDlg::DoDataExchange(CDataExchange* pDX)
{
        CDialog::DoDataExchange(pDX);
        //{{AFX_DATA_MAP(CAboutDlg)
        //}}AFX_DATA_MAP
}

BEGIN_MESSAGE_MAP(CAboutDlg, CDialog)
        //{{AFX_MSG_MAP(CAboutDlg)
                // No message handlers
        //}}AFX_MSG_MAP
END_MESSAGE_MAP()

// App command to run the dialog
```

```
void CShowkeysApp::OnAppAbout()
{
        CAboutDlg aboutDlg;
        aboutDlg.DoModal();
}
```

```
//////////////////////////////////////////////////////////////////////////
// CShowkeysApp commands
```

Let's take a look at the code that is responsible for producing the document template in CShowkeysApp::InitInstance(). In our SDI program, that looked like this, we connected the document, mainframe, and view classes together:

```
CSingleDocTemplate* pDocTemplate;
pDocTemplate = new CSingleDocTemplate(
        IDR_MAINFRAME,
        RUNTIME_CLASS(CShowkeysDoc),
        RUNTIME_CLASS(CMainFrame),           // main SDI frame window
        RUNTIME_CLASS(CShowkeysView));
AddDocTemplate(pDocTemplate);
```

If SHOWKEYS were an MDI program, the window that displays our view would be no longer a CFrameWnd window, but rather an MDI child window:

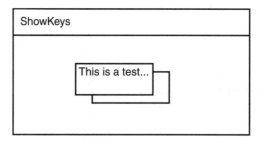

And that is exactly what we find in the new document template, where we find the class CChildFrame (derived from the MFC class CMDIChildWnd), not CMainFrame:

```
CMultiDocTemplate* pDocTemplate;
pDocTemplate = new CMultiDocTemplate(
        IDR_SHOWKETYPE,
        RUNTIME_CLASS(CShowkeysDoc),
```

```
    ->              RUNTIME_CLASS(CChildFrame), // custom MDI child frame
                    RUNTIME_CLASS(CShowkeysView));
            AddDocTemplate(pDocTemplate);
```

The support files for this new CChildFrame class, CHILDFRM.H and CHILD-
FRM.CPP, appear in Listing 1.6.

LISTING 1.6 CHILDFRM.H AND CHILDFRM.CPP

```cpp
// ChildFrm.h : interface of the CChildFrame class
//
/////////////////////////////////////////////////////////////////////////////

class CChildFrame : public CMDIChildWnd
{
        DECLARE_DYNCREATE(CChildFrame)
public:
        CChildFrame();

// Attributes
public:

// Operations
public:

// Overrides
        // ClassWizard generated virtual function overrides
        //{{AFX_VIRTUAL(CChildFrame)
        virtual BOOL PreCreateWindow(CREATESTRUCT& cs);
        //}}AFX_VIRTUAL

// Implementation
public:
        virtual ~CChildFrame();
#ifdef _DEBUG
        virtual void AssertValid() const;
        virtual void Dump(CDumpContext& dc) const;
#endif

// Generated message map functions
```

```
protected:
        //{{AFX_MSG(CChildFrame)
        // NOTE - the ClassWizard will add and remove member functions here.
        //    DO NOT EDIT what you see in these blocks of generated code!
        //}}AFX_MSG
        DECLARE_MESSAGE_MAP()
};

/////////////////////////////////////////////////////////////////////////

// ChildFrm.cpp : implementation of the CChildFrame class
//

#include "stdafx.h"
#include "showkeys.h"

#include "ChildFrm.h"

#ifdef _DEBUG
#define new DEBUG_NEW
#undef THIS_FILE
static char THIS_FILE[] = __FILE__;
#endif

/////////////////////////////////////////////////////////////////////////
// CChildFrame

IMPLEMENT_DYNCREATE(CChildFrame, CMDIChildWnd)

BEGIN_MESSAGE_MAP(CChildFrame, CMDIChildWnd)
        //{{AFX_MSG_MAP(CChildFrame)
        // NOTE - the ClassWizard will add and remove mapping macros here.
        //    DO NOT EDIT what you see in these blocks of generated code !
        //}}AFX_MSG_MAP
END_MESSAGE_MAP()

/////////////////////////////////////////////////////////////////////////
// CChildFrame construction/destruction

CChildFrame::CChildFrame()
```

```
{
        // TODO: add member initialization code here

}

CChildFrame::~CChildFrame()
{
}

BOOL CChildFrame::PreCreateWindow(CREATESTRUCT& cs)
{
        // TODO: Modify the Window class or styles here by modifying
        //   the CREATESTRUCT cs

        return CMDIChildWnd::PreCreateWindow(cs);
}


/////////////////////////////////////////////////////////////////////////
// CChildFrame diagnostics

#ifdef _DEBUG
void CChildFrame::AssertValid() const
{
        CMDIChildWnd::AssertValid();
}

void CChildFrame::Dump(CDumpContext& dc) const
{
        CMDIChildWnd::Dump(dc);
}

#endif //_DEBUG

/////////////////////////////////////////////////////////////////////////
// CChildFrame message handlers
```

As we have seen, there are three classes in a document template: the document class, the view class, and the frame window class to display the view in. When SHOWKEYS was a SDI program, those classes were CShowkeysDoc,

CShowkeysView, and CMainframe. If SHOWKEYS were a MDI program, the three classes would be CShowkeysDoc, CShowkeysView, and the CChildFrame to display the view object in. That leaves one problem—where does the MDI frame window that encloses the MDI children come from? This enclosing window still has the class name CMainFrame (although now it is an MDI mainframe window), but here the program creates and displays it with some extra lines in CShowkeysApp::InitInstance() as follows:

```
        CMultiDocTemplate* pDocTemplate;
        pDocTemplate = new CMultiDocTemplate(
                IDR_SHOWKETYPE,
                RUNTIME_CLASS(CShowkeysDoc),
                RUNTIME_CLASS(CChildFrame), // custom MDI child frame
                RUNTIME_CLASS(CShowkeysView));
        AddDocTemplate(pDocTemplate);

        // create main MDI Frame window
->      CMainFrame* pMainFrame = new CMainFrame;
->      if (!pMainFrame->LoadFrame(IDR_MAINFRAME))
->              return FALSE;
->      m_pMainWnd = pMainFrame;
->
->      pMainFrame->ShowWindow(m_nCmdShow);
->      pMainFrame->UpdateWindow();
```

Now our MDI mainframe window appears on the screen. When the program starts running, it calls OnNewDocument(), creating a new MDI child window and displaying it. Besides that, there are remarkably few differences between an MDI and a SDI program—using view and document classes has shielded us from almost all the work (which has been performed by the MFC framework).

Finishing Up the Review

That completes our review of Visual C++ 5 before starting on new material, and we're up to speed now. If you've gotten along okay so far, it's time to turn to Chapter 2, in which we look at some advanced window handling in our programs, including supporting pixel-by-pixel scrolling in a view. Let's turn to that now.

CHAPTER 2

Customizing Your Windows

In this chapter, we will continue our exploration of Visual C++ 5. We'll start looking at some of the ways we can customize our program's windows in Visual C++. Interacting with the user is one of the biggest parts of Windows, and Visual C++ has an arsenal of user interface options available to us. For example, in this chapter we'll see how to set up a program that scrolls a view pixel by pixel, how to set up and use splitter windows (windows that let the user display two different parts of a document in the same view), how to use an text box as our window's view, and how to customize toolbars (including adding a combo box to a toolbar, not something that the wizards of Visual C++ support). Let's start with scrolling.

Scrolling a Document in a View

Our first program in this chapter will be named SCROLLER. This program will have rudimentary text-entering capabilities (i.e., the aim of this program will be to introduce us to scrolling, not text entry). This program will be an MDI program that places a window like this on the screen:

The user will be able to type in the MDI child window, and the program will display the characters that the user types and allow the user to use the Enter key to skip to the next line. After the user has entered the text, he or she will be able to scroll that text up and down. (Notice that that window has scroll bars.)

Start Visual C++ now and create a new MDI project called SCROLLER with AppWizard. Accept all the defaults, making this an MDI program.

After the program is created, we can add the code for the character reading and displaying. We'll read characters typed from the keyboard and store them in our program's document, so we use ClassWizard to connect OnChar() to the WM_CHAR message in our view class as we did in the last chapter. Double-click OnChar() in the ClassWizard Member Functions box after OnChar() appears there, opening it like this:

```
void CScrollerView::OnChar(UINT nChar, UINT nRepCnt, UINT nFlags)
{
    // TODO: Add your message handler code here and/or call default
    CScrollView::OnChar(nChar, nRepCnt, nFlags);
}
```

When the user types a character, we want to do two things with it—store it in our document and display it. In other words, our document will store the data that we read from the keyboard, and we will display that data in our view. This is how our program will work. To start this process, get a pointer to the document that AppWizard has created for us by adding this line to OnChar():

```
void CScrollerView::OnChar(UINT nChar, UINT nRepCnt, UINT nFlags)
{
->  CScrollerDoc* pDoc = GetDocument();
        .
        .
        .
```

Next, we set aside space in our document for the stored characters. In this example, we'll simply store each line of text in the window in its own CString object. In other words, if the user has typed five lines of text, we will store those lines in five CString objects (this makes displaying them on the screen easier than with TextOut()). We can put aside an array of CStrings named character_strings[], each entry of which holds a line of text:

This is a test.	character_strings [0]
This is only a test.	character_strings [1]
If this had been an actual document...	character_strings [2]

We can also store the current line number in a variable named `current_line`. In the document, then, we can put aside space for up to 50 lines of text by adding the lines marked below to SCROLLERDOC.H:

```
// scrollerdoc.h : interface of the CScrollerDoc class
//
/////////////////////////////////////////////////////////////////////
const MAXIMIMUM_NUMBER_LINES = 50;                      <-

class CScrollerDoc : public CDocument
{
protected: // create from serialization only
    CScrollerDoc();
    DECLARE_DYNCREATE(CScrollerDoc)
// Attributes
public:
    CString character_strings[MAXIMIMUM_NUMBER_LINES]; <-
    int current_line;                                  <-

        .
        .
        .
```

In addition, we make sure that we start at the top of the document by setting the current line number to 0 in the document's constructor by adding this line to `CScrollerDoc()` in SCROLLERDOC.CPP:

```
CScrollerDoc::CScrollerDoc()
{
    current_line = 0;            <-
}
```

Now, in OnChar(), we're ready to read the keys the user types. We first check to see if the typed character was a carriage return—\r in C and C++. If so, we have to skip to the next line, which we do simply by incrementing current_line in CScrollerView::OnChar() (in this simple example we are not going to display the character insertion caret in our window, although that may be done with the functions CreateCaret(), ShowCaret(), HideCaret(), and SetCaretPos()). Add this code to OnChar() (in SCROLLERVIEW.CPP):

```
void CScrollerView::OnChar(UINT nChar, UINT nRepCnt, UINT nFlags)
{
-> CScrollerDoc* pDoc = GetDocument();

-> if(nChar == '\r'){
->     pDoc->current_line++;
-> }     .
        .
        .
```

If the typed character was not a carriage return, we must store the character in the document:

```
void CScrollerView::OnChar(UINT nChar, UINT nRepCnt, UINT nFlags)
{
    CScrollerDoc* pDoc = GetDocument();

    if(nChar == '\r'){
        pDoc->current_line++;
    }
-> else{
->     pDoc->character_strings[pDoc->current_line] += nChar;
        .
        .
        .
```

We now display the current line of text using the TextOut() function. Because we may be displaying the top line of the document on some line lower down, we need to know where to position this line vertically. The current line number is stored in the variable current_line, so our vertical position in the view is that value multiplied by the number of pixels it takes to display a line of text. We use the standard Windows function GetTextMetrics() to fill a structure of type TEXTMETRIC, which holds data about the view's device context. In particular, the TEXTMETRIC member tmHeight holds the height of the current font in pixels, so we are able to display the current line of text this way:

```
void CScrollerView::OnChar(UINT nChar, UINT nRepCnt, UINT nFlags)
{
    CScrollerDoc* pDoc = GetDocument();

->  CClientDC dc(this);
    if(nChar == '\r'){
        pDoc->current_line++;
    }
    else{
        pDoc->character_strings[pDoc->current_line] += nChar;
->      TEXTMETRIC tm;
->      dc.GetTextMetrics(&tm);
->      dc.TextOut(0, (int) pDoc->current_line * tm.tmHeight,
->          pDoc->character_strings[pDoc->current_line],
->          pDoc->character_strings[pDoc->current_line].GetLength());
    }
}
```

At this point, we can read characters that the user types and display them. We should also add code to the OnDraw() function, which is called when our view is uncovered or first displayed (i.e., OnDraw() should be a part of all programs that you release for use by others). We can show the text from our document like this in the view (from SCROLLERVIEW.CPP):

```
void CScrollerView::OnDraw(CDC* pDC)
{
    CScrollerDoc* pDoc = GetDocument();
    ASSERT_VALID(pDoc);
    TEXTMETRIC tm;
    pDC->GetTextMetrics(&tm);
    int y_pos = 0;
    for(int loop_index = 0; loop_index <= pDoc->current_line; loop_index++){
        pDC->TextOut(0, y_pos, pDoc->character_strings[loop_index],
```

```
                    pDoc->character_strings[loop_index].GetLength());
            y_pos += tm.tmHeight;
        }
    }
```

Run the program now and enter some text, as shown in Figure 2.1. As shown you can enter text, and the view window even displays a scroll bar, although it's inactive at this point.

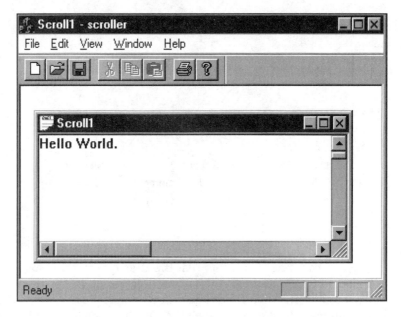

FIGURE 2.1 ENTERING TEXT IN OUR SCROLLER PROGRAM.

That's fine as far as it goes, but the maximum of fifty lines will certainly not fit into the view all at the same time. It's time to enable our scroll bars.

Adding Scroll Bars to a Window

Making scroll bars work takes a little more effort than you might think. The idea here is that the view provides a "window" into the document (hence the name view). Until now, our view could display all our data, but that's no longer true. In this case, the view can only display part of the document's data:

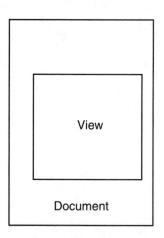

To let the user scroll around inside the document (both horizontally and vertically), we'll have to keep track of two coordinate systems—the document's coordinate system and the view's coordinate system. Each of these systems usually have a different origin (0, 0) in a scrolling view program:

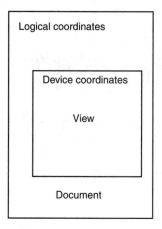

The document's coordinate system is called the *logical coordinate system*, and the view's, the *device coordinate system* (i.e., the view draws directly on the device, whereas the document's coordinates are more "behind the scenes"):

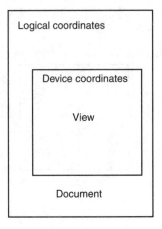

Fortunately, most of the details are handled by the MFC class CScrollView, and we can install that class as the base class of our view class now. When you open SCROLLERVIEW.H, you see that our view class, CScrollerView, is derived from CView:

```
// scrollerView.h : interface of the CScrollerView class
//
/////////////////////////////////////////////////////////////////////////

class CScrollerView : public CView        <-
```

Change the view class to CScrollView, making that the base class of our program's view:

```
// scrollerView.h : interface of the CScrollerView class
//
/////////////////////////////////////////////////////////////////////////

class CScrollerView : public CScrollView        <-
```

In addition, we need to change CView to CScrollView in two places in the implementation file SCROLLERVIEW.CPP—in the macros IMPLEMENT_DYNACREATE() (which allows view objects to be created from our view class on the fly as required) and BEGIN_MESSAGE_MAP:

```
/////////////////////////////////////////////////////////////////////
// CScrollerView

IMPLEMENT_DYNCREATE(CScrollerView, CScrollView)  <-

BEGIN_MESSAGE_MAP(CScrollerView, CScrollView)   <-
        //{{AFX_MSG_MAP(CScrollerView)
        ON_WM_CHAR()
        ON_WM_LBUTTONDOWN()
        //}}AFX_MSG_MAP
        // Standard printing commands
        ON_COMMAND(ID_FILE_PRINT, CScrollView::OnFilePrint)
        ON_COMMAND(ID_FILE_PRINT_DIRECT, CScrollView::OnFilePrint)
        ON_COMMAND(ID_FILE_PRINT_PREVIEW,
CScrollView::OnFilePrintPreview)
END_MESSAGE_MAP()
```

Finally, we change the base class call in our view's PreCreateWindow() function (where our view's window styles are set up) from CView::PreCreateWindow(cs) to CScrollView::PreCreateWindow(cs):

```
BOOL CScrollerView::PreCreateWindow(CREATESTRUCT& cs)
{
        // TODO: Modify the Window class or styles here by modifying
        //  the CREATESTRUCT cs

->      return CScrollView::PreCreateWindow(cs);
}
```

We've installed CScrollView as our view's base class—as far as the view is concerned. Now we go on to work with the document. In the document, we need to indicate to CScrollView what units we'll use for the document's coordinates (we'll use pixels, the same as for the view) and then tell CScrollView how big our document is in those units. In other words, we need to assign a size, in pixels, to our document; this is to let CScrollView know exactly where we are in the document—and how far we can go—when the user scrolls. For this example, we'll just assign the document a size of, say, 400 pixels wide and 1000 high:

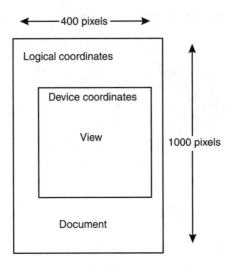

We can store the document's size in a protected CSize object (the MFC class CSize has two members: x and y for the two dimensions of whatever you're storing the size of), which we might name m_sizeDoc by adding this line to SCROLLERDOC.H:

```
class CScrollerDoc : public CDocument
{
protected: // create from serialization only
    CScrollerDoc();
    DECLARE_DYNCREATE(CScrollerDoc)
-> CSize m_sizeDoc;
        .
        .
        .
```

Note that m_sizeDoc is a protected member of the CScrollerDoc class, not a public one. If it were public, any part of our program could read it. However, now that it is protected, we can only use it directly in CScrollerDoc objects or objects descended from CScrollerDoc. This is true to the spirit of C++—we are hiding this internal variable from the rest of the program to cut down the number of public variables and so reduce the possibility of confusion.

Next, we load m_sizeDoc with the document's size in the document's constructor (from SCROLLERDOC.CPP) with this line:

```
CScrollerDoc::CScrollerDoc()
{
    current_line = 0;
-> m_sizeDoc = CSize(400, 1000);
}
```

To allow other parts of the program to query the document for its size (i.e., since m_sizeDoc is protected, only members of the document and classes derived from the document can access m_sizeDoc directly), we can set up a function named GetDocSize(), which we make public in CScrollerDoc by adding this line to SCROLLERDOC.H:

```
class CScrollerDoc : public CDocument
{
protected: // create from serialization only
    CScrollerDoc();
    DECLARE_DYNCREATE(CScrollerDoc)
    CSize m_sizeDoc;
// Attributes
public:
    CString character_strings[MAXIMIMUM_NUMBER_LINES];
    int current_line;

-> CSize GetDocSize() {return m_sizeDoc;}
    .
    .
    .
```

This is the typical way of insulating protected or private data from the rest of the program. If some other parts of the program need to read that data, its value can be passed through a function (which means we can restrict access to sensitive data). We'll also see this later in the chapter when we check the combo box we've added to the toolbar to get its current selection.

Now the document is ready (as far as storing its size and indicating that size to other parts of the program goes). The next step is to let CScrollView know the size of the document (because it maintains the view itself, we won't have to tell it the size of the view on the screen). Passing the document's size on to CScrollView is done in the function CScrollerView::OnInitialUpdate() (in SCROLLERVIEW.CPP), which AppWizard has left like this for us:

```
void CScrollerView::OnInitialUpdate()
{

    CScrollView::OnInitialUpdate();

}
```

`OnInitialUpdate()` is a useful function. It is called when the view is first displayed, and you might find many reasons to put code here—specifically code that displays initial text or graphics works here better than in the view's constructor (because the window associated with the view doesn't exist yet when the constructor is called). In this case, we will set up our scrollable view so that it knows the size of our document in pixels on the screen. This will let it take over scrolling for us. To set up our scrolling, then, we call the `CScrollView` function `SetScrollSizes()` this way in `OnInitialUpdate()`:

```
void CScrollerView::OnInitialUpdate()
{
-> SetScrollSizes(MM_TEXT, GetDocument()->GetDocSize());

    CScrollView::OnInitialUpdate();

}
```

In this case, we indicate that we want to use MM_TEXT coordinates, which are pixels. A list of the available mapping modes appears in Table 2.1. Parenthetically, we might note that the standard pixel units on the screen use the MM_TEXT mapping mode, and it's called MM_TEXT because the origin is at the upper-left corner and coordinates increase to the right and down, much as one reads text:

MM_TEXT

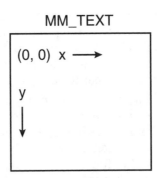

TABLE 2.1 WINDOWS MAPPING MODES

Mapping Mode	Units
MM_HIENGLISH	0.001 inch
MM_HIMETRIC	0.01 mm
MM_LOENGLISH	0.01 inch
MM_TEXT	1 pixel
MM_TWIPS	1/1440th of an inch

Besides indicating to CScrollView that we're using MM_TEXT units, we also pass the size of our document to SetScrollSizes by calling GetDocument()->GetDocSize():

```
SetScrollSizes(MM_TEXT, GetDocument()->GetDocSize());
```

At this point, then, we've informed CScrollView what units we're using for our document and the size of document in those units. That's almost all we have to do to enable scrolling.

Notice, however, that the OnDraw() function still treats the document's text as though it starts at the upper-left corner of the view and displays it out that way (i.e., displaying the text starting in the view at (0, 0)), apparently disregarding the fact that we may have scrolled the view and might want to look at a whole new part of the document in our view:

```
void CScrollerView::OnDraw(CDC* pDC)
{
    CScrollerDoc* pDoc = GetDocument();
    ASSERT_VALID(pDoc);
    TEXTMETRIC tm;
    pDC->GetTextMetrics(&tm);
    int y_pos = 0;
    for(int loop_index = 0; loop_index <= pDoc->current_line; loop_index++){
->      pDC->TextOut(0, y_pos, pDoc->character_strings[loop_index],
->          pDoc->character_strings[loop_index].GetLength());
        y_pos += tm.tmHeight;
    }
}
```

In fact, CScrollView has already taken care of this problem for us. It has moved the origin of the device context whose pointer is passed to us in OnDraw() (i.e., pDC) so that when we use TextOut(), the characters we display will appear in their correct (scrolled) position. In other words, CScrollView has already prepared the device context for us to use in OnDraw().

On the other hand, look at the OnChar() function. There, we set up the device context ourself with a CClientDC object (from SCROLLERVIEW.CPP):

```
void CScrollerView::OnChar(UINT nChar, UINT nRepCnt, UINT nFlags)
{
    CScrollerDoc* pDoc = GetDocument();

->  CClientDC dc(this);
    if(nChar == '\r'){
        pDoc->current_line++;
    }
    else{
        pDoc->character_strings[pDoc->current_line] += nChar;
        TEXTMETRIC tm;
        dc.GetTextMetrics(&tm);
        dc.TextOut(0, (int) pDoc->current_line * tm.tmHeight,
            pDoc->character_strings[pDoc->current_line],
            pDoc->character_strings[pDoc->current_line].GetLength());
    }

    CScrollView::OnChar(nChar, nRepCnt, nFlags);
}
```

This device context has not been prepared for us by CScrollView. If we print text in it as we have been doing, the upper-left corner of the document will indeed appear at the upper-left corner of the view, no matter where we may have scrolled inside the document. This is a problem. We may want to scroll somewhere in the document, but the upper-left corner of the document always starts at the upper-left corner of the view, so we can't. However, we can prepare our new device context's coordinate system in the same way that CScrollView does in OnDraw() (i.e., so we don't have to worry before printing in our view that it may have been scrolled) with a call to the function OnPrepareDC():

73

```
void CScrollerView::OnChar(UINT nChar, UINT nRepCnt, UINT nFlags)
{
    CScrollerDoc* pDoc = GetDocument();

    CClientDC dc(this);
->  OnPrepareDC(&dc);
    if(nChar == '\r'){
        pDoc->current_line++;
    }
    else{
        pDoc->character_strings[pDoc->current_line] += nChar;
        TEXTMETRIC tm;
        dc.GetTextMetrics(&tm);
        dc.TextOut(0, (int) pDoc->current_line * tm.tmHeight,
            pDoc->character_strings[pDoc->current_line],
            pDoc->character_strings[pDoc->current_line].GetLength());
    }

    CScrollView::OnChar(nChar, nRepCnt, nFlags);
}
```

That's all it takes to set up a device context we've created. When using CScrollView, then, you do not use OnPrepareDC() in OnDraw(), but you *do* use it when you have created the device context yourself. As another example, if we want to let the user draw points with the mouse in the view, we could set up a function named OnLButtonDown() to catch button presses. In that function, we can display the position of the mouse click by setting a pixel in the view (using the CDC function SetPixel()), but note that we must call OnPrepareDC() before referring to points in the (scrolled) view:

```
void CScrollerView::OnLButtonDown(UINT nFlags, CPoint point)
{
    CClientDC dc(this);
->  OnPrepareDC(&dc);

    dc.SetPixel(point.x, point.y, RGB(0, 0, 0));

    CScrollView::OnLButtonDown(nFlags, point);
}
```

You can see the finished scrolling program in operation in Figure 2.2 (both vertical and horizontal scroll bars work). The code for this program appears in:

Listing 2.1 SCROLLERVIEW.H and SCROLLERVIEW.CPP and in Listing 2.2 SCROLLERDOC.H and SCROLLERDOC.CPP

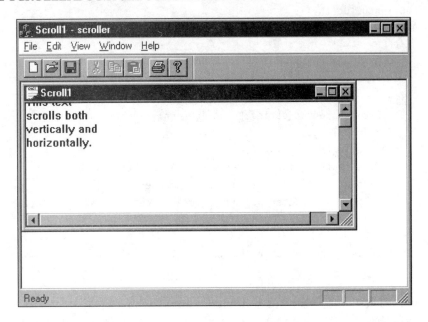

FIGURE 2.2 THE SCROLLER PROGRAM MAKES BOTH VERTICAL AND HORIZONTAL SCROLL BARS WORK.

LISTING 2.1 SCROLLERVIEW.H AND SCROLLERVIEW.CPP

```
// scrollerView.h : interface of the CScrollerView class
//
/////////////////////////////////////////////////////////////////////////////

class CScrollerView : public CScrollView
{
protected: // create from serialization only
        CScrollerView();
        DECLARE_DYNCREATE(CScrollerView)

// Attributes
public:
```

```
        CScrollerDoc* GetDocument();

// Operations
public:

// Overrides
        // ClassWizard generated virtual function overrides
        //{{AFX_VIRTUAL(CScrollerView)
        public:
        virtual void OnDraw(CDC* pDC);  // overridden to draw this view
        virtual BOOL PreCreateWindow(CREATESTRUCT& cs);
        virtual void OnInitialUpdate();
        protected:
        virtual BOOL OnPreparePrinting(CPrintInfo* pInfo);
        virtual void OnBeginPrinting(CDC* pDC, CPrintInfo* pInfo);
        virtual void OnEndPrinting(CDC* pDC, CPrintInfo* pInfo);
        virtual void OnUpdate(CView* pSender, LPARAM lHint, CObject* pHint);
        //}}AFX_VIRTUAL

// Implementation
public:
        virtual ~CScrollerView();
#ifdef _DEBUG
        virtual void AssertValid() const;
        virtual void Dump(CDumpContext& dc) const;
#endif

protected:

// Generated message map functions
protected:
        //{{AFX_MSG(CScrollerView)
        afx_msg void OnChar(UINT nChar, UINT nRepCnt, UINT nFlags);
        afx_msg void OnLButtonDown(UINT nFlags, CPoint point);
        //}}AFX_MSG
        DECLARE_MESSAGE_MAP()
};

#ifndef _DEBUG  // debug version in scrollerView.cpp
```

```
inline CScrollerDoc* CScrollerView::GetDocument()
   { return (CScrollerDoc*)m_pDocument; }
#endif

/////////////////////////////////////////////////////////////////////////////
// scrollerView.cpp : implementation of the CScrollerView class
//

#include "stdafx.h"
#include "scroller.h"

#include "scrollerDoc.h"
#include "scrollerView.h"

#ifdef _DEBUG
#define new DEBUG_NEW
#undef THIS_FILE
static char THIS_FILE[] = __FILE__;
#endif

/////////////////////////////////////////////////////////////////////////////
// CScrollerView

IMPLEMENT_DYNCREATE(CScrollerView, CScrollView)

BEGIN_MESSAGE_MAP(CScrollerView, CScrollView)
        //{{AFX_MSG_MAP(CScrollerView)
        ON_WM_CHAR()
        ON_WM_LBUTTONDOWN()
        //}}AFX_MSG_MAP
        // Standard printing commands
        ON_COMMAND(ID_FILE_PRINT, CScrollView::OnFilePrint)
        ON_COMMAND(ID_FILE_PRINT_DIRECT, CScrollView::OnFilePrint)
        ON_COMMAND(ID_FILE_PRINT_PREVIEW, CScrollView::OnFilePrintPreview)
END_MESSAGE_MAP()

/////////////////////////////////////////////////////////////////////////////
// CScrollerView construction/destruction

CScrollerView::CScrollerView()
```

```
{
        // TODO: add construction code here

}


CScrollerView::~CScrollerView()
{
}


BOOL CScrollerView::PreCreateWindow(CREATESTRUCT& cs)
{
        // TODO: Modify the Window class or styles here by modifying
        //   the CREATESTRUCT cs

        return CScrollView::PreCreateWindow(cs);
}


/////////////////////////////////////////////////////////////////////////
// CScrollerView drawing

void CScrollerView::OnDraw(CDC* pDC)
{
        CScrollerDoc* pDoc = GetDocument();
        ASSERT_VALID(pDoc);
        TEXTMETRIC tm;
        pDC->GetTextMetrics(&tm);
        int y_pos = 0;
    for(int loop_index = 0; loop_index <= pDoc->current_line; loop_index++){
            pDC->TextOut(0, y_pos, pDoc->character_strings[loop_index],
        pDoc->character_strings[loop_index].GetLength());
            y_pos += tm.tmHeight;
        }
}


/////////////////////////////////////////////////////////////////////////
// CScrollerView printing

BOOL CScrollerView::OnPreparePrinting(CPrintInfo* pInfo)
{
        // default preparation
```

```
            return DoPreparePrinting(pInfo);
}

void CScrollerView::OnBeginPrinting(CDC* /*pDC*/, CPrintInfo* /*pInfo*/)
{
      // TODO: add extra initialization before printing
}

void CScrollerView::OnEndPrinting(CDC* /*pDC*/, CPrintInfo* /*pInfo*/)
{
      // TODO: add cleanup after printing
}

////////////////////////////////////////////////////////////////////////////
// CScrollerView diagnostics

#ifdef _DEBUG
void CScrollerView::AssertValid() const
{
      CView::AssertValid();
}

void CScrollerView::Dump(CDumpContext& dc) const
{
      CView::Dump(dc);
}

CScrollerDoc* CScrollerView::GetDocument() // non-debug version is inline
{
      ASSERT(m_pDocument->IsKindOf(RUNTIME_CLASS(CScrollerDoc)));
      return (CScrollerDoc*)m_pDocument;
}
#endif //_DEBUG

////////////////////////////////////////////////////////////////////////////
// CScrollerView message handlers

void CScrollerView::OnChar(UINT nChar, UINT nRepCnt, UINT nFlags)
{
      CScrollerDoc* pDoc = GetDocument();
```

```
        CClientDC dc(this);
        OnPrepareDC(&dc);
        if(nChar == '\r'){
                pDoc->current_line++;
        }
        else{
                pDoc->character_strings[pDoc->current_line] += nChar;
                TEXTMETRIC tm;
                dc.GetTextMetrics(&tm);
                dc.TextOut(0, (int) pDoc->current_line * tm.tmHeight,
        pDoc->character_strings[pDoc->current_line],
        pDoc->character_strings[pDoc->current_line].GetLength());
        }

        pDoc->UpdateAllViews(this, 0L, NULL);
        pDoc->SetModifiedFlag();

        CScrollView::OnChar(nChar, nRepCnt, nFlags);
        CView::OnChar(nChar, nRepCnt, nFlags);
}

void CScrollerView::OnInitialUpdate()
{
        SetScrollSizes(MM_TEXT, GetDocument()->GetDocSize());

        CScrollView::OnInitialUpdate();

}

void CScrollerView::OnLButtonDown(UINT nFlags, CPoint point)
{
        CClientDC dc(this);
        OnPrepareDC(&dc);

        dc.SetPixel(point.x, point.y, RGB(0, 0, 0));

        CScrollView::OnLButtonDown(nFlags, point);
}

void CScrollerView::OnUpdate(CView* pSender, LPARAM lHint, CObject* pHint)
```

```
{
        Invalidate();
}
```

Listing 2.2 SCROLLERDOC.H and SCROLLERDOC.CPP

```cpp
// scrollerDoc.h : interface of the CScrollerDoc class
//
/////////////////////////////////////////////////////////////////////////////
const MAXIMUM_NUMBER_LINES = 50;

class CScrollerDoc : public CDocument
{
protected: // create from serialization only
        CScrollerDoc();
        DECLARE_DYNCREATE(CScrollerDoc)
        CSize m_sizeDoc;

// Attributes
public:

// Operations
public:
        CString character_strings[MAXIMUM_NUMBER_LINES];
        int current_line;

        CSize GetDocSize() {return m_sizeDoc;}

// Overrides
        // ClassWizard generated virtual function overrides
        //{{AFX_VIRTUAL(CScrollerDoc)
        public:
        virtual BOOL OnNewDocument();
        virtual void Serialize(CArchive& ar);
        //}}AFX_VIRTUAL

// Implementation
public:
        virtual ~CScrollerDoc();
```

```
#ifdef _DEBUG
        virtual void AssertValid() const;
        virtual void Dump(CDumpContext& dc) const;
#endif
```

```
protected:

// Generated message map functions
protected:
        //{{AFX_MSG(CScrollerDoc)
        // NOTE - the ClassWizard will add and remove member functions here.
        //    DO NOT EDIT what you see in these blocks of generated code !
        //}}AFX_MSG
        DECLARE_MESSAGE_MAP()
};


/////////////////////////////////////////////////////////////////////////////

// scrollerDoc.cpp : implementation of the CScrollerDoc class
//

#include "stdafx.h"
#include "scroller.h"

#include "scrollerDoc.h"

#ifdef _DEBUG
#define new DEBUG_NEW
#undef THIS_FILE
static char THIS_FILE[] = __FILE__;
#endif

/////////////////////////////////////////////////////////////////////////////
// CScrollerDoc

IMPLEMENT_DYNCREATE(CScrollerDoc, CDocument)

BEGIN_MESSAGE_MAP(CScrollerDoc, CDocument)
        //{{AFX_MSG_MAP(CScrollerDoc)
        // NOTE - the ClassWizard will add and remove mapping macros here.
```

```
        //      DO NOT EDIT what you see in these blocks of generated code!
        //}}AFX_MSG_MAP
END_MESSAGE_MAP()
```

```
/////////////////////////////////////////////////////////////////////////////
// CScrollerDoc construction/destruction

CScrollerDoc::CScrollerDoc()
{
        current_line = 0;
        m_sizeDoc = CSize(400, 1000);
}


CScrollerDoc::~CScrollerDoc()
{
}


BOOL CScrollerDoc::OnNewDocument()
{
        if (!CDocument::OnNewDocument())
                return FALSE;

        // TODO: add reinitialization code here
        // (SDI documents will reuse this document)

        return TRUE;
}


/////////////////////////////////////////////////////////////////////////////
// CScrollerDoc serialization

void CScrollerDoc::Serialize(CArchive& ar)
{
        if (ar.IsStoring())
        {
                // TODO: add storing code here
        }
        else
        {
```

```
                // TODO: add loading code here
        }
}
```

```
//////////////////////////////////////////////////////////////////////////
// CScrollerDoc diagnostics

#ifdef _DEBUG
void CScrollerDoc::AssertValid() const
{
        CDocument::AssertValid();
}

void CScrollerDoc::Dump(CDumpContext& dc) const
{
        CDocument::Dump(dc);
}
#endif //_DEBUG


//////////////////////////////////////////////////////////////////////////
// CScrollerDoc commands
```

Now that we've mastered one useful type of view—scrolling views—let's move on to another: splitter windows, which allow us to split view windows into multiple views.

Splitter Windows

We already know how a view—even a scrollable view—displays data:

Using splitter windows, however, the user can "split" a single window into two views (each showing the same document) like this:

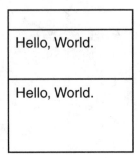

And each new view is independently scrollable. In fact, the user can split a splitter window into views horizontally, vertically, or both:

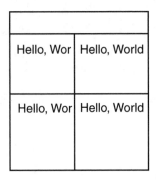

To split a window like this, you use the mouse to grab one of the "splitter boxes" above or to the right of a scroll bar; then drag it to some new position inside the scroll bar. The splitter window will split the view for you (using the splitter box location as the dividing line between views) and allow you to scroll the view as well (as long as you have set up scrolling as we have in SCROLLER).

Let's add splitter windows to SCROLLER now. First, we must create a new class based on the CSplitterWnd MFC class. To do that, open ClassWizard and click the **Add Class...** button, selecting **New...** in the menu that pops up. The Create New Class dialog box opens, as shown in Figure 2.3.

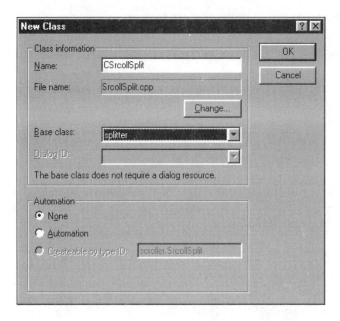

FIGURE 2.3 CREATING A NEW CLASS IN CLASSWIZARD.

Select **Splitter** as the base class of our new class in the Base Class box and give this new class the name CScrollSplit, as shown in Figure 2.3. Then click **Create** to create our new splitter class, with the support files SCROLL-SPLIT.H and SCROLLSPLIT.CPP.

The splitter window itself is actually a member object of the new class (from SCROLLSPLIT.H):

```
// ScrollSplit.h : header file
//


/////////////////////////////////////////////////////////////////////////
// CScrollSplit frame with splitter

#ifndef __AFXEXT_H__
#include <afxext.h>
#endif
```

```
class CScrollSplit : public CMDIChildWnd
{
        DECLARE_DYNCREATE(CScrollSplit)
protected:
        CScrollSplit(); // protected constructor used by dynamic creation

// Attributes
protected:
        CSplitterWnd    m_wndSplitter;                  <-
```

When we first run the program, the splitter window is created and installed like this in CScrollSplit::OnCreateClient() (recall that you need to both declare and create CWnd objects):

```
BOOL CScrollSplit::OnCreateClient(LPCREATESTRUCT /*lpcs*/,
        CCreateContext* pContext)
{
 ->     return m_wndSplitter.Create(this,
                2, 2,          // TODO: adjust the number of rows, columns
                CSize(10, 10),  // TODO: adjust the minimum pane size
                pContext);
}
```

All we have to do now is to install the new class, CScrollSplit, as our new MDI child frame class. That's done in SCROLLER.CPP, the application implementation file. Currently, the InitInstance() function there uses CChildFrame as the MDI child frame window class in the document template:

```
        CMultiDocTemplate* pDocTemplate;
        pDocTemplate = new CMultiDocTemplate(
                IDR_SCROLLTYPE,
                RUNTIME_CLASS(CScrollerDoc),
 ->             RUNTIME_CLASS(CChildFrame), // custom MDI child frame
                RUNTIME_CLASS(CScrollerView));
        AddDocTemplate(pDocTemplate);
```

```
        .
        .
        .
}
```

We change that now to our new splitter class, CScrollSplit:

```
        CMultiDocTemplate* pDocTemplate;
        pDocTemplate = new CMultiDocTemplate(
                IDR_SCROLLTYPE,
                RUNTIME_CLASS(CScrollerDoc),
  ->            RUNTIME_CLASS(CScrollSplit), // custom splitter window
                RUNTIME_CLASS(CScrollerView));
        AddDocTemplate(pDocTemplate);
```

Because we need to include the appropriate header file (SCROLLSPLIT.H) to inform Visual C++ what kind of class we're using, we also add this line to SCROLLER.CPP:

```
// scroller.cpp : Defines the class behaviors for the application.
//

#include "stdafx.h"
#include "scroller.h"

#include "mainfrm.h"
#include "scrollerdoc.h"
#include "scrollerview.h"
#include "scrollsplit.h"    <-
        .
        .
        .
```

We've just installed splitter windows in SCROLLER. Run the program as shown in Figure 2.4, and give the splitter windows a try.

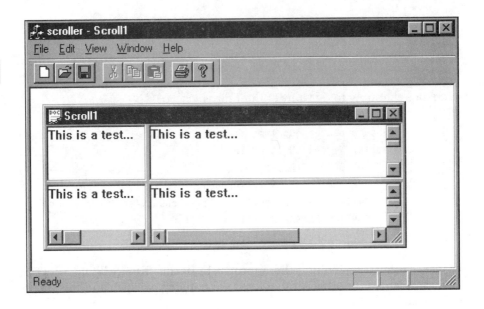

FIGURE 2.4 THE SCROLLER PROGRAM NOW HAS SPLITTER WINDOWS.

The new files SCROLLSPLIT.H and SCROLLSPLIT.CPP appear in Listing 2.3.

LISTING 2.3 SCROLLSPLIT.H AND SCROLLSPLIT.CPP

```
// ScrollSplit.h : header file
//


/////////////////////////////////////////////////////////////////////////////
// CScrollSplit frame with splitter

#ifndef __AFXEXT_H__
#include <afxext.h>
#endif

class CScrollSplit : public CMDIChildWnd
{
        DECLARE_DYNCREATE(CScrollSplit)
protected:
        CScrollSplit(); // protected constructor used by dynamic creation
```

```
// Attributes
protected:
        CSplitterWnd      m_wndSplitter;
public:

// Operations
public:

// Overrides
        // ClassWizard generated virtual function overrides
        //{{AFX_VIRTUAL(CScrollSplit)
        protected:
        virtual BOOL OnCreateClient(LPCREATESTRUCT lpcs,
        CCreateContext* pContext);
        //}}AFX_VIRTUAL

// Implementation
public:
        virtual ~CScrollSplit();

        // Generated message map functions
        //{{AFX_MSG(CScrollSplit)
        // NOTE - the ClassWizard will add and remove member functions here.
        //}}AFX_MSG
        DECLARE_MESSAGE_MAP()
};

/////////////////////////////////////////////////////////////////////////

// ScrollSplit.cpp : implementation file
//

#include "stdafx.h"
#include "scroller.h"
#include "ScrollSplit.h"

#ifdef _DEBUG
#define new DEBUG_NEW
#undef THIS_FILE
```

```
static char THIS_FILE[] = __FILE__;
#endif

//////////////////////////////////////////////////////////////////////////
// CScrollSplit

IMPLEMENT_DYNCREATE(CScrollSplit, CMDIChildWnd)

CScrollSplit::CScrollSplit()
{
}

CScrollSplit::~CScrollSplit()
{
}

BOOL CScrollSplit::OnCreateClient(LPCREATESTRUCT /*lpcs*/,
        CCreateContext* pContext)
{
        return m_wndSplitter.Create(this,
                2, 2,        // TODO: adjust the number of rows, columns
                CSize(10, 10),  // TODO: adjust the minimum pane size
                pContext);
}

BEGIN_MESSAGE_MAP(CScrollSplit, CMDIChildWnd)
        //{{AFX_MSG_MAP(CScrollSplit)
        // NOTE - the ClassWizard will add and remove mapping macros here.
        //}}AFX_MSG_MAP
END_MESSAGE_MAP()

//////////////////////////////////////////////////////////////////////////
// CScrollSplit message handlers
```

So far, we've seen how easy it is to change our view class simply by editing the files AppWizard creates for us. There is another MFC view class that is very useful and even more easily installed than CScrollView, and that is CEditView. This class covers the client area of our window with a text box, and it manages its data internally so we don't have to modify or prepare the document specially. Let's look at CEditView now.

The CEditView Class

If we were to create a new AppWizard SDI EXE project named, say, EDITWND, we could install the CEditView MFC class as our view class's base class simply by editing the view class's header file, EDITWNDVIEW.H, and changing CView to CEditView there:

```
// editwndView.h : interface of the CEditwndView class
//
//////////////////////////////////////////////////////////////////////////////

class CEditwndView : public CEditView              <-
{
protected: // create from serialization only
        CEditwndView();
        DECLARE_DYNCREATE(CEditwndView)
```

Next, in the view class's implementation file, EDITWNDVIEW.CPP, we replace CView with CEditView in the IMPLEMENT_DYNCREATE and BEGIN_MESSAGE_MAP macros:

```
// editwndView.cpp : implementation of the CEditwndView class
//

#include "stdafx.h"
#include "editwnd.h"

#include "editwndDoc.h"
#include "editwndView.h"

#ifdef _DEBUG
#define new DEBUG_NEW
#undef THIS_FILE
static char THIS_FILE[] = __FILE__;
#endif


//////////////////////////////////////////////////////////////////////////////
// CEditwndView
```

```
IMPLEMENT_DYNCREATE(CEditwndView, CEditView)     <-

BEGIN_MESSAGE_MAP(CEditwndView, CEditView)        <-
        //{{AFX_MSG_MAP(CEditwndView)
        ON_WM_CHAR()
        //}}AFX_MSG_MAP
        // Standard printing commands
        ON_COMMAND(ID_FILE_PRINT, CView::OnFilePrint)
        ON_COMMAND(ID_FILE_PRINT_DIRECT, CView::OnFilePrint)
        ON_COMMAND(ID_FILE_PRINT_PREVIEW, CView::OnFilePrintPreview)
END_MESSAGE_MAP()
```

Finally, we make sure that `CEditwndView::PreCreateWindow()` calls
`CEditView::PreCreateWindow()`, not `CView::PreCreateWindow()` (from
EDITWNDVIEW.CPP):

```
BOOL CEditwndView::PreCreateWindow(CREATESTRUCT& cs)
{
        // TODO: Modify the Window class or styles here by modifying
        //  the CREATESTRUCT cs

  ->    return CEditView::PreCreateWindow(cs);
}
```

Now just run the program to make sure that a text box covers the client area,
as in Figure 2.5.

One problem here is that the text box's data are held internally, and not in
our document. On the other hand, messages like WM_CUT and WM_PASTE sent to
our view will work now, so that entries like Cut and Paste, which are already
in our program's Edit menu, will work. This means that when we get all the
text in the text box, we can select it and copy it if we wish. In addition,
CeditView has a member function SerializeRaw() that serializes the text held
in the text box. Use this function in the document's Serialize() function.

As we can see, one good way of customizing programs is to use some of
the predefined MFC view classes available. Next, let's turn to the process of
customizing another very important part of our window—the toolbars.

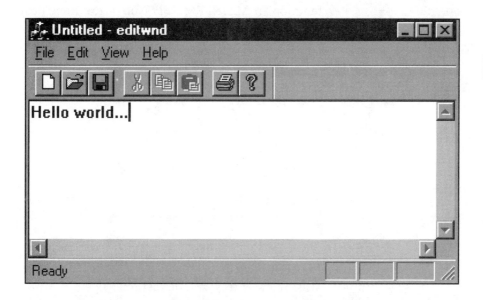

FIGURE 2.5 USING THE CEDITVIEW CLASS FOR EASY TEXT ENTRY.

Customizing Toolbars

In our next example, we'll see how to add a combo box to a toolbar (just like the toolbars in the Microsoft Developer Studio use), as well as add a new button to the toolbar and use tool tips, the small yellow prompts that appear when the user lets the mouse cursor sit over a toolbar button.

We might, for example, write a new program named, say, BOXER, which lets us draw boxes in various colors. The new button in the toolbar will be the "boxing tool," which, when clicked, lets the user draw boxes in the program's client area (by dragging the mouse). In the toolbar's dropdown combo box, we can list several different drawing colors that the user can select from. In addition, we will enable tool tips for both the new combo box and the new button, as well as status bar entries for both of these controls.

Create an AppWizard SDI EXE project now named BOXER. Adding a combo box to BOXER's toolbar will take some work, because none of the Visual C++ wizards will handle such a task. Instead, we'll customize the toolbar ourselves. Right now, the toolbar is created and installed in the

CMainFrame::OnCreate() function in MAINFRM.CPP. Notice the lines dealing with m_wndToolBar, the program's toolbar:

```
int CMainFrame::OnCreate(LPCREATESTRUCT lpCreateStruct)
{
        if (CFrameWnd::OnCreate(lpCreateStruct) == -1)
                return -1;

        if (!m_wndToolBar.Create(this) ||
                !m_wndToolBar.LoadToolBar(IDR_MAINFRAME))
        {
                TRACE0("Failed to create toolbar\n");
                return -1;      // fail to create
        }

        if (!m_wndStatusBar.Create(this) ||
                !m_wndStatusBar.SetIndicators(indicators,
                  sizeof(indicators)/sizeof(UINT)))
        {
                TRACE0("Failed to create status bar\n");
                return -1;      // fail to create
        }

        // TODO: Remove this if you don't want tool tips or a toolbar
        m_wndToolBar.SetBarStyle(m_wndToolBar.GetBarStyle() |
                CBRS_TOOLTIPS | CBRS_FLYBY | CBRS_SIZE_DYNAMIC);

        // TODO: Delete these three lines if you don't want the toolbar to
        //   be dockable
        m_wndToolBar.EnableDocking(CBRS_ALIGN_ANY);
        EnableDocking(CBRS_ALIGN_ANY);
        DockControlBar(&m_wndToolBar);

        return 0;
}
```

This toolbar, m_wndToolBar, is just a standard toolbar, declared in MAIN-FRM.H and derived from the MFC toolbar class CToolBar:

```
class CMainFrame : public CFrameWnd
{
        .
        .
        .
protected:  // control bar embedded members
        CStatusBar  m_wndStatusBar;
  ->    CToolBar    m_wndToolBar;
```

Therefore, this toolbar knows nothing about combo boxes—especially about the one we wish to add. Adding the combo box as a child window in the parent toolbar, then, will be our first task.

Adding a Combo Box to a Toolbar

To add a combo box, we define a new toolbar class as one that has a combo box member object. We do that at the top of MAINFRM.H, calling our new combo box toolbar CComboToolBar. Note that we are embedding our combo box as an object of the MFC class CComboBox:

```
class CComboToolBar : public CToolBar
{
public:
        CComboBox   m_comboBox;
};
```

We will use this toolbar class, not CToolbar, in BOXER. For that reason, we must replace the declaration of the standard toolbar m_wndToolBar with the new toolbar of our new class CComboToolBar. Let's call this new toolbar objectm_wndComboToolbar:

```
class CMainFrame : public CFrameWnd
{
        .
        .
        .
protected:  // control bar embedded members
        CStatusBar  m_wndStatusBar;
  ->    CComboToolBar    m_wndComboToolBar;
```

This means that in CMainFrame::OnCreate(), we must replace m_wndToolBar with m_wndComboToolBar this way:

```
int CMainFrame::OnCreate(LPCREATESTRUCT lpCreateStruct)
{
        if (CFrameWnd::OnCreate(lpCreateStruct) == -1)
                return -1;

   ->   if (!m_wndComboToolBar.Create(this) ||
                !m_wndComboToolBar.LoadToolBar(IDR_MAINFRAME))
        {
                TRACE0("Failed to create toolbar\n");
                return -1;       // fail to create
        }

        if (!m_wndStatusBar.Create(this) ||
                !m_wndStatusBar.SetIndicators(indicators,
                  sizeof(indicators)/sizeof(UINT)))
        {
                TRACE0("Failed to create status bar\n");
                return -1;       // fail to create
        }

        // TODO: Remove this if you don't want tool tips or a toolbar
   ->   m_wndComboToolBar.SetBarStyle(m_wndComboToolBar.GetBarStyle() |
                CBRS_TOOLTIPS | CBRS_FLYBY | CBRS_SIZE_DYNAMIC);

        // TODO: Delete these three lines if you don't want the toolbar to
        //   be dockable
   ->   m_wndComboToolBar.EnableDocking(CBRS_ALIGN_ANY);
        EnableDocking(CBRS_ALIGN_ANY);
   ->   DockControlBar(&m_wndComboToolBar);

        return 0;
}
```

However, we must do more here. In order to create our combo box, we must call its `Create()` member function, and we must also fill it with the drawing colors we want the user to be able to use, as well as reserve space for it in the toolbar itself. We start by giving the combo box its own ID value, `IDC_COMBO`, in the file that holds these numbers, RESOURCE.H:

```
// Microsoft Developer Studio generated include file.
// Used by boxer.rc
//
#define IDD_ABOUTBOX            100
#define IDC_COMBO               102     <-
#define IDR_MAINFRAME           128
```

Next, we associate status bar and tool tip strings with this new control in BOXER.RC. In this case, the status bar prompt, which appears when the mouse cursor is over our combo box, and which explains the function of our combo box, will read **Select new drawing color**, and the tool tip that appears will read **Drawing Color** if we set up that string in BOXER.RC as follows:

```
STRINGTABLE PRELOAD DISCARDABLE
BEGIN
-> IDC_COMBO                "Select new drawing color\nDrawing Color"
   IDS_DEFAULT_FONT         "MS Sans Serif"
END
```

The way to add tool tip text is to include it directly after \n, which itself follows the status bar prompt in a string whose resource ID is the control's ID.

Now we are ready to reserve space for our combo box in the toolbar. We do that with the `CToolBar` member function `SetButtonInfo()`, which sets the dimensions and ID numbers of buttons in the toolbar. In this case, we will tell the toolbar simply to reserve space for our combo box by passing the value `TBBS_SEPARATOR` to `SetButtonInfo()` as the type of our button. This process simply inserts blank space into the toolbar. Toolbar measurements are always in pixels, and we can reserve 100 pixels in the toolbar for our combo bar, as well as adding a separator of 12 pixels (the toolbar standard) between our combo bar and the next button in `CMainFrame::OnCreate()` by calling `SetButtonInfo()` this way:

```
int CMainFrame::OnCreate(LPCREATESTRUCT lpCreateStruct)
{
        if (CFrameWnd::OnCreate(lpCreateStruct) == -1)
                return -1;

        if (!m_wndComboToolBar.Create(this) ||
                !m_wndComboToolBar.LoadToolBar(IDR_MAINFRAME))
        {
                TRACE0("Failed to create toolbar\n");
                return -1;        // fail to create
        }
```
-> `    m_wndComboToolBar.SetButtonInfo(0, IDC_COMBO, TBBS_SEPARATOR, 100);`
-> `    m_wndComboToolBar.SetButtonInfo(1, ID_SEPARATOR, TBBS_SEPARATOR, 12);`
```
        .
        .
        .
```

Now we are ready to begin the combo box's creation process. We start by finding the rectangle that the combo box should be created in, which includes the height of the dropdown list that opens when the user clicks the combo box's arrow; this height is called the *drop height*, and we can make it 100 pixels. We can find the dimensions of the rectangle we have reserved in the toolbar with the CToolBar GetItemRect() function and position our combo box in it, filling a CRect object named rectCombo with the final dimensions of our combo box this way:

```
int CMainFrame::OnCreate(LPCREATESTRUCT lpCreateStruct)
{
        if (CFrameWnd::OnCreate(lpCreateStruct) == -1)
                return -1;
                .
                .
                .
```
-> `    const int nDropHt = 100;`
```

        m_wndComboToolBar.SetButtonInfo(0, IDC_COMBO, TBBS_SEPARATOR, 100);
        m_wndComboToolBar.SetButtonInfo(1, ID_SEPARATOR, TBBS_SEPARATOR, 12);
```
-> `    CRect rectCombo;`

```
->    m_wndComboToolBar.GetItemRect(0, &rect);
->    rectCombo.top = 3;
->    rectCombo.bottom = rectCombo.top + nDropHt;
```

Now all we have to do is call the combo box's `Create()` function. Recall that we embedded the combo box as the member object `m_comboBox` in the `CComboToolBar` class. Consequently, we will call the function `m_wndComboToolBar.m_comboBox.Create()` and pass it the rectangle in which the combo box should be created, as well as the style of combo box we want, a pointer to the combo box's parent window (i.e., `m_wndComboToolBar`), and the ID of the combo box in this way:

```
int CMainFrame::OnCreate(LPCREATESTRUCT lpCreateStruct)
{
        if (CFrameWnd::OnCreate(lpCreateStruct) == -1)
                return -1;

                .

                .

                .

        const int nDropHt = 100;


        m_wndComboToolBar.SetButtonInfo(0, IDC_COMBO, TBBS_SEPARATOR, 100);
        m_wndComboToolBar.SetButtonInfo(1, ID_SEPARATOR, TBBS_SEPARATOR, 12);
        CRect rectCombo;
        m_wndComboToolBar.GetItemRect(0, &rect);
        rectCombo.top = 3;
        rectCombo.bottom = rectCombo.top + nDropHt;
->      if (!m_wndComboToolBar.m_comboBox.Create(
->                      CBS_DROPDOWNLIST|WS_VISIBLE|WS_TABSTOP,
->                      rectCombo, &m_wndComboToolBar, IDC_COMBO)){
->              MessageBox("Failed to create combo box.");
->              return -1;
        }
```

We've created and installed our combo box in the rectangle `rectCombo` in its parent window, which is our toolbar.

The final step is to fill the combo box with the drawing colors we want the user to be able to use. In this example, those colors are red, green, blue, and black. We set up some strings to insert into the combo box in

BOXER.RC in this way (and we give these new constants unique values in RESOURCE.H, just as we did for IDC_COMBO):

```
STRINGTABLE DISCARDABLE
BEGIN
    AFX_IDS_SCRESTORE        "Restore the window to normal size"
    AFX_IDS_SCTASKLIST       "Activate Task List"
->  IDS_RED                  "Red"
->  IDS_GREEN                "Green"
->  IDS_BLUE                 "Blue"
->  IDS_BLACK                "Black"
END
```

All we need to do to load these strings into the dropdown list in the combo box now is to call the combo box's AddString() function. We can load our new string resources into a CString object and pass that to AddString() like this:

```
int CMainFrame::OnCreate(LPCREATESTRUCT lpCreateStruct)
{
        if (CFrameWnd::OnCreate(lpCreateStruct) == -1)
                return -1;

                .

                .

                .

        const int nDropHt = 100;

        m_wndComboToolBar.SetButtonInfo(0, IDC_COMBO, TBBS_SEPARATOR, 100);
        m_wndComboToolBar.SetButtonInfo(1, ID_SEPARATOR, TBBS_SEPARATOR, 12);
        CRect rectCombo;
        m_wndComboToolBar.GetItemRect(0, &rect);
        rectCombo.top = 3;
        rectCombo.bottom = rectCombo.top + nDropHt;
        if (!m_wndComboToolBar.m_comboBox.Create(
                        CBS_DROPDOWNLIST|WS_VISIBLE|WS_TABSTOP,
                        rectCombo, &m_wndComboToolBar, IDC_COMBO)){
                MessageBox("Failed to create combo box.");
                return -1;
        }
```

```
->      CString CStringStyle;
->      if (CStringStyle.LoadString(IDS_RED))
->
m_wndComboToolBar.m_comboBox.AddString((LPCTSTR)CStringStyle);
->      if (CStringStyle.LoadString(IDS_GREEN))
->
m_wndComboToolBar.m_comboBox.AddString((LPCTSTR)CStringStyle);
->      if (CStringStyle.LoadString(IDS_BLUE))
->
m_wndComboToolBar.m_comboBox.AddString((LPCTSTR)CStringStyle);
->      if (CStringStyle.LoadString(IDS_BLACK))
->
m_wndComboToolBar.m_comboBox.AddString((LPCTSTR)CStringStyle);
```

.

.

.

Now the combo box's list will hold these drawing colors: red, green, blue, and black. The user can select the desired drawing color simply by making a selection in the combo box—and we should make that selection available to the rest of the program. Right now, our toolbar is a protected member of the CMainFrame class, but when we draw in BOXER's client area in the view class, we'll want to see what drawing color the user selected. Although we could make the toolbar a public member of CMainFrame so other functions could interrogate our combo box directly for the current selection, that is not the right solution (after all, the mainframe window is the parent of the toolbar and should manage it). The proper solution is to add a public function to CMainFrame to let other parts of the program get the currently selected color. We might call that function CMainFrame::GetComboSelection(), which we can add to CMainFrame in MAINFRM.H this way:

```
class CMainFrame : public CFrameWnd
{
protected: // create from serialization only
        CMainFrame();
        DECLARE_DYNCREATE(CMainFrame)

// Attributes
public:
// Operations
public:
```

```
// Overrides
        // ClassWizard generated virtual function overrides
        //{{AFX_VIRTUAL(CMainFrame)
        virtual BOOL PreCreateWindow(CREATESTRUCT& cs);
        //}}AFX_VIRTUAL


// Implementation
public:
 ->    int GetComboSelection()              {return
m_wndComboToolBar.m_comboBox.GetCurSel();}
```

At this point, we don't have to concern ourselves with the combo box.
When we want the drawing color, we simply call GetComboSelection().

The next step in creating our BOXER program will be to add a button to
the toolbar that allows the user to start drawing boxes.

Adding Bit-Mapped Buttons to a Toolbar

When the user clicks the box-drawing button in the toolbar, he or she will
be able to move to the client area and use the mouse to draw colored boxes.
Our next step is to create this box-drawing button.

Toolbar buttons are usually associated with menu items. Consequently,
we will set up a menu item called Draw a box and then tie our new toolbar
button to it. To add such a menu item now to the Edit menu, use
ClassWizard to connect a view class function to it, OnEditDrawabox():

```
void CBoxerView::OnEditDrawabox()
{

}
```

In this function, we will simply enable drawing by setting a flag, fDrawBox,
to TRUE:

```
void CBoxerView::OnEditDrawabox()
{
 ->    fDrawBox = TRUE;
}
```

In addition, we add this flag to our view class's header file, BOXERVIEW.H, in this way:

```
// boxerView.h : interface of the CBoxerView class
//
/////////////////////////////////////////////////////////////////////////////

class CBoxerView : public CView
{
protected: // create from serialization only
        CBoxerView();
        DECLARE_DYNCREATE(CBoxerView)

// Attributes
public:
        CBoxerDoc* GetDocument();
  ->    BOOL fDrawBox;
```

We set fDrawBox to FALSE initially in the view's constructor:

```
CBoxerView::CBoxerView()
{
  ->    fDrawBox = FALSE;
}
```

So far, the user has selected **Draw a Box** in the Edit menu, and has therefore set fDrawBox to TRUE. Their next step is to move to the client area and press the mouse button. We can record the location at which they did so in a new function we add with ClassWizard, CBoxerView::OnLButtonDown():

```
void CBoxerView::OnLButtonDown(UINT nFlags, CPoint point)
{

        CView::OnLButtonDown(nFlags, point);
}
```

Next, we want to record the location at which the mouse button went down if we are indeed drawing boxes:

```
void CBoxerView::OnLButtonDown(UINT nFlags, CPoint point)
{
  ->    if(fDrawBox) Point1 = point;

        CView::OnLButtonDown(nFlags, point);
}
```

In addition, we put aside space for the two points that will define the current box, Point1 and Point2, in the view class this way (from BOXERVIEW.H):

```
// boxerView.h : interface of the CBoxerView class
//
/////////////////////////////////////////////////////////////////////////////

class CBoxerView : public CView
{
protected: // create from serialization only
        CBoxerView();
        DECLARE_DYNCREATE(CBoxerView)

// Attributes
public:
        CBoxerDoc* GetDocument();
        BOOL fDrawBox;
  ->    CPoint Point1, Point2;
                .
                .
                .
```

When the user moves to a new position, Point2, and releases the mouse button, we want to draw a rectangle between Point1 and Point2 in CBoxerView::OnLButtonUp(). We start by making sure that we are actually drawing boxes and by getting a device context to draw in:

```
void CBoxerView::OnLButtonUp(UINT nFlags, CPoint point)
{
  ->    if(fDrawBox){
  ->            Point2 = point;
  ->            CClientDC dc(this);
```

```
            .

            .

            .
       CView::OnLButtonUp(nFlags, point);
}
```

Next, we must install the correct drawing color in the device context. We can get that color from the combo box in the toolbar by using the CMainFrame function GetComboSelection(). The entries in the combo box are red, green, blue, and black, so we can set the drawing color with a switch statement that sets the color values nRed, nGreen, and nBlue according to the number of the item selected in the combo box (e.g., Red = item 0, Green = item 1 and so on). Note that if there is no current selection in the combo box, it returns a value of -1, which means that the default color, black, stays selected:

```
void CBoxerView::OnLButtonUp(UINT nFlags, CPoint point)
{
        if(fDrawBox){
                Point2 = point;
                CClientDC dc(this);
                int nRed = 0, nGreen = 0, nBlue = 0;

->              switch(((CMainFrame*) GetParent())->GetComboSelection()){
->              case 0:
->                      nRed = 255;
->                      break;
->              case 1:
->                      nGreen = 255;
->                      break;
->              case 2:
->                      nBlue = 255;
->                      break;
->              }
                 .

                 .

                 .

        CView::OnLButtonUp(nFlags, point);
}
```

All that remains now is to install this new color as our drawing color by creating a pen of that color, selecting that pen in the device context and drawing a rectangle from Point1 to Point2. We do that like this:

```
void CBoxerView::OnLButtonUp(UINT nFlags, CPoint point)
{
        if(fDrawBox){
                Point2 = point;
                CClientDC dc(this);
                int nRed = 0, nGreen = 0, nBlue = 0;

                switch(((CMainFrame*) GetParent())->GetComboSelection()){
                case 0:
                        nRed = 255;
                        break;
                case 1:
                        nGreen = 255;
                        break;
                case 2:
                        nBlue = 255;
                        break;
                }
  ->            CPen pen(PS_SOLID, 1, RGB(nRed, nGreen, nBlue));
  ->            dc.SelectObject(pen);
  ->            dc.Rectangle(CRect(Point1, Point2));
          }

        CView::OnLButtonUp(nFlags, point);
}
```

At this point, the user can draw colored boxes, as in Figure 2.6. Our program is a success so far.

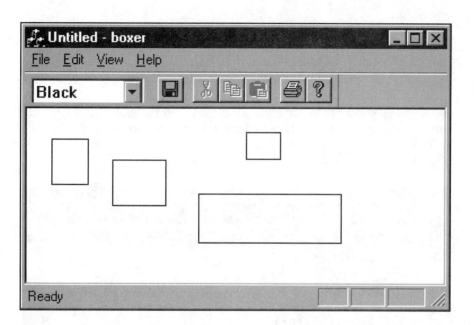

FIGURE 2.6 THE USER CAN SELECT DRAWING COLORS IN OUR TOOLBAR.

However, there is still no button in the toolbar to enable drawing, so we will add that now. We start by finding the list of button IDs in BOXER.RC and adding the ID of our Draw a Box menu item, ID_EDIT_DRAWABOX (already defined by ClassWizard in RESOURCE.H) to that list:

```
IDR_MAINFRAME TOOLBAR DISCARDABLE  16, 15
BEGIN
     BUTTON          ID_FILE_NEW
     BUTTON          ID_FILE_OPEN
     BUTTON          ID_FILE_SAVE
     SEPARATOR
     BUTTON          ID_EDIT_CUT
     BUTTON          ID_EDIT_COPY
     BUTTON          ID_EDIT_PASTE
     SEPARATOR
```

```
   BUTTON       ID_FILE_PRINT
   BUTTON       ID_APP_ABOUT
-> BUTTON       ID_EDIT_DRAWABOX
END
```

Next, we add a status bar prompt and a tool tip to our button by opening the Edit menu and adding the prompt **Draw a box\nDraw a box**, as shown in Figure 2.7. This means that both the status bar and the tool tip will display **Draw a box** when the user lets the mouser cursor rest over our new toolbar button.

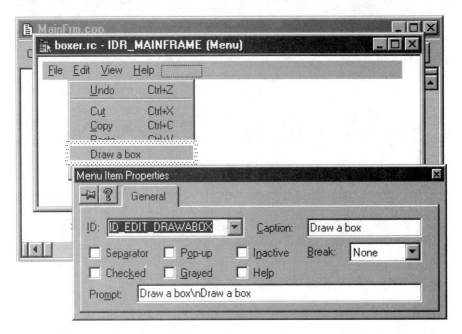

FIGURE 2.7 ADDING A TOOL TIP AND STATUS BAR PROMPT TO A TOOLBAR BUTTON.

Now we must draw our new toolbar button. To do so, simply select the resources tab in Visual C++ and open the Toolbar folder, double clicking the IDR_MAINFRAME toolbar bitmap in it to open it as shown in Figure 2.8.

When you open a toolbar's bitmap, it automatically adds a new button to the end of the toolbar, as shown in Figure 2.8. Using the drawing tools, draw a small box in this new button, as also shown in Figure 2.8, then close the IDR_MAINFRAME toolbar bitmap. Now the new toolbar button appears and is functional, as shown in Figure 2.9.

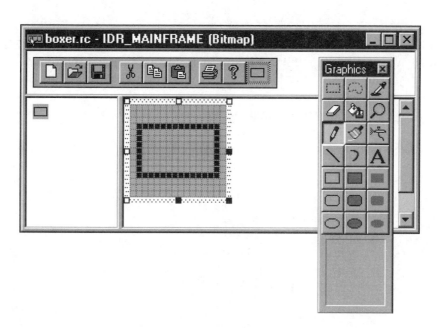

FIGURE 2.8 EDITING A TOOLBAR BUTTON'S BITMAP.

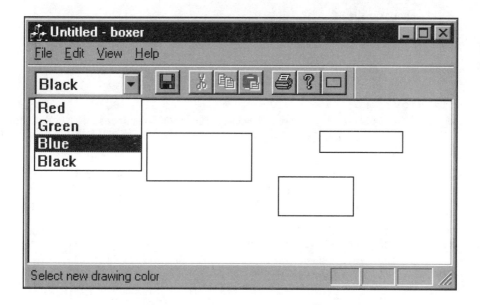

FIGURE 2.9 ADDING A BOX-DRAWING BUTTON TO OUR TOOLBAR.

In this way, we have been able to add a new button to our toolbar, complete with status bar prompt and tool tip. The support files for our view class, BOX-ERVIEW.H and BOXERVIEW.CPP, appear in Listing 2.4, and the files for our mainframe class, MAINFRM.H and MAINFRM.CPP, appear in Listing 2.5.

LISTING 2.4 BOXERVIEW.H AND BOXERVIEW.CPP

```
// boxerView.h : interface of the CBoxerView class
//
///////////////////////////////////////////////////////////////////////

class CBoxerView : public CView
{
protected: // create from serialization only
        CBoxerView();
        DECLARE_DYNCREATE(CBoxerView)

// Attributes
public:
        CBoxerDoc* GetDocument();
        BOOL fDrawBox;
        CPoint Point1, Point2;
// Operations
public:

// Overrides
        // ClassWizard generated virtual function overrides
        //{{AFX_VIRTUAL(CBoxerView)
        public:
        virtual void OnDraw(CDC* pDC);  // overridden to draw this view
        virtual BOOL PreCreateWindow(CREATESTRUCT& cs);
        protected:
        virtual BOOL OnPreparePrinting(CPrintInfo* pInfo);
        virtual void OnBeginPrinting(CDC* pDC, CPrintInfo* pInfo);
        virtual void OnEndPrinting(CDC* pDC, CPrintInfo* pInfo);
        //}}AFX_VIRTUAL

// Implementation
public:
```

```
        virtual ~CBoxerView();
#ifdef _DEBUG
        virtual void AssertValid() const;
        virtual void Dump(CDumpContext& dc) const;
#endif

protected:

// Generated message map functions
protected:
        //{{AFX_MSG(CBoxerView)
        afx_msg void OnEditDrawabox();
        afx_msg void OnLButtonDown(UINT nFlags, CPoint point);
        afx_msg void OnLButtonUp(UINT nFlags, CPoint point);
        //}}AFX_MSG
        DECLARE_MESSAGE_MAP()
};

#ifndef _DEBUG  // debug version in boxerView.cpp
inline CBoxerDoc* CBoxerView::GetDocument()
   { return (CBoxerDoc*)m_pDocument; }
#endif

// boxerView.cpp : implementation of the CBoxerView class
//

#include "stdafx.h"
#include "boxer.h"
#include "mainfrm.h"

#include "boxerDoc.h"
#include "boxerView.h"

#ifdef _DEBUG
#define new DEBUG_NEW
#undef THIS_FILE
static char THIS_FILE[] = __FILE__;
#endif
```

```
//////////////////////////////////////////////////////////////////////
// CBoxerView

IMPLEMENT_DYNCREATE(CBoxerView, CView)

BEGIN_MESSAGE_MAP(CBoxerView, CView)
        //{{AFX_MSG_MAP(CBoxerView)
        ON_COMMAND(ID_EDIT_DRAWABOX, OnEditDrawabox)
        ON_WM_LBUTTONDOWN()
        ON_WM_LBUTTONUP()
        //}}AFX_MSG_MAP
        // Standard printing commands
        ON_COMMAND(ID_FILE_PRINT, CView::OnFilePrint)
        ON_COMMAND(ID_FILE_PRINT_DIRECT, CView::OnFilePrint)
        ON_COMMAND(ID_FILE_PRINT_PREVIEW, CView::OnFilePrintPreview)
END_MESSAGE_MAP()

//////////////////////////////////////////////////////////////////////
// CBoxerView construction/destruction

CBoxerView::CBoxerView()
{
        fDrawBox = FALSE;
}


CBoxerView::~CBoxerView()
{
}


BOOL CBoxerView::PreCreateWindow(CREATESTRUCT& cs)
{
        // TODO: Modify the Window class or styles here by modifying
        //   the CREATESTRUCT cs

        return CView::PreCreateWindow(cs);
}

//////////////////////////////////////////////////////////////////////
// CBoxerView drawing
```

```
void CBoxerView::OnDraw(CDC* pDC)
{
        CBoxerDoc* pDoc = GetDocument();
        ASSERT_VALID(pDoc);

        // TODO: add draw code for native data here
}


/////////////////////////////////////////////////////////////////////////
// CBoxerView printing

BOOL CBoxerView::OnPreparePrinting(CPrintInfo* pInfo)
{
        // default preparation
        return DoPreparePrinting(pInfo);
}

void CBoxerView::OnBeginPrinting(CDC* /*pDC*/, CPrintInfo* /*pInfo*/)
{
        // TODO: add extra initialization before printing
}

void CBoxerView::OnEndPrinting(CDC* /*pDC*/, CPrintInfo* /*pInfo*/)
{
        // TODO: add cleanup after printing
}


/////////////////////////////////////////////////////////////////////////
// CBoxerView diagnostics

#ifdef _DEBUG
void CBoxerView::AssertValid() const
{
        CView::AssertValid();
}

void CBoxerView::Dump(CDumpContext& dc) const
{
        CView::Dump(dc);
```

```
}

CBoxerDoc* CBoxerView::GetDocument() // non-debug version is inline
{
        ASSERT(m_pDocument->IsKindOf(RUNTIME_CLASS(CBoxerDoc)));
        return (CBoxerDoc*)m_pDocument;
}
#endif //_DEBUG

/////////////////////////////////////////////////////////////////////////////
// CBoxerView message handlers

void CBoxerView::OnEditDrawabox()
{
        fDrawBox = TRUE;
}

void CBoxerView::OnLButtonDown(UINT nFlags, CPoint point)
{
        if(fDrawBox) Point1 = point;

        CView::OnLButtonDown(nFlags, point);
}

void CBoxerView::OnLButtonUp(UINT nFlags, CPoint point)
{

        if(fDrawBox){
                Point2 = point;
                CClientDC dc(this);
                int nRed = 0, nGreen = 0, nBlue = 0;

                switch(((CMainFrame*) GetParent())->GetComboSelection()){
                case 0:
                        nRed = 255;
                        break;
                case 1:
                        nGreen = 255;
                        break;
```

```
            case 2:
                    nBlue = 255;
                    break;
            }
            CPen pen(PS_SOLID, 1, RGB(nRed, nGreen, nBlue));
            dc.SelectObject(pen);
            dc.Rectangle(CRect(Point1, Point2));
    }

    CView::OnLButtonUp(nFlags, point);
}
```

LISTING 2.5 MAINFRM.H AND MAINFRM.CPP

```
// MainFrm.h : interface of the CMainFrame class
//
/////////////////////////////////////////////////////////////////////////

class CComboToolBar : public CToolBar
{
public:
        CComboBox    m_comboBox;
};

class CMainFrame : public CFrameWnd
{
protected: // create from serialization only
        CMainFrame();
        DECLARE_DYNCREATE(CMainFrame)

// Attributes
public:
// Operations
public:

// Overrides
        // ClassWizard generated virtual function overrides
        //{{AFX_VIRTUAL(CMainFrame)
```

```
        virtual BOOL PreCreateWindow(CREATESTRUCT& cs);
        //}}AFX_VIRTUAL

// Implementation
public:
        int GetComboSelection()
            {return m_wndComboToolBar.m_comboBox.GetCurSel();}
        virtual ~CMainFrame();
#ifdef _DEBUG
        virtual void AssertValid() const;
        virtual void Dump(CDumpContext& dc) const;
#endif

protected:  // control bar embedded members
        CStatusBar   m_wndStatusBar;
        //CToolBar       m_wndToolBar;
        CComboToolBar    m_wndComboToolBar;

// Generated message map functions
protected:
        //{{AFX_MSG(CMainFrame)
        afx_msg int OnCreate(LPCREATESTRUCT lpCreateStruct);
        //}}AFX_MSG
        DECLARE_MESSAGE_MAP()
};

////////////////////////////////////////////////////////////////////////////

////////////////////////////////////////////////////////////////////////////
// MainFrm.cpp : implementation of the CMainFrame class
//

#include "stdafx.h"
#include "boxer.h"

#include "MainFrm.h"

#ifdef _DEBUG
#define new DEBUG_NEW
```

```
#undef THIS_FILE
static char THIS_FILE[] = __FILE__;
#endif
```

```
/////////////////////////////////////////////////////////////////////////
// CMainFrame

IMPLEMENT_DYNCREATE(CMainFrame, CFrameWnd)

BEGIN_MESSAGE_MAP(CMainFrame, CFrameWnd)
        //{{AFX_MSG_MAP(CMainFrame)
        ON_WM_CREATE()
        //}}AFX_MSG_MAP
END_MESSAGE_MAP()

static UINT indicators[] =
{
        ID_SEPARATOR,           // status line indicator
        ID_INDICATOR_CAPS,
        ID_INDICATOR_NUM,
        ID_INDICATOR_SCRL,
};


/////////////////////////////////////////////////////////////////////////
// CMainFrame construction/destruction

CMainFrame::CMainFrame()
{
        // TODO: add member initialization code here

}

CMainFrame::~CMainFrame()
{
}

int CMainFrame::OnCreate(LPCREATESTRUCT lpCreateStruct)
{
        if (CFrameWnd::OnCreate(lpCreateStruct) == -1)
```

```
            return -1;

    if (!m_wndComboToolBar.Create(this) ||
            !m_wndComboToolBar.LoadToolBar(IDR_MAINFRAME))
    {
            TRACE0("Failed to create toolbar\n");
            return -1;      // fail to create
    }
    const int nDropHt = 100;

    m_wndComboToolBar.SetButtonInfo(0, IDC_COMBO, TBBS_SEPARATOR, 100);
    m_wndComboToolBar.SetButtonInfo(1, ID_SEPARATOR, TBBS_SEPARATOR, 12);
    CRect rectCombo;
    m_wndComboToolBar.GetItemRect(0, &rect);
    rectCombo.top = 3;
    rectCombo.bottom = rectCombo.top + nDropHt;
    if (!m_wndComboToolBar.m_comboBox.Create(
                CBS_DROPDOWNLIST|WS_VISIBLE|WS_TABSTOP,
                rectCombo, &m_wndComboToolBar, IDC_COMBO)){
            MessageBox("Failed to create combo box.");
            return -1;
    }

    if (!m_wndStatusBar.Create(this) ||
            !m_wndStatusBar.SetIndicators(indicators,
              sizeof(indicators)/sizeof(UINT)))
    {
            TRACE0("Failed to create status bar\n");
            return -1;      // fail to create
    }

    CString CStringStyle;
    if (CStringStyle.LoadString(IDS_RED))

m_wndComboToolBar.m_comboBox.AddString((LPCTSTR)CStringStyle);
    if (CStringStyle.LoadString(IDS_GREEN))

m_wndComboToolBar.m_comboBox.AddString((LPCTSTR)CStringStyle);
    if (CStringStyle.LoadString(IDS_BLUE))
```

```
m_wndComboToolBar.m_comboBox.AddString((LPCTSTR)CStringStyle);
        if (CStringStyle.LoadString(IDS_BLACK))

m_wndComboToolBar.m_comboBox.AddString((LPCTSTR)CStringStyle);

        // TODO: Remove this if you don't want tool tips or a toolbar
        m_wndComboToolBar.SetBarStyle(m_wndComboToolBar.GetBarStyle() |
                CBRS_TOOLTIPS | CBRS_FLYBY | CBRS_SIZE_DYNAMIC);

        // TODO: Delete these three lines if you don't want the toolbar to
        //   be dockable
        m_wndComboToolBar.EnableDocking(CBRS_ALIGN_ANY);
        EnableDocking(CBRS_ALIGN_ANY);
        DockControlBar(&m_wndComboToolBar);

        return 0;
}


BOOL CMainFrame::PreCreateWindow(CREATESTRUCT& cs)
{
        // TODO: Modify the Window class or styles here by modifying
        //   the CREATESTRUCT cs

        return CFrameWnd::PreCreateWindow(cs);
}


//////////////////////////////////////////////////////////////////////////
// CMainFrame diagnostics

#ifdef _DEBUG
void CMainFrame::AssertValid() const
{
        CFrameWnd::AssertValid();
}


void CMainFrame::Dump(CDumpContext& dc) const
{
        CFrameWnd::Dump(dc);
```

```
}

#endif //_DEBUG
```

```
//////////////////////////////////////////////////////////////////////
// CMainFrame message handlers
```

In this chapter, we've seen how to customize windows in several ways: by selecting from among the number of alternate view classes that the MFC library supports, including CScrollView and CEditView. We've also seen how to convert our windows into splitter windows, each of which supports scrolling. In addition, we've seen how to customize the toolbar in our windows by adding a dropdown combo box and a new button, as well as by adding status bar prompts and tool tips. We've come far in this chapter. In the next chapter, we'll get add some more power to our programs when we take a look at advanced window handling.

CHAPTER 3

Powerful Visual C++ User-Interface Methods

In this chapter, we will examine some advanced user-interface handling techniques in Visual C++ 5, from seeing how to capture the mouse to interrogating windows about what process created them, from subclassing windows to changing their style settings, from arranging the controls in a dialog box on the fly to associating a particular type of mouse cursor with certain windows, from making a window a "topmost" window that stays on top of all others to creating dialog boxes that double in size (exposing more controls) when you click a button. There's a lot in this chapter, and we'll start by seeing how to use a dialog box as a program's main window.

Using Dialog Boxes as Main Windows

Actually, using a dialog box as a program's main window is simplicity itself. When we create a new program, we merely specify to AppWizard that we want to use a dialog box as the main window. This approach has many advantages, because we can install controls in such a window very easily, simply by using the dialog editor.

Use AppWizard now to create a new EXE program named, say, DLGWND. In the first step, when AppWizard asks what type of application you would like, select **Dialog based** and click the **Finish** button. This creates a program with two main parts: the application object of class `CDlgwndApp` and the modal dialog window object of class `CDlgwndDlg`:

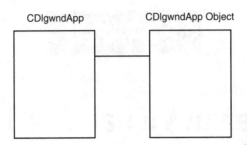

CDlgwndApp   CDlgwndApp Object

As before, the application object is the interface with Windows, and it creates and launches the window in the InitInstance() function. This time, however, the window is a modal dialog box, and that process looks like this:

```
BOOL CDlgwndApp::InitInstance()
{
        // Standard initialization
        // If you are not using these features and wish to reduce the size
        //  of your final executable, you should remove from the following
        //  the specific initialization routines you do not need.

#ifdef _AFXDLL
        Enable3dControls();        // Call this when using MFC in a shared DLL
#else
        Enable3dControlsStatic(); // Call this when linking to MFC statically
#endif

        CDlgwndDlg dlg;
        m_pMainWnd = &dlg;
->      int nResponse = dlg.DoModal();
        if (nResponse == IDOK)
        {
                // TODO: Place code here to handle when the dialog is
                //  dismissed with OK
        }
        else if (nResponse == IDCANCEL)
        {
                // TODO: Place code here to handle when the dialog is
                //  dismissed with Cancel
        }
```

```
        // Since the dialog has been closed, return FALSE so that we exit the
        //  application, rather than start the application's message pump.
        return FALSE;
}
```

Dialog box–based programs are very useful and short. For that reason, many of the programs in this book are dialog box–based to prevent them from getting too long when they are simply meant to illustrate a particular point. When the dialog box is first placed on the screen, we can perform the initialization we want in the dialog window's OnInitDialog() function, CDlgwndDlg::OnInitDialog():

```
BOOL CDlgwndDlg::OnInitDialog()
{
        CDialog::OnInitDialog();

        // Add "About..." menu item to system menu.

        // IDM_ABOUTBOX must be in the system command range.
        ASSERT((IDM_ABOUTBOX & 0xFFF0) == IDM_ABOUTBOX);
        ASSERT(IDM_ABOUTBOX < 0xF000);

        CMenu* pSysMenu = GetSystemMenu(FALSE);
        CString strAboutMenu;
        strAboutMenu.LoadString(IDS_ABOUTBOX);
        if (!strAboutMenu.IsEmpty())
        {
                pSysMenu->AppendMenu(MF_SEPARATOR);
                pSysMenu->AppendMenu(MF_STRING, IDM_ABOUTBOX, strAboutMenu);
        }

        // Set icon for this dialog. The framework does this automatically
        //  when the application's main window is not a dialog
        SetIcon(m_hIcon, TRUE);                         // Set big icon
        SetIcon(m_hIcon, FALSE);                // Set small icon


        // TODO: Add extra initialization here
```

```
        return TRUE;  // return TRUE  unless you set the focus to a control
}
```

The rest of the program is much like the other programs we have built in this book already, except that there are no view or document classes, and drawing the dialog box is handled by the CDialog function OnPaint(), which is called in our dialog window's OnPaint() (not OnDraw()) function (note that it also draws the program's icon if the program is minimized):

```
void CDlgwndDlg::OnPaint()
{
        if (IsIconic())
        {
                CPaintDC dc(this); // device context for painting

                SendMessage(WM_ICONERASEBKGND, (WPARAM) dc.GetSafeHdc(), 0);

                // Center icon in client rectangle
                int cxIcon = GetSystemMetrics(SM_CXICON);
                int cyIcon = GetSystemMetrics(SM_CYICON);
                CRect rect;
                GetClientRect(&rect);
                int x = (rect.Width() - cxIcon + 1) / 2;
                int y = (rect.Height() - cyIcon + 1) / 2;

                // Draw the icon
                dc.DrawIcon(x, y, m_hIcon);
        }
        else
        {
                CDialog::OnPaint();
        }
}
```

Does this mean that we cannot draw on the face of our dialog box? Technically, yes, but practically, no—the tricky solution is simply to cover the parts of the dialog box you want to draw in with a picture box. Then you are indeed free to draw on what appears to be the face of the dialog box like this:

```
else
{
        CDialog::OnPaint();
->      CClientDC dc(GetDlgItem(IDC_PICTURE1));
->      dc.Ellipse(0, 0, 40, 40);
}
```

Making a Window "Topmost"

As with other programs, we can add message handlers to our program using ClassWizard. For example, we can use our new program to explore some advanced window handling now. You may have seen windows that stay on top of all others no matter what is placed on top of them (these are often tool boxes and palettes), and you may wonder how that works. The answer is that the window has been made a topmost window, and we can make our window topmost with the click of a button. To do that, find the Visual C++ Resources tab, and open the Dialog folder, and double-click the IDD_DLGWND_DIALOG dialog box, which is the resource name of our main window. This opens that dialog box, as shown in Figure 3.1.

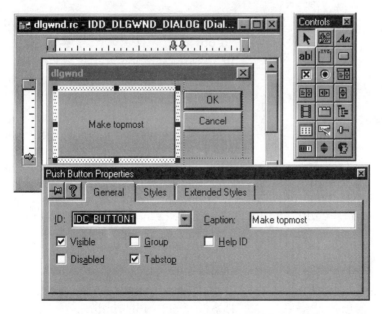

FIGURE 3.1 THE DIALOG EDITOR MODIFIES OUR MAIN WINDOW.

Using the dialog editor, add a new button to the middle of the dialog box and double-click it, opening its property page as shown in Figure 3.1; give this button the caption **Make topmost**. Next, use ClassWizard to connect this button, IDC_BUTTON1, to a function in our program, which ClassWizard names OnButton1():

```
void CDlgwndDlg::OnButton1()
{
}
```

Here we can make our window a topmost window with the function SetWindowPos(). This function is a programmer's favorite, and it does much more than set a window's position. Here's how to use it:

```
BOOL SetWindowPos(const CWnd* pWndInsertAfter, int x, int y,
        int cx, int cy, UINT nFlags);
```

The first parameter, pWndInsertAfter, is a pointer to the window that precedes it in the *Z-order*, or stacking order, on the screen. You can also pass a pointer to one of these values:

wndBottom	Makes this window bottommost, or under all others.
wndTop	Brings this window to the top.
wndTopMost	Makes this window topmost, or on top of all others, even when deactivated.
wndNoTopMost	Moves window ahead of windows that aren't topmost and behind topmost windows.

We will make our dialog box topmost, which means that even when it is deactivated, it will still appear on top of active windows. The x and y parameters indicate the new position of the upper left corner of the window, cx and cy its new width and height, and the nFlags parameter can be a combination of these flags:

SWP_DRAWFRAME	Draws a frame around the window.
SWP_HIDEWINDOW	Hides the window.
SWP_NOACTIVATE	Does not activate window.
SWP_NOMOVE	Do not move window (ignores x and y).

SWP_NOREDRAW	Does not redraw changes.
SWP_NOSIZE	Do not resize (ignores cx and cy).
SWP_NOZORDER	Retains current Z-order (ignores pWndInsertAfter).
SWP_SHOWWINDOW	Displays window.

We simply want to make our window topmost, not move or resize it, so we call SetWindowPos() this way:

```
void CDlgwndDlg::OnButton1()
{
        SetWindowPos(&wndTopMost, 0, 0, 0, 0, SWP_NOMOVE | SWP_NOSIZE);
}
```

When you run the program and click the **Make topmost** button, our window will stay on top of others, even when it is deactivated, as shown in Figure 3.2.

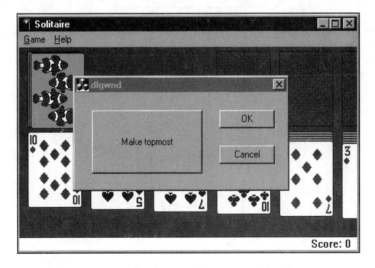

FIGURE 3.2 OUR TOPMOST WINDOW STAYS ON TOP OF OTHERS.

Expanding Dialog Boxes

SetWindowPos() is also used to implement a technique you may have noticed in Windows programs: expanding dialog boxes on the fly. That is, when you click a certain button in a dialog box (typically the button is labeled Options or Advanced), the dialog box may suddenly increase in size, presenting the user with more controls as required. `SetWindowPos()` is used for this purpose because it can set both a window's position and its dimensions. For example, our dialog window currently looks like this on the screen:

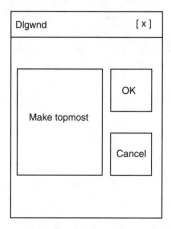

However, when we start, we might present a smaller dialog window to the user, like this:

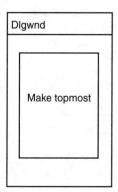

When the user clicks the **Make topmost** button, we can display the rest of the dialog box, expanding it to its full extent:

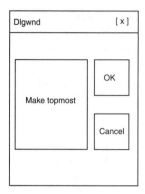

This way, if we had a set of advanced controls, we could hide them unless they are needed. The only problem with resizing our dialog window is that we might start thinking in terms of pixel measurements of widths and heights—but that means different things on different screens. In other words, if we plugged numbers into SetWindowPos() like this to contract our dialog window, those pixel measurements would mean different things on different resolution screens:

```
SetWindowPos(NULL, 0, 0, 185, 290, SWP_NOZORDER | SWP_NOMOVE);
```

Dialog boxes themselves are designed in units that attempt to avoid this problem. If you look in DLGWND.RC, you'll find our main window designed this way in the resource template:

```
IDD_DLGWND_DIALOG DIALOGEX 0, 0, 165, 63
STYLE DS_MODALFRAME | WS_POPUP | WS_VISIBLE | WS_CAPTION | WS_SYSMENU
EXSTYLE WS_EX_APPWINDOW
CAPTION "dlgwnd"
FONT 8, "MS Sans Serif"
BEGIN
    DEFPUSHBUTTON       "OK",IDOK,110,7,48,14
    PUSHBUTTON          "Cancel",IDCANCEL,110,22,48,14
    PUSHBUTTON          "Make topmost",IDC_BUTTON1,7,7,96,49
END
```

These measurements are in special dialog-box units instead of pixels. The horizontal unit is one quarter of the average character width for the dialog box's font, and the vertical unit is one eighth of the average character height. In this way, dialog boxes adjust themselves to the screen on which they appear. However, this also means that it would be inadvisable to hard-code pixel units into the code that expands and contracts our dialog window when we push the **Make topmost** button.

One solution is to note that the dimensions of both the dialog box and the controls in the dialog box are in relatively pixel-free dialog-box units and to use their positions to shrink and expand our dialog window (or we could, if we liked, use the functions MapDialogRect() and GetDialogBaseUnits() to switch between pixels and dialog box units). For example, when we first show the dialog window, we might shrink it so that the right side ends where the OK button begins, giving us the desired effect:

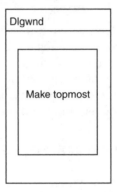

We can shrink our dialog window when it is about to be displayed for the first time, in OnInitDialog(). To pass the new dimensions of our window to SetWindowPos(), we can get the screen coordinates of both the window itself and the OK button with GetWindowRect(). This function returns the coordinates of a window in screen coordinates (if we had wanted only the dimensions of a control, we could use GetClientRect()) and allows us to fill two rectangles, rectWindow for the whole window and rectOKButton for the screen coordinates of the OK button:

```
BOOL CDlgwndDlg::OnInitDialog()
{
        CDialog::OnInitDialog();
                .
                .
                .
        SetIcon(m_hIcon, TRUE);                          // Set big icon
        SetIcon(m_hIcon, FALSE);                  // Set small icon
```

```
 ->     CRect rectOKButton;

 ->     GetWindowRect(&rectWindow);
 ->     GetDlgItem(IDOK)->GetWindowRect(&rectOKButton);
          .

          .

          .

        return TRUE;  // return TRUE  unless you set the focus to a control
}
```

Here, we store `rectWindow` as a class data member so that we can restore the window's original size when the user clicks the button (from DLGWNDDLG.H):

```
class CDlgwndDlg : public CDialog
{
// Construction
public:
        CDlgwndDlg(CWnd* pParent = NULL);        // standard constructor
          .

          .

          .

// Implementation
protected:
        HICON m_hIcon;
 ->     CRect rectWindow;
          .

          .

          .
```

Next, in `OnInitDialog()`, we simply shrink the main window so that we cut off the dialog box when we reach the OK button:

```
BOOL CDlgwndDlg::OnInitDialog()
{
        CDialog::OnInitDialog();
          .

          .

          .

        SetIcon(m_hIcon, TRUE);                          // Set big icon
```

```
            SetIcon(m_hIcon, FALSE);                    // Set small icon


            CRect rectOKButton;

            GetWindowRect(&rectWindow);
            GetDlgItem(IDOK)->GetWindowRect(&rectOKButton);

    ->      SetWindowPos(NULL, 0, 0, rectOKButton.left -
                rectWindow.left, rectWindow.bottom - rectWindow.top,
                SWP_NOZORDER | SWP_NOMOVE);


            return TRUE;  // return TRUE  unless you set the focus to a control
}
```

That's all it takes. The result appears in Figure 3.3. We've shrunk our dialog box.

FIGURE 3.3 SHRINKING A DIALOG BOX.

In `CDlgwndDlg::OnButton1()`, we can restore the window to its original dimensions, stored in `rectWindow`, this way:

```
void CDlgwndDlg::OnButton1()
{
  ->    SetWindowPos(NULL, 0, 0, rectWindow.right -
            rectWindow.left, rectWindow.bottom - rectWindow.top,
            SWP_NOZORDER | SWP_NOMOVE);
        SetWindowPos(&wndTopMost, 0, 0, 0, 0, SWP_NOMOVE | SWP_NOSIZE);
        SendMessage(DM_REPOSITION, 0, 0);
}
```

Now when the user clicks the **Make topmost** button, the dialog window opens to its full extent, shown in Figure 3.2. The OK and Cancel buttons are visible and the dialog window is topmost window. We can also add one more line to OnButton1() this way:

```
void CDlgwndDlg::OnButton1()
{
        SetWindowPos(NULL, 0, 0, rectWindow.right -
            rectWindow.left, rectWindow.bottom - rectWindow.top,
            SWP_NOZORDER | SWP_NOMOVE);
        SetWindowPos(&wndTopMost, 0, 0, 0, 0, SWP_NOMOVE | SWP_NOSIZE);
  ->    SendMessage(DM_REPOSITION, 0, 0);
}
```

Here we send a message, DM_REPOSITION, to our own window. This is a new dialog box message in Windows 95, and it makes a dialog box reposition itself so that it is entirely on the screen. If our dialog box had started half on and half off the screen, it would move fully on-screen when it got this message. We might also note that we can even reposition the controls in the dialog box using SetWindowPos():

```
        GetDlgItem(IDC_BUTTON1)->SetWindowPos(NULL, x, y, 0, 0, SWP_NOSIZE);
```

In this case, x and y are measured in the client-area coordinates of the dialog window.

That's it for our first dialog box–based window program. The application support files, DLGWND.H and DLGWND.CPP, appear in Listing 3.1, and the dialog window support files, DLGWNDDLG.H and DLGWNDDLG.CPP, appear in Listing 3.2.

LISTING 3.1 DLGWND.H AND DLGWND.CPP

```
// dlgwnd.h : main header file for the DLGWND application
//

#ifndef __AFXWIN_H__
        #error include 'stdafx.h' before including this file for PCH
#endif
```

```
#include "resource.h"                    // main symbols


/////////////////////////////////////////////////////////////////////////////
// CDlgwndApp:
// See dlgwnd.cpp for the implementation of this class
//

class CDlgwndApp : public CWinApp
{
public:
        CDlgwndApp();

// Overrides
        // ClassWizard generated virtual function overrides
        //{{AFX_VIRTUAL(CDlgwndApp)
        public:
        virtual BOOL InitInstance();
        //}}AFX_VIRTUAL

// Implementation

        //{{AFX_MSG(CDlgwndApp)
        // NOTE - the ClassWizard will add and remove member functions here.
        //    DO NOT EDIT what you see in these blocks of generated code !
        //}}AFX_MSG
        DECLARE_MESSAGE_MAP()
};



/////////////////////////////////////////////////////////////////////////////
// dlgwnd.cpp : Defines the class behaviors for the application.
//

#include "stdafx.h"
#include "dlgwnd.h"
#include "dlgwndDlg.h"

#ifdef _DEBUG
#define new DEBUG_NEW
```

```
#undef THIS_FILE
static char THIS_FILE[] = __FILE__;
#endif


/////////////////////////////////////////////////////////////////////////
// CDlgwndApp

BEGIN_MESSAGE_MAP(CDlgwndApp, CWinApp)
        //{{AFX_MSG_MAP(CDlgwndApp)
        // NOTE - the ClassWizard will add and remove mapping macros here.
        //      DO NOT EDIT what you see in these blocks of generated code!
        //}}AFX_MSG
        ON_COMMAND(ID_HELP, CWinApp::OnHelp)
END_MESSAGE_MAP()


/////////////////////////////////////////////////////////////////////////
// CDlgwndApp construction

CDlgwndApp::CDlgwndApp()
{
        // TODO: add construction code here,
        // Place all significant initialization in InitInstance
}


/////////////////////////////////////////////////////////////////////////
// The one and only CDlgwndApp object

CDlgwndApp theApp;

/////////////////////////////////////////////////////////////////////////
// CDlgwndApp initialization

BOOL CDlgwndApp::InitInstance()
{
        // Standard initialization
        // If you are not using these features and wish to reduce the size
        //  of your final executable, you should remove from the following
        //  the specific initialization routines you do not need.
```

```
#ifdef _AFXDLL
        Enable3dControls();          // Call this when using MFC in a shared DLL
#else
        Enable3dControlsStatic(); // Call this when linking to MFC statically
#endif

        CDlgwndDlg dlg;
        m_pMainWnd = &dlg;
        int nResponse = dlg.DoModal();
        if (nResponse == IDOK)
        {
                // TODO: Place code here to handle when the dialog is
                //  dismissed with OK
        }
        else if (nResponse == IDCANCEL)
        {
                // TODO: Place code here to handle when the dialog is
                //  dismissed with Cancel
        }

        // Since the dialog has been closed, return FALSE so that we exit the
        //  application, rather than start the application's message pump.
        return FALSE;
}
```

LISTING 3.2 DLGWNDDLG.H AND DLGWNDDLG.CPP

```
// dlgwndDlg.h : header file
//

//////////////////////////////////////////////////////////////////////////
// CDlgwndDlg dialog
class CDlgwndDlg : public CDialog
{
// Construction
public:
        CDlgwndDlg(CWnd* pParent = NULL);          // standard constructor
```

```
// Dialog Data
        //{{AFX_DATA(CDlgwndDlg)
        enum { IDD = IDD_DLGWND_DIALOG };
                // NOTE: the ClassWizard will add data members here
        //}}AFX_DATA

        // ClassWizard generated virtual function overrides
        //{{AFX_VIRTUAL(CDlgwndDlg)
        protected:
        virtual void DoDataExchange(CDataExchange* pDX);
        //}}AFX_VIRTUAL

// Implementation
protected:
        HICON m_hIcon;
        CRect rectWindow;

        // Generated message map functions
        //{{AFX_MSG(CDlgwndDlg)
        virtual BOOL OnInitDialog();
        afx_msg void OnSysCommand(UINT nID, LPARAM lParam);
        afx_msg void OnPaint();
        afx_msg HCURSOR OnQueryDragIcon();
        afx_msg void OnButton1();
        afx_msg void OnShowWindow(BOOL bShow, UINT nStatus);
        //}}AFX_MSG
        DECLARE_MESSAGE_MAP()
};

// dlgwndDlg.cpp : implementation file
//

#include "stdafx.h"
#include "dlgwnd.h"
#include "dlgwndDlg.h"

#ifdef _DEBUG
#define new DEBUG_NEW
#undef THIS_FILE
```

```
static char THIS_FILE[] = __FILE__;
#endif
```

```
/////////////////////////////////////////////////////////////////////////
// CAboutDlg dialog used for App About

class CAboutDlg : public CDialog
{
public:
        CAboutDlg();

// Dialog Data
        //{{AFX_DATA(CAboutDlg)
        enum { IDD = IDD_ABOUTBOX };
        //}}AFX_DATA

        // ClassWizard generated virtual function overrides
        //{{AFX_VIRTUAL(CAboutDlg)
        protected:
        virtual void DoDataExchange(CDataExchange* pDX);     // DDX/DDV support
        //}}AFX_VIRTUAL

// Implementation
protected:
        //{{AFX_MSG(CAboutDlg)
        //}}AFX_MSG
        DECLARE_MESSAGE_MAP()
};

CAboutDlg::CAboutDlg() : CDialog(CAboutDlg::IDD)
{
        //{{AFX_DATA_INIT(CAboutDlg)
        //}}AFX_DATA_INIT
}

void CAboutDlg::DoDataExchange(CDataExchange* pDX)
{
        CDialog::DoDataExchange(pDX);
        //{{AFX_DATA_MAP(CAboutDlg)
```

```
        //}}AFX_DATA_MAP
}


BEGIN_MESSAGE_MAP(CAboutDlg, CDialog)
        //{{AFX_MSG_MAP(CAboutDlg)
        //}}AFX_MSG_MAP
END_MESSAGE_MAP()


/////////////////////////////////////////////////////////////////////////
// CDlgwndDlg dialog

CDlgwndDlg::CDlgwndDlg(CWnd* pParent /*=NULL*/)
        : CDialog(CDlgwndDlg::IDD, pParent)
{
        //{{AFX_DATA_INIT(CDlgwndDlg)
                // NOTE: the ClassWizard will add member initialization here
        //}}AFX_DATA_INIT
        // Note LoadIcon does not require a subsequent DestroyIcon in Win32
        m_hIcon = AfxGetApp()->LoadIcon(IDR_MAINFRAME);
}


void CDlgwndDlg::DoDataExchange(CDataExchange* pDX)
{
        CDialog::DoDataExchange(pDX);
        //{{AFX_DATA_MAP(CDlgwndDlg)
                // NOTE: the ClassWizard will add DDX and DDV calls here
        //}}AFX_DATA_MAP
}


BEGIN_MESSAGE_MAP(CDlgwndDlg, CDialog)
        //{{AFX_MSG_MAP(CDlgwndDlg)
        ON_WM_SYSCOMMAND()
        ON_WM_PAINT()
        ON_WM_QUERYDRAGICON()
        ON_BN_CLICKED(IDC_BUTTON1, OnButton1)
        //}}AFX_MSG_MAP
END_MESSAGE_MAP()


/////////////////////////////////////////////////////////////////////////
```

```
// CDlgwndDlg message handlers

BOOL CDlgwndDlg::OnInitDialog()
{
        CDialog::OnInitDialog();

        // Add "About..." menu item to system menu.

        // IDM_ABOUTBOX must be in the system command range.
        ASSERT((IDM_ABOUTBOX & 0xFFF0) == IDM_ABOUTBOX);
        ASSERT(IDM_ABOUTBOX < 0xF000);

        CMenu* pSysMenu = GetSystemMenu(FALSE);
        CString strAboutMenu;
        strAboutMenu.LoadString(IDS_ABOUTBOX);
        if (!strAboutMenu.IsEmpty())
        {
                pSysMenu->AppendMenu(MF_SEPARATOR);
                pSysMenu->AppendMenu(MF_STRING, IDM_ABOUTBOX, strAboutMenu);
        }

        // Set the icon for this dialog.  The framework does this
            automatically
        //  when the application's main window is not a dialog
        SetIcon(m_hIcon, TRUE);                         // Set big icon
        SetIcon(m_hIcon, FALSE);                  // Set small icon


        CRect rectOKButton;

        GetWindowRect(&rectWindow);
        GetDlgItem(IDOK)->GetWindowRect(&rectOKButton);

        SetWindowPos(NULL, 0, 0, rectOKButton.left -
            rectWindow.left, rectWindow.bottom - rectWindow.top,
            SWP_NOZORDER | SWP_NOMOVE);


        return TRUE;  // return TRUE  unless you set the focus to a control
```

```
}

void CDlgwndDlg::OnSysCommand(UINT nID, LPARAM lParam)
{
        if ((nID & 0xFFF0) == IDM_ABOUTBOX)
        {
                CAboutDlg dlgAbout;
                dlgAbout.DoModal();
        }
        else
        {
                CDialog::OnSysCommand(nID, lParam);
        }
}


// If you add a minimize button to your dialog, you will need the code below
// to draw the icon.  For MFC applications using the document/view model,
//  this is automatically done for you by the framework.

void CDlgwndDlg::OnPaint()
{
        if (IsIconic())
        {
                CPaintDC dc(this); // device context for painting

                SendMessage(WM_ICONERASEBKGND, (WPARAM) dc.GetSafeHdc(), 0);

                // Center icon in client rectangle
                int cxIcon = GetSystemMetrics(SM_CXICON);
                int cyIcon = GetSystemMetrics(SM_CYICON);
                CRect rect;
                GetClientRect(&rect);
                int x = (rect.Width() - cxIcon + 1) / 2;
                int y = (rect.Height() - cyIcon + 1) / 2;

                // Draw the icon
                dc.DrawIcon(x, y, m_hIcon);
        }
        else
```

```
        {
                CDialog::OnPaint();
        }
}

// The system calls this to obtain the cursor to display while the user drags
//   the minimized window.
HCURSOR CDlgwndDlg::OnQueryDragIcon()
{
        return (HCURSOR) m_hIcon;
}


void CDlgwndDlg::OnButton1()
{
        SetWindowPos(NULL, 0, 0, rectWindow.right -
            rectWindow.left, rectWindow.bottom - rectWindow.top,
            SWP_NOZORDER | SWP_NOMOVE);
        SetWindowPos(&wndTopMost, 0, 0, 0, 0, SWP_NOMOVE | SWP_NOSIZE);
        SendMessage(DM_REPOSITION, 0, 0);
}
```

Our first program in this chapter, DLGWND, got us started with a few advanced window-handling techniques such as topmost windows and expanding dialog boxes. In our next program, WNDINFO, we'll go deeper, letting the user pick any window on the screen and get a great deal of information about it, such as the name of the module that registered it, its window styles, its class styles, and the name of its parent window. You might not expect that to be possible when we work with windows owned by other processes and other threads since Win32 emphasizes program autonomy. Let's see how this works.

Interrogating Other Windows for Information

Our next program, WNDINFO, allows the user to learn about any window on the screen. We start with a dialog box–based window:

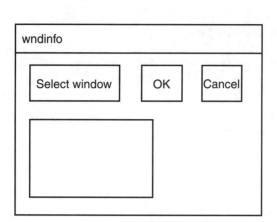

The user clicks the **Select window** button and then clicks any window. When they do, information about that window then fills the WNDINFO text box like this, where the user clicked the **Windows Solitaire** program:

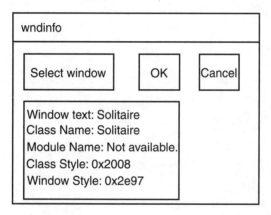

There are two major parts to this program: getting the window that the user clicked and retrieving information from that window. (We will have to be careful because the usual method of doing this, which uses the function `GetClassInfoEx()`, won't work here. `GetClassInfoEx()` returns information about programs in our thread only. Using AppWizard, create a new dialog box–based program that includes the aforementioned controls, including the Select window button (`IDC_BUTTON1`) and the text box (`IDC_EDIT`). Now connect a function, `OnButton1()`, to the Click event of the button.

We'll start by capturing the mouse and making sure that all mouse messages come to us, even if they are directed to other windows.

Capturing the Mouse

Actually, capturing the mouse is very easy—we simply use `SetCapture()` when the user clicks the button that starts the window selection process. That looks like this:

```
void CWndinfoDlg::OnButton1()
{
-> SetCapture();
        .
        .
        .

}
```

The next thing we might do is disable the button itself, since the window selection process is started, and the user cannot start it again until a window is selected:

```
void CWndinfoDlg::OnButton1()
{

    SetCapture();
-> GetDlgItem(IDC_BUTTON1)->EnableWindow(FALSE);
        .
        .
        .


}
```

Now we have to wait until the user selects a window, and that means we have to know a little about mouse capture. Mouse capture works differently in Win32 than Win16. In Win16, when you have captured the mouse, it's yours for as long as you like. The mouse can range all over the screen, but the mouse messages come only to your program. In Win32, one program should not be able to restrict all the system resources—especially if, say, that program entered an infinite loop and held on to the mouse forever. The designers of Windows reached a compromise between functionality and security: when you capture the mouse, it's yours until after the next button-down event occurs for mouse button 1 (because mouse buttons can be swapped using `SwapMouseButtons()`, the primary mouse button is called *button 1*, although we will assume that that's the left button here). After that, you have lost mouse capture. That's okay for our program. After clicking the **Select window** button, the user can click any other window, and, by the time we lose mouse capture, we'll already have a WM_LBUT-TONDOWN event that tells us which window (if any) the user clicked.

To read mouse messages, we'll set up a message loop. Even with mouse capture, we actually could use a ClassWizard function, OnLButtonDown(), to get our WM_LBUTTONDOWN message, but it's useful to see how to get these message from our message queue ourselves—for example, using PeekMessage(), we can examine waiting messages in our message queue without removing them, something ClassWizard will not set up for us. This is a skill we'll need, because message loops like this one are very useful when you want to intercept Windows messages and ClassWizard can't help you, as in the case of coding a dynamic link library (which we'll do in Chapter 6).

In this case, we start our message loop by checking a new flag, fSelectionMade, which is set to TRUE only when the user has clicked a window:

```
void CWndinfoDlg::OnButton1()
{
-> BOOL fSelectionMade = FALSE;

    SetCapture();
    GetDlgItem(IDC_BUTTON1)->EnableWindow(FALSE);

-> while (!fSelectionMade){
    }
```

Next, we have to wait for a message to appear in the message queue. We do that with WaitMessage():

```
void CWndinfoDlg::OnButton1()
{
    BOOL fSelectionMade = FALSE;

    SetCapture();
    GetDlgItem(IDC_BUTTON1)->EnableWindow(FALSE);

    while (!fSelectionMade){
->      WaitMessage();
            .
            .
```

```
    }
```

When a message is waiting for us, WaitMessage() will return, and we can examine it with PeekMessage(). We will set up a structure of type MSG named msgMouse for the message. We will ask for all mouse messages by specifying the range of Windows events we want to retrieve from the queue. That range extends from the value WM_MOUSEFIRST to WM_MOUSELAST, which are defined in WINUSER.H to encompass the full numerical range of mouse messages (WM_KEYFIRST and WM_KEYLAST do the same thing for keyboard messages, as we'll see in Chapter 6). Finally, we will tell PeekMessage() that we want to remove mouse events from the queue with the PM_REMOVE parameter; specifying PM_NOREMOVE allows us to examine messages without removing them from the queue (there is no equivalent MFC function for this):

```
void CWndinfoDlg::OnButton1()
{
    BOOL fSelectionMade = FALSE;

    SetCapture();
    GetDlgItem(IDC_BUTTON1)->EnableWindow(FALSE);

    while (!fSelectionMade){
->      MSG msgMouse;
            WaitMessage();
->          if (PeekMessage(&msgMouse, NULL, WM_MOUSEFIRST,
                WM_MOUSELAST, PM_REMOVE)){

                    .
                    .
                    .

            }
    }
```

Now we can take a look to see if our mouse message was a WM_LBUTTONDOWN message by explicitly checking the message member of our msgMouse structure:

```
void CWndinfoDlg::OnButton1()
{
    BOOL fSelectionMade = FALSE;
```

```
CWnd* pWndSelected;

SetCapture();
GetDlgItem(IDC_BUTTON1)->EnableWindow(FALSE);

while (!fSelectionMade){
MSG msgMouse;
        WaitMessage();
        if (PeekMessage(&msgMouse, NULL, WM_MOUSEFIRST,
            WM_MOUSELAST, PM_REMOVE)){
->              if (msgMouse.message == WM_LBUTTONDOWN){


                }
        }
}
```

If the message we just got from the message queue is a WM_LBUTTONDOWN message, the user must have clicked the mouse somewhere—now we have to get the window they clicked. The lParam parameter of our message now in msgMouse holds the mouse location, and we convert that to a CPoint object, called ptMouse, like this:

```
void CWndinfoDlg::OnButton1()
{
    BOOL fSelectionMade = FALSE;
    CWnd* pWndSelected;

    SetCapture();
    GetDlgItem(IDC_BUTTON1)->EnableWindow(FALSE);

    while (!fSelectionMade){
    MSG msgMouse;
        WaitMessage();
        if (PeekMessage(&msgMouse, NULL, WM_MOUSEFIRST,
            WM_MOUSELAST, PM_REMOVE)){
            if (msgMouse.message == WM_LBUTTONDOWN){
->              CPoint ptMouse((DWORD) msgMouse.lParam);


            }
```

```
            }
        }
```

This mouse location is in client coordinates. We change that to screen coordinates using `ClientToScreen()`:

```
void CWndinfoDlg::OnButton1()
{
    BOOL fSelectionMade = FALSE;
    CWnd* pWndSelected;

    SetCapture();
    GetDlgItem(IDC_BUTTON1)->EnableWindow(FALSE);

    while (!fSelectionMade){
    MSG msgMouse;
            WaitMessage();
            if (PeekMessage(&msgMouse, NULL, WM_MOUSEFIRST,
                WM_MOUSELAST, PM_REMOVE)){
                    if (msgMouse.message == WM_LBUTTONDOWN){
                                CPoint ptMouse((DWORD) msgMouse.lParam);
        ->                      ClientToScreen(&ptMouse);
                                .
                                .
                                .

                    }
            }
    }
```

We now have the full screen coordinates of the point the user clicked. To get the window there, we use the handy (and a programmer's favorite) function `WindowFromPt()`, and terminate the selection loop by setting `fSelectionMade` to TRUE:

```
void CWndinfoDlg::OnButton1()
{
    BOOL fSelectionMade = FALSE;
    CWnd* pWndSelected;
    SetCapture();
```

```
GetDlgItem(IDC_BUTTON1)->EnableWindow(FALSE);
while (!fSelectionMade){
MSG msgMouse;
        WaitMessage();
        if (PeekMessage(&msgMouse, NULL, WM_MOUSEFIRST,
           WM_MOUSELAST, PM_REMOVE)){
                if (msgMouse.message == WM_LBUTTONDOWN){
                        CPoint ptMouse((DWORD) msgMouse.lParam);
                        ClientToScreen(&ptMouse);
                ->  pWndSelected = WindowFromPoint(ptMouse);
                ->  fSelectionMade = TRUE;
                }
        }
}
```

At this point, the user has selected a window. Now, from `WindowFromPt()`, we have a pointer to a `CWnd` object represent that window. It's time to interrogate that window to see that.

Getting Information from a Window

The second half of our WNDINFO program involves using a few key functions: `GetWindowText()`, `GetClassLong()`, and `GetWindowLong()` to get information from the chosen window. (As we mentioned earlier, the usual method of doing this, using `GetClassInfoEx()`, won't work here. It only returns results when you use it on windows in the same thread as WNDINFO.)

We start by releasing mouse capture and by bringing the chosen window to the top of the screen with `BringWindowToTop()`. After we make sure that a window really was chosen by checking if the pointer to that window, `pWndSelected`, is not `NULL`:

```
void CWndinfoDlg::OnButton1()
{
        .

        .

        .

->  ReleaseCapture();

->  if(pWndSelected){
```

```
->            pWndSelected->BringWindowToTop();
                    .
                    .
                    .
```

Next, we can start assembling a string of data to place in the text box for the user to see. Recall that the results of our work will be displayed in the text box like this:

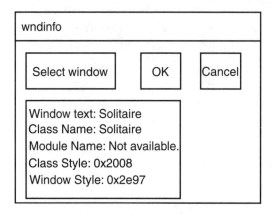

We'll call that output string `out_string`, and we can add text to it as we decode information from the selected window. First, we must get the window text of the chosen window (the window text is usually the title of the window in the title bar) with `GetWindowText()`:

```
void CWndinfoDlg::OnButton1()
{
        .
        .
        .

    ReleaseCapture();

    if(pWndSelected){
            pWndSelected->BringWindowToTop();
->          CString out_string = "", CStringWindowText = "";
->          pWndSelected->GetWindowText(CStringWindowText);
```

Then we add any window text (many control windows won't have any) to `out_string` this way:

```
void CWndinfoDlg::OnButton1()
{
                .
                .
                .

    ReleaseCapture();

    if(pWndSelected){
                pWndSelected->BringWindowToTop();
->              CString out_string = "", CStringWindowText = "";
->              pWndSelected->GetWindowText(CStringWindowText);
                if(!CStringWindowText.IsEmpty()){
                        out_string += "Window text: ";
                        out_string += CStringWindowText;
                        out_string += "\r\n";
                }
```

The next step is to get the class name of the chosen window, and we do that with the GetClassName() function. We have to pass a window handle to this function (i.e., this function has no CWnd MFC equivalent, which wouldn't use handles). When we get the window's class name, we add it to out_string:

```
void CWndinfoDlg::OnButton1()
{
                .
                .
                .

    ReleaseCapture();

    if(pWndSelected){
                pWndSelected->BringWindowToTop();
->              const int MAX_CHARS = 100;
->              char szText[MAX_CHARS];
                CString out_string = "", CStringWindowText = "";
                pWndSelected->GetWindowText(CStringWindowText);
                if(!CStringWindowText.IsEmpty()){
                        out_string += "Window text: ";
                        out_string += CStringWindowText;
                        out_string += "\r\n";
```

```
        }
->      GetClassName(pWndSelected->m_hWnd, szText, MAX_CHARS);
->      out_string += "Class Name: ";
->      out_string += szText;
->      out_string += "\r\n";

        .

        .

        .
```

Next, we try to get the name of the module that registered the window. We can do that with GetClassLong(), which returns a long value—usually a Windows handle—that tells us something about the window's class. We use GetClassLong() like this: GetClassLong(hWnd, flag), where flag is one of these values:

GCW_ATOM	Gets ATOM value identifying the window class.
GCL_CBCLSEXTRA	Gets size of extra memory bytes of class.
GCL_CBWNDEXTRA	Gets size of the extra memory of window .
GCL_HBRBACKGROUND	Gets handle of background brush of the class.
GCL_HCURSOR	Gets handle of cursor associated with class.
GCL_HICON	Gets handle of icon associated with class.
GCL_HICONSM	Gets handle of small icon associated with class.
GCL_HMODULE	Gets handle of module that registered class.
GCL_MENUNAME	Gets address of menu name string .
GCL_STYLE	Gets window-class style bits.
GCL_WNDPROC	Gets address of window procedure of with class.

In code, that looks like this, where we use the function GetModuleFileName() to get a filename from the module handle:

```
void CWndinfoDlg::OnButton1()
{
        .

        .

        .

    ReleaseCapture();
```

```
if(pWndSelected){
            pWndSelected->BringWindowToTop();
            const int MAX_CHARS = 100;
            char szText[MAX_CHARS];
            CString out_string = "", CStringWindowText = "";
            pWndSelected->GetWindowText(CStringWindowText);
            if(!CStringWindowText.IsEmpty()){
                    out_string += "Window text: ";
                    out_string += CStringWindowText;
                    out_string += "\r\n";
                         .

                         .

                         .

->          if(!GetModuleFileName((HMODULE)GetClassLong(pWndSelected->
->              m_hWnd, GCL_HMODULE), szText, MAX_CHARS)){
->                  sprintf(szText, "Not available.");
->          }
->          out_string += "Module Name: ";
->          out_string += szText;
->          out_string += "\r\n";
```

Next, we use GetClassLong() to get the class style, which consists of all the window-class style bits that were ORed together when the class was first created (in a WNDCLASS structure):

```
void CWndinfoDlg::OnButton1()
{
        .

        .

        .

    ReleaseCapture();

    if(pWndSelected){

        .

        .

        .

->          sprintf(szText, "%#x", GetClassLong(pWndSelected->m_hWnd,
->              GCL_STYLE));
->          out_string += "Class Style: ";
```

```
    ->          out_string += szText;
    ->          out_string += "\r\n";
                     .
                     .
                     .
```

Besides `GetClassLong()`, we can also use `GetWindowLong()` like this:
`GetWindowLong(hWnd, flag)`, where `flag` is one of these parameters:

GWL_EXSTYLE	Gets extended window styles.
GWL_STYLE	Gets the window styles.
GWL_WNDPROC	Gets address of window's window procedure.
GWL_HINSTANCE	Gets handle of the application instance.
GWL_HWNDPARENT	Gets handle of parent window, if any.
GWL_ID	Gets identifier of the window.
GWL_USERDATA	Gets 32-bit value associated the window.

In this case, we use `GetWindowLong()` to retrieve the window's window style bits:

```
void CWndinfoDlg::OnButton1()
{
        .
        .
        .

    ReleaseCapture();

    if(pWndSelected){
        .
        .
        .

    ->          sprintf(szText, "%#x", GetWindowLong(pWndSelected->m_hWnd,
    ->              GWL_STYLE));
    ->          out_string += "Window Style: ";
    ->          out_string += szText;
    ->          out_string += "\r\n";
                     .
                     .
                     .
```

Besides `GetClassLong()` and `GetWindowLong()`, the two functions
`SetClassLong()` and `SetWindowLong()` exist, and they set long values instead
of retrieving them. For example, we might use, say, `SetWindowLong()` to
change a window's style to `WS_EX_TRANSPARENT` this way:

```
SetWindowLong(m_hWnd, GWL_EXSTYLE, GetWindowLong(m_hWnd, GWL_EXSTYLE)
        | WS_EX_TRANSPARENT);
```

A transparent window is one that does not recieve any `WM_PAINT` messages, so
it is not drawn, which means that whatever is underneath can show through.
This feature can be very useful. For example, one way to make it appear that
you have actually added buttons to one corner of the Windows desktop—
where they are readily available to the user—is to make a dialog box–based
window transparent (so the Windows wallpaper shows through), stretch it to
fit the screen (by examining the screen dimensions, `SM_CXSCREEN` and
`SM_CYSCREEN`, from a call to `GetSystemMetrics()`—or `GetDeviceCaps(HORZRES)`
and `GetDeviceCaps(VERTRES)`—and using `SetWindowPos()`), and make it a bot-
tommost window so that it lies under all other windows. (In Windows 95
you can also use an AppBar, or desktop application toolbar, which can be
anchored to one edge of the screen just like the Windows 95 taskbar.)

Finally, in WNDINFO, we can check if the window has a parent (i.e., if the
chosen window was a child window). If it does, we can get the parent win-
dow's text (usually its title):

```
void CWndinfoDlg::OnButton1()
{
    .
    .
    .

    ReleaseCapture();

    if(pWndSelected){
        .
        .
        .

->          if(pWndSelected->GetParent() != NULL){
->              CStringWindowText.Empty();
->              (pWndSelected->GetParent())->
->                  GetWindowText(CStringWindowText);
->              if(!CStringWindowText.IsEmpty()){
```

```
->                              out_string += "Parent window text: ";
->                              out_string += CStringWindowText;
->                              out_string += "\r\n";
->                      }
->              }
```

The last two steps simply re-enable the Select window button and place the completed output string, out_string, into the text box:

```
void CWndinfoDlg::OnButton1()
{

        .
        .
        .

    ReleaseCapture();

    if(pWndSelected){
        .
        .
        .

                if(pWndSelected->GetParent() != NULL){
                        CStringWindowText.Empty();
                        (pWndSelected->GetParent())->
                            GetWindowText(CStringWindowText);
                        if(!CStringWindowText.IsEmpty()){
                                out_string += "Parent window text: ";
                                out_string += CStringWindowText;
                                out_string += "\r\n";
                        }
                }
->              SetDlgItemText(IDC_EDIT1,out_string);
->              GetDlgItem(IDC_BUTTON1)->EnableWindow(TRUE);
        }
}
```

When you run WNDINFO, click the **Select window** button and then click any window. You'll see information about that window as shown in Figure 3.4. Our program is a success.

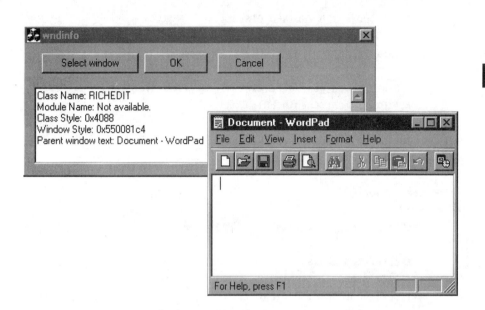

FIGURE 3.4 WNDINFO GIVES US INFORMATION ABOUT ANY WINDOW.

The support files for WNDINFO, WNDINFODLG.H and WNDINFODLG.CPP, appear in Listing 3.3.

LISTING 3.3 WNDINFODLG.H AND WNDINFODLG.CPP

```
// wndinfoDlg.h : header file
//


/////////////////////////////////////////////////////////////////////////
// CWndinfoDlg dialog

class CWndinfoDlg : public CDialog
{
// Construction
public:
        CWndinfoDlg(CWnd* pParent = NULL);        // standard constructor

// Dialog Data
        //{{AFX_DATA(CWndinfoDlg)
```

```
        enum { IDD = IDD_WNDINFO_DIALOG };
                // NOTE: the ClassWizard will add data members here
        //}}AFX_DATA


        // ClassWizard generated virtual function overrides
        //{{AFX_VIRTUAL(CWndinfoDlg)
        protected:
        virtual void DoDataExchange(CDataExchange* pDX);
        //}}AFX_VIRTUAL

// Implementation
protected:
        HICON m_hIcon;

        // Generated message map functions
        //{{AFX_MSG(CWndinfoDlg)
        virtual BOOL OnInitDialog();
        afx_msg void OnSysCommand(UINT nID, LPARAM lParam);
        afx_msg void OnPaint();
        afx_msg HCURSOR OnQueryDragIcon();
        afx_msg void OnButton1();
        //}}AFX_MSG
        DECLARE_MESSAGE_MAP()
};



// wndinfoDlg.cpp : implementation file
//

#include "stdafx.h"
#include "wndinfo.h"
#include "wndinfoDlg.h"

#ifdef _DEBUG
#define new DEBUG_NEW
#undef THIS_FILE
static char THIS_FILE[] = __FILE__;
#endif
```

```
/////////////////////////////////////////////////////////////////////////
// CAboutDlg dialog used for App About

class CAboutDlg : public CDialog
{
public:
        CAboutDlg();

// Dialog Data
        //{{AFX_DATA(CAboutDlg)
        enum { IDD = IDD_ABOUTBOX };
        //}}AFX_DATA

        // ClassWizard generated virtual function overrides
        //{{AFX_VIRTUAL(CAboutDlg)
        protected:
        virtual void DoDataExchange(CDataExchange* pDX);   // DDX/DDV support
        //}}AFX_VIRTUAL

// Implementation
protected:
        //{{AFX_MSG(CAboutDlg)
        //}}AFX_MSG
        DECLARE_MESSAGE_MAP()
};

CAboutDlg::CAboutDlg() : CDialog(CAboutDlg::IDD)
{
        //{{AFX_DATA_INIT(CAboutDlg)
        //}}AFX_DATA_INIT
}

void CAboutDlg::DoDataExchange(CDataExchange* pDX)
{
        CDialog::DoDataExchange(pDX);
        //{{AFX_DATA_MAP(CAboutDlg)
        //}}AFX_DATA_MAP
}
```

```
BEGIN_MESSAGE_MAP(CAboutDlg, CDialog)
        //{{AFX_MSG_MAP(CAboutDlg)
                // No message handlers
        //}}AFX_MSG_MAP
END_MESSAGE_MAP()


/////////////////////////////////////////////////////////////////////////
// CWndinfoDlg dialog

CWndinfoDlg::CWndinfoDlg(CWnd* pParent /*=NULL*/)
        : CDialog(CWndinfoDlg::IDD, pParent)
{
        //{{AFX_DATA_INIT(CWndinfoDlg)
                // NOTE: the ClassWizard will add member initialization here
        //}}AFX_DATA_INIT
        // Note LoadIcon does not require a subsequent DestroyIcon in Win32
        m_hIcon = AfxGetApp()->LoadIcon(IDR_MAINFRAME);
}


void CWndinfoDlg::DoDataExchange(CDataExchange* pDX)
{
        CDialog::DoDataExchange(pDX);
        //{{AFX_DATA_MAP(CWndinfoDlg)
                // NOTE: the ClassWizard will add DDX and DDV calls here
        //}}AFX_DATA_MAP
}


BEGIN_MESSAGE_MAP(CWndinfoDlg, CDialog)
        //{{AFX_MSG_MAP(CWndinfoDlg)
        ON_WM_SYSCOMMAND()
        ON_WM_PAINT()
        ON_WM_QUERYDRAGICON()
        ON_BN_CLICKED(IDC_BUTTON1, OnButton1)
        //}}AFX_MSG_MAP
END_MESSAGE_MAP()


/////////////////////////////////////////////////////////////////////////
// CWndinfoDlg message handlers
```

```
BOOL CWndinfoDlg::OnInitDialog()
{
        CDialog::OnInitDialog();

        // Add "About..." menu item to system menu.

        // IDM_ABOUTBOX must be in the system command range.
        ASSERT((IDM_ABOUTBOX & 0xFFF0) == IDM_ABOUTBOX);
        ASSERT(IDM_ABOUTBOX < 0xF000);

        CMenu* pSysMenu = GetSystemMenu(FALSE);
        CString strAboutMenu;
        strAboutMenu.LoadString(IDS_ABOUTBOX);
        if (!strAboutMenu.IsEmpty())
        {
                pSysMenu->AppendMenu(MF_SEPARATOR);
                pSysMenu->AppendMenu(MF_STRING, IDM_ABOUTBOX, strAboutMenu);
        }

        // Set icon for this dialog.  The framework does this automatically
        //   when the application's main window is not a dialog
        SetIcon(m_hIcon, TRUE);                        // Set big icon
        SetIcon(m_hIcon, FALSE);                // Set small icon


        // TODO: Add extra initialization here


        return TRUE;  // return TRUE  unless you set the focus to a control
}

void CWndinfoDlg::OnSysCommand(UINT nID, LPARAM lParam)
{
        if ((nID & 0xFFF0) == IDM_ABOUTBOX)
        {
                CAboutDlg dlgAbout;
                dlgAbout.DoModal();
        }
        else
```

```
            {
                    CDialog::OnSysCommand(nID, lParam);
            }
}

// If you add a minimize button to your dialog, you will need the code below
//   to draw the icon.  For MFC applications using the document/view model,
//   this is automatically done for you by the framework.

void CWndinfoDlg::OnPaint()
{
        if (IsIconic())
        {
                CPaintDC dc(this); // device context for painting

                SendMessage(WM_ICONERASEBKGND, (WPARAM) dc.GetSafeHdc(), 0);

                // Center icon in client rectangle
                int cxIcon = GetSystemMetrics(SM_CXICON);
                int cyIcon = GetSystemMetrics(SM_CYICON);
                CRect rect;
                GetClientRect(&rect);
                int x = (rect.Width() - cxIcon + 1) / 2;
                int y = (rect.Height() - cyIcon + 1) / 2;

                // Draw the icon
                dc.DrawIcon(x, y, m_hIcon);
        }
        else
        {
                CDialog::OnPaint();
        }
}

// The system calls this to obtain the cursor to display while the user drags
//   the minimized window.
HCURSOR CWndinfoDlg::OnQueryDragIcon()
{
        return (HCURSOR) m_hIcon;
```

```
}

void CWndinfoDlg::OnButton1()
{
        BOOL fSelectionMade = FALSE;
    CWnd* pWndSelected;

    SetCapture();
        GetDlgItem(IDC_BUTTON1)->EnableWindow(FALSE);
    while (!fSelectionMade){
    MSG msgMouse;
            WaitMessage();
            if (PeekMessage(&msgMouse, NULL, WM_MOUSEFIRST,
                WM_MOUSELAST, PM_REMOVE)){
                        if (msgMouse.message == WM_LBUTTONDOWN){
                                CPoint ptMouse((DWORD) msgMouse.lParam);
                ClientToScreen(&ptMouse);
                pWndSelected = WindowFromPoint(ptMouse);
                fSelectionMade = TRUE;
                }
            }
    }

    ReleaseCapture();

        if(pWndSelected){
                const int MAX_CHARS = 100;
                char szText[MAX_CHARS];
                CString out_string = "", CStringWindowText = "";
                pWndSelected->BringWindowToTop();
                pWndSelected->GetWindowText(CStringWindowText);
                if(!CStringWindowText.IsEmpty()){
                        out_string += "Window text: ";
                        out_string += CStringWindowText;
                        out_string += "\r\n";
                }
                GetClassName(pWndSelected->m_hWnd, szText, MAX_CHARS);
                out_string += "Class Name: ";
                out_string += szText;
```

```
out_string += "\r\n";
if(!GetModuleFileName((HMODULE)GetClassLong(pWndSelected->
    m_hWnd, GCL_HMODULE), szText, MAX_CHARS)){
        sprintf(szText, "Not available.");
}
out_string += "Module Name: ";
out_string += szText;
out_string += "\r\n";
sprintf(szText, "%#x", GetClassLong(pWndSelected->m_hWnd,
    GCL_STYLE));
out_string += "Class Style: ";
out_string += szText;
out_string += "\r\n";
sprintf(szText, "%#x", GetWindowLong(pWndSelected->m_hWnd,
    GWL_STYLE));
out_string += "Window Style: ";
out_string += szText;
out_string += "\r\n";
if(pWndSelected->GetParent() != NULL){
        CStringWindowText.Empty();
        (pWndSelected->GetParent())->
            GetWindowText(CStringWindowText);
        if(!CStringWindowText.IsEmpty()){
                out_string += "Parent window text: ";
                out_string += CStringWindowText;
                out_string += "\r\n";
        }
}
SetDlgItemText(IDC_EDIT1,out_string);
GetDlgItem(IDC_BUTTON1)->EnableWindow(TRUE);
    }
}
```

Our next topic will be subclassing windows, as we see how to customize predefined windows.

Subclassing a Window

Subclassing a window is much like deriving a class from a base class. In this case, we will see how subclassing a text box works. Our subclassed text box will look just like any other text box, except when the user types **x** the text box will beep and not accept the character.

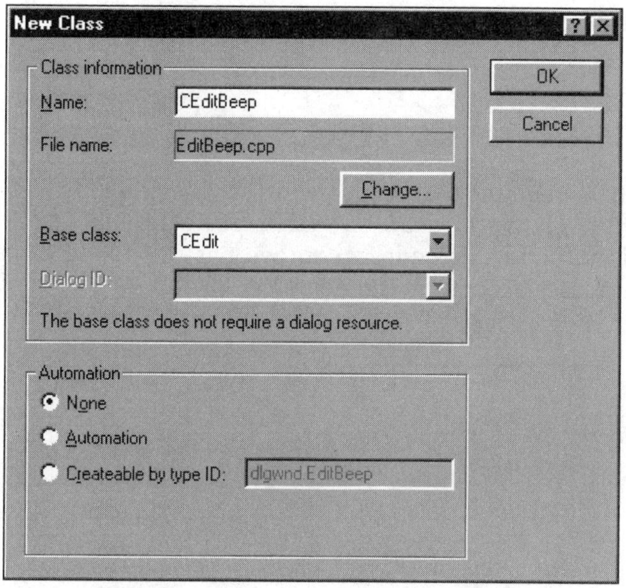

FIGURE 3.5 CREATING THE CEDITBEEP CLASS

Start a new AppWizard dialog box–based EXE project now named, say, SUBCLASS. To create and use the new subclassed text box class, CEditBeep, open ClassWizard, click the **Add Class...** button, and select **New** from the popup menu that appears. This opens the Create New Class box as shown in Figure 3.5. Give this new class the name CEditBeep, and select the base class CEdit from the Base class dropdown list box, as also shown in Figure 3.5. Click the **Create** button to create the new class, CEditBeep, whose support files are EDITBEEP.H and EDITBEEP.CPP. As we can see from EDITBEEP.H, this new class is derived from the CEdit class:

```
// EditBeep.h : header file
//
```

```
////////////////////////////////////////////////////////////////////////////
// CEditBeep window

class CEditBeep : public CEdit              <—
{
// Construction
public:
        CEditBeep();
        .

        .

        .
```

To give our new class the correct behavior (i.e., beeping instead of accepting the character X), we add an `OnChar()` function to `CEditBeep` using ClassWizard, and add this code, where we pass all typed characters on to the `CEdit` base class except the character X:

```
void CEditBeep::OnChar(UINT nChar, UINT nRepCnt, UINT nFlags)
{
  ->    if (nChar == 'x'){
  ->            Beep(0, 0);
  ->    }
  ->    else{
  ->            CEdit::OnChar(nChar, nRepCnt, nFlags);
  ->    }
}
```

The support files for this class, EDITBEEP.H and EDITBEEP.CPP, appear in Listing 3.4.

LISTING 3.4 EDITBEEP.H AND EDITBEEP.CPP

```
// EditBeep.h : header file
//


////////////////////////////////////////////////////////////////////////////
// CEditBeep window

class CEditBeep : public CEdit
{
```

```
// Construction
public:
        CEditBeep();

// Attributes
public:

// Operations
public:

// Overrides
        // ClassWizard generated virtual function overrides
        //{{AFX_VIRTUAL(CEditBeep)
        //}}AFX_VIRTUAL

// Implementation
public:
        virtual ~CEditBeep();

        // Generated message map functions
protected:
        //{{AFX_MSG(CEditBeep)
        afx_msg void OnChar(UINT nChar, UINT nRepCnt, UINT nFlags);
        //}}AFX_MSG

        DECLARE_MESSAGE_MAP()
};

/////////////////////////////////////////////////////////////////////////////
// EditBeep.cpp : implementation file
//

#include "stdafx.h"
#include "subclass.h"
#include "EditBeep.h"

#ifdef _DEBUG
#define new DEBUG_NEW
#undef THIS_FILE
static char THIS_FILE[] = __FILE__;
```

```
#endif

/////////////////////////////////////////////////////////////////////////
// CEditBeep

CEditBeep::CEditBeep()
{
}
CEditBeep::~CEditBeep()
{
}


BEGIN_MESSAGE_MAP(CEditBeep, CEdit)
        //{{AFX_MSG_MAP(CEditBeep)
        ON_WM_CHAR()
        //}}AFX_MSG_MAP
END_MESSAGE_MAP()
/////////////////////////////////////////////////////////////////////////
// CEditBeep message handlers
void CEditBeep::OnChar(UINT nChar, UINT nRepCnt, UINT nFlags)
{
        if (nChar == 'x'){
                Beep(0, 0);
        }
        else{
                CEdit::OnChar(nChar, nRepCnt, nFlags);
        }
}
```

Now that we've customized the CEditBeep class, let's put it to use in our SUBCLASS program. We add the CEditBeep header file, EDITBEEP.H to our program's header file, SUBCLASSDLG.H, so we can refer to the CEditBeep class in our program and create a member object of this class, m_EditBeep:

```
// subclassDlg.h : header file
//


/////////////////////////////////////////////////////////////////////////
// CSubclassDlg dialog
```

```
#include "editbeep.h"                     <-
class CSubclassDlg : public CDialog
{
// Construction
public:
        CSubclassDlg(CWnd* pParent = NULL);        // standard constructor
->      CEditBeep m_EditBeep;
            .
            .
            .
```

Next, add a text box, IDC_EDIT1 to the dialog window, and a button, IDC_BUT-TON1 with the caption Subclass text box. When the user clicks the button, we can subclass the text box as an CEditBeep object. Next, connect a function to the button and open it:

```
void CSubclassDlg::OnButton1()
{
}
```

Here, we want to subclass the text box to become a CEditBeep object, and we can do that with SubClassDlgItem(), where we pass the text box's ID and a pointer to its parent window (i.e., a this pointer) this way:

```
void CSubclassDlg::OnButton1()
{
  ->   if(!m_EditBeep.SubclassDlgItem(IDC_EDIT1, this)){
       }
}
```

If we successfully subclassed the text box, we can set the focus to the text box; otherwise, we must inform the user that we were not successful:

```
void CSubclassDlg::OnButton1()
{
        if(!m_EditBeep.SubclassDlgItem(IDC_EDIT1, this)){
  ->           MessageBox("Could not subclass text box.");
        }
        else{
```

```
->              GetDlgItem(IDC_EDIT1)->SetFocus();
        }
}
```

When we subclass a control like this, the window procedure in the text box is superceded by the window procedure in the CEditBeep class. In fact, you used to have to write a new window procedure, which dealt directly with Windows messages, but Visual C++ hides that from us. Instead, we must derive a new class and add member functions. If we want to pass messages on to the original object, we just call the base class's functions like this, where we pass characters on to the text box:

```
void CEditBeep::OnChar(UINT nChar, UINT nRepCnt, UINT nFlags)
{
        if (nChar == 'x'){
                Beep(0, 0);
        }
        else{
->              CEdit::OnChar(nChar, nRepCnt, nFlags);
        }
}
```

Our program is ready, and you can see it in Figure 3.6. When you type any character but an X, it appears in the subclassed text box. When you type an X, the text box just beeps. Our program is a success, and the support files SUBCLASSDLG.H and SUBCLASSDLG.CPP appear in Listing 3.5.

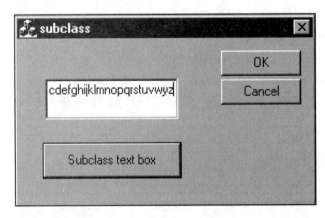

FIGURE 3.6 OUR SUBCLASSED TEXT BOX WILL NOT PRINT THE CHARACTER X.

LISTING 3.5 SUBCLASSDLG.H AND SUBCLASSDLG.CPP

```cpp
// subclassDlg.h : header file
//


/////////////////////////////////////////////////////////////////////////
// CSubclassDlg dialog

#include "editbeep.h"
class CSubclassDlg : public CDialog
{
// Construction
public:
        CSubclassDlg(CWnd* pParent = NULL);           // standard constructor
        CEditBeep m_EditBeep;
// Dialog Data
        //{{AFX_DATA(CSubclassDlg)
        enum { IDD = IDD_SUBCLASS_DIALOG };
                // NOTE: the ClassWizard will add data members here
        //}}AFX_DATA

        // ClassWizard generated virtual function overrides
        //{{AFX_VIRTUAL(CSubclassDlg)
        protected:
        virtual void DoDataExchange(CDataExchange* pDX);
        //}}AFX_VIRTUAL

// Implementation
protected:
        HICON m_hIcon;

        // Generated message map functions
        //{{AFX_MSG(CSubclassDlg)
        virtual BOOL OnInitDialog();
        afx_msg void OnSysCommand(UINT nID, LPARAM lParam);
        afx_msg void OnPaint();
        afx_msg HCURSOR OnQueryDragIcon();
        afx_msg void OnButton1();
        //}}AFX_MSG
```

```
          DECLARE_MESSAGE_MAP()
};
// subclassDlg.cpp : implementation file
//

#include "stdafx.h"
#include "subclass.h"
#include "subclassDlg.h"

#ifdef _DEBUG
#define new DEBUG_NEW
#undef THIS_FILE
static char THIS_FILE[] = __FILE__;
#endif

/////////////////////////////////////////////////////////////////////////
// CAboutDlg dialog used for App About

class CAboutDlg : public CDialog
{
public:
        CAboutDlg();

// Dialog Data
        //{{AFX_DATA(CAboutDlg)
        enum { IDD = IDD_ABOUTBOX };
        //}}AFX_DATA

        // ClassWizard generated virtual function overrides
        //{{AFX_VIRTUAL(CAboutDlg)
        protected:
        virtual void DoDataExchange(CDataExchange* pDX);    // DDX/DDV support
        //}}AFX_VIRTUAL

// Implementation
protected:
        //{{AFX_MSG(CAboutDlg)
        //}}AFX_MSG
        DECLARE_MESSAGE_MAP()
```

```
};


CAboutDlg::CAboutDlg() : CDialog(CAboutDlg::IDD)
{
        //{{AFX_DATA_INIT(CAboutDlg)
        //}}AFX_DATA_INIT
}


void CAboutDlg::DoDataExchange(CDataExchange* pDX)
{
        CDialog::DoDataExchange(pDX);
        //{{AFX_DATA_MAP(CAboutDlg)
        //}}AFX_DATA_MAP
}


BEGIN_MESSAGE_MAP(CAboutDlg, CDialog)
        //{{AFX_MSG_MAP(CAboutDlg)
                // No message handlers
        //}}AFX_MSG_MAP
END_MESSAGE_MAP()


/////////////////////////////////////////////////////////////////////////
// CSubclassDlg dialog

CSubclassDlg::CSubclassDlg(CWnd* pParent /*=NULL*/)
        : CDialog(CSubclassDlg::IDD, pParent)
{
        //{{AFX_DATA_INIT(CSubclassDlg)
                // NOTE: the ClassWizard will add member initialization here
        //}}AFX_DATA_INIT
        // Note LoadIcon does not require a subsequent DestroyIcon in Win32
        m_hIcon = AfxGetApp()->LoadIcon(IDR_MAINFRAME);
}


void CSubclassDlg::DoDataExchange(CDataExchange* pDX)
{
        CDialog::DoDataExchange(pDX);
        //{{AFX_DATA_MAP(CSubclassDlg)
                // NOTE: the ClassWizard will add DDX and DDV calls here
```

```
                //}}AFX_DATA_MAP
        }

BEGIN_MESSAGE_MAP(CSubclassDlg, CDialog)
        //{{AFX_MSG_MAP(CSubclassDlg)
        ON_WM_SYSCOMMAND()
        ON_WM_PAINT()
        ON_WM_QUERYDRAGICON()
        ON_BN_CLICKED(IDC_BUTTON1, OnButton1)
        //}}AFX_MSG_MAP
END_MESSAGE_MAP()


/////////////////////////////////////////////////////////////////////////
// CSubclassDlg message handlers

BOOL CSubclassDlg::OnInitDialog()
{
        CDialog::OnInitDialog();

        // Add "About..." menu item to system menu.

        // IDM_ABOUTBOX must be in the system command range.
        ASSERT((IDM_ABOUTBOX & 0xFFF0) == IDM_ABOUTBOX);
        ASSERT(IDM_ABOUTBOX < 0xF000);

        CMenu* pSysMenu = GetSystemMenu(FALSE);
        CString strAboutMenu;
        strAboutMenu.LoadString(IDS_ABOUTBOX);
        if (!strAboutMenu.IsEmpty())
        {
                pSysMenu->AppendMenu(MF_SEPARATOR);
                pSysMenu->AppendMenu(MF_STRING, IDM_ABOUTBOX, strAboutMenu);
        }

        // Set icon for this dialog.  The framework does this automatically
        //  when the application's main window is not a dialog
        SetIcon(m_hIcon, TRUE);                 // Set big icon
        SetIcon(m_hIcon, FALSE);                // Set small icon
```

```
        // TODO: Add extra initialization here

        return TRUE;  // return TRUE  unless you set the focus to a control
}
void CSubclassDlg::OnSysCommand(UINT nID, LPARAM lParam)
{
        if ((nID & 0xFFF0) == IDM_ABOUTBOX)
        {
                CAboutDlg dlgAbout;
                dlgAbout.DoModal();
        }
        else
        {
                CDialog::OnSysCommand(nID, lParam);
        }
}


// If you add a minimize button to your dialog, you will need the code below
//  to draw the icon.  For MFC applications using the document/view model,
//  this is automatically done for you by the framework.

void CSubclassDlg::OnPaint()
{
        if (IsIconic())
        {
                CPaintDC dc(this); // device context for painting

                SendMessage(WM_ICONERASEBKGND, (WPARAM) dc.GetSafeHdc(), 0);

                // Center icon in client rectangle
                int cxIcon = GetSystemMetrics(SM_CXICON);
                int cyIcon = GetSystemMetrics(SM_CYICON);
                CRect rect;
                GetClientRect(&rect);
                int x = (rect.Width() - cxIcon + 1) / 2;
                int y = (rect.Height() - cyIcon + 1) / 2;

                // Draw the icon
                dc.DrawIcon(x, y, m_hIcon);
```

```
        }
        else
        {
                CDialog::OnPaint();
        }
}


// The system calls this to obtain the cursor to display while the user drags
//   the minimized window.
HCURSOR CSubclassDlg::OnQueryDragIcon()
{
        return (HCURSOR) m_hIcon;
}
void CSubclassDlg::OnButton1()
{
        if(!m_EditBeep.SubclassDlgItem(IDC_EDIT1, this)){
                MessageBox("Could not subclass text box.");
        }
        else{
                GetDlgItem(IDC_EDIT1)->SetFocus();
        }
}
```

Our final topic for this chapter will be changing a window's style not after it is already on the screen, but before it is created. That is done in the PreWindowCreate() function, a very useful function that programmers often neglect.

Using PreWindowCreate() to Modify Window Classes

In this example, we will redefine MDIChild windows to use a different cursor by changing their class before they are created. Here, we will change their cursor to an up arrow from the standard IDC_ARROW cursor. We could do that with a function like LoadStandardCursor() like this:

```
SetCursor(AfxGetApp()->LoadStandardCursor(IDC_UPARROW));
```

However, setting the cursor as it passes over our window depends, among other things, on intercepting mouse events. It's much easier to change the window class to use this IDC_UP_ARROW cursor, and we can do that in PreCreateWindow():

```
BOOL CUpcursorView::PreCreateWindow(CREATESTRUCT& cs)
{

        return CView::PreCreateWindow(cs);

}
```

In this function, called before our view class is created, we are passed a pointer to a CREATESTUCT structure that has these members:

```
typedef struct tagCREATESTRUCT{
    LPVOID    lpCreateParams;
    HINSTANCE hInstance;
    HMENU     hMenu;
    HWND      hwndParent;
    int       cy;
    int       cx;
    int       y;
    int       x;
    LONG      style;
    LPCTSTR   lpszName;
    LPCTSTR   lpszClass;
    DWORD     dwExStyle;
} CREATESTRUCT;
```

Here, we will change the window's class style by setting the cursor to IDC_UPARROW. To do this, we will register a new window class with AfxRegisterWndClass() and replace the lpszClass member of the CREAT-ESTRUCT with our new class this way:

```
BOOL CUpcursorView::PreCreateWindow(CREATESTRUCT& cs)
{
```

```
->    cs.lpszClass = AfxRegisterWndClass(CS_DBLCLKS,
              AfxGetApp()->LoadStandardCursor(IDC_UPARROW),
              (HBRUSH)(COLOR_WINDOW+1),
              AfxGetApp()->LoadIcon(IDR_MAINFRAME));

      return CView::PreCreateWindow(cs);
}
```

We pass this new CREATESTRUCT on to the default CView::PreCreateWindow() function, and our new windows are created with the up arrow cursor, as shown in Figure 3.7.

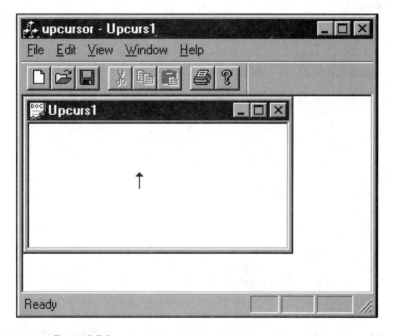

FIGURE 3.7 OUR NEW WINDOW CLASS USES AN UP ARROW CURSOR.

We've come far in this chapter, from seeing how to work with mouse capture to registering new window classes, from subclassing a window to using dialog boxes as main windows, from creating topmost windows to expanding dialog boxes and more. In Chapter 4, we're going to turn to another very popular topic: advanced graphics.

CHAPTER 4

More Power with Graphics

In this chapter, we will explore some powerful graphics methods, such as passing bitmaps to the clipboard, capturing all or part of the screen, drawing anywhere on the screen, using metafiles to make redrawing windows automatic (eliminating the need for complex code in OnDraw()), and drawing graphics in a fully functional listbox. These methods present us with some powerful techniques.

Screen Capture

In the screen capture program, we can let the user outline a section of screen by stretching a rectangle anywhere on the screen and then copying the contents of the rectangle to both our view and the clipboard (so the captured section can be pasted into paint programs).

This is made a little more difficult because of Win32 *mouse capture*—after we capture the mouse, it's ours only until the next time the primary mouse button goes down; after that, we've lost mouse capture. However, we still need the mouse to outline a rectangle on the screen, so we'll follow the method of several Windows 95 utilities: the user presses the left mouse button while the cursor is in our view, moves to the start location to begin capture, and presses the *right* mouse button to start outlining the capture rectangle on the screen, all the while holding the left mouse button down. After the rectangle is outlined, the user releases the right mouse button and we copy the section of the screen that's been outlined. Let's put this technique to work—create a new AppWizard MDI EXE program called, say, WNDCAP now. Next, connect functions to all the mouse events we'll need: WM_LBUTTONDOWN, WM_LBUTTONUP, WM_MOUSEMOVE, WM_RBUTTONDOWN, and WM_RBUTTONUP. The process begins when the user presses (and holds) the left mouse button in our view, so we'll set mouse capture there. In addition, because there are two mouse buttons, we'll use two flags—fCapture to indicate that we've set mouse capture (with the left mouse button) and fBoxing to indicate that we are outlining the desired rectangle on the screen to capture (using the right mouse button). In CWndcapView::OnLButtonDown(), we capture the mouse and set the two flags correctly, fCapture to TRUE and fBoxing to FALSE (since the right mouse button hasn't gone down yet):

```
void CWndcapView::OnLButtonDown(UINT nFlags, CPoint point)
{
->      SetCapture();
->      fCapture = TRUE;
->      fBoxing = FALSE;

        CView::OnLButtonDown(nFlags, point);
}
```

In OnLButtonUp(), the left mouse button has gone up, and we'll release the mouse and reset the two flags:

```
void CWndcapView::OnLButtonUp(UINT nFlags, CPoint point)
{
->      ReleaseCapture();
->      fCapture = FALSE;
->      fBoxing = FALSE;

        CView::OnLButtonUp(nFlags, point);
}
```

After pressing the left mouse button to start mouse capture, the user moves to one corner of the rectangle to capture and presses the right mouse button. We can call this first corner of the rectangle the anchor point, or ptAnchor, and we set it from the current mouse position—but what does that mean? We are passed the mouse position in OnRButtonDown(), but that is in terms of client coordinates, although we are using the whole screen now. To use screen coordinates, we can use GetMousePos(), which returns the screen position of the mouse when the current message was generated. Finally, since we are starting the boxing process (i.e., drawing the rectangle), we set the fBoxing flag TRUE:

```
void CWndcapView::OnRButtonDown(UINT nFlags, CPoint point)
{
->      if (fCapture){
```

```
->          ptAnchor = GetMessagePos();
->          fBoxing = TRUE;
->      }

        CView::OnRButtonDown(nFlags, point);
}
```

At this point, then, we have started the boxing process. When the user moves the mouse, we want to stretch a rectangle on the screen to show the area that will be captured.

Drawing Anywhere on the Screen

To draw anywhere on the screen, we open the OnMouseMove() function and check to see if we have mouse capture and can draw the rectangle:

```
void CWndcapView::OnMouseMove(UINT nFlags, CPoint point)
{
        if (fCapture && fBoxing){

        }

        CView::OnMouseMove(nFlags, point);
}
```

If so, we get the mouse position of the current message:

```
void CWndcapView::OnMouseMove(UINT nFlags, CPoint point)
{
        if (fCapture && fBoxing){
->              CPoint ptNow = GetMessagePos();
                    .

                    .

                    .

        }

        CView::OnMouseMove(nFlags, point);
}
```

Next, we want to draw on the screen, but how do we get a device context for the entire screen? We get it this way:

```
void CWndcapView::OnMouseMove(UINT nFlags, CPoint point)
{
        if (fCapture && fBoxing){
                CPoint ptNow = GetMessagePos();
->          CDC dcScreen;
->          dcScreen.CreateDC("DISPLAY", NULL, NULL, NULL);

                .
                .
                .

        }

        CView::OnMouseMove(nFlags, point);
}
```

Now our device context dcScreen corresponds to the entire screen, and we're free to draw anywhere on it. We start by setting the drawing mode, the ROP2 (standing for binary raster operation) mode, to R2_NOT with SetROP2(). Here are the various SetROP2() options:

R2_BLACK	Pixel is always black.
R2_WHITE	Pixel is always white.
R2_NOP	Pixel does not change.
R2_NOT	Pixel is inverse of screen color.
R2_COPYPEN	Pixel is the pen color.
R2_NOTCOPYPEN	Pixel is the inverse of the pen color.
R2_MERGEPENNOT	Pixel is ((NOT screen pixel) OR pen).
R2_MASKPENNOT	Pixel is ((NOT screen pixel) AND pen).
R2_MERGENOTPEN	Pixel is ((NOT pen) OR screen pixel).
R2_MASKNOTPEN	Pixel is ((NOT pen) AND screen pixel).
R2_MERGEPEN	Pixel is (pen OR screen pixel).
R2_NOTMERGEPEN	Pixel is (NOT(pen OR screen pixel)).
R2_MASKPEN	Pixel is (pen AND screen pixel).
R2_NOTMASKPEN	Pixel is (NOT(pen AND screen pixel)).
R2_XORPEN	Pixel is (pen XOR screen pixel).
R2_NOTXORPEN	Pixel is (NOT(pen XOR screen pixel)).

Here we set the ROP2 mode to R2_NOT:

```
void CWndcapView::OnMouseMove(UINT nFlags, CPoint point)
{
        if (fCapture && fBoxing){
                CPoint ptNow = GetMessagePos();
                CDC dcScreen;
                dcScreen.CreateDC("DISPLAY", NULL, NULL, NULL);
    ->          dcScreen.SetROP2(R2_NOT);
                    .

                    .

                    .

        }


        CView::OnMouseMove(nFlags, point);
}
```

We do this so that the line we draw is the inverse of anything already on the screen and will be readily visible. In addition, drawing the same line twice will restore the screen to its original condition. That feature is very valuable because we don't have to store that original screen condition—all we have to do to make a line appear is draw it. To make it disappear, we just redraw it.

In addition, because we are going to use the device context Rectangle() function, which by default draws filled rectangles, we select a NULL_BRUSH into our device context so that the rectangle appears empty, not filled:

```
void CWndcapView::OnMouseMove(UINT nFlags, CPoint point)
{
        if (fCapture && fBoxing){
                CPoint ptNow = GetMessagePos();
            CDC dcScreen;
            dcScreen.CreateDC("DISPLAY", NULL, NULL, NULL);
                dcScreen.SetROP2(R2_NOT);
    ->          dcScreen.SelectStockObject(NULL_BRUSH);
                    .

                    .

                    .

        }
```

```
        CView::OnMouseMove(nFlags, point);
}
```

Now we're ready to draw our rectangle, which goes from the anchor point to the current mouse location, ptNow:

```
void CWndcapView::OnMouseMove(UINT nFlags, CPoint point)
{
        if (fCapture && fBoxing){
                CPoint ptNow = GetMessagePos();
            CDC dcScreen;
            dcScreen.CreateDC("DISPLAY", NULL, NULL, NULL);
                dcScreen.SetROP2(R2_NOT);
                dcScreen.SelectStockObject(NULL_BRUSH);
->              dcScreen.Rectangle(CRect(ptAnchor, ptNow));
                    .

                    .

                    .


        }



        CView::OnMouseMove(nFlags, point);
}
```

However, we also have to remove any previous rectangle that we have drawn from the anchor point to the previous mouse location, which we might call ptOld. That is, the process of making a rectangle appear to "stretch" on the screen is really the process of erasing old rectangles and drawing new ones as the mouse moves. For that reason, we erase the previous rectangle, which goes from ptAnchor to ptOld like this:

```
void CWndcapView::OnMouseMove(UINT nFlags, CPoint point)
{
        if (fCapture && fBoxing){
                CPoint ptNow = GetMessagePos();
            CDC dcScreen;
            dcScreen.CreateDC("DISPLAY", NULL, NULL, NULL);
                dcScreen.SetROP2(R2_NOT);
                dcScreen.SelectStockObject(NULL_BRUSH);
```

```
    ->          dcScreen.Rectangle(CRect(ptOld, ptAnchor));
                dcScreen.Rectangle(CRect(ptAnchor, ptNow));
                            .
                            .
                            .
        }
```

```
            CView::OnMouseMove(nFlags, point);
}
```

And then we make the current mouse position into the old mouse point, ptOld, so that the next time we draw a rectangle, we'll be erasing the current one:

```
void CWndcapView::OnMouseMove(UINT nFlags, CPoint point)
{
        if (fCapture && fBoxing){
                CPoint ptNow = GetMessagePos();
            CDC dcScreen;
            dcScreen.CreateDC("DISPLAY", NULL, NULL, NULL);
                dcScreen.SetROP2(R2_NOT);
                dcScreen.SelectStockObject(NULL_BRUSH);
                dcScreen.Rectangle(CRect(ptOld, ptAnchor));
                dcScreen.Rectangle(CRect(ptAnchor, ptNow));
    ->          ptOld = ptNow;
        }


            CView::OnMouseMove(nFlags, point);
}
```

There is one problem—beause we set ptOld after erasing the old rectangle and drawing the new one, what will ptOld be set to when we want to erase the very first rectangle? To solve that problem, we set ptOld to the anchor point when the right mouse button first goes down and we begin boxing:

```
void CWndcapView::OnRButtonDown(UINT nFlags, CPoint point)
{
```

```
        if (fCapture){
                ptAnchor = GetMessagePos();
    ->          ptOld = ptAnchor;
                fBoxing = TRUE;
        }



        CView::OnRButtonDown(nFlags, point);
}
```

We've made a rectangle "stretch" to match the movements of the mouse on the screen. When the user releases the right mouse button, we want to erase the last rectangle and then capture the outlined area. We do that in OnRButtonUp():

```
void CWndcapView::OnRButtonUp(UINT nFlags, CPoint point)
{
        CView::OnRButtonUp(nFlags, point);
}
```

First, as before, we check to make sure that we have mouse capture and that we're boxing:

```
void CWndcapView::OnRButtonUp(UINT nFlags, CPoint point)
{
        if (fCapture && fBoxing){

                .

                .

                .

        }
        CView::OnRButtonUp(nFlags, point);
}
```

If so, then our first task is to erase the previous rectangle (which goes from ptAnchor to ptOld) from the screen like this:

```
void CWndcapView::OnRButtonUp(UINT nFlags, CPoint point)
{
        if (fCapture && fBoxing){
    ->          CPoint ptNow = GetMessagePos();
```

```
->          CDC dcScreen;
->          dcScreen.CreateDC("DISPLAY", NULL, NULL, NULL);
->          dcScreen.SetROP2(R2_NOT);
->          dcScreen.SelectStockObject(NULL_BRUSH);
->          dcScreen.Rectangle(CRect(ptAnchor, ptOld));

                      .

                      .

                      .

        }
        CView::OnRButtonUp(nFlags, point);
}
```

Capturing the Screen

Now we know what rectangle the user wants to capture: it goes from the current mouse location, ptNow, to the anchor point, ptAnchor. To capture this area to our view, we'll use the BitBlt() function:

```
BOOL BitBlt( int x, int y, int nWidth, int nHeight, CDC*
pSrcDC, int xSrc, int ySrc, DWORD dwRop );
```

BitBlt() is the powerful low-level bitmap function of Windows. Here are what the various parameters of BitBlt() mean:

x	x-coordinate of the upper-left of destination rectangle.
y	y-coordinate of the upper-left of destination rectangle.
nWidth	Width of destination rectangle and source bitmap.
nHeight	Height of destination rectangle and source bitmap.
pSrcDC	Pointer to a CDC object: the source device context.
xSrc	x-coordinate of upper-left of source bitmap.
ySrc	y-coordinate of upper-left of source bitmap.
dwRop	Raster operation to be performed.

The dwRop parameter can take these values:

BLACKNESS	Makes all output black.

DSTINVERT	Inverts destination bitmap.
MERGECOPY	ANDs pattern and the source bitmap.
MERGEPAINT	ORs inverted source bitmap with destination bitmap.
NOTSRCCOPY	Copies inverted source bitmap to destination.
NOTSRCERASE	Inverts result of ORing destination and source bitmaps.
PATCOPY	Copies pattern to destination bitmap.
PATINVERT	XORs destination bitmap with the pattern.
PATPAINT	ORs inverted source bitmap with the pattern.
SRCAND	ANDs pixels of the destination and source bitmaps.
SRCCOPY	Copies source bitmap to destination bitmap.
SRCERASE	Inverts destination bitmap and ORs with source bitmap.
SRCINVERT	XORs pixels of destination and source bitmaps.
SRCPAINT	ORs pixels of the destination and source bitmaps.
WHITENESS	Makes all output white.

To use this function, we have to know the width and height of the area we want to copy, and we get that information like this (note that we use the abs() operator instead of simply subtracting points, since the anchor point is not necessarily above and to the left of ptNow, and both the width and height have to be positive values):

```
void CWndcapView::OnRButtonUp(UINT nFlags, CPoint point)
{
        if (fCapture && fBoxing){
    ->          int nWidth, nHeight;
                CPoint ptNow = GetMessagePos();
                CDC dcScreen;
                dcScreen.CreateDC("DISPLAY", NULL, NULL, NULL);
                dcScreen.SetROP2(R2_NOT);
                dcScreen.SelectStockObject(NULL_BRUSH);
                dcScreen.Rectangle(CRect(ptAnchor, ptOld));

    ->          nWidth = abs(ptNow.x - ptAnchor.x);
    ->          nHeight = abs(ptNow.y - ptAnchor.y);
                    .

                    .

                    .
```

In addition, we need to find the upper-left corner of the region to capture on the capture. Because we can't guarantee the relative placement of ptAnchor and ptNow, that looks like this (where we make use of the min() macro):

```
void CWndcapView::OnRButtonUp(UINT nFlags, CPoint point)
{
        if (fCapture && fBoxing){
                int nWidth, nHeight;
                CPoint ptNow = GetMessagePos();
                CDC dcScreen;
                dcScreen.CreateDC("DISPLAY", NULL, NULL, NULL);
                dcScreen.SetROP2(R2_NOT);
                dcScreen.SelectStockObject(NULL_BRUSH);
                dcScreen.Rectangle(CRect(ptAnchor, ptOld));


                nWidth = abs(ptNow.x - ptAnchor.x);
                nHeight = abs(ptNow.y - ptAnchor.y);
    ->          CPoint ptUpperLeft(min(ptAnchor.x, ptNow.x), min(ptAnchor.y,
                    ptNow.y));
                        .
                        .
                        .
```

Finally, to transfer the region to copy from the screen device context to our view, we get a device context for our view and use BitBlt():

```
void CWndcapView::OnRButtonUp(UINT nFlags, CPoint point)
{
        if (fCapture && fBoxing){
                int nWidth, nHeight;
                CPoint ptNow = GetMessagePos();
                CDC dcScreen;
                dcScreen.CreateDC("DISPLAY", NULL, NULL, NULL);
                dcScreen.SetROP2(R2_NOT);
                dcScreen.SelectStockObject(NULL_BRUSH);
                dcScreen.Rectangle(CRect(ptAnchor, ptOld));

                nWidth = abs(ptNow.x - ptAnchor.x);
```

```
                nHeight = abs(ptNow.y - ptAnchor.y);

                CPoint ptUpperLeft(min(ptAnchor.x, ptNow.x), min(ptAnchor.y,
                    ptNow.y));

 ->             CClientDC dc(this);
 ->             dc.BitBlt(0, 0, nWidth, nHeight, &dcScreen, ptUpperLeft.x,
                    ptUpperLeft.y, SRCCOPY) ;
                    .
                    .
                    .
```

At this point, the section of screen we want to copy appears in our view. We've accomplished screen capture. However, we wanted to do a little more—copy the region of screen to the clipboard. To do that, we have to create a bit-mapped object, copy the region from the screen to this bitmap, and then copy the bitmap to the clipboard. This means that our first step is creating and filling a bit-mapped object—and doing that means creating a CBitmap object and installing it into a device context, because in Windows programming, we use bit-mapped objects after they are installed in device contexts.

Creating a Bit-mapped Object

To set up the device context that we will place the bit-mapped object in, we need a memory device context that is compatible (i.e., has the same device-dependent characteristics) with the screen device context, and we create such a memory device context, dcMem, with CreateCompatibleDC():

```
void CWndcapView::OnRButtonUp(UINT nFlags, CPoint point)
{
        if (fCapture && fBoxing){
                .
                .
                .

 ->             CDC dcMem;

 ->             dcMem.CreateCompatibleDC(&dcScreen);
                .
                .
                .
```

Now we can create our `CBitmap` object to match the size of the region we want to capture:

```
void CWndcapView::OnRButtonUp(UINT nFlags, CPoint point)
{
        if (fCapture && fBoxing){
                .

                .

                .

                CDC dcMem;
                CBitmap bmp;

                dcMem.CreateCompatibleDC(&dcScreen);
    ->          bmp.CreateCompatibleBitmap(&dcScreen, nWidth, nHeight);

                .

                .

                .
```

Finally, we can load our new bitmap into the memory device context:

```
void CWndcapView::OnRButtonUp(UINT nFlags, CPoint point)
{
        if (fCapture && fBoxing){
                .

                .

                .

                CDC dcMem;
                CBitmap bmp;
                dcMem.CreateCompatibleDC(&dcScreen);
                bmp.CreateCompatibleBitmap(&dcScreen, nWidth, nHeight);
    ->          CBitmap* pOldBitmap = dcMem.SelectObject(&bmp);

                .

                .

                .
```

At this point, our bitmap is installed in the memory device context, `dcMem`, and we are ready to use `BitBlt()` to copy the capture region to the bitmap in our device context:

```
void CWndcapView::OnRButtonUp(UINT nFlags, CPoint point)
{
        if (fCapture && fBoxing){
                  .
                  .
                  .

                CDC dcMem;
                CBitmap bmp;

                dcMem.CreateCompatibleDC(&dcScreen);
                bmp.CreateCompatibleBitmap(&dcScreen, nWidth, nHeight);
                CBitmap* pOldBitmap = dcMem.SelectObject(&bmp);

 ->             dcMem.BitBlt(0, 0, nWidth, nHeight, &dcScreen, ptUpperLeft.x,
                        ptUpperLeft.y, SRCCOPY) ;
                  .
                  .
                  .
```

Passing Data to the Clipboard

Now we have filled the bitmap in our memory device context appropriately. All that remains is to copy it to the clipboard; we do that with OpenClipboard() and SetClipboardData(). We pass the parameter CF_BITMAP to SetClipboard() to indicate that the data we are transferring is a bitmap and by including the bitmap's handle, which we can get by applying the HBITMAP() operator to our bitmap object, bmp. Including CF_BITMAP, the possible SetClipboard() formats are shown in Table 4.1.

TABLE 4.1 SETCLIPBOARD FORMATS

Parameter	Data
CF_BITMAP	Handle to a bitmap (HBITMAP)
CF_DIB	BITMAPINFO structure followed by bitmap
CF_DIF	Software Arts' Data Interchange Format
CF_DSPBITMAP	Private bitmap display format
CF_DSPENHMETAFILE	Enhanced private metafile display format
CF_DSPMETAFILEPICT	Private Metafile-picture display format

CF_DSPTEXT	Private text display format
CF_ENHMETAFILE	Handle of enhanced metafile (HENHMETAFILE)
CF_GDIOBJFIRST to CF_GDIOBJLAST	Application-defined GDI object clipboard formats
CF_HDROP	HDROP handle specifying a list of files
CF_LOCALE	Handle to locale identifier
CF_METAFILEPICT	Handle of a metafile picture format
CF_OEMTEXT	OEM character set text
CF_OWNERDISPLAY	Owner-display format
CF_PALETTE	Handle of a color palette
CF_PENDATA	Data for pen extensions
CF_PRIVATEFIRST to CF_PRIVATELAST	Private clipboard formats
CF_RIFF	Audio data more complex than a CF_WAVE format
CF_SYLK	Microsoft Symbolic Link (SYLK) format
CF_TEXT	Text format
CF_WAVE	Audio data in standard wave format
CF_TIFF	Tagged-image file format
CF_UNICODETEXT	Unicode text format

Our use of SetClipboardData() looks like this:

```
void CWndcapView::OnRButtonUp(UINT nFlags, CPoint point)
{
        if (fCapture && fBoxing){
                .

                .

                .

                CDC dcMem;
                CBitmap bmp;

                dcMem.CreateCompatibleDC(&dcScreen);
                bmp.CreateCompatibleBitmap(&dcScreen, nWidth, nHeight);
                CBitmap* pOldBitmap = dcMem.SelectObject(&bmp);

                dcMem.BitBlt(0, 0, nWidth, nHeight, &dcScreen, ptUpperLeft.x,
                        ptUpperLeft.y, SRCCOPY) ;
    ->          OpenClipboard();
```

```
 ->              SetClipboardData(CF_BITMAP, HBITMAP(bmp));
                                  .

                                  .

                                  .
```

All that remains now is to close the clipboard and reset the boxing flag:

```
void CWndcapView::OnRButtonUp(UINT nFlags, CPoint point)
{
        if (fCapture && fBoxing){
                .

                .

                .

                CDC dcMem;
                CBitmap bmp;

                dcMem.CreateCompatibleDC(&dcScreen);
                bmp.CreateCompatibleBitmap(&dcScreen, nWidth, nHeight);
                CBitmap* pOldBitmap = dcMem.SelectObject(&bmp);

                dcMem.BitBlt(0, 0, nWidth, nHeight, &dcScreen, ptUpperLeft.x,
                        ptUpperLeft.y, SRCCOPY) ;
                OpenClipboard();
                SetClipboardData(CF_BITMAP, HBITMAP(bmp));
 ->             CloseClipboard();

 ->             fBoxing = FALSE;
        }
        CView::OnRButtonUp(nFlags, point);
}
```

We've copied the data to the clipboard, so the program is done. With it, we
can capture rectangles on the screen using the mouse. We press the left mouse
button in our view to start mouse capture, move the mouse (while holding the
left button down) to the beginning of the rectangle we want to capture, and
press the right mouse button, stretching a rectangle as shown in Figure 4.1.
When we release the right mouse button, our program captures the region
we've outlined, as shown in Figure 4.2. Our capture program is a success.

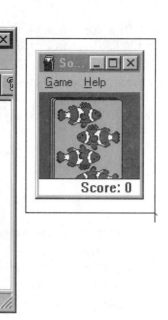

FIGURE 4.1 OUTLINING A RECTANGLE ON THE SCREEN.

FIGURE 4.2 CAPTURING A PART OF THE SCREEN.

The support files for our screen capture program, WNDCAPVIEW.H and
WNDCAPVIEW.CPP, are in Listing 4.1.

LISTING 4.1 WNDCAPVIEW.H AND WNDCAPVIEW.CPP

```cpp
// wndcapView.h : interface of the CWndcapView class
//
/////////////////////////////////////////////////////////////////////////
////

class CWndcapView : public CView
{
protected: // create from serialization only
        CWndcapView();
        DECLARE_DYNCREATE(CWndcapView)
        BOOL fCapture, fBoxing;
        CPoint ptAnchor, ptOld;
// Attributes
public:
        CWndcapDoc* GetDocument();

// Operations
public:

// Overrides
        // ClassWizard generated virtual function overrides
        //{{AFX_VIRTUAL(CWndcapView)
        public:
        virtual void OnDraw(CDC* pDC);  // overridden to draw this view
        virtual BOOL PreCreateWindow(CREATESTRUCT& cs);
        protected:
        virtual BOOL OnPreparePrinting(CPrintInfo* pInfo);
        virtual void OnBeginPrinting(CDC* pDC, CPrintInfo* pInfo);
        virtual void OnEndPrinting(CDC* pDC, CPrintInfo* pInfo);
        //}}AFX_VIRTUAL

// Implementation
public:
        virtual ~CWndcapView();
```

```cpp
#ifdef _DEBUG
        virtual void AssertValid() const;
        virtual void Dump(CDumpContext& dc) const;
#endif

protected:

// Generated message map functions
protected:
        //{{AFX_MSG(CWndcapView)
        afx_msg void OnLButtonDown(UINT nFlags, CPoint point);
        afx_msg void OnLButtonUp(UINT nFlags, CPoint point);
        afx_msg void OnMouseMove(UINT nFlags, CPoint point);
        afx_msg void OnRButtonDown(UINT nFlags, CPoint point);
        afx_msg void OnRButtonUp(UINT nFlags, CPoint point);
        //}}AFX_MSG
        DECLARE_MESSAGE_MAP()
};

#ifndef _DEBUG  // debug version in wndcapView.cpp
inline CWndcapDoc* CWndcapView::GetDocument()
   { return (CWndcapDoc*)m_pDocument; }
#endif

// wndcapView.cpp : implementation of the CWndcapView class
//

#include "stdafx.h"
#include "wndcap.h"

#include "wndcapDoc.h"
#include "wndcapView.h"

#ifdef _DEBUG
#define new DEBUG_NEW
#undef THIS_FILE
static char THIS_FILE[] = __FILE__;
#endif
```

```
//////////////////////////////////////////////////////////////////
////
// CWndcapView

IMPLEMENT_DYNCREATE(CWndcapView, CView)

BEGIN_MESSAGE_MAP(CWndcapView, CView)
        //{{AFX_MSG_MAP(CWndcapView)
        ON_WM_LBUTTONDOWN()
        ON_WM_LBUTTONUP()
        ON_WM_MOUSEMOVE()
        ON_WM_RBUTTONDOWN()
        ON_WM_RBUTTONUP()
        //}}AFX_MSG_MAP
        // Standard printing commands
        ON_COMMAND(ID_FILE_PRINT, CView::OnFilePrint)
        ON_COMMAND(ID_FILE_PRINT_DIRECT, CView::OnFilePrint)
        ON_COMMAND(ID_FILE_PRINT_PREVIEW, CView::OnFilePrintPreview)
END_MESSAGE_MAP()

//////////////////////////////////////////////////////////////////
////
// CWndcapView construction/destruction

CWndcapView::CWndcapView()
{
        fCapture = FALSE;
        fBoxing = FALSE;

}

CWndcapView::~CWndcapView()
{
}

BOOL CWndcapView::PreCreateWindow(CREATESTRUCT& cs)
{
        // TODO: Modify the Window class or styles here by modifying
        //   the CREATESTRUCT cs
```

```
        return CView::PreCreateWindow(cs);
}
////////////////////////////////////////////////////////////////////////
////
// CWndcapView drawing

void CWndcapView::OnDraw(CDC* pDC)
{
        CWndcapDoc* pDoc = GetDocument();
        ASSERT_VALID(pDoc);

        // TODO: add draw code for native data here
}


////////////////////////////////////////////////////////////////////////
////
// CWndcapView printing
BOOL CWndcapView::OnPreparePrinting(CPrintInfo* pInfo)
{
        // default preparation
        return DoPreparePrinting(pInfo);
}

void CWndcapView::OnBeginPrinting(CDC* /*pDC*/, CPrintInfo* /*pInfo*/)
{
        // TODO: add extra initialization before printing
}

void CWndcapView::OnEndPrinting(CDC* /*pDC*/, CPrintInfo* /*pInfo*/)
{
        // TODO: add cleanup after printing
}


////////////////////////////////////////////////////////////////////////
////
// CWndcapView diagnostics

#ifdef _DEBUG
void CWndcapView::AssertValid() const
```

```
{
        CView::AssertValid();
}
void CWndcapView::Dump(CDumpContext& dc) const
{
        CView::Dump(dc);
}


CWndcapDoc* CWndcapView::GetDocument() // non-debug version is inline
{
        ASSERT(m_pDocument->IsKindOf(RUNTIME_CLASS(CWndcapDoc)));
        return (CWndcapDoc*)m_pDocument;
}
#endif //_DEBUG


/////////////////////////////////////////////////////////////////////////
////
// CWndcapView message handlers

void CWndcapView::OnLButtonDown(UINT nFlags, CPoint point)
{
    SetCapture();
        fCapture = TRUE;
        fBoxing = FALSE;

        CView::OnLButtonDown(nFlags, point);
}


void CWndcapView::OnLButtonUp(UINT nFlags, CPoint point)
{
    ReleaseCapture();
        fCapture = FALSE;
        fBoxing = FALSE;

        CView::OnLButtonUp(nFlags, point);
}


void CWndcapView::OnMouseMove(UINT nFlags, CPoint point)
```

```
{
        if (fCapture && fBoxing){
                CPoint ptNow = GetMessagePos();
            CDC dcScreen;
            dcScreen.CreateDC("DISPLAY", NULL, NULL, NULL);
                dcScreen.SetROP2(R2_NOT);
                dcScreen.SelectStockObject(NULL_BRUSH);
                dcScreen.Rectangle(CRect(ptOld, ptAnchor));
                dcScreen.Rectangle(CRect(ptAnchor, ptNow));
                ptOld = ptNow;
        }

        CView::OnMouseMove(nFlags, point);
}

void CWndcapView::OnRButtonDown(UINT nFlags, CPoint point)
{
        if (fCapture){
                ptAnchor = GetMessagePos();
                ptOld = ptAnchor;
                fBoxing = TRUE;
        }

        CView::OnRButtonDown(nFlags, point);
}

void CWndcapView::OnRButtonUp(UINT nFlags, CPoint point)
{
        if (fCapture && fBoxing){
                int nWidth, nHeight;
                CPoint ptNow = GetMessagePos();
                CDC dcScreen;
                dcScreen.CreateDC("DISPLAY", NULL, NULL, NULL);
                dcScreen.SetROP2(R2_NOT);
                dcScreen.SelectStockObject(NULL_BRUSH);
                dcScreen.Rectangle(CRect(ptAnchor, ptOld));
```

```
        nWidth = abs(ptNow.x - ptAnchor.x);
        nHeight = abs(ptNow.y - ptAnchor.y);

        CPoint ptUpperLeft(min(ptAnchor.x, ptNow.x), min(ptAnchor.y,
            ptNow.y));

        CClientDC dc(this);
        dc.BitBlt(0, 0, nWidth, nHeight, &dcScreen, ptUpperLeft.x,
            ptUpperLeft.y, SRCCOPY) ;

        CDC dcMem;
        CBitmap bmp;

        dcMem.CreateCompatibleDC(&dcScreen);
        bmp.CreateCompatibleBitmap(&dcScreen, nWidth, nHeight);
        CBitmap* pOldBitmap = dcMem.SelectObject(&bmp);

        dcMem.BitBlt(0, 0, nWidth, nHeight, &dcScreen, ptUpperLeft.x,
            ptUpperLeft.y, SRCCOPY) ;
        OpenClipboard();
        SetClipboardData(CF_BITMAP, HBITMAP(bmp));
        CloseClipboard();

        fBoxing = FALSE;
    }
    CView::OnRButtonUp(nFlags, point);
}
```

We have worked with fast bitmap transfers and the clipboard, as well as seen how to draw anywhere on the screen. We'll take a look at metafiles next.

Using Metafiles to Refresh Our View

One perpetual problem that programmers have to face is redrawing the view in OnDraw() when the window is uncovered; for that reason, most programs have code in OnDraw(). For example, if the user created some graphics in our view and then covered our window, we would have to redraw it from scratch. But programmers use another resource—metafiles.

A *metafile* is simply a file of graphics (Gdi) function calls that is stored and can be "replayed" on command. For example, if we set up a metafile and then draw lines in it, nothing will appear on the screen. However, if we then close the metafile, we can play it in a device context, and the lines we have drawn will appear in that device context. We can even store metafiles on disk (with the extension .WMF), using the CopyMetaFile() function, read them back in, and play them.

We can use metafiles in a program like this: whenever we make a Gdi call to draw in our view, we also make the same call in our metafile (i.e., drawing both in our view and in the metafile). Then, when the view needs to be redrawn, all we have to do is to close our metafile, get a handle to it, and then replay it in the client area device context, recreating the display we made. In this way, we can restore the window's graphics as necessary simply by playing a metafile. In addition, we can play that closed metafile in a new (and still open) metafile to set up our display-refreshing process up for next time.

Let's put this to work in an SDI program named, say, PERSIST. Create that program now using AppWizard. We can add a new menu to the menu bar with the menu editor and name that new menu, say, Draw:

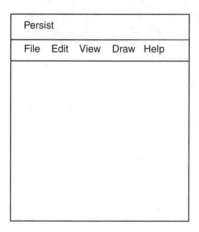

We can connect a function directly to the Draw menu's ID, IDC_DRAW, so that when the user clicks the **Draw** menu, we can fill the client area of our program with a grid of lines:

Persist				
File	Edit	View	Draw	Help

Next, we can make sure that pattern persists by also drawing it in a metafile and redrawing it in OnDraw() by playing the metafile. We start by drawing the grid lines in a function we connect to the Draw menu, OnDrawLines(). Using ClassWizard, connect this function directly to the control ID of the Draw menu so the menu will not open. Instead, the framework will call our OnDrawLines() function when the user clicks our Draw menu in the menu bar. To draw our grid of lines in OnDrawLines(), we get a device context for our client area and draw lines like this:

```
void CPersistView::OnDrawLines()
{
        CClientDC dc(this);
        CRect rect;

        GetClientRect(&rect);
        int incY = rect.bottom / 10;
        int incX = rect.right / 10;

        for (int loop_index = 0; loop_index < 10; loop_index++){
                dc.MoveTo(rect.left, incY * loop_index);
                dc.LineTo(rect.right, incY * loop_index);
                dc.MoveTo(incX * loop_index, rect.top);
                dc.LineTo(incX * loop_index, rect.bottom);
        }
}
```

Now we have to make the same set of calls in a metafile to store our graphics calls. Open the view's header file; this is where we can store a pointer named pPersistDC, of type CMetaFile*, to our metafile object:

```
// persistView.h : interface of the CPersistView class
//
/////////////////////////////////////////////////////////////////////////////
////

class CPersistView : public CView
{
protected: // create from serialization only
        CPersistView();
        DECLARE_DYNCREATE(CPersistView)
   ->  CMetaFileDC* pPersistDC;
              .

              .

              .
```

Next, we create a metafile, of class CMetaFileDC, and store a pointer to it in pPersistDC. Like many MFC classes, creating a metafile is a two step process—declaring the object and then calling its Create() function. We do that in our view's constructor:

```
CPersistView::CPersistView()
{
   ->  pPersistDC = new CMetaFileDC;
   ->  pPersistDC->Create();
}
```

Now we have a pointer to a metafile object in pPersistDC. We can also delete that object in the view class's destructor:

```
CPersistView::~CPersistView()
{
   ->  delete pPersistDC;
}
```

At this point, we have to duplicate the calls we have made in our client area's device context in the metafile. To do that, open the DrawLines() function now. We start by associating the client area's device context with our metafile by calling the metafile's SetAttribDC() function and passing it the handle of the client area's device context:

```
void CPersistView::OnDrawLines()
{
        CClientDC dc(this);
  ->    pPersistDC->SetAttribDC(dc.m_hDC);
        CRect rect;

        .

        .

        .
```

This step is not technically necessary for what we are going to do here, but it illustrates a point about metafiles. We have already seen that we can use a metafile to store Gdi calls. That seems straightforward enough—why do we have to associate an actual device context with it? The answer is that we don't usually use a device context simply for output. We often execute calls to find something about the device context we are drawing in, such as GetTextExtent(), which tells us the length of a string of text in a device context. To make such calls work, we can associate a device context with our metafile (although it is not necessary unless we make calls like the one to GetTextExtent()) with SetAttribDC().

Now we duplicate all the calls we made in our device context in our metafile, pPersistDC:

```
void CPersistView::OnDrawLines()
{
        CClientDC dc(this);
        pPersistDC->SetAttribDC(dc.m_hDC);
        CRect rect;

        GetClientRect(&rect);
        int incY = rect.bottom / 10;
        int incX = rect.right / 10;

        for (int loop_index = 0; loop_index < 10; loop_index++){
```

```
              dc.MoveTo(rect.left, incY * loop_index);
              dc.LineTo(rect.right, incY * loop_index);
              dc.MoveTo(incX * loop_index, rect.top);
              dc.LineTo(incX * loop_index, rect.bottom);
->            pPersistDC->MoveTo(rect.left, incY * loop_index);
->            pPersistDC->LineTo(rect.right, incY * loop_index);
->            pPersistDC->MoveTo(incX * loop_index, rect.top);
->            pPersistDC->LineTo(incX * loop_index, rect.bottom);
          }
}
```

At this point, we have properly filled our metafile. It is ready to replay when we need to refresh our view in OnDraw(). Open that function now:

```
void CPersistView::OnDraw(CDC* pDC)
{
        CPersistDoc* pDoc = GetDocument();
        ASSERT_VALID(pDoc);


}
```

When this function is called, our view needs to be redrawn. We can do that by closing the metafile pointed to by pPersistDC , getting a handle to it, and then "playing" that metafile in the client area device context. First, we close the metafile and get a handle to it of type HMETAFILE, which we name hmetafile (we have to close a metafile to get the handle to the metafile, and we need the handle to play it in a device context):

```
void CPersistView::OnDraw(CDC* pDC)
{
        CPersistDoc* pDoc = GetDocument();
        ASSERT_VALID(pDoc);
->      HMETAFILE hmetafile = pPersistDC->Close();
                  .
                  .
                  .

}
```

Now we play the metafile in the client area device context passed to us in OnDraw() this way:

```
void CPersistView::OnDraw(CDC* pDC)
{
        CPersistDoc* pDoc = GetDocument();
        ASSERT_VALID(pDoc);
        HMETAFILE hmetafile = pPersistDC->Close();
->      pDC->PlayMetaFile(hmetafile);
        .
        .
        .
```

At this point, the grid of lines on the screen is restored, as in Figure 4.3. We've used metafiles to refresh our window.

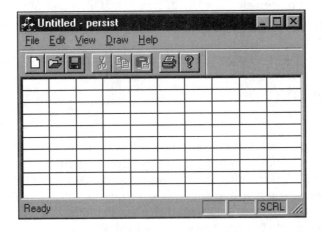

FIGURE 4.3 RESTORING A SCREEN WITH METAFILES.

However, we should set up our metafile again in case OnDraw() is called again. We have closed our metafile and so cannot use it for further Gdi calls. However, we do have a handle to the old metafile, so we can create a new metafile and play the old metafile into the new, open, metafile, which is then itself ready for further use. We start by deleting the CMetaFileDC object (deleting the object does not affect the metafile handle, which is still valid):

```
void CPersistView::OnDraw(CDC* pDC)
{
        CPersistDoc* pDoc = GetDocument();
        ASSERT_VALID(pDoc);
```

```
        HMETAFILE hmetafile = pPersistDC->Close();
        pDC->PlayMetaFile(hmetafile);
 ->     delete pPersistDC;
            .
            .
            .
}
```

Now we assign a new CMetaFileDC object to the pointer pPersistDC:

```
void CPersistView::OnDraw(CDC* pDC)
{
        CPersistDoc* pDoc = GetDocument();
        ASSERT_VALID(pDoc);
        HMETAFILE hmetafile = pPersistDC->Close();
        pDC->PlayMetaFile(hmetafile);
        delete pPersistDC;
 ->     pPersistDC = new CMetaFileDC();
            .
            .
            .

}
```

Then we call the metafile's Create() member function:

```
void CPersistView::OnDraw(CDC* pDC)
{
        CPersistDoc* pDoc = GetDocument();
        ASSERT_VALID(pDoc);
        HMETAFILE hmetafile = pPersistDC->Close();
        pDC->PlayMetaFile(hmetafile);
        delete pPersistDC;
        pPersistDC = new CMetaFileDC();
 ->     pPersistDC->Create();
            .
            .
            .

}
```

After having created the new metafile object, we play the old metafile in it, setting it up for the next time `OnDraw()` is called:

```
void CPersistView::OnDraw(CDC* pDC)
{
        CPersistDoc* pDoc = GetDocument();
        ASSERT_VALID(pDoc);
        HMETAFILE hmetafile = pPersistDC->Close();
        pDC->PlayMetaFile(hmetafile);
        delete pPersistDC;
        pPersistDC = new CMetaFileDC();
        pPersistDC->Create();
   ->   pPersistDC->PlayMetaFile(hmetafile);
              .
              .
              .

}
```

Finally, we delete the old metafile by deleting its handle like this, using `DeleteMetaFile()`:

```
void CPersistView::OnDraw(CDC* pDC)
{
        CPersistDoc* pDoc = GetDocument();
        ASSERT_VALID(pDoc);
        HMETAFILE hmetafile = pPersistDC->Close();
        pDC->PlayMetaFile(hmetafile);
        delete pPersistDC;
        pPersistDC = new CMetaFileDC();
        pPersistDC->Create();
        pPersistDC->PlayMetaFile(hmetafile);
   ->   DeleteMetaFile(hmetafile);
}
```

We've finished our metafile program, and the view in PERSIST is refreshed on demand. As you can see, metafiles are very useful: storing our output graphics and replaying them on demand. The support files for the PERSIST program, PERSISTVIEW.H and PERSISTVIEW.CPP, appear in Listing 4.2.

Listing 4.2 PERSISTVIEW.H and PERSISTVIEW.CPP

```
// persistView.h : interface of the CPersistView class
//
///////////////////////////////////////////////////////////////////////
////

class CPersistView : public CView
{
protected: // create from serialization only
        CPersistView();
        DECLARE_DYNCREATE(CPersistView)
        CMetaFileDC* pPersistDC;
// Attributes
public:
        CPersistDoc* GetDocument();


// Operations
public:


// Overrides
        // ClassWizard generated virtual function overrides
        //{{AFX_VIRTUAL(CPersistView)
        public:
        virtual void OnDraw(CDC* pDC);  // overridden to draw this view
        virtual BOOL PreCreateWindow(CREATESTRUCT& cs);
        protected:
        virtual BOOL OnPreparePrinting(CPrintInfo* pInfo);
        virtual void OnBeginPrinting(CDC* pDC, CPrintInfo* pInfo);
        virtual void OnEndPrinting(CDC* pDC, CPrintInfo* pInfo);
        //}}AFX_VIRTUAL

// Implementation
public:
        virtual ~CPersistView();
#ifdef _DEBUG
        virtual void AssertValid() const;
        virtual void Dump(CDumpContext& dc) const;
```

```
#endif

protected:

// Generated message map functions
protected:
        //{{AFX_MSG(CPersistView)
        afx_msg void OnDrawLines();
        //}}AFX_MSG
        DECLARE_MESSAGE_MAP()
};

#ifndef _DEBUG  // debug version in persistView.cpp
inline CPersistDoc* CPersistView::GetDocument()
    { return (CPersistDoc*)m_pDocument; }
#endif


/////////////////////////////////////////////////////////////////////
////
// persistView.cpp : implementation of the CPersistView class
//

#include "stdafx.h"
#include "persist.h"

#include "persistDoc.h"
#include "persistView.h"

#ifdef _DEBUG
#define new DEBUG_NEW
#undef THIS_FILE
static char THIS_FILE[] = __FILE__;
#endif


/////////////////////////////////////////////////////////////////////
////
// CPersistView

IMPLEMENT_DYNCREATE(CPersistView, CView)
```

```
BEGIN_MESSAGE_MAP(CPersistView, CView)
        //{{AFX_MSG_MAP(CPersistView)
        ON_COMMAND(IDC_DRAW, OnDrawLines)
        //}}AFX_MSG_MAP
        // Standard printing commands
        ON_COMMAND(ID_FILE_PRINT, CView::OnFilePrint)
        ON_COMMAND(ID_FILE_PRINT_DIRECT, CView::OnFilePrint)
        ON_COMMAND(ID_FILE_PRINT_PREVIEW, CView::OnFilePrintPreview)
END_MESSAGE_MAP()


/////////////////////////////////////////////////////////////////////
////
// CPersistView construction/destruction

CPersistView::CPersistView()
{
        pPersistDC = new CMetaFileDC;
        pPersistDC->Create();
}


CPersistView::~CPersistView()
{
        delete pPersistDC;
}


BOOL CPersistView::PreCreateWindow(CREATESTRUCT& cs)
{
        // TODO: Modify the Window class or styles here by modifying
        //   the CREATESTRUCT cs

        return CView::PreCreateWindow(cs);
}


/////////////////////////////////////////////////////////////////////
////
// CPersistView drawing

void CPersistView::OnDraw(CDC* pDC)
{
```

```
        CPersistDoc* pDoc = GetDocument();
        ASSERT_VALID(pDoc);
        HMETAFILE hmetafile = pPersistDC->Close();
        pDC->PlayMetaFile(hmetafile);
        delete pPersistDC;
        pPersistDC = new CMetaFileDC();
        pPersistDC->Create();
        pPersistDC->PlayMetaFile(hmetafile);
        DeleteMetaFile(hmetafile);
}


/////////////////////////////////////////////////////////////////////////
////
// CPersistView printing

BOOL CPersistView::OnPreparePrinting(CPrintInfo* pInfo)
{
        // default preparation
        return DoPreparePrinting(pInfo);
}

void CPersistView::OnBeginPrinting(CDC* /*pDC*/, CPrintInfo* /*pInfo*/)
{
        // TODO: add extra initialization before printing
}

void CPersistView::OnEndPrinting(CDC* /*pDC*/, CPrintInfo* /*pInfo*/)
{
        // TODO: add cleanup after printing
}


/////////////////////////////////////////////////////////////////////////
////
// CPersistView diagnostics

#ifdef _DEBUG
void CPersistView::AssertValid() const
{
        CView::AssertValid();
```

```
}

void CPersistView::Dump(CDumpContext& dc) const
{
        CView::Dump(dc);
}


CPersistDoc* CPersistView::GetDocument() // non-debug version is inline
{
        ASSERT(m_pDocument->IsKindOf(RUNTIME_CLASS(CPersistDoc)));
        return (CPersistDoc*)m_pDocument;
}
#endif //_DEBUG


/////////////////////////////////////////////////////////////////////
////
// CPersistView message handlers

void CPersistView::OnDrawLines()
{
        CClientDC dc(this);
        pPersistDC->SetAttribDC(dc.m_hDC);
        CRect rect;

        GetClientRect(&rect);
        int incY = rect.bottom / 10;
        int incX = rect.right / 10;

        for (int loop_index = 0; loop_index < 10; loop_index++){
                dc.MoveTo(rect.left, incY * loop_index);
                dc.LineTo(rect.right, incY * loop_index);
                dc.MoveTo(incX * loop_index, rect.top);
                dc.LineTo(incX * loop_index, rect.bottom);
                pPersistDC->MoveTo(rect.left, incY * loop_index);
                pPersistDC->LineTo(rect.right, incY * loop_index);
                pPersistDC->MoveTo(incX * loop_index, rect.top);
                pPersistDC->LineTo(incX * loop_index, rect.bottom);
        }
}
```

216

We've come far in this chapter already. Our next program will use an owner-draw control—in this case, a list box, whose items we will be responsible for drawing. Let's take a look at that now.

Drawing in Owner-Draw Controls

We can draw in controls just as we can draw in other windows, although it takes a little more work. In this case, we might write a program, DRAWLIST, in which we fill a list box with a set of colored ellipses rather than text. Other than that, the list box will be completely functional, and, of course, we can select items simply by clicking or double-clicking them.

Let's see this in action. Create a new dialog box–based EXE project now with AppWizard (click the **Dialog based** button in Step 1 of the AppWizard), and name it DRAWLIST. Next, add a list box, IDC_LIST1, to the dialog window as shown in Figure 4.4.

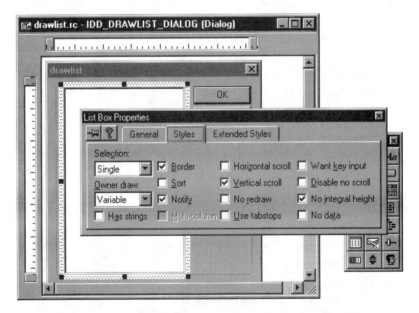

FIGURE 4.4 ADDING A LIST BOX TO OUR DRAWLIST PROGRAM.

Double-click the list box in the dialog editor to open the List Box Properties page as shown in Figure 4.4. Select the **Styles** tab and deselect the **Sort** button as shown in Figure 4.4. Also, select the **Variable** option in the Owner draw box. Making this an Owner draw list box means that we will be responsible for drawing the items in the list box ourselves. Our plan, something like our EDITBEEP program in the last chapter, is to subclass the list box with a new class, which we might call CDrawListBox. We will handle the drawing of the items in the list box by overriding the base class functions MeasureItem() (so the list box knows how much space to leave for each item in it) and DrawItem() (so we can draw each item with a colored ellipse in it). If we had left this as a sorting list box, we would also override the CompareItem() function so the list box could sort the items.

This means our next step is to create the CDrawListBox class, based on the CListBox class. We could use ClassWizard for this to create new support files and so on, but the declaration of CDrawListBox is short, only holding the declaration of our two functions, MeasureItem() and CompareItem(), so we add it to our dialog window's header file DRAWLISTDLG.H ourselves:

```
class CDrawListBox : public CListBox
{
public:
        virtual void MeasureItem(LPMEASUREITEMSTRUCT lpMIS);
        virtual void DrawItem(LPDRAWITEMSTRUCT lpDIS);
};
```

Note that these two functions both get a pointer to a structure, one of type MEASUREITEMSTRUCT and one of type DRAWITEMSTRUCT. The MEASUREITEMSTRUCT, passed to us in MeasureItem(), looks like this:

```
typedef struct tagMEASUREITEMSTRUCT {
    UINT    CtlType;
    UINT    CtlID;
    UINT    itemID;
    UINT    itemWidth;
    UINT    itemHeight;
    DWORD   itemData
} MEASUREITEMSTRUCT;
```

In this function, the program is trying to determine the height of the items in the list box. We can set the height by filling the MEASUREITEMSTRUCT itemHeight member, so add the function MeasureItem() to our DRAWLIST-DLG.CPP file now:

```
void CDrawListBox::MeasureItem(LPMEASUREITEMSTRUCT lpMIStruct)
{

}
```

Here, we get a pointer to a MEASUREITEMSTRUCT, lpMIStruct, and we have to set lpMIStruct->itemHeight to the height of our list box item, which is measured in pixels. Check the resolution of the screen you are working with before setting it. In this example, we will (arbitrarily) set the height of our list box items to 30 pixels this way:

```
#define ITEM_HEIGHT   30
void CDrawListBox::MeasureItem(LPMEASUREITEMSTRUCT lpMIStruct)
{
  ->   lpMIStruct->itemHeight = ITEM_HEIGHT;
}
```

The MeasureItem() function is done, so we can turn to the DrawItem() function. In this function, we are expected to actually draw the items in our list box. We are passed a pointer to a structure of type DRAWITEMSTRUCT in that function, and that structure looks like this:

```
typedef struct tagDRAWITEMSTRUCT {
     UINT    CtlType;
     UINT    CtlID;
     UINT    itemID;
     UINT    itemAction;
     UINT    itemState;
     HWND    hwndItem;
     HDC     hDC;
     RECT    rcItem;
     DWORD   itemData;
   } DRAWITEMSTRUCT;
```

Here, itemID is the ID of the item we are drawing (0-based), hDC is a handle to the device context we are supposed to draw our list box items in, itemData holds the data that we added to this item using CListBox::AddString(), and itemAction can be any of these values, indicating how we must draw the item:

ODA_DRAWENTIRE	Set when entire control needs to be drawn.
ODA_FOCUS	Set when control gains or loses the focus .
ODA_SELECT	Set when the selection status has changed.

The `itemState` member can take these values, indicating the item's control state:

ODS_CHECKED	Set if a menu item is to be checked.
ODS_DISABLED	Set if item is to be drawn disabled.
ODS_FOCUS	Set if item has the input focus.
ODS_GRAYED	Set if item is to be grayed.
ODS_SELECTED	Set if item's is selected.

Because we are going to fill each list box item with a colored ellipse, we can store the color used for each ellipse as that item's data string in the list box (i.e., instead of text for each list box item, we'll store a COLORREF value, which we place there with `CListBox::AddString()`). That means we'll make the assumption in `DrawItem()` that we can get the drawing color for each item from the item's data this way:

```
COLORREF crColor = (COLORREF)lpDIStruct->itemData;
```

Further, the `rectItem` member of the DRAWITEMSTRUCT structure contains the rectangle in which the list box item is to be drawn, so we can simply inscribe our colored ellipse in it. The only last consideration is that we are going to have to cut this function up into three parts—drawing the item in its default state, when it is selected, and when it is deselected. Let's get started now. Add the function `CDrawListBox::DrawItem()` to DRAWLISTDLG.CPP this way:

```
void CDrawListBox::DrawItem(LPDRAWITEMSTRUCT lpDIStruct)
{
}
```

We start by getting a device context for our item. We can use the device context handle, hDC, passed to us, together with `FromHandle()` to create a CDC-class device context:

```
void CDrawListBox::DrawItem(LPDRAWITEMSTRUCT lpDIStruct)
{
  ->   CDC* pDC = CDC::FromHandle(lpDIStruct->hDC);
           .
           .
           .

}
```

Then we can get the drawing color from this item, which we have stored in the item's itemData member this way:

```
void CDrawListBox::DrawItem(LPDRAWITEMSTRUCT lpDIStruct)
{
         CDC* pDC = CDC::FromHandle(lpDIStruct->hDC);
  ->     COLORREF crColor = (COLORREF)lpDIStruct->itemData;
           .
           .
           .

}
```

Now let's handle our first case—if we are just supposed to draw the item. We check if that's the case by examining the DRAWITEMSTRUCT member itemAction this way:

```
void CDrawListBox::DrawItem(LPDRAWITEMSTRUCT lpDIStruct)
{
         CDC* pDC = CDC::FromHandle(lpDIStruct->hDC);
         COLORREF crColor = (COLORREF)lpDIStruct->itemData;

  ->     if (lpDIStruct->itemAction & ODA_DRAWENTIRE){

         }
```

Now we just create a brush of the correct color and draw our ellipse like this:

```
void CDrawListBox::DrawItem(LPDRAWITEMSTRUCT lpDIStruct)
{
         CDC* pDC = CDC::FromHandle(lpDIStruct->hDC);
         COLORREF crColor = (COLORREF)lpDIStruct->itemData;
```

```
        if (lpDIStruct->itemAction & ODA_DRAWENTIRE){
->              CBrush brBrush(crColor);
->              pDC->SelectObject(brBrush);
->              pDC->Ellipse(&lpDIStruct->rcItem);
        }
```

At this point, we've been able to fill our list box with colored ellipses (assuming that we're able to load the list box with the color values we want to use for each item's ellipse). Next, let's work on the case where the item is selected by the user, which we check this way:

```
void CDrawListBox::DrawItem(LPDRAWITEMSTRUCT lpDIStruct)
{
        CDC* pDC = CDC::FromHandle(lpDIStruct->hDC);
        COLORREF crColor = (COLORREF)lpDIStruct->itemData;

        if (lpDIStruct->itemAction & ODA_DRAWENTIRE){
                CBrush brBrush(crColor);
                pDC->SelectObject(brBrush);
                pDC->Ellipse(&lpDIStruct->rcItem);
        }

->      if ((lpDIStruct->itemState & ODS_SELECTED) &&
                (lpDIStruct->itemAction & (ODA_SELECT | ODA_DRAWENTIRE))){

        }
```

We can draw a frame rectangle around the selected ellipse in black using the CDC function FrameRect() to indicate the item has been selected:

```
void CDrawListBox::DrawItem(LPDRAWITEMSTRUCT lpDIStruct)
{
        CDC* pDC = CDC::FromHandle(lpDIStruct->hDC);
        COLORREF crColor = (COLORREF)lpDIStruct->itemData;

        if (lpDIStruct->itemAction & ODA_DRAWENTIRE){
                CBrush brBrush(crColor);
                pDC->SelectObject(brBrush);
                pDC->Ellipse(&lpDIStruct->rcItem);
```

```
        }

        if ((lpDIStruct->itemState & ODS_SELECTED) &&
                (lpDIStruct->itemAction & (ODA_SELECT | ODA_DRAWENTIRE))){
->          COLORREF crSelected = RGB(0, 0, 0);
->          CBrush br(crSelected);
->          pDC->FrameRect(&lpDIStruct->rcItem, &br);
        }
}
```

When the item is selected, we can draw a black rectangle around it. Finally, however, we should handle the case where the item was deselected, which we check this way, where the ODS_SELECTED bit is turned off:

```
void CDrawListBox::DrawItem(LPDRAWITEMSTRUCT lpDIStruct)
{
        CDC* pDC = CDC::FromHandle(lpDIStruct->hDC);
        COLORREF crColor = (COLORREF)lpDIStruct->itemData;

        if (lpDIStruct->itemAction & ODA_DRAWENTIRE){
                CBrush brBrush(crColor);
                pDC->SelectObject(brBrush);
                pDC->Ellipse(&lpDIStruct->rcItem);
        }

        if ((lpDIStruct->itemState & ODS_SELECTED) &&
                (lpDIStruct->itemAction & (ODA_SELECT | ODA_DRAWENTIRE))){
                COLORREF crSelected = RGB(0, 0, 0);
                CBrush br(crSelected);
                pDC->FrameRect(&lpDIStruct->rcItem, &br);
        }

->      if (!(lpDIStruct->itemState & ODS_SELECTED) &&
                (lpDIStruct->itemAction & ODA_SELECT)){
        }
}
```

In this case, we first eliminate the frame around our list item by drawing a new frame in white:

```
void CDrawListBox::DrawItem(LPDRAWITEMSTRUCT lpDIStruct)
{
        CDC* pDC = CDC::FromHandle(lpDIStruct->hDC);
        COLORREF crColor = (COLORREF)lpDIStruct->itemData;

        if (lpDIStruct->itemAction & ODA_DRAWENTIRE){
                CBrush brBrush(crColor);
                pDC->SelectObject(brBrush);
                pDC->Ellipse(&lpDIStruct->rcItem);
        }

        if ((lpDIStruct->itemState & ODS_SELECTED) &&
                (lpDIStruct->itemAction & (ODA_SELECT | ODA_DRAWENTIRE))){
                COLORREF crSelected = RGB(0, 0, 0);
                CBrush br(crSelected);
                pDC->FrameRect(&lpDIStruct->rcItem, &br);
        }

        if (!(lpDIStruct->itemState & ODS_SELECTED) &&
                (lpDIStruct->itemAction & ODA_SELECT)){
->              CBrush brBrushClear(RGB(255, 255, 255));
->              pDC->FrameRect(&lpDIStruct->rcItem, &brBrushClear);
                        .
                        .
                        .

        }
}
```

Because the frame overlaps the extreme edges of the colored ellipse, we also must redraw the ellipse to restore its original appearance now that we have removed the black selection rectangle around it. We do that like this:

```
void CDrawListBox::DrawItem(LPDRAWITEMSTRUCT lpDIStruct)
{
```

```
        CDC* pDC = CDC::FromHandle(lpDIStruct->hDC);
        COLORREF crColor = (COLORREF)lpDIStruct->itemData;

        if (lpDIStruct->itemAction & ODA_DRAWENTIRE){
                CBrush brBrush(crColor);
                pDC->SelectObject(brBrush);
                pDC->Ellipse(&lpDIStruct->rcItem);
        }

        if ((lpDIStruct->itemState & ODS_SELECTED) &&
                (lpDIStruct->itemAction & (ODA_SELECT | ODA_DRAWENTIRE))){
                COLORREF crSelected = RGB(0, 0, 0);
                CBrush br(crSelected);
                pDC->FrameRect(&lpDIStruct->rcItem, &br);
        }

        if (!(lpDIStruct->itemState & ODS_SELECTED) &&
                (lpDIStruct->itemAction & ODA_SELECT)){
                CBrush brBrushClear(RGB(255, 255, 255));
                pDC->FrameRect(&lpDIStruct->rcItem, &brBrushClear);
->              CBrush brBrush(crColor);
->              pDC->SelectObject(brBrush);
->              pDC->Ellipse(&lpDIStruct->rcItem);
        }
}
```

That completes `DrawItem()` and, with it, our implementation of our new owner-draw list box class, `CDrawListBox`. We can add an object of this new class to our main dialog window this way (from DRAWLISTDLG.H):

```
class CDrawlistDlg : public CDialog
{
// Construction
public:
        CDrawlistDlg(CWnd* pParent = NULL);         // standard constructor
                .

                .
```

```
protected:
        .
        HICON m_hIcon;
 ->     CDrawListBox  m_drawlist;
        .
        .
        .
```

At this point, we have our CDrawListBox object ready to go. To work with it, we need to subclass the list box in our dialog window, IDC_LIST1, to become a list box of class CDrawListBox, and we can do that in OnInitDialog():

```
BOOL CDrawlistDlg::OnInitDialog()
{
        CDialog::OnInitDialog();

 ->     if(!m_ drawlist.SubclassDlgItem(IDC_LIST1, this))
 ->             MessageBox("Listbox not subclassed.");

        // IDM_ABOUTBOX must be in the system command range.
        ASSERT((IDM_ABOUTBOX & 0xFFF0) == IDM_ABOUTBOX);
        ASSERT(IDM_ABOUTBOX < 0xF000);

        CMenu* pSysMenu = GetSystemMenu(FALSE);
        CString strAboutMenu;
        strAboutMenu.LoadString(IDS_ABOUTBOX);
        if (!strAboutMenu.IsEmpty())
        {
                pSysMenu->AppendMenu(MF_SEPARATOR);
                pSysMenu->AppendMenu(MF_STRING, IDM_ABOUTBOX, strAboutMenu);
        }

        // Set icon for this dialog.  The framework does this automatically
        //   when the application's main window is not a dialog
        SetIcon(m_hIcon, TRUE);                         // Set big icon
        SetIcon(m_hIcon, FALSE);                  // Set small icon
```

```
        // TODO: Add extra initialization here


        return TRUE;  // return TRUE  unless you set the focus to a control
}
```

Next, we have to load our list box's items with the color the corresponding ellipse is to be drawn in, and we use the AddString() function for that like this: m_drawlist.AddString(). We might store an assortment of colors to produce items that each have a different colored ellipse:

```
BOOL CDrawlistDlg::OnInitDialog()
{
        CDialog::OnInitDialog();

        if(!m_drawlist.SubclassDlgItem(IDC_LIST1, this))
                MessageBox("Listbox not subclassed.");

 ->    m_drawlist.AddString((LPCTSTR) RGB(  0,   0,   0));
 ->    m_drawlist.AddString((LPCTSTR) RGB(  0,   0, 255));
 ->    m_drawlist.AddString((LPCTSTR) RGB(  0, 255,   0));
 ->    m_drawlist.AddString((LPCTSTR) RGB(255,   0,   0));
 ->    m_drawlist.AddString((LPCTSTR) RGB(  0, 255, 255));
 ->    m_drawlist.AddString((LPCTSTR) RGB(255,   0, 255));
 ->    m_drawlist.AddString((LPCTSTR) RGB(255, 255,   0));
 ->    m_drawlist.AddString((LPCTSTR) RGB(255, 255, 255));

        // IDM_ABOUTBOX must be in the system command range.
        ASSERT((IDM_ABOUTBOX & 0xFFF0) == IDM_ABOUTBOX);
        ASSERT(IDM_ABOUTBOX < 0xF000);
              .
              .
              .

}
```

We've set up our list box and displayed it. Our colored ellipses appear in it as well, as shown in Figure 4.5. So far, our program is a success.

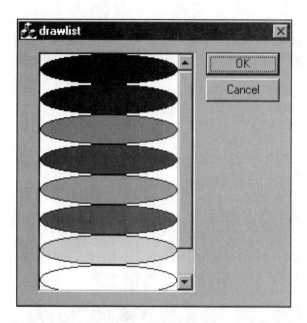

FIGURE 4.5 OUR OWNER-DRAW LIST BOX DISPLAYS ELLIPSES.

The next step is to allow the user to select a list box item. We can do that as we might with any list box, in a double-click event handler. Using ClassWizard, connect a function to the LBN_DBLCLK message of IDC_LIST1:

```
void CDrawlistDlg::OnDblclkList1()
{
}
```

In this function, we can determine which of our ellipses was double-clicked—the top item is item 0, the next one item 1, and so on—and we can use GetCurSel() for that:

```
void CDrawlistDlg::OnDblclkList1()
{
    ->   int selected_item = m_drawlist.GetCurSel();
             .
             .
             .
}
```

Another way is to send the list box a LB_GETCURSEL, message, like this: SendDlgItemMessage(IDC_LIST1, LB_GETCURSEL, 0, 0L);. After storing the index of the double-clicked item in the variable selected_item, we can display that value in a message box this way:

```
void CDrawlistDlg::OnDblclkList1()
{
        int selected_item = m_drawlist.GetCurSel();
  ->    char sz[30];
  ->    sprintf(sz, "Item %d selected.", selected_item);
  ->    MessageBox(sz);
}
```

When the user double-clicks a list box item, we select that item as shown in Figure 4.6 (note the black frame drawn around the selected item) and indicate what item was selected in the message box.

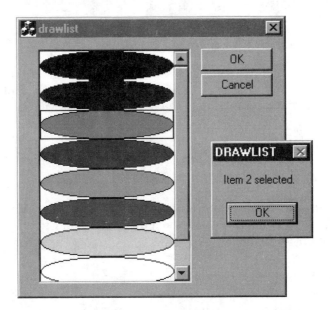

FIGURE 4.6 DOUBLE-CLICKING ALLOWS THE USER TO SELECT ITEMS IN OUR LIST BOX.

We can also add code to the dialog window's OK button to indicate what item was selected when the user closes the window by clicking the OK button. Use ClassWizard to connect the function OnOK() to the **OK** button, IDOK:

```
void CDrawlistDlg::OnOK()
{
        CDialog::OnOK();
}
```

Now we can see if the user made a selection by checking the list box's current selection with GetCurSel():

```
void CDrawlistDlg::OnOK()
{
  ->    int selected_item = m_drawlist.GetCurSel();
                .

                .

                .

        CDialog::OnOK();
}
```

If not, the value in selected_item will be −1 and we can ask the user to make a selection before leaving, like this:

```
void CDrawlistDlg::OnOK()
{
        int selected_item = m_drawlist.GetCurSel();
  ->    if (selected_item == -1)
  ->    {
  ->            MessageBox("Please select an item.");
  ->            return;
  ->    }       .

                .

                .

                .

        CDialog::OnOK();
}
```

On the other hand, if the user has made a selection before clicking **OK**, we can display the index of the selection made this way in a message box:

```
void CDrawlistDlg::OnOK()
```

```
{
        int selected_item = m_drawlist.GetCurSel();
        if (selected_item == -1)
        {
                MessageBox("Please select an item.");
                return;
        }
->      char sz[30];
->      sprintf(sz, "Item %d selected.", selected_item);
->      MessageBox(sz);

        CDialog::OnOK();
}
```

Our DRAWLIST program is complete. We've been able to draw our own list box items and support item selection. The support files for DRAWLIST, DRAWLISTDLG.H and DRAWLISTDLG.CPP, appear in Listing 4.3.

LISTING 4.3 DRAWLISTDLG.H AND DRAWLISTDLG.CPP

```
// drawlistDlg.h : header file
//

//////////////////////////////////////////////////////////////////////
////
// CDrawlistDlg dialog

class CDrawListBox : public CListBox
{
public:
// Operations

// Implementation
        virtual void MeasureItem(LPMEASUREITEMSTRUCT lpMIS);
        virtual void DrawItem(LPDRAWITEMSTRUCT lpDIS);
};

class CDrawlistDlg : public CDialog
{
```

```
// Construction
public:
        CDrawlistDlg(CWnd* pParent = NULL);            // standard constructor

// Dialog Data
        //{{AFX_DATA(CDrawlistDlg)
        enum { IDD = IDD_DRAWLIST_DIALOG };
                // NOTE: the ClassWizard will add data members here
        //}}AFX_DATA

        // ClassWizard generated virtual function overrides
        //{{AFX_VIRTUAL(CDrawlistDlg)
        protected:
        virtual void DoDataExchange(CDataExchange* pDX);
        //}}AFX_VIRTUAL

// Implementation
protected:
        HICON m_hIcon;
        CDrawListBox  m_drawlist;

        // Generated message map functions
        //{{AFX_MSG(CDrawlistDlg)
        virtual BOOL OnInitDialog();
        afx_msg void OnSysCommand(UINT nID, LPARAM lParam);
        afx_msg void OnPaint();
        afx_msg HCURSOR OnQueryDragIcon();
        virtual void OnOK();
        afx_msg void OnDblclkList1();
        //}}AFX_MSG
        DECLARE_MESSAGE_MAP()
};


// drawlistDlg.cpp : implementation file
//

#include "stdafx.h"
#include "drawlist.h"
```

```
#include "drawlistDlg.h"

#ifdef _DEBUG
#define new DEBUG_NEW
#undef THIS_FILE
static char THIS_FILE[] = __FILE__;
#endif

////////////////////////////////////////////////////////////////////////
////
// CAboutDlg dialog used for App About
////////////////////////////////////////////////////////////////////////
////

#define ITEM_HEIGHT   30

void CDrawListBox::MeasureItem(LPMEASUREITEMSTRUCT lpMIStruct)
{
        lpMIStruct->itemHeight = ITEM_HEIGHT;
}
void CDrawListBox::DrawItem(LPDRAWITEMSTRUCT lpDIStruct)
{
        CDC* pDC = CDC::FromHandle(lpDIStruct->hDC);
        COLORREF crColor = (COLORREF)lpDIStruct->itemData;

        if (lpDIStruct->itemAction & ODA_DRAWENTIRE){
                CBrush brBrush(crColor);
                pDC->SelectObject(brBrush);
                pDC->Ellipse(&lpDIStruct->rcItem);
        }

        if ((lpDIStruct->itemState & ODS_SELECTED) &&
                (lpDIStruct->itemAction & (ODA_SELECT | ODA_DRAWENTIRE))){
                COLORREF crSelected = RGB(0, 0, 0);
                CBrush br(crSelected);
                pDC->FrameRect(&lpDIStruct->rcItem, &br);
        }

        if (!(lpDIStruct->itemState & ODS_SELECTED) &&
```

```
                (lpDIStruct->itemAction & ODA_SELECT)){
                CBrush brBrushClear(RGB(255, 255, 255));
                pDC->FrameRect(&lpDIStruct->rcItem, &brBrushClear);
                CBrush brBrush(crColor);
                pDC->SelectObject(brBrush);
                pDC->Ellipse(&lpDIStruct->rcItem);
        }
}


class CAboutDlg : public CDialog
{
public:
        CAboutDlg();

// Dialog Data
        //{{AFX_DATA(CAboutDlg)
        enum { IDD = IDD_ABOUTBOX };
        //}}AFX_DATA


        // ClassWizard generated virtual function overrides
        //{{AFX_VIRTUAL(CAboutDlg)
        protected:
        virtual void DoDataExchange(CDataExchange* pDX);    // DDX/DDV support
        //}}AFX_VIRTUAL

// Implementation
protected:
        //{{AFX_MSG(CAboutDlg)
        //}}AFX_MSG
        DECLARE_MESSAGE_MAP()

};


CAboutDlg::CAboutDlg() : CDialog(CAboutDlg::IDD)
{
        //{{AFX_DATA_INIT(CAboutDlg)
        //}}AFX_DATA_INIT
}
```

```
void CAboutDlg::DoDataExchange(CDataExchange* pDX)
{
        CDialog::DoDataExchange(pDX);
        //{{AFX_DATA_MAP(CAboutDlg)
        //}}AFX_DATA_MAP
}


BEGIN_MESSAGE_MAP(CAboutDlg, CDialog)
        //{{AFX_MSG_MAP(CAboutDlg)
                // No message handlers
        //}}AFX_MSG_MAP
END_MESSAGE_MAP()


/////////////////////////////////////////////////////////////////////
////
// CDrawlistDlg dialog

CDrawlistDlg::CDrawlistDlg(CWnd* pParent /*=NULL*/)
        : CDialog(CDrawlistDlg::IDD, pParent)
{
        //{{AFX_DATA_INIT(CDrawlistDlg)
                // NOTE: the ClassWizard will add member initialization here
        //}}AFX_DATA_INIT
        // Note LoadIcon does not require a subsequent DestroyIcon in Win32
        m_hIcon = AfxGetApp()->LoadIcon(IDR_MAINFRAME);
}


void CDrawlistDlg::DoDataExchange(CDataExchange* pDX)
{
        CDialog::DoDataExchange(pDX);
        //{{AFX_DATA_MAP(CDrawlistDlg)
                // NOTE: the ClassWizard will add DDX and DDV calls here
        //}}AFX_DATA_MAP
}


BEGIN_MESSAGE_MAP(CDrawlistDlg, CDialog)
        //{{AFX_MSG_MAP(CDrawlistDlg)
        ON_WM_SYSCOMMAND()
        ON_WM_PAINT()
```

```
        ON_WM_QUERYDRAGICON()
        ON_LBN_DBLCLK(IDC_LIST1, OnDblclkList1)
        //}}AFX_MSG_MAP
END_MESSAGE_MAP()
```

```
/////////////////////////////////////////////////////////////////////
////
// CDrawlistDlg message handlers

BOOL CDrawlistDlg::OnInitDialog()
{
        CDialog::OnInitDialog();

        if(!m_drawlist.SubclassDlgItem(IDC_LIST1, this))
                MessageBox("Listbox not subclassed.");

        m_drawlist.AddString((LPCTSTR) RGB(  0,   0,   0));
        m_drawlist.AddString((LPCTSTR) RGB(  0,   0, 255));
        m_drawlist.AddString((LPCTSTR) RGB(  0, 255,   0));
        m_drawlist.AddString((LPCTSTR) RGB(255,   0,   0));
        m_drawlist.AddString((LPCTSTR) RGB(  0, 255, 255));
        m_drawlist.AddString((LPCTSTR) RGB(255,   0, 255));
        m_drawlist.AddString((LPCTSTR) RGB(255, 255,   0));
        m_drawlist.AddString((LPCTSTR) RGB(255, 255, 255));

        // IDM_ABOUTBOX must be in the system command range.
        ASSERT((IDM_ABOUTBOX & 0xFFF0) == IDM_ABOUTBOX);
        ASSERT(IDM_ABOUTBOX < 0xF000);

        CMenu* pSysMenu = GetSystemMenu(FALSE);
        CString strAboutMenu;
        strAboutMenu.LoadString(IDS_ABOUTBOX);
        if (!strAboutMenu.IsEmpty())
        {
                pSysMenu->AppendMenu(MF_SEPARATOR);
                pSysMenu->AppendMenu(MF_STRING, IDM_ABOUTBOX, strAboutMenu);
        }

        // Set icon for this dialog.  The framework does this automatically
```

```
        //  when the application's main window is not a dialog
        SetIcon(m_hIcon, TRUE);                         // Set big icon
        SetIcon(m_hIcon, FALSE);                    // Set small icon


        // TODO: Add extra initialization here


        return TRUE;  // return TRUE  unless you set the focus to a control
}

void CDrawlistDlg::OnSysCommand(UINT nID, LPARAM lParam)
{
        if ((nID & 0xFFF0) == IDM_ABOUTBOX)
        {
                CAboutDlg dlgAbout;
                dlgAbout.DoModal();
        }
        else
        {
                CDialog::OnSysCommand(nID, lParam);
        }
}

// If you add a minimize button to your dialog, you will need the code below
//  to draw the icon.  For MFC applications using the document/view model,
//  this is automatically done for you by the framework.
void CDrawlistDlg::OnPaint()
{
        if (IsIconic())
        {
                CPaintDC dc(this); // device context for painting

                SendMessage(WM_ICONERASEBKGND, (WPARAM) dc.GetSafeHdc(), 0);

                // Center icon in client rectangle
                int cxIcon = GetSystemMetrics(SM_CXICON);
                int cyIcon = GetSystemMetrics(SM_CYICON);
                CRect rect;
                GetClientRect(&rect);
```

```
            int x = (rect.Width() - cxIcon + 1) / 2;
            int y = (rect.Height() - cyIcon + 1) / 2;

            // Draw the icon
            dc.DrawIcon(x, y, m_hIcon);
        }
        else
        {
            CDialog::OnPaint();
        }
}


// The system calls this to obtain the cursor to display while the user drags
//   the minimized window.
HCURSOR CDrawlistDlg::OnQueryDragIcon()
{
        return (HCURSOR) m_hIcon;
}


void CDrawlistDlg::OnOK()
{
        int selected_item = m_drawlist.GetCurSel();
        if (selected_item == -1)
        {
                MessageBox("Please select an item.");
                return;
        }
        char sz[30];
        sprintf(sz, "Item %d selected.", selected_item);
        MessageBox(sz);

        CDialog::OnOK();
}
void CDrawlistDlg::OnDblclkList1()
{
        int selected_item = m_drawlist.GetCurSel();
        char sz[30];
        sprintf(sz, "Item %d selected.", selected_item);
        MessageBox(sz);
}
```

That completes DRAWLIST and our exploration of advanced graphics techniques. We've come far in this chapter, from seeing how screen capture works to using owner-draw list boxes, from using metafiles for window refreshing to seeing how to draw anywhere on the screen. In the next chapter, we'll continue our tour of advanced Visual C++ 5 programming as we explore 32-bit memory handling.

CHAPTER 5

In-depth Working with Memory in Visual C++

When thinking about the earlier days of the PC, it's sometimes hard to believe that MS-DOS was restricted to 1 MB of memory. Of course, that was more memory than 8-bit computers had, but people bumped into the 1 MB limit sooner or later, and then Windows came along. The earliest versions of Windows ran in a 1 MB space and were not very popular. However, as time went on and the 80386 processor was introduced, Windows became the operating platform of choice. The 80386 offered 32-bit protected mode, and in that mode, the computer can address up to 4 GB of memory. That's 4096 MB, or 4,294,967,296 bytes, which is certainly enough to keep most programmers going for a while.

Windows 3.1 could access up to 16 MB, and, of course, people soon chafed at that—not so much because they had 16 MB programs, but because now they could run several programs at once, and memory usage quickly became taxed. In Windows 95, we can now address all 4 GB (although we can really use only 2 GB to as little as 4 MB of that memory), and that's what this chapter is all about: handling and working with that kind of memory, as well as understanding its layout.

In this chapter, we'll see how to allocate virtual memory and physical memory, write a program that scans all memory and reports what it finds, set up shared memory that will allow separate processes to share data (not usually done in 32-bit Windows, where processes are supposed to be very independent), see how to manage our own 32-bit customized heap, and more. Let's start at once with an overview of Windows 95 memory.

An Overview of 32-bit Windows 95 Memory

Our programs now have 4 GB of memory space to work with, meaning that memory pointers can range from 0x00000000 to 0xFFFFFFFF. That's a lot of memory, and it will help to break it down. In Windows 95, each process gets its own 4 GB memory space, which it thinks is all its own. In fact, it shares the top 2 GB with all the other applications running. Nevertheless, it's still useful to think of the 4 GB process space as ours and ours alone. (It is very possible to write over the system DLLs and the operating system itself in high memory in Windows 95; however, because all processes share that memory, the system halts. Windows NT solves this problem by keeping the operating system thread and memory away from our process space entirely.)

The lowest section of memory, the 64 KB region from 0x00000000 to 0x00000FFF, is reserved in Windows 95 for NULL pointer assignments. For example, if someone had loaded a pointer with the result of using the new operator, but without checking whether the return value was NULL, they could end up accessing memory in this region—and Windows 95 would stop the program. In fact, not just the first 64 KB, but the whole first 4 MB of memory is reserved for the system, and it's used to maintain compatibility with Win16 and MS-DOS applications. Our programs are loaded at the address 0x00400000 (that's the base address of our applications in memory), and we have the space from there to 0x7FFFFFFF, or 2 GB to 4 MB to work with, which is 2,143,289,344 bytes. Starting at 0x80000000, Windows 95 loads its system DLLs like USER32.DLL, as we shall see soon with our SCANMEM program. This region extends to 0xBFFFFFFF. Starting at 0xC0000000, and going up to the very top of memory at 0xFFFFFFFF, is the operating system itself, as well as virtual device drivers.

Schematically, memory looks like this in overview:

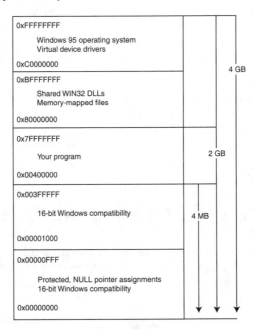

Physical vs. Virtual Memory

Probably very few 80x86 computers have 4 GB of memory installed. Even so, that is the range our pointers can address in memory. Because there is an obvious conflict here, hardware designers introduced the ideas of virtual memory and physical memory. Virtual memory is the 4 GB address space that we can address, and physical memory is limited by the actual amount of RAM you have in your computer and the space on your hard disk. You probably already know that Windows swaps memory in and out of a *paging file* on the disk drive, and that the size of the disk file is added to the RAM and considered physical memory, but you may not know that, when you run a program, the program's EXE file on disk—called its *image*—is then considered part of the paging file (although it is not moved on the disk). That saves the time it would take to actually load the EXE file into RAM. Instead, the actual image of the EXE file on disk is considered part of the paging file, and sections of the code (not the data) are read from the disk as needed.

In this way, we are really limited only by the size of RAM and disk space. We *map* physical memory to virtual memory before using it. That works like this: say we allocate 1 MB of virtual memory with `VirtualAlloc()`. Now say that we actually want to place some data in the first 1 KB of that space. To do that, we must *commit* physical memory, and that is also done with the `VirtualAlloc()` function. After we have committed physical memory, we can write data to it. We might commit only some of our reserved virtual memory to physical storage—for example, we might reserve only the first and sixth kilobytes of our reserved region. When we are done with those regions of physical storage, we can deallocate them. We'll see how this works soon.

There is more we should know here. When memory is transferred into and out of the paging file, it's not transferred byte by byte, which would be extremely inefficient. Instead, it's transferred a *page* at a time, and on 80x86 Windows 95 systems, a page is 4 KB. In addition, when we allocate memory, the new region of memory must start on a boundary that is a multiple of the *allocation granularity*, and on 80x86 systems, the granularity is 64 KB. So if you ask for 26 KB starting at 0x60000000 + 62 KB, the system will allocate 28 KB (a multiple of the page size) at 0x60000000 + 64 KB, if that location is available.

Useful Memory Functions

A number of functions can help us get a grip on what's happening with memory. For example, `GetSystemInfo()` fills a structure of type `SYSTEM_INFO`, which includes the minimum and maximum application addresses, the allocation granularity, and the page size this way:

241

```
typedef struct _SYSTEM_INFO { // sinf
    union {
        DWORD   dwOemId;
        struct {
            WORD wProcessorArchitecture;
            WORD wReserved;
        };
    };
    DWORD   dwPageSize;
    LPVOID  lpMinimumApplicationAddress;
    LPVOID  lpMaximumApplicationAddress;
    DWORD   dwActiveProcessorMask;
    DWORD   dwNumberOfProcessors;
    DWORD   dwProcessorType;
    DWORD   dwAllocationGranularity;
    WORD    wProcessorLevel;
    WORD    wProcessorRevision;
} SYSTEM_INFO;
```

Another function, GlobalMemoryStatus(), returns a MEMORYSTATUS structure, which indicates the total physical, virtual, and paging file memory:

```
typedef struct _MEMORYSTATUS { // mst
    DWORD dwLength;        // sizeof(MEMORYSTATUS)
    DWORD dwMemoryLoad;    // percent of memory in use
    DWORD dwTotalPhys;     // bytes of physical memory
    DWORD dwAvailPhys;     // free physical memory bytes
    DWORD dwTotalPageFile; // bytes of paging file
    DWORD dwAvailPageFile; // free bytes of paging file
    DWORD dwTotalVirtual;  // user bytes of address space
    DWORD dwAvailVirtual;  // free user bytes
} MEMORYSTATUS, *LPMEMORYSTATUS;
```

And finally, there is VirtualQuery(), which lets us examine a region of memory. With this function, we can determine the base address of an allocated region of memory, as well as the size of the region. This information is returned in a structure of type MEMORY_BASIC_INFORMATION:

```
typedef struct _MEMORY_BASIC_INFORMATION { // mbi
    PVOID BaseAddress;              // base address of region
```

```
        PVOID AllocationBase;        // allocation base address
        DWORD AllocationProtect;     // initial access protection
        DWORD RegionSize;            // size, in bytes, of region
        DWORD State;                 // committed, reserved, free
        DWORD Protect;               // current access protection
        DWORD Type;                  // type of pages
    } MEMORY_BASIC_INFORMATION;
    typedef MEMORY_BASIC_INFORMATION *PMEMORY_BASIC_INFORMATION;
```

We'll see these functions throughout this chapter. In fact, let's put some of them to use now as we work directly with virtual and physical memory, allocating and committing it.

Working Directly with Virtual and Physical Memory

Our first program will allow us to see the process of reserving a region of virtual memory, committing some of it to physical memory, and then deallocating the memory when we are done with it. This program, which we might call VIRTMEM, will use VirtualAlloc() to reserve a section of virtual memory, VirtualAlloc() again to commit some of it to physical storage, and VirtualFree() to free memory. For example, we might reserve 1 MB of memory, commit the first page of it to physical memory, and then free the memory afterwards.

Create a new dialog box–based AppWizard EXE project named VIRTMEM now and add three buttons to it: **Reserve 1 MB of memory** (IDC_BUTTON1), **Commit first page of reserved memory** (IDC_BUTTON2), and **Free reserved and committed memory** (IDC_BUTTON3). Next, attach functions to each of those buttons: OnButton1(), OnButton2(), and OnButton3(). Open OnButton1() now:

```
void CVirtmemDlg::OnButton1()
{

}
```

In this function, corresponding to the **Reserve 1 MB of memory** button, we want to do just that—reserve 1 MB of virtual memory. To get this memory, we will loop through memory, starting at the minimum application address in our address space and incrementing each time by the page size until the system grants our request. That means that we need the minimum application address and the page size, both of which we can get from `GetSystemInfo()`. For this demonstration program, we make the `GetSystemInfo()` structure, of type `SYSTEM_INFO` and named `m_si`, into a member of our `CVirtmemDlg` class:

```
// virtmemDlg.h : header file
//

class CVirtmemDlg : public CDialog
{
// Construction
        .

        .

        .
// Implementation
protected:
        HICON m_hIcon;
   ->   SYSTEM_INFO m_si;
            .

            .

            .
```

Now we fill that structure in `OnButton1()`:

```
void CVirtmemDlg::OnButton1()
{
   ->   GetSystemInfo(&m_si);
            .

            .

            .
}
```

Next, we set up our loop in which we will keep requesting memory starting at the minimum application address, `m_si.lpMinimumApplicationAddress`, and incrementing each time by the page size, `m_si.dwPageSize`. To reserve the memory, we use `VirtualAlloc()`, which we call like this:

```
        LPVOID VirtualAlloc(
            LPVOID  lpAddress,
            DWORD   dwSize,
```

```
    DWORD   flAllocationType,
    DWORD   flProtect
);
```

Here, the `lpAddress` parameter indicates the address at which we want our memory to start, `dwSize` indicates the size of the region we want, and `fAllocationType` is one of these values:

MEM_COMMIT	Commits physical storage in memory or in paging file.
MEM_RESERVE	Reserves virtual address space.
MEM_TOP_DOWN	Allocates memory at the highest possible address.

The `flProtect` parameter is one of these values:

PAGE_READONLY	Allows read access to the committed region.
PAGE_READWRITE	Allows read and write access to the committed region.
PAGE_EXECUTE	Allows execute access to the committed region.
PAGE_EXECUTE_READ	Allows execute and read access to the committed region.
PAGE_EXECUTE_READWRITE	Allows execute, read, and write access.
PAGE_GUARD	Pages in the region become guard pages.
PAGE_NOACCESS	Disallows all access to the committed region.
PAGE_NOCACHE	Allows no caching of the committed region.

Note in particular the `PAGE_GUARD` flag. If we use it, pages in our memory region become guard pages, and an attempt to read or write to one causes a `STATUS_GUARD_PAGE` exception to be raised by the operating system (which then, incidentally, also turns off the `STATUS_PAGE_GUARD` attribute). If this function succeeds, it returns the pointer to reserved or committed memory; otherwise, it returns `NULL`. In our case, we will just keep looping through memory, incrementing a pointer to memory, `lpMemRequested`, until the memory we want is available at that location and we can allocate it:

```
void CVirtmemDlg::OnButton1()
{
        GetSystemInfo(&m_si);
->      LPVOID lpMemRequested = m_si.lpMinimumApplicationAddress;
->      m_lpMemReserved = NULL;
->      while(m_lpMemReserved == NULL){
->              m_lpMemReserved = VirtualAlloc(lpMemRequested, 1024*1024,
->                  MEM_RESERVE, PAGE_READWRITE);
->              lpMemRequested = (LPVOID) ((LPBYTE) lpMemRequested +
->                  m_si.dwPageSize);
->      }
```

After the loop completes, our member pointer m_lpMemReserved holds the address at which the system allocated memory for us. We add m_lpMemReserved to our CVirtMemDlg class's header as well:

```
// virtmemDlg.h : header file
//


/////////////////////////////////////////////////////////////////////////
// CVirtmemDlg dialog

class CVirtmemDlg : public CDialog
{
// Construction
        .
        .
        .
// Implementation
protected:
        HICON m_hIcon;
        SYSTEM_INFO m_si;
->      LPVOID m_lpMemReserved;
        .
        .
        .
```

We also initialize m_lpReserved to NULL in CVirtmemDlg's constructor:

```
CVirtmemDlg::CVirtmemDlg(CWnd* pParent /*=NULL*/)
        : CDialog(CVirtmemDlg::IDD, pParent)
{
        //{{AFX_DATA_INIT(CVirtmemDlg)
                // NOTE: the ClassWizard will add member initialization here
        //}}AFX_DATA_INIT
        // Note LoadIcon does not require a subsequent DestroyIcon in Win32
        m_hIcon = AfxGetApp()->LoadIcon(IDR_MAINFRAME);
->      m_lpMemReserved = NULL;
}
```

If the pointer m_lpMemReserved is still NULL after we loop through memory, we could not get any memory, so we put up a message box to that effect:

```
void CVirtmemDlg::OnButton1()
{
        GetSystemInfo(&m_si);
        LPVOID lpMemRequested = m_si.lpMinimumApplicationAddress;
        m_lpMemReserved = NULL;
        while(m_lpMemReserved == NULL){
                m_lpMemReserved = VirtualAlloc(lpMemRequested, 1024*1024,
                        MEM_RESERVE, PAGE_READWRITE);
                lpMemRequested = (LPVOID) ((LPBYTE) lpMemRequested +
                        m_si.dwPageSize);
        }
->      if(m_lpMemReserved == NULL){
->              MessageBox("Memory could not be reserved.");
->      }
                .

                .

                .
```

On the other hand, if we did get the memory we requested, we indicate the address at which it starts this way:

```
void CVirtmemDlg::OnButton1()
{
        GetSystemInfo(&m_si);
        LPVOID lpMemRequested = m_si.lpMinimumApplicationAddress;
        m_lpMemReserved = NULL;
```

248

```
while(m_lpMemReserved == NULL){
        m_lpMemReserved = VirtualAlloc(lpMemRequested, 1024*1024,
            MEM_RESERVE, PAGE_READWRITE);
        lpMemRequested = (LPVOID) ((LPBYTE) lpMemRequested +
            m_si.dwPageSize);
    }
    if(m_lpMemReserved == NULL){
        MessageBox("Memory could not be reserved.");
    }
->  else{
->          char sz[40];
->          sprintf(sz, "1MB reserved starting at %#x", m_lpMemReserved);
->          MessageBox(sz);
->      }
}
```

We've reserved 1 MB of virtual memory. The next step, in OnButton2() (the button that reads: **Commit first page of reserved memory**), is to commit the first page of that to physical storage, which we do with VirtualAlloc(). We start by making sure that we have memory reserved by checking m_lpReserved; if that pointer is NULL, we return, indicating an error:

```
void CVirtmemDlg::OnButton2()
{
->  if(m_lpMemReserved == NULL){
->          Beep(0, 0);
->          MessageBox("You must first reserve some memory.");
->          return;
->      }          .
                   .
                   .
```

If we have reserved memory, we want to commit the first page of it to physical storage, and we do that with the MEM_COMMIT flag in VirtualAlloc(), filling a new member pointer named m_lpMemCommitted:

```
void CVirtmemDlg::OnButton2()
{
        if(m_lpMemReserved == NULL){
```

```
           Beep(0, 0);
           MessageBox("You must first reserve some memory.");
           return;
     }
->           m_lpMemCommitted = VirtualAlloc(m_lpMemReserved,
->                 m_si.dwPageSize, MEM_COMMIT, PAGE_READWRITE);
                      .

                      .

                      .
```

Like m_lpMemReserved, we make m_lpMemCommitted a member of our CVirtmemDlg class and initialize it to NULL in the constructor. After attempting to commit physical memory, we can report on the success or failure of the operation based on the pointer m_lpMemCommitted:

```
void CVirtmemDlg::OnButton2()
{
        if(m_lpMemReserved == NULL){
                Beep(0, 0);
                MessageBox("You must first reserve some memory.");
                return;
        }
                m_lpMemCommitted = VirtualAlloc(m_lpMemReserved,
                      m_si.dwPageSize, MEM_COMMIT, PAGE_READWRITE);
->      if(m_lpMemCommitted == NULL){
->              MessageBox("Memory could not be committed.");
->      }
->      else{
->              char sz[40];
->              sprintf(sz, "One page reserved starting at %#x",
->                    m_lpMemCommitted);
->              MessageBox(sz);
->      }
}
```

At this point, we have allowed the user to reserve 1 MB of virtual memory and to commit the first page of it to physical storage. All that remains now is to free the memory, and we do that in OnButton3(), the button whose caption reads **Free reserved and committed memory**:

```
void CVirtmemDlg::OnButton3()
{

}
```

We start by checking if any memory was in fact reserved, making sure that we have some memory to free:

```
void CVirtmemDlg::OnButton3()
{
->    if(m_lpMemReserved == NULL){
->          Beep(0, 0);
->          MessageBox("You must first reserve and commit some memory.");
->          return;
->    }           .

              .

              .
```

If so, we use VirtualFree() to free the memory:

```
BOOL VirtualFree(
    LPVOID  lpAddress,
    DWORD   dwSize,
    DWORD   dwFreeType
    );
```

Here, lpAddress holds the address of the memory to free, and dwSize holds the size of the region—and if the dwFreeType parameter is the MEM_RELEASE flag, this value must be 0 so the whole region is released. The dwFreeType parameter can hold one of these flags:

MEM_DECOMMIT	Decommits the specified region.
MEM_RELEASE	Releases the specified region.

VirtualFree() returns TRUE if it was able to perform the requested operation and FALSE otherwise. In our case, we want to release the memory entirely, which we do this way:

```
void CVirtmemDlg::OnButton3()
{
        if(m_lpMemReserved == NULL){
                Beep(0, 0);
                MessageBox("You must first reserve and commit some memory.");
                return;
        }
  ->    if(VirtualFree(m_lpMemReserved, 0, MEM_RELEASE)){
                .
                .
                .

}
```

Finally, we report on the results of the memory-freeing operation:

```
void CVirtmemDlg::OnButton3()
{
        if(m_lpMemReserved == NULL){
                Beep(0, 0);
                MessageBox("You must first reserve and commit some memory.");
                return;
        }
        if(VirtualFree(m_lpMemReserved, 0, MEM_RELEASE)){
  ->            MessageBox("Memory freed.");
  ->    }
  ->    else{
  ->            MessageBox("Memory could not be freed.");
  ->    }

}
```

When we run the program, we can click the **Reserve 1 MB of memory** button, followed by the **Commit first page of reserved memory** button as shown in Figure 5.1. To free the memory, we click the **Free reserved and committed memory** button, as shown in Figure 5.2—and everything operates as it should. Our program is a success.

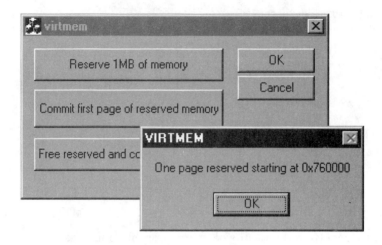

FIGURE 5.1 COMMITTING MEMORY TO PHYSICAL STORAGE.

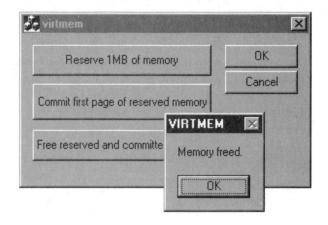

FIGURE 5.2 FREEING RESERVED AND COMMITTED MEMORY.

The support files for this program, VIRTMEMDLG.H and VIRTMEMEDLG.CPP, appear in Listing 5.1.

LISTING 5.1 VIRTMEMDLG.H AND VIRTMEMEDLG.CPP

```
// virtmemDlg.h : header file
//
/////////////////////////////////////////////////////////////////////////////
```

```
// CVirtmemDlg dialog

class CVirtmemDlg : public CDialog
{
// Construction
public:
        CVirtmemDlg(CWnd* pParent = NULL);          // standard constructor

// Dialog Data
        //{{AFX_DATA(CVirtmemDlg)
        enum { IDD = IDD_VIRTMEM_DIALOG };
                // NOTE: the ClassWizard will add data members here
        //}}AFX_DATA


        // ClassWizard generated virtual function overrides
        //{{AFX_VIRTUAL(CVirtmemDlg)
        protected:
        virtual void DoDataExchange(CDataExchange* pDX);
        //}}AFX_VIRTUAL

// Implementation
protected:
        HICON m_hIcon;
        SYSTEM_INFO m_si;
        LPVOID m_lpMemReserved;
        LPVOID m_lpMemCommitted;

        // Generated message map functions
        //{{AFX_MSG(CVirtmemDlg)
        virtual BOOL OnInitDialog();
        afx_msg void OnSysCommand(UINT nID, LPARAM lParam);
        afx_msg void OnPaint();
        afx_msg HCURSOR OnQueryDragIcon();
        afx_msg void OnButton1();
        afx_msg void OnButton2();
        afx_msg void OnButton3();
        //}}AFX_MSG
        DECLARE_MESSAGE_MAP()
};
```

```
// virtmemDlg.cpp : implementation file
//

#include "stdafx.h"
#include "virtmem.h"
#include "virtmemDlg.h"

#ifdef _DEBUG
#define new DEBUG_NEW
#undef THIS_FILE
static char THIS_FILE[] = __FILE__;
#endif
/////////////////////////////////////////////////////////////////////////////
// CAboutDlg dialog used for App About

class CAboutDlg : public CDialog
{
public:
        CAboutDlg();

// Dialog Data
        //{{AFX_DATA(CAboutDlg)
        enum { IDD = IDD_ABOUTBOX };
        //}}AFX_DATA

        // ClassWizard generated virtual function overrides
        //{{AFX_VIRTUAL(CAboutDlg)
        protected:
        virtual void DoDataExchange(CDataExchange* pDX);    // DDX/DDV support
        //}}AFX_VIRTUAL

// Implementation
protected:
        //{{AFX_MSG(CAboutDlg)
        //}}AFX_MSG
        DECLARE_MESSAGE_MAP()
};

CAboutDlg::CAboutDlg() : CDialog(CAboutDlg::IDD)
```

```
{
        //{{AFX_DATA_INIT(CAboutDlg)
        //}}AFX_DATA_INIT
}

void CAboutDlg::DoDataExchange(CDataExchange* pDX)
{
        CDialog::DoDataExchange(pDX);
        //{{AFX_DATA_MAP(CAboutDlg)
        //}}AFX_DATA_MAP
}


BEGIN_MESSAGE_MAP(CAboutDlg, CDialog)
        //{{AFX_MSG_MAP(CAboutDlg)
                // No message handlers
        //}}AFX_MSG_MAP
END_MESSAGE_MAP()
/////////////////////////////////////////////////////////////////////////////
// CVirtmemDlg dialog

CVirtmemDlg::CVirtmemDlg(CWnd* pParent /*=NULL*/)
        : CDialog(CVirtmemDlg::IDD, pParent)
{
        //{{AFX_DATA_INIT(CVirtmemDlg)
                // NOTE: the ClassWizard will add member initialization here
        //}}AFX_DATA_INIT
        // Note LoadIcon does not require a subsequent DestroyIcon in Win32
        m_hIcon = AfxGetApp()->LoadIcon(IDR_MAINFRAME);
        m_lpMemReserved = NULL;
        m_lpMemCommitted = NULL;

}


void CVirtmemDlg::DoDataExchange(CDataExchange* pDX)
{
        CDialog::DoDataExchange(pDX);
        //{{AFX_DATA_MAP(CVirtmemDlg)
                // NOTE: the ClassWizard will add DDX and DDV calls here
        //}}AFX_DATA_MAP
```

```
        }

BEGIN_MESSAGE_MAP(CVirtmemDlg, CDialog)
        //{{AFX_MSG_MAP(CVirtmemDlg)
        ON_WM_SYSCOMMAND()
        ON_WM_PAINT()
        ON_WM_QUERYDRAGICON()
        ON_BN_CLICKED(IDC_BUTTON1, OnButton1)
        ON_BN_CLICKED(IDC_BUTTON2, OnButton2)
        ON_BN_CLICKED(IDC_BUTTON3, OnButton3)
        //}}AFX_MSG_MAP
END_MESSAGE_MAP()
/////////////////////////////////////////////////////////////////////////////
// CVirtmemDlg message handlers

BOOL CVirtmemDlg::OnInitDialog()
{
        CDialog::OnInitDialog();

        // Add "About..." menu item to system menu.

        // IDM_ABOUTBOX must be in the system command range.
        ASSERT((IDM_ABOUTBOX & 0xFFF0) == IDM_ABOUTBOX);
        ASSERT(IDM_ABOUTBOX < 0xF000);

        CMenu* pSysMenu = GetSystemMenu(FALSE);
        CString strAboutMenu;
        strAboutMenu.LoadString(IDS_ABOUTBOX);
        if (!strAboutMenu.IsEmpty())
        {
                pSysMenu->AppendMenu(MF_SEPARATOR);
                pSysMenu->AppendMenu(MF_STRING, IDM_ABOUTBOX, strAboutMenu);
        }

        // Set icon for this dialog.  The framework does this automatically
        //  when the application's main window is not a dialog
        SetIcon(m_hIcon, TRUE);                     // Set big icon
        SetIcon(m_hIcon, FALSE);                    // Set small icon
```

```
        // TODO: Add extra initialization here

        return TRUE;  // return TRUE   unless you set the focus to a control
}
```

```
void CVirtmemDlg::OnSysCommand(UINT nID, LPARAM lParam)
{
        if ((nID & 0xFFF0) == IDM_ABOUTBOX)
        {
                CAboutDlg dlgAbout;
                dlgAbout.DoModal();
        }
        else
        {
                CDialog::OnSysCommand(nID, lParam);
        }
}


// If you add a minimize button to your dialog, you will need the code below
//   to draw the icon.  For MFC applications using the document/view model,
//   this is automatically done for you by the framework.

void CVirtmemDlg::OnPaint()
{
        if (IsIconic())
        {
                CPaintDC dc(this); // device context for painting

                SendMessage(WM_ICONERASEBKGND, (WPARAM) dc.GetSafeHdc(), 0);

                // Center icon in client rectangle
                int cxIcon = GetSystemMetrics(SM_CXICON);
                int cyIcon = GetSystemMetrics(SM_CYICON);
                CRect rect;
                GetClientRect(&rect);
                int x = (rect.Width() - cxIcon + 1) / 2;
                int y = (rect.Height() - cyIcon + 1) / 2;

                // Draw the icon
```

```
                dc.DrawIcon(x, y, m_hIcon);
        }
        else
        {
                CDialog::OnPaint();
        }
}


// The system calls this to obtain the cursor to display while the user drags
//   the minimized window.
HCURSOR CVirtmemDlg::OnQueryDragIcon()
{
        return (HCURSOR) m_hIcon;
}


void CVirtmemDlg::OnButton1()
{
        GetSystemInfo(&m_si);
        LPVOID lpMemRequested = m_si.lpMinimumApplicationAddress;
        m_lpMemReserved = NULL;
        while(m_lpMemReserved == NULL){
                m_lpMemReserved = VirtualAlloc(lpMemRequested, 1024*1024,
                    MEM_RESERVE, PAGE_READWRITE);
                lpMemRequested = (LPVOID) ((LPBYTE) lpMemRequested +
                    m_si.dwPageSize);
        }
        if(m_lpMemReserved == NULL){
                MessageBox("Memory could not be reserved.");
        }
        else{
                char sz[40];
                sprintf(sz, "1MB reserved starting at %#x", m_lpMemReserved);
                MessageBox(sz);
        }
}


void CVirtmemDlg::OnButton2()
{
        if(m_lpMemReserved == NULL){
```

```
            Beep(0, 0);
            MessageBox("You must first reserve some memory.");
            return;
      }
            m_lpMemCommitted = VirtualAlloc(m_lpMemReserved,
                m_si.dwPageSize, MEM_COMMIT, PAGE_READWRITE);
      if(m_lpMemCommitted == NULL){
            MessageBox("Memory could not be committed.");
      }
      else{
            char sz[40];
            sprintf(sz, "One page reserved starting at %#x",
                m_lpMemCommitted);
            MessageBox(sz);
      }

}


void CVirtmemDlg::OnButton3()
{
      if(m_lpMemReserved == NULL){
            Beep(0, 0);
            MessageBox("You must first reserve and commit some memory.");
            return;
      }
      if(VirtualFree(m_lpMemReserved, 0, MEM_RELEASE)){
            MessageBox("Memory freed.");
      }
      else{
            MessageBox("Memory could not be freed.");
      }

}
```

So far, we've seen how to reserve and commit memory. However, many programs have already done so in our 4 GB address space—Windows 95 DLLs, the operating system, and our program itself. Let's see if we can decipher what's going on in our address space.

Scanning All Memory

In our next program, we will look at our address space and determine what is in it—how DLLs like USER32.DLL have been loaded, where our program is, and so on. You might be wondering how we get the name of a program that owns a specific block of memory? There is actually no Windows function that will do this, but we can rely on a little-known fact—the instance handle for a module is actually the base address at which it is loaded. That means that if we find a region of committed memory, we can use VirtualQuery() to determine its base address. That base address is also the instance handle for the program that owns the region—and we can use GetModuleFileName() to get the program's name.

Let's see this in action in a dialog box–based program we might call SCANMEM. Create this project now, and add a button (IDC_BUTTON1) to our dialog window with the caption **Scan memory** and a text box (IDC_EDIT1) large enough to display a number of file names:

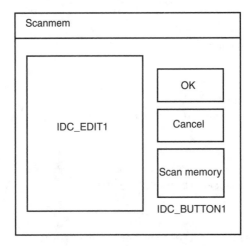

When the user clicks the **Scan memory** button, we can scan through memory, looking for owned regions of memory. We'll scan the region from the base of our application, 0x00400000 up to the operating system at 0xC0000000, and we can define those limits as MIN_MEM and MAX_MEM respectively in OnButton1():

```
void CScanmemDlg::OnButton1()
{
    ->    #define MIN_MEM 0x00400000
```

```
->    #define  MAX_MEM 0xC0000000
        .
        .
        .
}
```

261

We can increment our scan by the page size each time we loop (although our programs are restricted to starting on allocation granularity boundaries, the operating system and its various parts have no such restriction, so we make our scan as fine as practical), so we need to get the page size from `GetSystemInfo()`, filling a SYSTEM_INFO structure named si:

```
void CScanmemDlg::OnButton1()
{
        #define MIN_MEM 0x00400000
        #define  MAX_MEM 0xC0000000
->      SYSTEM_INFO si;
->      GetSystemInfo(&si);
                .
                .
                .
```

Now we'll set up our memory pointer, which we might call lpScanAt. This is the pointer we'll increment through memory, searching for owned regions of memory. When we find such a region, we can store a pointer to the region's base (found with `VirtualQuery()`) in a variable named, say, lpRegionBase, which we initialize to NULL:

```
void CScanmemDlg::OnButton1()
{
        #define MIN_MEM 0x00400000
        #define  MAX_MEM 0xC0000000
        SYSTEM_INFO si;
        GetSystemInfo(&si);
->      LPVOID lpScanAt = (LPVOID) MIN_MEM;
->      LPVOID lpRegionBase = NULL;
                .
                .
                .
```

Now we're ready to begin. We add our loop, which runs until `lpScanAt` reaches `MAX_MEM`, and call `VirtualQuery` at each iteration, filling a `MEMORY_BASIC_INFORMATION` structure, which we can call `mbi`:

```
void CScanmemDlg::OnButton1()
{
        #define MIN_MEM 0x00400000
        #define  MAX_MEM 0xC0000000
        SYSTEM_INFO si;
        GetSystemInfo(&si);
        LPVOID lpScanAt = (LPVOID) MIN_MEM;
        LPVOID lpRegionBase = NULL;

->      MEMORY_BASIC_INFORMATION mbi;

->      while((LONG) lpScanAt < MAX_MEM){
->              VirtualQuery(lpScanAt, &mbi, sizeof(mbi));
                .

                .

                .
->              lpScanAt = (LPVOID) ((PBYTE) lpScanAt + si.dwPageSize);
->      }
}
```

Note that at the end of the loop, we increment `lpScanAt` by the memory page size. Adding raw numbers to 32-bit pointers does take a little thought. As you know, when you add a number to a pointer, the pointer is incremented not simply by that number, but by that number multiplied by the size of the item the pointer points to. For example, adding 5 to an integer pointer would increment it to point to a location 5 x `sizeof(int)`. For that reason, before adding the page size in bytes to `lpScanAt`, we first cast that pointer to a byte pointer and then back to `LPVOID`.

The pointer `lpScanAt` holds the location of our current position in memory, and we check to see if that's part of an owned region with `VirtualQuery()`. Each time we enter a new region, we fill the `lpRegionBase` pointer with a pointer to the base of the region. To do that, we check to see if the current region's `AllocationBase` member of the `MEMORY_BASIC_INFORMA-TION` structure is not the same as `lpRegionBase`. If it is not, we reload `lpRegionBase` this way with the new address:

```
void CScanmemDlg::OnButton1()
{
        #define MIN_MEM 0x00400000
        #define  MAX_MEM 0xC0000000
        SYSTEM_INFO si;
        GetSystemInfo(&si);
        LPVOID lpScanAt = (LPVOID) MIN_MEM;
        LPVOID lpRegionBase = NULL;

        MEMORY_BASIC_INFORMATION mbi;

        while((LONG) lpScanAt < MAX_MEM){
                VirtualQuery(lpScanAt, &mbi, sizeof(mbi));
->        if(mbi.AllocationBase != lpRegionBase){
->                lpRegionBase = mbi.AllocationBase;
                        .
                        .
                        .

->        }
                lpScanAt = (LPVOID) ((PBYTE) lpScanAt + si.dwPageSize);
        }
}
```

At this point, we have just entered a new owned region of memory, so we can do two things: increment lpScanAt to point to the end of this region (avoiding the need to increment through the whole region page by page) and add the name of the current region's owner to our list of installed programs. First, we increment lpScanAt to point to the end of this region:

```
void CScanmemDlg::OnButton1()
{
        #define MIN_MEM 0x00400000
        #define  MAX_MEM 0xC0000000
        SYSTEM_INFO si;
        GetSystemInfo(&si);
        LPVOID lpScanAt = (LPVOID) MIN_MEM;
        LPVOID lpRegionBase = NULL;

        MEMORY_BASIC_INFORMATION mbi;
```

```
    while((LONG) lpScanAt < MAX_MEM){
            VirtualQuery(lpScanAt, &mbi, sizeof(mbi));
            if(mbi.AllocationBase != lpRegionBase){
                    lpRegionBase = mbi.AllocationBase;
->                  lpScanAt = (LPVOID) ((PBYTE) lpScanAt +
                        mbi.RegionSize);

                            .
                            .
                            .

            }
        }
        lpScanAt = (LPVOID) ((PBYTE) lpScanAt + si.dwPageSize);
    }
}
```

Next, we add the name of the owner of the current region of memory to our text box. We do that by using lpRegionBase as the owner program's instance handle and calling GetModuleFilename(), filling a string named szModuleName with the appropriate file name. In addition, we convert lpRegionBase to a string, szMemoryAddress, so that we can report the location at which we found this module:

```
void CScanmemDlg::OnButton1()
{
->   #define MAX_CHARS 40
     #define MIN_MEM 0x00400000
     #define  MAX_MEM 0xC0000000
     SYSTEM_INFO si;
     GetSystemInfo(&si);
     LPVOID lpScanAt = (LPVOID) MIN_MEM;
     LPVOID lpRegionBase = NULL;
->   CString out_string = "";

     MEMORY_BASIC_INFORMATION mbi;
->   char szModuleName[MAX_CHARS], szMemoryAddress[MAX_CHARS];

     while((LONG) lpScanAt < MAX_MEM){
             VirtualQuery(lpScanAt, &mbi, sizeof(mbi));
             if(mbi.AllocationBase != lpRegionBase){
                     lpRegionBase = mbi.AllocationBase;
```

```
                    lpScanAt = (LPVOID) ((PBYTE) lpScanAt +
                        mbi.RegionSize);
        ->        if(GetModuleFileName((HINSTANCE)lpRegionBase,
        ->            szModuleName, MAX_CHARS)){
        ->              sprintf(szMemoryAddress, "Address: %#x Module:
        ->                  ", lpRegionBase);
        ->              out_string += szMemoryAddress;
        ->              out_string += szModuleName;
        ->              out_string += "\r\n";
        ->              SetDlgItemText(IDC_EDIT1,out_string);
        ->          }
                }
            lpScanAt = (LPVOID) ((PBYTE) lpScanAt + si.dwPageSize);
        }
}
```

That's all there is to scanning our memory for installed programs. When you run this program and click the **Scan memory** button, you'll see something like the results in Figure 5.3. Our program works as planned.

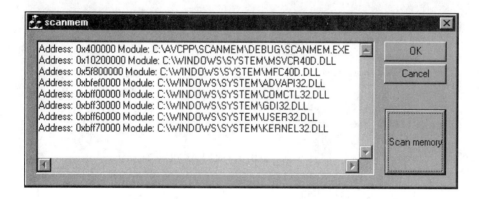

FIGURE 5.3 SCANNING OUR MEMORY SPACE.

The support files for this program, SCANMEMDLG.H and SCANMEMDLG.CPP, appear in Listing 5.2.

LISTING 5.2 SCANMEMDLG.H AND SCANMEMDLG.CPP

```
// scanmemDlg.h : header file
//
```

```
////////////////////////////////////////////////////////////////////////////
// CScanmemDlg dialog

class CScanmemDlg : public CDialog
{
// Construction
public:
        CScanmemDlg(CWnd* pParent = NULL);        // standard constructor

// Dialog Data
        //{{AFX_DATA(CScanmemDlg)
        enum { IDD = IDD_SCANMEM_DIALOG };
                // NOTE: the ClassWizard will add data members here
        //}}AFX_DATA

        // ClassWizard generated virtual function overrides
        //{{AFX_VIRTUAL(CScanmemDlg)
        protected:
        virtual void DoDataExchange(CDataExchange* pDX);
        //}}AFX_VIRTUAL

// Implementation
protected:
        HICON m_hIcon;

        // Generated message map functions
        //{{AFX_MSG(CScanmemDlg)
        virtual BOOL OnInitDialog();
        afx_msg void OnSysCommand(UINT nID, LPARAM lParam);
        afx_msg void OnPaint();
        afx_msg HCURSOR OnQueryDragIcon();
        afx_msg void OnButton1();
        //}}AFX_MSG
        DECLARE_MESSAGE_MAP()
};
// scanmemDlg.cpp : implementation file
//

#include "stdafx.h"
#include "scanmem.h"
```

```
#include "scanmemDlg.h"

#ifdef _DEBUG
#define new DEBUG_NEW
#undef THIS_FILE
static char THIS_FILE[] = __FILE__;
#endif
///////////////////////////////////////////////////////////////////////////
// CAboutDlg dialog used for App About

class CAboutDlg : public CDialog
{
public:
        CAboutDlg();

// Dialog Data
        //{{AFX_DATA(CAboutDlg)
        enum { IDD = IDD_ABOUTBOX };
        //}}AFX_DATA

        // ClassWizard generated virtual function overrides
        //{{AFX_VIRTUAL(CAboutDlg)
        protected:
        virtual void DoDataExchange(CDataExchange* pDX);
        //}}AFX_VIRTUAL

// Implementation
protected:
        //{{AFX_MSG(CAboutDlg)
        //}}AFX_MSG
        DECLARE_MESSAGE_MAP()
};

CAboutDlg::CAboutDlg() : CDialog(CAboutDlg::IDD)
{
        //{{AFX_DATA_INIT(CAboutDlg)
        //}}AFX_DATA_INIT
}

void CAboutDlg::DoDataExchange(CDataExchange* pDX)
```

```
{
        CDialog::DoDataExchange(pDX);
        //{{AFX_DATA_MAP(CAboutDlg)
        //}}AFX_DATA_MAP
}


BEGIN_MESSAGE_MAP(CAboutDlg, CDialog)
        //{{AFX_MSG_MAP(CAboutDlg)
                // No message handlers
        //}}AFX_MSG_MAP
END_MESSAGE_MAP()


/////////////////////////////////////////////////////////////////////////////
// CScanmemDlg dialog

CScanmemDlg::CScanmemDlg(CWnd* pParent /*=NULL*/)
        : CDialog(CScanmemDlg::IDD, pParent)
{
        //{{AFX_DATA_INIT(CScanmemDlg)
                // NOTE: the ClassWizard will add member initialization here
        //}}AFX_DATA_INIT
        // Note LoadIcon does not require a subsequent DestroyIcon in Win32
        m_hIcon = AfxGetApp()->LoadIcon(IDR_MAINFRAME);
}


void CScanmemDlg::DoDataExchange(CDataExchange* pDX)
{
        CDialog::DoDataExchange(pDX);
        //{{AFX_DATA_MAP(CScanmemDlg)
                // NOTE: the ClassWizard will add DDX and DDV calls here
        //}}AFX_DATA_MAP
}


BEGIN_MESSAGE_MAP(CScanmemDlg, CDialog)
        //{{AFX_MSG_MAP(CScanmemDlg)
        ON_WM_SYSCOMMAND()
        ON_WM_PAINT()
        ON_WM_QUERYDRAGICON()
        ON_BN_CLICKED(IDC_BUTTON1, OnButton1)
```

```
        //}}AFX_MSG_MAP
END_MESSAGE_MAP()


/////////////////////////////////////////////////////////////////////////
// CScanmemDlg message handlers

BOOL CScanmemDlg::OnInitDialog()
{
        CDialog::OnInitDialog();

        // Add "About..." menu item to system menu.

        // IDM_ABOUTBOX must be in the system command range.
        ASSERT((IDM_ABOUTBOX & 0xFFF0) == IDM_ABOUTBOX);
        ASSERT(IDM_ABOUTBOX < 0xF000);

        CMenu* pSysMenu = GetSystemMenu(FALSE);
        CString strAboutMenu;
        strAboutMenu.LoadString(IDS_ABOUTBOX);
        if (!strAboutMenu.IsEmpty())
        {
                pSysMenu->AppendMenu(MF_SEPARATOR);
                pSysMenu->AppendMenu(MF_STRING, IDM_ABOUTBOX, strAboutMenu);
        }

        // Set icon for this dialog.  The framework does this automatically
        //  when the application's main window is not a dialog
        SetIcon(m_hIcon, TRUE);                          // Set big icon
        SetIcon(m_hIcon, FALSE);                 // Set small icon

        // TODO: Add extra initialization here

        return TRUE;  // return TRUE  unless you set the focus to a control
}

void CScanmemDlg::OnSysCommand(UINT nID, LPARAM lParam)
{
        if ((nID & 0xFFF0) == IDM_ABOUTBOX)
        {
```

```
                    CAboutDlg dlgAbout;
                    dlgAbout.DoModal();
             }
             else
             {
                    CDialog::OnSysCommand(nID, lParam);

             }
      }


// If you add a minimize button to your dialog, you will need the code below
//  to draw the icon.  For MFC applications using the document/view model,
//   this is automatically done for you by the framework.

void CScanmemDlg::OnPaint()
{
      if (IsIconic())
      {
             CPaintDC dc(this); // device context for painting

             SendMessage(WM_ICONERASEBKGND, (WPARAM) dc.GetSafeHdc(), 0);

             // Center icon in client rectangle
             int cxIcon = GetSystemMetrics(SM_CXICON);
             int cyIcon = GetSystemMetrics(SM_CYICON);
             CRect rect;
             GetClientRect(&rect);
             int x = (rect.Width() - cxIcon + 1) / 2;
             int y = (rect.Height() - cyIcon + 1) / 2;

             // Draw the icon
             dc.DrawIcon(x, y, m_hIcon);
      }
      else
      {
             CDialog::OnPaint();

      }
}

// The system calls this to obtain the cursor to display while the user drags
```

```
//   the minimized window.
HCURSOR CScanmemDlg::OnQueryDragIcon()
{
        return (HCURSOR) m_hIcon;
}


void CScanmemDlg::OnButton1()
{
        #define MAX_CHARS 40
        #define MIN_MEM 0x00400000;
        #define  MAX_MEM 0xC0000000
        SYSTEM_INFO si;
        GetSystemInfo(&si);
        LPVOID lpScanAt = (LPVOID) MIN_MEM;
        LPVOID lpRegionBase = NULL;
        CString out_string = "";

        MEMORY_BASIC_INFORMATION mbi;
        char szModuleName[MAX_CHARS], szMemoryAddress[MAX_CHARS];

        while((LONG) lpScanAt < MAX_MEM){
                VirtualQuery(lpScanAt, &mbi, sizeof(mbi));
                if(mbi.AllocationBase != lpRegionBase){
                        lpRegionBase = mbi.AllocationBase;
                        lpScanAt = (LPVOID) ((PBYTE) lpScanAt +
                            mbi.RegionSize);
                        if(GetModuleFileName((HINSTANCE)lpRegionBase,
                            szModuleName, MAX_CHARS)){
                                sprintf(szMemoryAddress, "Address: %#x Module:
                                    ", lpRegionBase);
                                out_string += szMemoryAddress;
                                out_string += szModuleName;
                                out_string += "\r\n";
                                SetDlgItemText(IDC_EDIT1,out_string);
                        }
                }
                lpScanAt = (LPVOID) ((PBYTE) lpScanAt + si.dwPageSize);
        }
}
```

We've gotten a good start in examining and working with memory. Our next step will be to use a shared memory-mapped file to send data from one process to another. This is particularly useful in Win32, which maintains tight process boundaries, when you have two programs that need to communicate.

Using Memory-Mapped Files To Share Data Between Processes

Our next example will be an examination of memory-mapped files. Specifically, we will see how to create a memory-mapped file with one process and read from it in another. Memory-mapped files are just like disk files—except that they are files in memory, although we can create and write to them like disk files. We work with memory-mapped files in two steps, just like virtual memory—we first create a *file-mapping* object and then map our file to it. One advantage is that two processes can manipulate data from the same file, and we'll see how that works here. That is, one process will create and write to the memory-mapped file, and the other will read from the file.

Create a new dialog box–based AppWizard EXE project called, say, MEMMAP, and add two buttons with the captions **Create mem mapped file** (IDC_BUTTON1) and **Read data from mem file** (IDC_BUTTON2). Also, add two text boxes, IDC_EDIT1 and IDC_EDIT2:

```
 _____
| Memmap                                         |
|                                                |
|  Data to be sent:                              |
|   _____            _____      |
|  | IDC_EDIT1         |          |  OK    |     |
|  |_____|          |_____|     |
|                                                |
|  Data received:                                |
|   _____            _____      |
|  | IDC_EDIT2         |          | Cancel |     |
|  |_____|          |_____|     |
|                                                |
|   _____   _____|
|  |Create mem mapped  | |Read data from mem file||
|  |file               | |                       ||
|  |_____| |_____||
|_____|
```

To see how memory-mapped files work, let's create such a file when the user clicks button 1. In another instance of the same program, we can open that memory-mapped file and read from it when the user clicks button 2. In the first instance, we will display the data to be written to the memory-mapped file in the top text box. In the second instance of the program, which reads from the memory-mapped file, we can show the data we read in the bottom text box.

Writing to the Memory-Mapped File

Connect the functions OnButton1() and OnButton2() to IDC_BUTTON1 and IDC_BUTTON2 now and open OnButton1():

```
void CMemmapDlg::OnButton1()
{

}
```

In this function, we want to create the memory-mapped file and put some data in it for the other instance of our program to read. We can start by indicating what text we are going to place into our memory-mapped file by displaying that text in text box 1 (the top text box). In this case, we will send the text "This is the text...", so we put that in the text box:

```
void CMemmapDlg::OnButton1()
{
 ->     SetDlgItemText(IDC_EDIT1, CString("This is the text..."));
          .
          .
          .
}
```

Next, we will create our *file-mapping object* with the CreateFileMapping() function; this is something like reserving virtual memory for the file. After that, we can map a *view* of the file to this object, which is similar to committing physical memory to the file—the view is what we will work with. The first step is to use the CreateFileMapping() function and that looks like this:

```
HANDLE CreateFileMapping(
     HANDLE  hFile,
     LPSECURITY_ATTRIBUTES  lpFileMappingAttributes,
     DWORD  flProtect,
     DWORD  dwMaximumSizeHigh,
```

```
DWORD   dwMaximumSizeLow,
LPCTSTR  lpName
);
```

This function returns a handle to a file-mapping object if successful; it returns NULL otherwise. The hFile parameter is the handle of the file to create a memory-mapping for. Here we will pass 0xFFFFFFFF, which means that we want to use the system's own paging file as our file-mapping object. The lpFileMappingAttributes parameter points to a SECURITY_ATTRIBUTES structure. We will leave that at NULL, which means that our file-mapping object is created with a default security descriptor. The flProtect parameter indicates the protection desired, and that can be one of these values:

PAGE_READONLY	Read-only access to the committed region
PAGE_READWRITE	Read-write access to the committed region
PAGE_WRITECOPY	Copy-on-write access to the committed region

In addition, we could specify section attributes by ORing one or more of the following attribute values with a protection value:

SEC_COMMIT	Allocates physical storage (default).
SEC_IMAGE	Specifies file as an executable image file.
SEC_NOCACHE	Sets all pages as non-cacheable.
SEC_RESERVE	Reserves pages without allocating physical storage.

The dwMaximumSizeHigh and dwMaximumSizeLow parameters together indicate the size of the mapping object, where the low 32 bits of the size are in dwMaximumSizeLow and the high 32 bits are in dwMaximumSizeHigh. We will limit ourselves to one page of memory for the file size. Finally, lpName points to a null-terminated string giving the name of the mapping object. We will call our memory-mapping object "MemMap" as follows:

```
void CMemmapDlg::OnButton1()
{
  ->  HANDLE hMap = NULL;
      SetDlgItemText(IDC_EDIT1, CString("This is the text..."));
  ->  hMap = CreateFileMapping((HANDLE) 0xFFFFFFFF, NULL, PAGE_READWRITE,
          0, 4*1024, "MemMap");
  ->    if (hMap == NULL){
```

```
->            MessageBox("Could not create memory mapped file.");
->            return;
->      }               .
                        .
                        .
                        .
```

Now we have a handle to our file-mapping object, and we are ready to map a view of this file to a pointer. That pointer will point directly to our file's physical data space. We get that pointer to our file with MapViewOfFile(), which is the second step in creating our memory-mapped file:

```
LPVOID MapViewOfFile(
     HANDLE   hFileMappingObject,
     DWORD    dwDesiredAccess,
     DWORD    dwFileOffsetHigh,
     DWORD    dwFileOffsetLow,
     DWORD    dwNumberOfBytesToMap
     );
```

If this call is successful, MapViewOfFile() returns a pointer to the starting address of our file's view; if not, it returns NULL. The hFileMappingObject parameter is an open handle of a file-mapping object. The dwDesiredAccess indicates the type of access to the file view we want and can take on these values:

FILE_MAP_WRITE	Read-write access
FILE_MAP_READ	Read-only access
FILE_MAP_ALL_ACCESS	Same as FILE_MAP_WRITE
FILE_MAP_COPY	Copy-on-write access

The dwFileOffsetHigh parameter holds the high-order 32 bits of the file offset where mapping is to begin, and the dwFileOffsetLow parameter specifies the low-order 32 bits of the offset where mapping is to begin. If dwNumberOfBytesToMap is set to zero, as we will set it, the entire file is mapped. With all this in mind, then we get a pointer to our file's view this way:

```
void CMemmapDlg::OnButton1()
{
     HANDLE hMap = NULL;
```

```
      SetDlgItemText(IDC_EDIT1, CString("This is the text..."));
      hMap = CreateFileMapping((HANDLE) 0xFFFFFFFF, NULL,
            PAGE_READWRITE,
         0, 4*1024, "MemMap");
      if (hMap == NULL){
            MessageBox("Could not create memory mapped file.");
            return;
      }
  ->  LPVOID lpView = MapViewOfFile(hMap, FILE_MAP_READ | FILE_MAP_WRITE,
  ->      0, 0, 0);
  ->  if (lpView == NULL){
  ->        MessageBox("Could not map view of file.");
  ->        return;
  ->  }          .
                 .
                 .
                 .

}
```

Now we can write data to our file. To do that, we need only use
GetDlgItemText() with the text box IDC_EDIT1, writing the string "This is
the text..." to our memory-mapped file like this:

```
void CMemmapDlg::OnButton1()
{
      HANDLE hMap = NULL;
      SetDlgItemText(IDC_EDIT1, CString("This is the text..."));
      hMap = CreateFileMapping((HANDLE) 0xFFFFFFFF, NULL, PAGE_READWRITE,
         0, 4*1024, "MemMap");
      if (hMap == NULL){
            MessageBox("Could not create memory mapped file.");
            return;
      }
      LPVOID lpView = MapViewOfFile(hMap, FILE_MAP_READ | FILE_MAP_WRITE,
         0, 0, 0);
      if (lpView == NULL){
            MessageBox("Could not map view of file.");
            return;
      }
```

```
->    GetDlgItemText(IDC_EDIT1, (char *) lpView, 4 * 1024);
->    UnmapViewOfFile((LPVOID) lpView);
}
```

At the end of the function OnButton1(), we also unmap the view of the file, which is much like closing a disk file, because we no longer need it in this process.

Reading from the Memory Mapped File

When we start a second instance of MEMMAP, we will be able to read from the memory-mapped file MemMap. To do that, the user clicks **Button 2**, whose caption is **Read data from mem file**. Open OnButton2() now:

```
void CMemmapDlg::OnButton2()
{

}
```

Here, we'll just open a file-mapping object to get a view to our file and then read the data that the first instance of our process put there. To open a file-mapping object, we use OpenFileMapping(), which works like this:

```
HANDLE OpenFileMapping(
    DWORD   dwDesiredAccess,
    BOOL    bInheritHandle,
    LPCTSTR lpName
);
```

This function returns a handle to the file-mapping if it was successful; otherwise, it returns NULL. The dwDesiredAccess parameter indicates the access we will have to the file-mapping object and can be one of these values:

FILE_MAP_WRITE	Read-write access
FILE_MAP_READ	Read-only access
FILE_MAP_ALL_ACCESS	Same as FILE_MAP_WRITE
FILE_MAP_COPY	Copy-on-write access

The `bInheritHandle` parameter specifies whether the returned handle will be inherited by a new process if the current process creates a new one. TRUE indicates that the new process should inherit the handle, and FALSE indicates that it should not. The `lpName` parameter points to a string that names the file-mapping object to be opened. With all this in mind, our use of `OpenFileMapping()` looks like this:

```
void CMemmapDlg::OnButton2()
{
->   HANDLE hMap = NULL; hMap = OpenFileMapping(FILE_MAP_READ |
->       FILE_MAP_WRITE, FALSE, "MemMap");
->   if (hMap == NULL){
->           MessageBox("Could not open memory mapped file.");
->           return;
->   }       .
                .
                .
```

Now that we have a handle to the file-mapping object, we can map a view of the file with `MapViewOfFile()` as we have done before. We will use this handle to our view, `lpView`:

```
void CMemmapDlg::OnButton2()
{
        HANDLE hMap = NULL;
        hMap = OpenFileMapping(FILE_MAP_READ | FILE_MAP_WRITE, FALSE,
            "MemMap");
        if (hMap == NULL){
                MessageBox("Could not open memory mapped file.");
                return;
        }
->      LPVOID lpView = MapViewOfFile(hMap, FILE_MAP_READ | FILE_MAP_WRITE,
            0, 0, 0);
                .
                .
                .
```

With a pointer, we can read the data in the memory-mapped file and display it into the second text box, IDC_EDIT2, as well as close the mapped view:

```
void CMemmapDlg::OnButton2()
{
        HANDLE hMap = NULL;
        hMap = OpenFileMapping(FILE_MAP_READ | FILE_MAP_WRITE, FALSE,
            "MemMap");
        if (hMap == NULL){
                MessageBox("Could not open memory mapped file.");
                return;
        }
        LPVOID lpView = MapViewOfFile(hMap, FILE_MAP_READ | FILE_MAP_WRITE,
            0, 0, 0);
    ->  SetDlgItemText(IDC_EDIT2, (char *) lpView);
    ->  CloseHandle(hMap);
}
```

To try it out, create MEMMAP.EXE and run it twice, as shown in Figure 5.4. Now click the **Create mem mapped file** button, which is also shown in Figure 5.4. This creates the memory-mapped file, which we have named MemMap. Go to the second instance of the program and click the **Read data from mem file** button now. When you do, the MemMap file is opened, and we read the data in it, as shown in Figure 5.5. MEMMAP works—we've been able to transfer data from one process to another now. Our memory-mapped file program is a success.

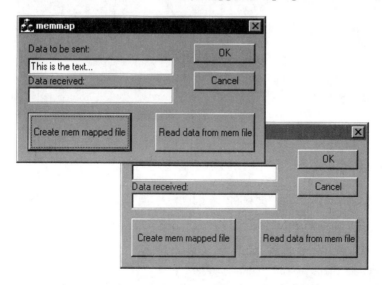

FIGURE 5.4 PROCESS A WRITING TO A MEMORY-MAPPED FILE.

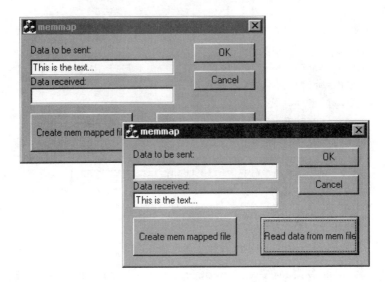

FIGURE 5.5 PROCESS B READING FROM THE MEMORY-MAPPED FILE.

The support files for MEMMAP, MEMMAPDLG.H and MEMMAP.CPP, appear in Listing 5.3.

LISTING 5.3 MEMMAPDLG.H AND MEMMAP.CPP

```
// memmapDlg.h : header file
//


/////////////////////////////////////////////////////////////////////////////
// CMemmapDlg dialog

class CMemmapDlg : public CDialog
{
// Construction
public:
        CMemmapDlg(CWnd* pParent = NULL);        // standard constructor

// Dialog Data
        //{{AFX_DATA(CMemmapDlg)
        enum { IDD = IDD_MEMMAP_DIALOG };
                // NOTE: the ClassWizard will add data members here
```

```
        //}}AFX_DATA

        // ClassWizard generated virtual function overrides
        //{{AFX_VIRTUAL(CMemmapDlg)
        protected:
        virtual void DoDataExchange(CDataExchange* pDX);
        //}}AFX_VIRTUAL

// Implementation
protected:
        HICON m_hIcon;

        // Generated message map functions
        //{{AFX_MSG(CMemmapDlg)
        virtual BOOL OnInitDialog();
        afx_msg void OnSysCommand(UINT nID, LPARAM lParam);
        afx_msg void OnPaint();
        afx_msg HCURSOR OnQueryDragIcon();
        afx_msg void OnButton1();
        afx_msg void OnButton2();
        //}}AFX_MSG
        DECLARE_MESSAGE_MAP()
};

// memmapDlg.cpp : implementation file
//

#include "stdafx.h"
#include "memmap.h"
#include "memmapDlg.h"

#ifdef _DEBUG
#define new DEBUG_NEW
#undef THIS_FILE
static char THIS_FILE[] = __FILE__;
#endif

/////////////////////////////////////////////////////////////////////////
// CAboutDlg dialog used for App About
```

```
class CAboutDlg : public CDialog
{
public:
        CAboutDlg();

// Dialog Data
        //{{AFX_DATA(CAboutDlg)
        enum { IDD = IDD_ABOUTBOX };
        //}}AFX_DATA

        // ClassWizard generated virtual function overrides
        //{{AFX_VIRTUAL(CAboutDlg)
        protected:
        virtual void DoDataExchange(CDataExchange* pDX);
        //}}AFX_VIRTUAL

// Implementation
protected:
        //{{AFX_MSG(CAboutDlg)
        //}}AFX_MSG
        DECLARE_MESSAGE_MAP()
};

CAboutDlg::CAboutDlg() : CDialog(CAboutDlg::IDD)
{
        //{{AFX_DATA_INIT(CAboutDlg)
        //}}AFX_DATA_INIT
}

void CAboutDlg::DoDataExchange(CDataExchange* pDX)
{
        CDialog::DoDataExchange(pDX);
        //{{AFX_DATA_MAP(CAboutDlg)
        //}}AFX_DATA_MAP
}

BEGIN_MESSAGE_MAP(CAboutDlg, CDialog)
        //{{AFX_MSG_MAP(CAboutDlg)
                // No message handlers
```

```
        //}}AFX_MSG_MAP
END_MESSAGE_MAP()


/////////////////////////////////////////////////////////////////////////
// CMemmapDlg dialog

CMemmapDlg::CMemmapDlg(CWnd* pParent /*=NULL*/)
        : CDialog(CMemmapDlg::IDD, pParent)
{
        //{{AFX_DATA_INIT(CMemmapDlg)
                // NOTE: the ClassWizard will add member initialization here
        //}}AFX_DATA_INIT
        // Note LoadIcon does not require a subsequent DestroyIcon in Win32
        m_hIcon = AfxGetApp()->LoadIcon(IDR_MAINFRAME);
}


void CMemmapDlg::DoDataExchange(CDataExchange* pDX)
{
        CDialog::DoDataExchange(pDX);
        //{{AFX_DATA_MAP(CMemmapDlg)
                // NOTE: the ClassWizard will add DDX and DDV calls here
        //}}AFX_DATA_MAP
}


BEGIN_MESSAGE_MAP(CMemmapDlg, CDialog)
        //{{AFX_MSG_MAP(CMemmapDlg)
        ON_WM_SYSCOMMAND()
        ON_WM_PAINT()
        ON_WM_QUERYDRAGICON()
        ON_BN_CLICKED(IDC_BUTTON1, OnButton1)
        ON_BN_CLICKED(IDC_BUTTON2, OnButton2)
        //}}AFX_MSG_MAP
END_MESSAGE_MAP()


/////////////////////////////////////////////////////////////////////////
// CMemmapDlg message handlers

BOOL CMemmapDlg::OnInitDialog()
{
```

```
        CDialog::OnInitDialog();

        // Add "About..." menu item to system menu.

        // IDM_ABOUTBOX must be in the system command range.
        ASSERT((IDM_ABOUTBOX & 0xFFF0) == IDM_ABOUTBOX);
        ASSERT(IDM_ABOUTBOX < 0xF000);

        CMenu* pSysMenu = GetSystemMenu(FALSE);
        CString strAboutMenu;
        strAboutMenu.LoadString(IDS_ABOUTBOX);
        if (!strAboutMenu.IsEmpty())
        {
                pSysMenu->AppendMenu(MF_SEPARATOR);
                pSysMenu->AppendMenu(MF_STRING, IDM_ABOUTBOX, strAboutMenu);
        }

        // Set icon for this dialog.  The framework does this automatically
        //  when the application's main window is not a dialog
        SetIcon(m_hIcon, TRUE);                        // Set big icon
        SetIcon(m_hIcon, FALSE);                // Set small icon

        // TODO: Add extra initialization here

        return TRUE;  // return TRUE  unless you set the focus to a control
}

void CMemmapDlg::OnSysCommand(UINT nID, LPARAM lParam)
{
        if ((nID & 0xFFF0) == IDM_ABOUTBOX)
        {
                CAboutDlg dlgAbout;
                dlgAbout.DoModal();
        }
        else
        {
                CDialog::OnSysCommand(nID, lParam);
        }
}
```

```
// If you add a minimize button to your dialog, you will need the code below
//  to draw the icon.  For MFC applications using the document/view model,
//  this is automatically done for you by the framework.

void CMemmapDlg::OnPaint()
{
        if (IsIconic())
        {
                CPaintDC dc(this); // device context for painting

                SendMessage(WM_ICONERASEBKGND, (WPARAM) dc.GetSafeHdc(), 0);

                // Center icon in client rectangle
                int cxIcon = GetSystemMetrics(SM_CXICON);
                int cyIcon = GetSystemMetrics(SM_CYICON);
                CRect rect;
                GetClientRect(&rect);
                int x = (rect.Width() - cxIcon + 1) / 2;
                int y = (rect.Height() - cyIcon + 1) / 2;

                // Draw the icon
                dc.DrawIcon(x, y, m_hIcon);
        }
        else
        {
                CDialog::OnPaint();
        }
}

// The system calls this to obtain the cursor to display while the user drags
//  the minimized window.
HCURSOR CMemmapDlg::OnQueryDragIcon()
{
        return (HCURSOR) m_hIcon;
}

void CMemmapDlg::OnButton1()
{
        HANDLE hMap = NULL;
```

```
        SetDlgItemText(IDC_EDIT1, CString("This is the text..."));
        hMap = CreateFileMapping((HANDLE) 0xFFFFFFFF, NULL, PAGE_READWRITE,
            0, 4*1024, "MemMap");
        if (hMap == NULL){
                MessageBox("Could not create memory mapped file.");
                return;
        }
        LPVOID lpView = MapViewOfFile(hMap, FILE_MAP_READ | FILE_MAP_WRITE,
            0, 0, 0);
        if (lpView == NULL){
                MessageBox("Could not map view of file.");
                return;
        }
        GetDlgItemText(IDC_EDIT1, (char *) lpView, 4 * 1024);
        UnmapViewOfFile((LPVOID) lpView);
}


void CMemmapDlg::OnButton2()
{
        HANDLE hMap = NULL;
        hMap = OpenFileMapping(FILE_MAP_READ | FILE_MAP_WRITE, FALSE,
            "MemMap");
        if (hMap == NULL){
                MessageBox("Could not open memory mapped file.");
                return;
        }
        LPVOID lpView = MapViewOfFile(hMap, FILE_MAP_READ | FILE_MAP_WRITE,
            0, 0, 0);
        SetDlgItemText(IDC_EDIT2, (char *) lpView);
        CloseHandle(hMap);
}
```

Our last topic in 32-bit memory handling will be the use of 32-bit heaps.

Using 32-bit Heaps in Visual C++

You may have thought that using C++ with its new and delete operators got rid of the need to worry about heaps and functions like malloc() and its cousins like calloc() and realloc(). And you would be right—unless you wanted to consider all aspects of efficient memory handling. In Visual C++, there are several heap functions: HeapCreate(), HeapAlloc(), HeapFree(), HeapDestroy() and so on. They give us a measure of memory control that simply using new and delete do not.

So why use a heap in Visual C++? There are several reasons, including the fact that it can make memory handling more efficient. For example, if we were to set up a heap only for a certain type of object, there would be no problem finding space for new objects after we deleted old ones, because the new objects are just the same size as the holes left by the removed old ones. Finding space like this is something that is not always easy in a normal heap, which is usually fragmented with holes of varying size. In addition, it can be a good idea to keep objects of a certain class together on the same set of pages if you have a large number of such objects because it makes swapping such pages in and out faster as you run through the objects. Setting up a heap for just those objects will help localize their storage.

Let's look at a custom heap. We might have a class named, say, CDataClass, and we might have a lot of CDataClass objects in our program, which means that it makes sense to have a heap set aside for them. To set up this class, we might place an array of integers in it to give it some size:

```
#define NUMBER_INTS 500                 <-


class CDataClass : public CObject
{
protected:
        int arData[NUMBER_INTS];        <-

            .

            .

            .
```

We can also add a constructor and destructor, as well as the data access functions Set() and Get(). To set element 1 in the array to 5, for example, we could call Set(1, 5), and to get the value in element 1, we could call Get(5). Get() and Set() look like this:

```
#define NUMBER_INTS 500


class CDataClass : public CObject
{
protected:
```

```
        int arData[NUMBER_INTS];

public:
    ->  CDataClass(){}
    ->  ~CDataClass(){}
    ->  void Set(int index, int value){arData[index] = value;}
    ->  int Get(int index){return arData[index];}

            .
            .
            .

};
```

This is the class for which we want to create a custom heap. We can do that by overloading the new and delete operators for our new class so that memory allocation of our objects will be managed in our customized heap. This means that we have to enter those two operator functions in our class definition this way:

```
#define NUMBER_INTS 500

class CDataClass : public CObject
{
protected:
        int arData[NUMBER_INTS];

public:
        CDataClass(){}
        ~CDataClass(){}
        void Set(int index, int value){arData[index] = value;}
        int Get(int index){return arData[index];}
    ->  void* operator new(size_t alloc_size);
    ->  void operator delete(void* object_pointer);
};
```

Now we can define the new operators, new and delete, by writing their functions, beginning with new:

```
void* CDataClass::operator new(size_t alloc_size)
{

}
```

In our program, we can add a global pointer (global so all CDataClass objects will have access to it) that points to the heap for CDataClass objects. We can name that pointer pHeap. In the new() function, we first check to see if the heap has been allocated—by looking at pHeap—and if not, create it (note we cannot do this in the class's constructor because it is called after the new operator has finished its work). We will create the heap for these objects in new() with HeapCreate(), which works like this:

```
HANDLE HeapCreate(
    DWORD   flOptions,
    DWORD   dwInitialSize,
    DWORD   dwMaximumSize
);
```

The first parameter, flOptions, affects access to the heap, and it can be a combination of these flags:

HEAP_GENERATE_EXCEPTIONS	Makes errors raise exceptions.
HEAP_NO_SERIALIZE	Ensures that mutual thread exclusion will not be used.

The dwInitialSize parameter indicates the initial size, in bytes, of the heap. The dwMaximumSize parameter specifies the maximum size of the heap if it is nonzero; otherwise, the heap can grow as needed. The return value from this function is the handle to the heap if it is successful; if not, it is NULL. If it is not already set up, we use HeapCreate() like this to allocate the heap giving the heap an initial size of one page:

```
void* CDataClass::operator new(size_t alloc_size)
{
->  if(pHeap == NULL){
->          SYSTEM_INFO si;
->          GetSystemInfo(&si);
->          pHeap = HeapCreate(HEAP_NO_SERIALIZE, si.dwPageSize, 0);
->  }           .
            .
            .
```

Next, we allocate enough space on the heap for the new object we are creating using the HeapAlloc() function, which works like this:

```
LPVOID HeapAlloc(
    HANDLE  hHeap,
    DWORD   dwFlags,
    DWORD   dwBytes
);
```

If this function is successful, it returns a handle to the heap. If not, it returns NULL. The hHeap parameter is the handle to our heap. The dwFlags parameter indicates the heap allocation selections we want, allowing us to override the flOptions parameter set in HeapCreate() if we wish. The dwFlags parameter can be a combination of these values:

HEAP_GENERATE_EXCEPTIONS	Errors raise exceptions; don't return NULL.
HEAP_NO_SERIALIZE	Mutual thread exclusion will not be used.
HEAP_ZERO_MEMORY	Allocated memory will be initialized to zero.

The dwBytes parameter indicates the number of bytes to be allocated. In our case, we will simply pass the size that was passed to us in new(), which is alloc_size:

```
void* CDataClass::operator new(size_t alloc_size)
{
        if(pHeap == NULL){
                SYSTEM_INFO si;
                GetSystemInfo(&si);
                pHeap = HeapCreate(HEAP_NO_SERIALIZE, si.dwPageSize, 0);
        }
        if(!pHeap) return NULL;
->      void* pTemp= (void*) HeapAlloc(pHeap, 0, alloc_size);
        .
        .
        .
```

Next, we report the results of our new allocation, indicating success or failure, and return either the new pointer to the object or NULL if we could not get more space on the heap:

```
void* CDataClass::operator new(size_t alloc_size)
{
```

```
        if(pHeap == NULL){
                SYSTEM_INFO si;
                GetSystemInfo(&si);
                pHeap = HeapCreate(HEAP_NO_SERIALIZE, si.dwPageSize, 0);
        }
        if(!pHeap) return NULL;
        void* pTemp= (void*) HeapAlloc(pHeap, 0, alloc_size);
  ->    if(pTemp){
  ->            AfxMessageBox("New CData Object allocated successfully.");
  ->    }
  ->    else{
  ->            AfxMessageBox("New CData Object could not be allocated.");
  ->    }
  ->    return(pTemp);
}
```

291

That's it for new(). If the customized heap does not exist, we create it and
allocate space there for our CDataClass objects.

Now we can work on the delete function to delete those objects:

```
void CDataClass::operator delete(void* object_pointer)
{

}
```

In this function, we will use HeapFree() to remove the indicated object from
the heap. First, we check to see if the heap has been allocated by checking
pHeap. If this pointer is NULL, delete is being used improperly (i.e., no object
has been allocated yet), and we return:

```
void CDataClass::operator delete(void* object_pointer)
{
    ->  if(!pHeap) return;
            .
            .
            .
{
```

If pHeap is not NULL, we attempt to free the object we were passed a pointer
to with HeapFree(), which works like this:

```
BOOL HeapFree(
        HANDLE  hHeap,
        DWORD   dwFlags,
        LPVOID  lpMem
    );
```

The function returns TRUE if successful and FALSE otherwise. The hHeap parameter is a pointer to our heap. The dwFlags parameter currently has only one option:

HEAP_NO_SERIALIZE   Mutual thread exclusion will not be used.

The lpMem parameter is a pointer to the memory block to free. That is the pointer that is passed to us in delete(), which we name object_pointer, so our use of HeapFree() looks like this:

```
void CDataClass::operator delete(void* object_pointer)
{
        if(!pHeap) return;
    ->  if(HeapFree(pHeap, HEAP_NO_SERIALIZE, object_pointer)){
                .
                .
                .
```

We can also report to the user the results of our delete operation this way:

```
void CDataClass::operator delete(void* object_pointer)
{
        if(!pHeap) return;
        if(HeapFree(pHeap, HEAP_NO_SERIALIZE, object_pointer)){
    ->          AfxMessageBox("CData Object deallocated.");
    ->  }
    ->  else{
    ->          AfxMessageBox("CData Object could not be deallocated.");
    ->  }
}
```

Our look at the new and delete overloaded operators for the CDataClass class is complete. The next task is to put them to use, and we do that in a program we might name, say, MEMNEW. Create this as a dialog box–based program now and add two buttons, **Allocate new CDataClass Object** and **Free CDataClass Object**:

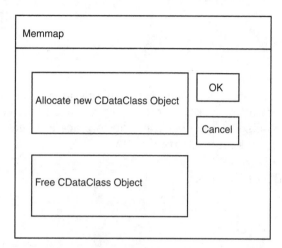

We will use the new operator when the user clicks the **Allocate new CDataClass Object** and delete the new object when the user clicks the **Free CDataClass Object** button. We can add to the CMemnewDlg header file (MEM-NEWDLG.H) a pointer to the object to work on m_pCData:

```
// memnewDlg.h : header file
//


class CMemnewDlg : public CDialog
{
// Construction
public:
        CMemnewDlg(CWnd* pParent = NULL);        // standard constructor
   ->   CDataClass* m_pCData;
            .
            .
            .
```

Now open the OnButton1() function. In this function, we will use our over-loaded new operator and place the pointer to the new CDataClass object in the m_pCData pointer:

```
void CMemnewDlg::OnButton1()
{
  ->  m_pCData = new CDataClass;
            .
            .
            .

}
```

If the new operation was successful, our new operator places a message box on the screen indicating that the new object has been created. We can also use the CDataClass Set() member function to place a value—say 5—in element 1 in CDataClass's internal array:

```
void CMemnewDlg::OnButton1()
{
        m_pCData = new CDataClass;
  ->    m_pCData->Set(1, 5);
            .
            .
            .

}
```

Next, we use Get(1) to see if the Set() function call was successful and display the results in a message box:

```
void CMemnewDlg::OnButton1()
{
        m_pCData = new CDataClass;
        m_pCData->Set(1, 5);
  ->    char szText[30];
  ->    sprintf(szText, "m_pCData->Get(1) = %d", m_pCData->Get(1));
  ->    MessageBox(szText);
            .
            .
            .

}
```

Now that we have a new `CDataClass` object, we can disable the **Allocate new CDataClass Object** button and enable the **Free CDataClass Object** button:

```
void CMemnewDlg::OnButton1()
{
        m_pCData = new CDataClass;
        m_pCData->Set(1, 5);
        char szText[30];
        sprintf(szText, "m_pCData->Get(1) = %d", m_pCData->Get(1));
        MessageBox(szText);
    ->  GetDlgItem(IDC_BUTTON1)->EnableWindow(FALSE);
    ->  GetDlgItem(IDC_BUTTON2)->EnableWindow(TRUE);
}
```

In `OnButton2()`, we delete the `CDataClass` object:

```
void CMemnewDlg::OnButton2()
{
    ->  delete(m_pCData);

            .
            .
            .

}
```

We also enable the **Allocate new CDataClass Object** button to allow the user to allocate a new object on the heap and disable the **Free CDataClass Object** button:

```
void CMemnewDlg::OnButton2()
{
        delete(m_pCData);
    ->  GetDlgItem(IDC_BUTTON1)->EnableWindow(TRUE);
    ->  GetDlgItem(IDC_BUTTON2)->EnableWindow(FALSE);
}
```

We have created a new heap just for objects of the `CDataClass` class and managed that heap as well. When you run the program and click the object allocation button, the program indicates that allocating the object was successful, as shown in Figure 5.6. When you click the deallocation button, the program indicates that the operation was also successful, as in Figure 5.7. Our MEMNEW program is a success.

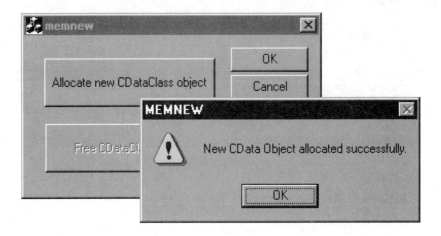

FIGURE 5.6 ALLOCATING A NEW CDATACLASS OBJECT ON ITS OWN HEAP.

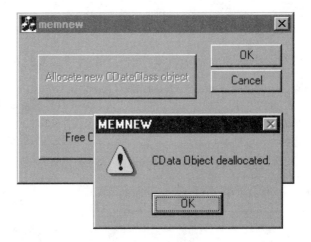

FIGURE 5.7 DELETING THE NEW CDATACLASS OBJECT.

The support files for this program, MEMNEWDLG.H and MEMNEWDLG.CPP, appear in Listing 5.4.

LISTING 5.4 MEMNEWDLG.H AND MEMNEWDLG.CPP

```
// memnewDlg.h : header file
//

//////////////////////////////////////////////////////////////////////
// CMemnewDlg dialog
#define NUMBER_INTS 500

class CDataClass : public CObject
{
protected:
        int arData[NUMBER_INTS];

public:
        CDataClass(){}
        ~CDataClass(){}
        void Set(int index, int value){arData[index] = value;}
        int Get(int index){return arData[index];}
        void* operator new(size_t alloc_size);
        void operator delete(void* object_pointer);
};

class CMemnewDlg : public CDialog
{
// Construction
public:
        CMemnewDlg(CWnd* pParent = NULL);          // standard constructor
        CDataClass* m_pCData;
// Dialog Data
        //{{AFX_DATA(CMemnewDlg)
        enum { IDD = IDD_MEMNEW_DIALOG };
                // NOTE: the ClassWizard will add data members here
        //}}AFX_DATA

        // ClassWizard generated virtual function overrides
        //{{AFX_VIRTUAL(CMemnewDlg)
        protected:
        virtual void DoDataExchange(CDataExchange* pDX);
```

```
          //}}AFX_VIRTUAL

// Implementation
protected:
          HICON m_hIcon;

          // Generated message map functions
          //{{AFX_MSG(CMemnewDlg)
          virtual BOOL OnInitDialog();
          afx_msg void OnSysCommand(UINT nID, LPARAM lParam);
          afx_msg void OnPaint();
          afx_msg HCURSOR OnQueryDragIcon();
          afx_msg void OnButton1();
          afx_msg void OnButton2();
          //}}AFX_MSG
          DECLARE_MESSAGE_MAP()
};

// memnewDlg.cpp : implementation file
//

#include "stdafx.h"
#include "memnew.h"
#include "memnewDlg.h"

HANDLE pHeap;

//#ifdef _DEBUG
//#define new DEBUG_NEW
//#undef THIS_FILE
//static char THIS_FILE[] = __FILE__;
//#endif

///////////////////////////////////////////////////////////////////////////
// CAboutDlg dialog used for App About

class CAboutDlg : public CDialog
{
public:
```

```
        CAboutDlg();

// Dialog Data
        //{{AFX_DATA(CAboutDlg)
        enum { IDD = IDD_ABOUTBOX };
        //}}AFX_DATA

        // ClassWizard generated virtual function overrides
        //{{AFX_VIRTUAL(CAboutDlg)
        protected:
        virtual void DoDataExchange(CDataExchange* pDX);    // DDX/DDV support
        //}}AFX_VIRTUAL

// Implementation
protected:
        //{{AFX_MSG(CAboutDlg)
        //}}AFX_MSG
        DECLARE_MESSAGE_MAP()
};

CAboutDlg::CAboutDlg() : CDialog(CAboutDlg::IDD)
{
        //{{AFX_DATA_INIT(CAboutDlg)
        //}}AFX_DATA_INIT
}

void CAboutDlg::DoDataExchange(CDataExchange* pDX)
{
        CDialog::DoDataExchange(pDX);
        //{{AFX_DATA_MAP(CAboutDlg)
        //}}AFX_DATA_MAP
}

BEGIN_MESSAGE_MAP(CAboutDlg, CDialog)
        //{{AFX_MSG_MAP(CAboutDlg)
                // No message handlers
        //}}AFX_MSG_MAP
END_MESSAGE_MAP()
```

```
void* CDataClass::operator new(size_t alloc_size)
{
        if(pHeap == NULL){
                SYSTEM_INFO si;
                GetSystemInfo(&si);
                pHeap = HeapCreate(HEAP_NO_SERIALIZE, si.dwPageSize, 0);
        }
        if(!pHeap) return NULL;
        void* pTemp= (void*) HeapAlloc(pHeap, 0, alloc_size);
        if(pTemp){
                AfxMessageBox("New CData Object allocated successfully.");
        }
        else{
                AfxMessageBox("New CData Object could not be allocated.");
        }
        return(pTemp);
}


void CDataClass::operator delete(void* object_pointer)
{
        if(!pHeap) return;
        if(HeapFree(pHeap, HEAP_NO_SERIALIZE, object_pointer)){
                AfxMessageBox("CData Object deallocated.");
        }
        else{
                AfxMessageBox("CData Object could not be deallocated.");
        }
}


/////////////////////////////////////////////////////////////////////////
// CMemnewDlg dialog

CMemnewDlg::CMemnewDlg(CWnd* pParent /*=NULL*/)
        : CDialog(CMemnewDlg::IDD, pParent)
{
        //{{AFX_DATA_INIT(CMemnewDlg)
                // NOTE: the ClassWizard will add member initialization here
        //}}AFX_DATA_INIT
        // Note LoadIcon does not require a subsequent DestroyIcon in Win32
```

```
        m_hIcon = AfxGetApp()->LoadIcon(IDR_MAINFRAME);
}


void CMemnewDlg::DoDataExchange(CDataExchange* pDX)
{
        CDialog::DoDataExchange(pDX);
        //{{AFX_DATA_MAP(CMemnewDlg)
                // NOTE: the ClassWizard will add DDX and DDV calls here
        //}}AFX_DATA_MAP
}


BEGIN_MESSAGE_MAP(CMemnewDlg, CDialog)
        //{{AFX_MSG_MAP(CMemnewDlg)
        ON_WM_SYSCOMMAND()
        ON_WM_PAINT()
        ON_WM_QUERYDRAGICON()
        ON_BN_CLICKED(IDC_BUTTON1, OnButton1)
        ON_BN_CLICKED(IDC_BUTTON2, OnButton2)
        //}}AFX_MSG_MAP
END_MESSAGE_MAP()


/////////////////////////////////////////////////////////////////////////
// CMemnewDlg message handlers

BOOL CMemnewDlg::OnInitDialog()
{
        CDialog::OnInitDialog();

        GetDlgItem(IDC_BUTTON2)->EnableWindow(FALSE);

        // Add "About..." menu item to system menu.

        // IDM_ABOUTBOX must be in the system command range.
        ASSERT((IDM_ABOUTBOX & 0xFFF0) == IDM_ABOUTBOX);
        ASSERT(IDM_ABOUTBOX < 0xF000);

        CMenu* pSysMenu = GetSystemMenu(FALSE);
        CString strAboutMenu;
        strAboutMenu.LoadString(IDS_ABOUTBOX);
```

301

```
          if (!strAboutMenu.IsEmpty())
          {
                  pSysMenu->AppendMenu(MF_SEPARATOR);
                  pSysMenu->AppendMenu(MF_STRING, IDM_ABOUTBOX, strAboutMenu);
          }

          // Set the icon for this dialog.  The framework does this automatically
          //  when the application's main window is not a dialog
          SetIcon(m_hIcon, TRUE);                         // Set big icon
          SetIcon(m_hIcon, FALSE);                  // Set small icon

          // TODO: Add extra initialization here

          return TRUE;  // return TRUE  unless you set the focus to a control
}

void CMemnewDlg::OnSysCommand(UINT nID, LPARAM lParam)
{
          if ((nID & 0xFFF0) == IDM_ABOUTBOX)
          {
                  CAboutDlg dlgAbout;
                  dlgAbout.DoModal();
          }
          else
          {
                  CDialog::OnSysCommand(nID, lParam);
          }
}


// If you add a minimize button to your dialog, you will need the code below
//  to draw the icon.  For MFC applications using the document/view model,
//  this is automatically done for you by the framework.

void CMemnewDlg::OnPaint()
{
          if (IsIconic())
          {
                  CPaintDC dc(this); // device context for painting
```

```
            SendMessage(WM_ICONERASEBKGND, (WPARAM) dc.GetSafeHdc(), 0);

            // Center icon in client rectangle
            int cxIcon = GetSystemMetrics(SM_CXICON);
            int cyIcon = GetSystemMetrics(SM_CYICON);
            CRect rect;
            GetClientRect(&rect);
            int x = (rect.Width() - cxIcon + 1) / 2;
            int y = (rect.Height() - cyIcon + 1) / 2;

            // Draw the icon
            dc.DrawIcon(x, y, m_hIcon);
    }
    else
    {
            CDialog::OnPaint();
    }
}


// The system calls this to obtain the cursor to display while the user drags
//   the minimized window.
HCURSOR CMemnewDlg::OnQueryDragIcon()
{
        return (HCURSOR) m_hIcon;
}


void CMemnewDlg::OnButton1()
{
        m_pCData = new CDataClass;
        m_pCData->Set(1, 5);
        char szText[30];
        sprintf(szText, "m_pCData->Get(1) = %d", m_pCData->Get(1));
        MessageBox(szText);
        GetDlgItem(IDC_BUTTON1)->EnableWindow(FALSE);
        GetDlgItem(IDC_BUTTON2)->EnableWindow(TRUE);
}


void CMemnewDlg::OnButton2()
{
```

```
delete(m_pCData);
GetDlgItem(IDC_BUTTON1)->EnableWindow(TRUE);
GetDlgItem(IDC_BUTTON2)->EnableWindow(FALSE);
}
```

In this chapter, we explored Win32 Visual C++ 5 memory handling, and saw that there are options for us to take advantage of if we want to take memory handling into our own hands. We have seen how to allocate large amounts of memory, how virtual and physical memory allocation work, how to scan through memory, using memory-mapped files to pass data between processes, and now how to take advantage of custom heaps for our objects. In the next chapter, we'll start working with dynamic link libraries, a skill that we'll need when we work with Windows hooks later.

CHAPTER 6

Making Dynamic Link Libraries Work for You

Dynamic link libraries pose a problem for many programmers—they consider DLLs to be powerful but hard to work with. We'll put some of the mystery to rest here. In this chapter, we will see how to create and work with them. This used to be a difficult process, but it has become much easier with Visual C++ 5, as we'll see here. Creating dynamic link libraries is a useful skill for a Visual C++ programmer—especially one who sells products commercially. They can put much of their programs in DLLs and simply send out upgrades that consist of new DLL files that can be placed in the WINDOWS\SYSTEM directory, sparing the user the need to reinstall the whole program. We'll also need to be able to create DLLs in the next chapter, when we create Windows hooks, because most hooks procedures must be inside a DLL.

In this chapter, we'll see how to create a basic DLL, how to read keys from a DLL function, how to share memory between all instances of a DLL, how to define a new class in a DLL that Visual C++ will recognize, and how to create a small DLL using only C (and no MFC classes) to save space. Let's take a look at the process of creating a basic DLL now.

A Basic Visual C++ DLL

Libraries of prewritten routines have long been a part of the programmer's arsenal, and such libraries are becoming increasingly fuller and more complex as vendors continue to add power to them. And as you know, dynamic link libraries are an integral part of the Windows system. These libraries hold routines that a running program can call as it's running. This was a switch from the earlier days of program creating, where a program *statically linked* all the routines it needed from a library when it was linked, which means that it physically copied the routine's code from the library and incorporated it into its EXE file. In Windows, that made EXE files prohibitively lengthy, so that all EXE files would be holding much duplicate code. Consequently, dynamic link libraries were introduced.

The DLLs were created to link our program with an LIB file, which simply tells us the location in a DLL at which the routine we want will be. It is not until we actually run the program that we reach that routine itself, which is why the process is called dynamic (i.e., run-time) linking. In this way, if a program knows that a function it needs is in such-and-such a DLL, it can load that DLL as it is running and call the appropriate function. In fact, as we saw in the last chapter, our program's memory space is already full of DLLs that have been loaded for us.

We will start our exploration of creating DLLs with a very basic one, called DLLBASIC.DLL. In this case, we will see how to build a DLL using MFC classes and Visual C++. This library will support three functions, which we can call from a program that will link to the DLL. The three functions will show us how DLL routines can read and return parameters. The names of these functions make clear what they do: TakesVoidReturnsVoid(), TakesVoidReturnsInt(), and TakesIntReturnsInt(). We'll call these functions from standard Visual C++ programs.

Creating DLLBASIC.DLL

Let's see how this works. Start Visual C++ and select **New...** in the File menu. Select the **Projects** tab in the New dialog box and select **MFC** the **AppWizard(dll)** option, giving this project the name DLLBASIC in the Project Name box.

To create this DLL, there is only one step in AppWizard, where we are asked what kind of DLL we want to create—select the **Regular DLL using shared MFC DLL** option. Next, click **Finish** and then **OK** to create the framework for our new DLL. This framework includes several files, and for us, the file DLLBASIC.H and DLLBASIC.CPP will be the most important. An overview of our project files is provided in the README.TXT file that AppWizard creates, and we include that here:

```
===============================================================================
     MICROSOFT FOUNDATION CLASS LIBRARY : dllbasic
===============================================================================


AppWizard has created this dllbasic DLL for you.  This DLL not only
demonstrates the basics of using the Microsoft Foundation classes but
```

is also a starting point for writing your DLL.

This file contains a summary of what you will find in each of the files that make up your dllbasic DLL.

dllbasic.h
        This is the main header file for the DLL. It declares the
        CDllbasicApp class.

dllbasic.cpp
        This is the main DLL source file. It contains the class CDllbasicApp.

dllbasic.rc
    This is a listing of all of the Microsoft Windows resources that the
    program uses. It includes the icons, bitmaps, and cursors that are stored
    in the RES subdirectory. This file can be directly edited in Microsoft
        Developer Studio.

res\dllbasic.rc2
    This file contains resources that are not edited by Microsoft
        Developer Studio. You should place all resources not
        editable by the resource editor in this file.

dllbasic.def
    This file contains information about the DLL that must be
    provided to run with Microsoft Windows. It defines parameters
    such as the name and description of the DLL. It also exports
        functions from the DLL.

dllbasic.clw
    This file contains information used by ClassWizard to edit existing
    classes or add new classes. ClassWizard also uses this file to store all
    information needed to create and edit message maps and dialog data
    maps and to create prototype member functions.

///
Other standard files:

StdAfx.h, StdAfx.cpp

These files are used to build a precompiled header (PCH) file
named dllbasic.pch and a precompiled types file named StdAfx.obj.

Resource.h
This is the standard header file, which defines new resource IDs.
Microsoft Developer Studio reads and updates this file.

```
/////////////////////////////////////////////////////////////////////////////
Other notes:

AppWizard uses "TODO:" to indicate parts of the source code you
should add to or customize.

/////////////////////////////////////////////////////////////////////////////
```

Let's look at the DLLBASIC.CPP file that AppWizard created for us.
Fundamentally, AppWizard has created a DLL backbone for our program,
and all we have to do is add the functions we want other programs to be
able to link in. In fact, AppWizard has also added a message map to DLLBA-
SIC.CPP so that we can intercept some messages using ClassWizard. Even
though these messages do not include the standard user-interface messages
like WM_CHAR or WM_MOUSEMOVE, they are functions we can add to our CPP file
like InitInstance() and ExitInstance() for the DLL module. The message
map begins our DLLBASIC.CPP file. As you can see in the beginning of this
map, this DLL is built on a class named CDllbasicApp, which (like our EXE
files) is derived from the CWinApp class:

```
BEGIN_MESSAGE_MAP(CDllbasicApp, CWinApp)          <-
        //{{AFX_MSG_MAP(CDllbasicApp)
        // NOTE - the ClassWizard will add and remove mapping macros here.
        //    DO NOT EDIT what you see in these blocks of generated code!
        //}}AFX_MSG_MAP
END_MESSAGE_MAP()
        .
        .
        .
```

Next in DLLBASIC.CPP comes the constructor for our MFC DLL—that is,
the constructor for the CDllbasicApp class:

```
BEGIN_MESSAGE_MAP(CDllbasicApp, CWinApp)
        //{{AFX_MSG_MAP(CDllbasicApp)
        // NOTE - the ClassWizard will add and remove mapping macros here.
        //     DO NOT EDIT what you see in these blocks of generated code!
        //}}AFX_MSG_MAP
END_MESSAGE_MAP()


///////////////////////////////////////////////////////////////////////////
// CDllbasicApp construction

CDllbasicApp::CDllbasicApp()      <-
{
        // TODO: add construction code here,
        // Place all significant initialization in InitInstance
}                 .
                  .
                  .
```

Although we can place initialization code in the DLL's constructor, it is better to place such code in the InitInstance() function (which you can do with ClassWizard) because more of the application has been created for you to work with (e.g., the same reason we place code in OnInitDialog() instead of in a dialog box's constructor). Finally in DLLBASIC.CPP, we find the CDllbasicApp object itself:

```
BEGIN_MESSAGE_MAP(CDllbasicApp, CWinApp)
        //{{AFX_MSG_MAP(CDllbasicApp)
        // NOTE - the ClassWizard will add and remove mapping macros here.
        //     DO NOT EDIT what you see in these blocks of generated code!
        //}}AFX_MSG_MAP
END_MESSAGE_MAP()


///////////////////////////////////////////////////////////////////////////
// CDllbasicApp construction

CDllbasicApp::CDllbasicApp()
{
        // TODO: add construction code here,
        // Place all significant initialization in InitInstance
```

```
}
```

```
///////////////////////////////////////////////////////////////////////////
// The one and only CDllbasicApp object

CDllbasicApp theApp;      <-
```

That's all we need for the backbone of our DLL. The MFC framework handles the rest of the work for us. Let's add the functions we want to export. They do not have to be members of the CDllbasicApp class, and in fact it's easier for us if they are not. We will create our first function, TakesVoidReturnsVoid(), now. We can simply add that to the bottom of our DLLBASIC.CPP file. This function takes no parameters and returns none—all we do is place a message box on the screen this way:

```
///////////////////////////////////////////////////////////////////////////
// CDllbasicApp


BEGIN_MESSAGE_MAP(CDllbasicApp, CWinApp)
        //{{AFX_MSG_MAP(CDllbasicApp)
        // NOTE - the ClassWizard will add and remove mapping macros here.
        //    DO NOT EDIT what you see in these blocks of generated code!
        //}}AFX_MSG_MAP
END_MESSAGE_MAP()


///////////////////////////////////////////////////////////////////////////
// CDllbasicApp construction

CDllbasicApp::CDllbasicApp()
{
        // TODO: add construction code here,
        // Place all significant initialization in InitInstance
}


///////////////////////////////////////////////////////////////////////////
// The one and only CDllbasicApp object

CDllbasicApp theApp;
```

```
DLLexport void WINAPI TakesVoidReturnsVoid()                        <-
{

        AfxMessageBox("Inside the TakesVoidReturnsVoid() function."); <-

}                                                                  <-
```

Note that in this case, we use AfxMessageBox(), not the MFC MessageBox() function, because the MessageBox() function requires us to have a parent window for the message box, and we don't necessarily have a parent window now that we are writing DLL functions. In this case, we simply place the message "Inside the TakesVoidReturnsVoid() function." in a message box on the screen. Note also that we have declared this function with the keyword DLLexport:

```
DLLexport void WINAPI TakesVoidReturnsVoid()                        <-
{

        AfxMessageBox("Inside the TakesVoidReturnsVoid() function.");

}
```

We use the keyword to indicate that this function is one of the functions that our DLL will export—that is, make visible to outside programs that wish to link it in. We define DLLexport this way in DLLBASIC.H, where we also place the prototype for our TakesVoidReturnsVoid() function:

```
// dllbasic.h : main header file for the DLLBASIC DLL
//


#ifndef __AFXWIN_H__
        #error include 'stdafx.h' before including this file for PCH
#endif

#include "resource.h"                 // main symbols

#define DLLexport          __declspec( dllexport )   <-

DLLexport void WINAPI TakesVoidReturnsVoid();        <-
```

Now we are free to add our other two functions, TakesVoidReturnsInt() and TakesIntReturnsInt(). We'll set those up this way, just as we would any normal C++ function:

```
DLLexport void WINAPI TakesVoidReturnsVoid()
{

        AfxMessageBox("Inside the TakesVoidReturnsVoid() function.");

}


DLLexport int WINAPI TakesVoidReturnsInt()                    <-
{
        AfxMessageBox("TakesVoidReturnsInt() returns a value of 5.");
        int int_value = 5;
        return int_value;

}


DLLexport int WINAPI TakesIntReturnsInt(int int_parameter)    <-
{
        int int_value = 5;
        char szText[50];
        sprintf(szText, "TakesIntReturnsInt() got a value of %d.",
            int_parameter);
        AfxMessageBox(szText);
        int_value = int_parameter;
        return int_value;
}
```

In our case, TakesVoidReturnsInt() simply returns an integer value of 5, and TakesIntReturnsInt() displays the integer value passed to it and also returns a value of 5. Like TakesVoidReturnsVoid(), these functions are also declared in the header file DLLBASIC.H:

```
// dllbasic.h : main header file for the DLLBASIC DLL
//


#ifndef __AFXWIN_H__
```

```
        #error include 'stdafx.h' before including this file for PCH
#endif

#include "resource.h"                    // main symbols
```

```
#define DLLexport       __declspec( dllexport )
DLLexport void WINAPI TakesVoidReturnsVoid();               <-
DLLexport int WINAPI TakesVoidReturnsInt();                <-
DLLexport int WINAPI TakesIntReturnsInt(int int_parameter); <-
```

      .

      .

      .

Now we can create our DLL. Just select the **Build dllbasic.dll** menu item in the **Build** item to do so. This creates two libraries that will be of interest to us—DLLBASIC.LIB and DLLBASIC.DLL itself. We can use the first library to link our programs to so that they will know where in DLLBASIC.DLL to find the functions they need when they are running, and DLLBASIC.DLL is our dynamic link library itself. Copy the file DLLBASIC.DLL to C:\WINDOWS\SYSTEM now, which is where our programs will look for it when they are running. The support files for this DLL, DLLBASIC.H and DLLBASIC.CPP, appear in Listing 6.1.

LISTING 6.1 DLLBASIC.H AND DLLBASIC.CPP

```
// dllbasic.h : main header file for the DLLBASIC DLL
//


#ifndef __AFXWIN_H__
        #error include 'stdafx.h' before including this file for PCH
#endif

#include "resource.h"                    // main symbols


#define DLLexport       __declspec( dllexport )
DLLexport void WINAPI TakesVoidReturnsVoid();
DLLexport int WINAPI TakesVoidReturnsInt();
DLLexport int WINAPI TakesIntReturnsInt(int int_parameter);
```

```
/////////////////////////////////////////////////////////////////////////
// CDllbasicApp
// See dllbasic.cpp for the implementation of this class
//

class CDllbasicApp : public CWinApp
{
public:
        CDllbasicApp();

// Overrides
        // ClassWizard generated virtual function overrides
        //{{AFX_VIRTUAL(CDllbasicApp)
        //}}AFX_VIRTUAL

        //{{AFX_MSG(CDllbasicApp)
        // NOTE - the ClassWizard will add and remove member functions here.
        //      DO NOT EDIT what you see in these blocks of generated code !
        //}}AFX_MSG
        DECLARE_MESSAGE_MAP()
};

/////////////////////////////////////////////////////////////////////////
// dllbasic.cpp : Defines the initialization routines for the DLL.
//

#include "stdafx.h"
#include "dllbasic.h"

#ifdef _DEBUG
#define new DEBUG_NEW
#undef THIS_FILE
static char THIS_FILE[] = __FILE__;
#endif

/////////////////////////////////////////////////////////////////////////
// CDllbasicApp

BEGIN_MESSAGE_MAP(CDllbasicApp, CWinApp)
```

```
        //{{AFX_MSG_MAP(CDllbasicApp)
        // NOTE - the ClassWizard will add and remove mapping macros here.
        //      DO NOT EDIT what you see in these blocks of generated code!
        //}}AFX_MSG_MAP
END_MESSAGE_MAP()


/////////////////////////////////////////////////////////////////////////
// CDllbasicApp construction

CDllbasicApp::CDllbasicApp()
{
        // TODO: add construction code here,
        // Place all significant initialization in InitInstance
}


/////////////////////////////////////////////////////////////////////////
// The one and only CDllbasicApp object

CDllbasicApp theApp;

DLLexport void WINAPI TakesVoidReturnsVoid()
{

        AfxMessageBox("Inside the TakesVoidReturnsVoid() function.");

}


DLLexport int WINAPI TakesVoidReturnsInt()
{
        AfxMessageBox("TakesVoidReturnsInt() returns a value of 5.");
        int int_value = 5;
        return int_value;

}


DLLexport int WINAPI TakesIntReturnsInt(int int_parameter)
{
        int int_value = 5;
        char szText[50];
```

```
sprintf(szText, "TakesIntReturnsInt() got a value of %d.",
    int_parameter);
AfxMessageBox(szText);
int_value = int_parameter;
return int_value;
```

Before leaving DLLBASIC, it's worth noting that AppWizard has also created for us a DEF file named DLLBASIC.DEF:

```
; dllbasic.def : Declares the module parameters for the DLL.

LIBRARY        "DLLBASIC"
DESCRIPTION    'DLLBASIC Windows Dynamic Link Library'

EXPORTS
    ; Explicit exports can go here
```

This tells the linker what the name of our final DLL will be (DLLBASIC.DLL) and what type of module it is. In previous versions of Visual C++, we would also have had to explicitly declare what functions we are exporting from this library like this:

```
; dllbasic.def : Declares the module parameters for the DLL.

LIBRARY        "DLLBASIC"
DESCRIPTION    'DLLBASIC Windows Dynamic Link Library'

EXPORTS
TakesVoidReturnsVoid    @1         <-
TakesVoidReturnsInt     @2         <-
TakesIntReturnsInt      @3         <-
```

Now that we are explicitly using our DLLexport keyword, however, we don't need to do that any longer (i.e., experienced DLL programmers take note). The next step is to write a program that will call our TakesVoidReturnsVoid(), TakesVoidReturnsInt(), and TakesIntReturnsInt() functions. We'll name that program DLLBAPP.EXE. To create this program, we'll have to link in our DLLBASIC.LIB file and make sure that DLLBAPP.EXE can reach our DLLBASIC.DLL file when it runs.

Creating DLLBAPP.EXE

To create the DLLBAPP project, just use AppWizard to create a dialog box–based EXE project. Add a button (IDC_BUTTON1) to our dialog window with the caption **Call Dllbasic functions** and connect a function, OnButton1(), to that button now:

```
void CDllbappDlg::OnButton1()
{

}
```

When the user clicks this button, we can call the functions in our DLL one after the other like this:

```
void CDllbappDlg::OnButton1()
{
    ->   int int_parameter = 5;
    ->   TakesVoidReturnsVoid();
    ->   int dummy = TakesVoidReturnsInt();
    ->   dummy = TakesIntReturnsInt(int_parameter);

}
```

The next step is to make sure that we link with DLLBASIC.LIB when we link our DLLBAPP.EXE program. Do that by selecting the **Settings...** item of the Microsoft Development Studio's Build menu and opening the Project Settings box as shown in Figure 6.1. Select the **Link** tab, as shown in Figure 6.1, and type **dllbasic.lib** (not dllbasic.dll) in the Object/library modules box. Click **OK**. This makes sure that we link in DLLBASIC.LIB so that the program knows where to find our called functions TakesVoidReturnsVoid(), TakesVoidReturnsInt(), and TakesIntReturnsInt(). Finally, copy DLLBASIC.LIB from the DLLBASIC\DEBUG directory where it was created to DLLBAPP\DEBUG, where we will link it in with DLLBAPP.EXE. Now just click the **Build dllbapp.exe** item in the Build menu to create DLLBAPP.EXE. When you run this program and click the **Call Dllbasic functions** button, those functions are called one after the other, as shown in Figure 6.2, where we are calling the TakesIntReturnsInt() function.

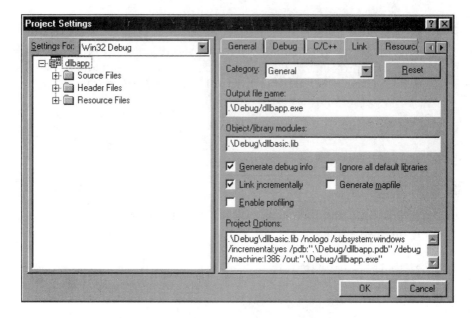

FIGURE 6.1 LINKING IN OUR DYNAMIC LINK LIBRARY.

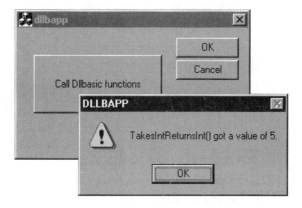

FIGURE 6.2 CALLING OUR DLL'S TAKESINTRETURNSINT() FUNCTION.

We have successfully placed functions into a DLL and linked that DLL to a running program. The support files for our program DLLBAPP, DLLBAP-PDLG.H and DLLBAPPDLG.CPP, appear in Listing 6.2.

LISTING 6.2 DLLBAPPDLG.H AND DLLBAPPDLG.CPP

```
// dllbappDlg.h : header file
//
```

```
/////////////////////////////////////////////////////////////////////////////
// CDllbappDlg dialog

extern void WINAPI TakesVoidReturnsVoid();
extern int WINAPI TakesVoidReturnsInt();
extern int WINAPI TakesIntReturnsInt(int int_parameter);

class CDllbappDlg : public CDialog
{
// Construction
public:
        CDllbappDlg(CWnd* pParent = NULL);          // standard constructor

// Dialog Data
        //{{AFX_DATA(CDllbappDlg)
        enum { IDD = IDD_DLLBAPP_DIALOG };
                // NOTE: the ClassWizard will add data members here
        //}}AFX_DATA

        // ClassWizard generated virtual function overrides
        //{{AFX_VIRTUAL(CDllbappDlg)
        protected:
        virtual void DoDataExchange(CDataExchange* pDX);
        //}}AFX_VIRTUAL

// Implementation
protected:
        HICON m_hIcon;

        // Generated message map functions
        //{{AFX_MSG(CDllbappDlg)
        virtual BOOL OnInitDialog();
        afx_msg void OnSysCommand(UINT nID, LPARAM lParam);
```

```
        afx_msg void OnPaint();
        afx_msg HCURSOR OnQueryDragIcon();
        afx_msg void OnButton1();
        //}}AFX_MSG
        DECLARE_MESSAGE_MAP()
};

// dllbappDlg.cpp : implementation file
//

#include "stdafx.h"
#include "dllbapp.h"
#include "dllbappDlg.h"

#ifdef _DEBUG
#define new DEBUG_NEW
#undef THIS_FILE
static char THIS_FILE[] = __FILE__;
#endif

/////////////////////////////////////////////////////////////////////////
// CAboutDlg dialog used for App About

class CAboutDlg : public CDialog
{
public:
        CAboutDlg();

// Dialog Data
        //{{AFX_DATA(CAboutDlg)
        enum { IDD = IDD_ABOUTBOX };
        //}}AFX_DATA

        // ClassWizard generated virtual function overrides
        //{{AFX_VIRTUAL(CAboutDlg)
        protected:
        virtual void DoDataExchange(CDataExchange* pDX);    // DDX/DDV support
        //}}AFX_VIRTUAL
```

```
// Implementation
protected:
        //{{AFX_MSG(CAboutDlg)
        //}}AFX_MSG
        DECLARE_MESSAGE_MAP()
};

CAboutDlg::CAboutDlg() : CDialog(CAboutDlg::IDD)
{
        //{{AFX_DATA_INIT(CAboutDlg)
        //}}AFX_DATA_INIT
}

void CAboutDlg::DoDataExchange(CDataExchange* pDX)
{
        CDialog::DoDataExchange(pDX);
        //{{AFX_DATA_MAP(CAboutDlg)
        //}}AFX_DATA_MAP
}

BEGIN_MESSAGE_MAP(CAboutDlg, CDialog)
        //{{AFX_MSG_MAP(CAboutDlg)
                // No message handlers
        //}}AFX_MSG_MAP
END_MESSAGE_MAP()

//////////////////////////////////////////////////////////////////////
// CDllbappDlg dialog

CDllbappDlg::CDllbappDlg(CWnd* pParent /*=NULL*/)
        : CDialog(CDllbappDlg::IDD, pParent)
{
        //{{AFX_DATA_INIT(CDllbappDlg)
                // NOTE: the ClassWizard will add member initialization here
        //}}AFX_DATA_INIT
        // Note LoadIcon does not require a subsequent DestroyIcon in Win32
        m_hIcon = AfxGetApp()->LoadIcon(IDR_MAINFRAME);
}
```

```
void CDllbappDlg::DoDataExchange(CDataExchange* pDX)
{
        CDialog::DoDataExchange(pDX);
        //{{AFX_DATA_MAP(CDllbappDlg)
                // NOTE: the ClassWizard will add DDX and DDV calls here
        //}}AFX_DATA_MAP
}


BEGIN_MESSAGE_MAP(CDllbappDlg, CDialog)
        //{{AFX_MSG_MAP(CDllbappDlg)
        ON_WM_SYSCOMMAND()
        ON_WM_PAINT()
        ON_WM_QUERYDRAGICON()
        ON_BN_CLICKED(IDC_BUTTON1, OnButton1)
        //}}AFX_MSG_MAP
END_MESSAGE_MAP()


/////////////////////////////////////////////////////////////////////////
// CDllbappDlg message handlers

BOOL CDllbappDlg::OnInitDialog()
{
        CDialog::OnInitDialog();

        // Add "About..." menu item to system menu.

        // IDM_ABOUTBOX must be in the system command range.
        ASSERT((IDM_ABOUTBOX & 0xFFF0) == IDM_ABOUTBOX);
        ASSERT(IDM_ABOUTBOX < 0xF000);

        CMenu* pSysMenu = GetSystemMenu(FALSE);
        CString strAboutMenu;
        strAboutMenu.LoadString(IDS_ABOUTBOX);
        if (!strAboutMenu.IsEmpty())
        {
                pSysMenu->AppendMenu(MF_SEPARATOR);
                pSysMenu->AppendMenu(MF_STRING, IDM_ABOUTBOX, strAboutMenu);
        }
```

```
        // Set icon for this dialog.  The framework does this automatically
        //   when the application's main window is not a dialog
        SetIcon(m_hIcon, TRUE);                         // Set big icon
        SetIcon(m_hIcon, FALSE);                        // Set small icon

        // TODO: Add extra initialization here

        return TRUE;  // return TRUE  unless you set the focus to a control
}


void CDllbappDlg::OnSysCommand(UINT nID, LPARAM lParam)
{
        if ((nID & 0xFFF0) == IDM_ABOUTBOX)
        {
                CAboutDlg dlgAbout;
                dlgAbout.DoModal();
        }
        else
        {
                CDialog::OnSysCommand(nID, lParam);
        }
}


// If you add a minimize button to your dialog, you will need the code below
//   to draw the icon.  For MFC applications using the document/view model,
//   this is automatically done for you by the framework.

void CDllbappDlg::OnPaint()
{
        if (IsIconic())
        {
                CPaintDC dc(this); // device context for painting

                SendMessage(WM_ICONERASEBKGND, (WPARAM) dc.GetSafeHdc(), 0);

                // Center icon in client rectangle
                int cxIcon = GetSystemMetrics(SM_CXICON);
                int cyIcon = GetSystemMetrics(SM_CYICON);
                CRect rect;
```

```
            GetClientRect(&rect);
            int x = (rect.Width() - cxIcon + 1) / 2;
            int y = (rect.Height() - cyIcon + 1) / 2;

            // Draw the icon
            dc.DrawIcon(x, y, m_hIcon);
    }
    else
    {
            CDialog::OnPaint();
    }
}


// The system calls this to obtain the cursor to display while the user drags
//  the minimized window.
HCURSOR CDllbappDlg::OnQueryDragIcon()
{
        return (HCURSOR) m_hIcon;
}


void CDllbappDlg::OnButton1()
{
        int int_parameter = 5;
        TakesVoidReturnsVoid();
        int dummy = TakesVoidReturnsInt();
        dummy = TakesIntReturnsInt(int_parameter);

}
```

As we've seen, we can place the usual types of functions, which are passed and return standard values into DLLs. In this way, you can add your own functions, even if they are very complex. Now, as long as you have the standard function form, you can add them to a DLL, and this is fine for most applications. However, we want to push back some boundaries in this book, so we'll look at things that augment what we can already do with DLLs. In our first example, we'll see that we can read keystrokes from inside a DLL function.

Getting Windows Messages in a DLL

What we've done so far has only involved the very standard functions
`TakesVoidReturnsVoid()`, `TakesVoidReturnsInt()`, and `TakesIntReturnsInt()`.

What if we wanted to do more? Using ClassWizard, we can see that we can add
to our DLL several new functions such as `InitInstance()` and `ExitInstance()`,
but there are no Windows messages like `WM_KEYDOWN` and `WM_LBUTTONDOWN`. Yet
we can envision plenty of times that we might want to place routines in DLLs
that handle such messages. For example, we might create a special password-
locked function that needs to read a password before continuing. Or we might
want to work with customized text entry in several programs and share the
text-reading routines in a DLL between them. Let's look at the process of read-
ing Windows input messages from DLL functions now.

Creating DLLEVENT.LIB

Create a new MFC DLL project named, say, DLLEVENT. We can use this
DLL function to read keys from the keyboard and display them in a message
box. We add a new function named `ProcessMessages()` at the end of the
code file DLLEVENT.CPP:

```
DLLexport void WINAPI ProcessMessages(){


}
```

We also declare `ProcessMessages()` in the header file DLLEVENT.H:

```
#define DLLexport          __declspec( dllexport )
DLLexport void WINAPI ProcessMessages();
```

Our next goal is to read Windows messages, particularly, the `WM_KEYDOWN`
message. When we get such a message, we can display the associated key in
a message box. And we will get such messages by setting up a message loop.
We are familiar with message loops from our work in Chapter 3, where we
wrote the WNDINFO program. In that program, we took mouse messages
from the message queue; here, we will take keyboard messages. We can end
the loop when the user types an ending character, say *e*, so we will loop
until we see that character and set the flag `fEnd`:

```
DLLexport void WINAPI ProcessMessages(){

-> BOOL fEnd = FALSE;

-> while (!fEnd){

      .

      .

      .

-> }
}
```

Next, we get the WM_KEYDOWN messages themselves in a PeekMessage() loop like this, where we fill the MSG structure msgKeyboard:

```
DLLexport void WINAPI ProcessMessages(){

    BOOL fEnd = FALSE;

    while (!fEnd){
->          MSG msgKeyboard;
->          WaitMessage();
->          if (PeekMessage(&msgKeyboard, NULL, WM_KEYFIRST, WM_KEYLAST,
                PM_REMOVE)){
->                  if (msgKeyboard.message == WM_KEYDOWN){

                        .

                        .

                        .

                    }
            }
    }
}
```

At this point, then, we have a WM_KEYDOWN message, and the typed character's code is stored in msgKeyboard.wParam. We first check to see if the typed character is a letter. If it is, we add the character to a CString object named out_string and display the string in a message box using AfxMessageBox():

```
DLLexport void WINAPI ProcessMessages(){

    BOOL fEnd = FALSE;
```

```
CString out_string = "";

while (!fEnd){
        MSG msgKeyboard;
        WaitMessage();
        if (PeekMessage(&msgKeyboard, NULL, WM_KEYFIRST, WM_KEYLAST,
           PM_REMOVE)){
                if (msgKeyboard.message == WM_KEYDOWN){
   ->               if(msgKeyboard.wParam >= 'A' &&
   ->                 msgKeyboard.wParam <= 'Z'){
   ->                     out_string += msgKeyboard.wParam;
   ->                     AfxMessageBox(out_string);
   ->                 }                   .

                                      .

                                      .

                }
        }
    }
}
```

Next, we set the ending flag, fEnd, to TRUE if the user presses **e**:

```
DLLexport void WINAPI ProcessMessages(){

    BOOL fEnd = FALSE;
    CString out_string = "";

    while (!fEnd){
            MSG msgKeyboard;
            WaitMessage();
            if (PeekMessage(&msgKeyboard, NULL, WM_KEYFIRST, WM_KEYLAST,
               PM_REMOVE)){
                    if (msgKeyboard.message == WM_KEYDOWN){
                            if(msgKeyboard.wParam >= 'A' &&
                              msgKeyboard.wParam <= 'Z'){
                                    out_string += msgKeyboard.wParam;
                                    AfxMessageBox(out_string);
                              }
   ->               if(msgKeyboard.wParam == 'E'){
```

```
              ->           fEnd = TRUE;
              ->      }
                  }
              }
          }
      }
  }
```

That's it for the DLL part of our program, DLLEVENT. The support files for this DLL, DLLEVENT.H and DLLEVENT.CPP, appear in Listings 6.3. Create DLLEVENT.LIB and DLLEVENT.DLL now as we move on to the next step—creating an application to call our ProcessMessages() function.

LISTING 6.3 DLLEVENT.H AND DLLEVENT.CPP

```cpp
// dllevent.h : main header file for the DLLEVENT DLL
//

#ifndef __AFXWIN_H__
        #error include 'stdafx.h' before including this file for PCH
#endif

#include "resource.h"                    // main symbols


/////////////////////////////////////////////////////////////////////////////
// CDlleventApp
// See dllevent.cpp for the implementation of this class
//

#define DLLexport          __declspec( dllexport )
DLLexport void WINAPI ProcessMessages();

class CDlleventApp : public CWinApp
{
public:
        CDlleventApp();

// Overrides
        // ClassWizard generated virtual function overrides
        //{{AFX_VIRTUAL(CDlleventApp)
```

```
        //}}AFX_VIRTUAL

        //{{AFX_MSG(CDlleventApp)
        // NOTE - the ClassWizard will add and remove member functions here.
        //    DO NOT EDIT what you see in these blocks of generated code !
        //}}AFX_MSG
        DECLARE_MESSAGE_MAP()
};


/////////////////////////////////////////////////////////////////////////////
// dllevent.cpp : Defines the initialization routines for the DLL.
//

#include "stdafx.h"
#include "dllevent.h"

#ifdef _DEBUG
#define new DEBUG_NEW
#undef THIS_FILE
static char THIS_FILE[] = __FILE__;
#endif


/////////////////////////////////////////////////////////////////////////////
// CDlleventApp

CString out_string = "";

BEGIN_MESSAGE_MAP(CDlleventApp, CWinApp)
        //{{AFX_MSG_MAP(CDlleventApp)
        // NOTE - the ClassWizard will add and remove mapping macros here.
        //    DO NOT EDIT what you see in these blocks of generated code!
        //}}AFX_MSG_MAP
END_MESSAGE_MAP()

/////////////////////////////////////////////////////////////////////////////
// CDlleventApp construction

CDlleventApp::CDlleventApp()
{
        // TODO: add construction code here,
```

```
        // Place all significant initialization in InitInstance
}
```

```
////////////////////////////////////////////////////////////////////////
// The one and only CDlleventApp object

CDlleventApp theApp;

DLLexport void WINAPI ProcessMessages(){

        BOOL fEnd = FALSE;

    while (!fEnd){
            MSG msgKeyboard;
        WaitMessage();
        if (PeekMessage(&msgKeyboard, NULL, WM_KEYFIRST, WM_KEYLAST,
            PM_REMOVE)){
                    if (msgKeyboard.message == WM_KEYDOWN){
                            if(msgKeyboard.wParam >= 'A' &&
                                msgKeyboard.wParam <= 'Z'){
                                    out_string += msgKeyboard.wParam;
                                    AfxMessageBox(out_string);
                            }
                            if(msgKeyboard.wParam == 'E'){
                                    fEnd = TRUE;
                            }
                    }
            }
        }
    }
}
```

As mentioned, we'll need a program to call our `ProcessMessages()` function from, and that program will be DLLEVAPP.EXE.

Creating DLLEVAPP.EXE

We can call the program that calls DLLEVENT's `ProcessMessages()` function DLLEVAPP.EXE; create that now as a dialog box–based program with AppWizard and add a button (`IDC_BUTTON1`) to the dialog window with the caption **Intercept messages**. Connect a function, `OnButton1()`, to the button using ClassWizard, and open that function now:

```
void CDllevappDlg::OnButton1()
{
        // TODO: Add your control notification handler code here

}
```

We just place our call to `ProcessMessages()` here so we enter the DLL's message loop and read keystrokes:

```
void CDllevappDlg::OnButton1()
{
   ->   ProcessMessages();

}
```

Run the program and type a few letters, as in Figure 6.3. Those characters are displayed in the message box, as in Figure 6.3. Our message-reading DLL function is a success; we've been able to read keystrokes from a DLL function. Press **e** to end the program now. The support files for DLLEVAPP, DLLEVAPPDLG.H and DLLEVAPPDLG.CPP, are in Listing 6.4.

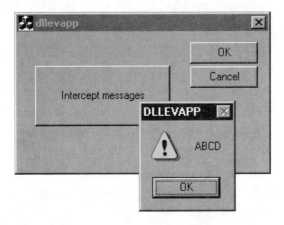

FIGURE 6.3 THE DLL FUNCTION CAN READ KEYS.

LISTING 6.4 DLLEVAPPDLG.H AND DLLEVAPPDLG.CPP

```cpp
// dllevappDlg.h : header file
//


/////////////////////////////////////////////////////////////////////////////
// CDllevappDlg dialog

extern void WINAPI ProcessMessages();

class CDllevappDlg : public CDialog
{
// Construction
public:
        CDllevappDlg(CWnd* pParent = NULL);        // standard constructor

// Dialog Data
        //{{AFX_DATA(CDllevappDlg)
        enum { IDD = IDD_DLLEVAPP_DIALOG };
                // NOTE: the ClassWizard will add data members here
        //}}AFX_DATA


        // ClassWizard generated virtual function overrides
        //{{AFX_VIRTUAL(CDllevappDlg)
        protected:
        virtual void DoDataExchange(CDataExchange* pDX);
        //}}AFX_VIRTUAL


// Implementation
protected:
        HICON m_hIcon;

        // Generated message map functions
        //{{AFX_MSG(CDllevappDlg)
        virtual BOOL OnInitDialog();
        afx_msg void OnSysCommand(UINT nID, LPARAM lParam);
        afx_msg void OnPaint();
        afx_msg HCURSOR OnQueryDragIcon();
        afx_msg void OnButton1();
```

```
        //}}}AFX_MSG
        DECLARE_MESSAGE_MAP()
};


// dllevappDlg.cpp : implementation file
//


#include "stdafx.h"
#include "dllevapp.h"
#include "dllevappDlg.h"


#ifdef _DEBUG
#define new DEBUG_NEW
#undef THIS_FILE
static char THIS_FILE[] = __FILE__;
#endif


/////////////////////////////////////////////////////////////////////////////
// CAboutDlg dialog used for App About

class CAboutDlg : public CDialog
{
public:
        CAboutDlg();

// Dialog Data
        //{{AFX_DATA(CAboutDlg)
        enum { IDD = IDD_ABOUTBOX };
        //}}}AFX_DATA

        // ClassWizard generated virtual function overrides
        //{{AFX_VIRTUAL(CAboutDlg)
        protected:
        virtual void DoDataExchange(CDataExchange* pDX);    // DDX/DDV support
        //}}}AFX_VIRTUAL

// Implementation
protected:
        //{{AFX_MSG(CAboutDlg)
```

```
        //}}}AFX_MSG
        DECLARE_MESSAGE_MAP()
};

CAboutDlg::CAboutDlg() : CDialog(CAboutDlg::IDD)
{
        //{{AFX_DATA_INIT(CAboutDlg)
        //}}AFX_DATA_INIT
}


void CAboutDlg::DoDataExchange(CDataExchange* pDX)
{
        CDialog::DoDataExchange(pDX);
        //{{AFX_DATA_MAP(CAboutDlg)
        //}}AFX_DATA_MAP
}


BEGIN_MESSAGE_MAP(CAboutDlg, CDialog)
        //{{AFX_MSG_MAP(CAboutDlg)
                // No message handlers
        //}}AFX_MSG_MAP
END_MESSAGE_MAP()


/////////////////////////////////////////////////////////////////////////
// CDllevappDlg dialog

CDllevappDlg::CDllevappDlg(CWnd* pParent /*=NULL*/)
        : CDialog(CDllevappDlg::IDD, pParent)
{
        //{{AFX_DATA_INIT(CDllevappDlg)
                // NOTE: the ClassWizard will add member initialization here
        //}}AFX_DATA_INIT
        // Note LoadIcon does not require a subsequent DestroyIcon in Win32
        m_hIcon = AfxGetApp()->LoadIcon(IDR_MAINFRAME);
}


void CDllevappDlg::DoDataExchange(CDataExchange* pDX)
{
        CDialog::DoDataExchange(pDX);
```

```
            //{{AFX_DATA_MAP(CDllevappDlg)
                    // NOTE: the ClassWizard will add DDX and DDV calls here
            //}}AFX_DATA_MAP
}
```

```
BEGIN_MESSAGE_MAP(CDllevappDlg, CDialog)
        //{{AFX_MSG_MAP(CDllevappDlg)
        ON_WM_SYSCOMMAND()
        ON_WM_PAINT()
        ON_WM_QUERYDRAGICON()
        ON_BN_CLICKED(IDC_BUTTON1, OnButton1)
        //}}AFX_MSG_MAP
END_MESSAGE_MAP()


/////////////////////////////////////////////////////////////////////////
// CDllevappDlg message handlers

BOOL CDllevappDlg::OnInitDialog()
{
        CDialog::OnInitDialog();

        // Add "About..." menu item to system menu.

        // IDM_ABOUTBOX must be in the system command range.
        ASSERT((IDM_ABOUTBOX & 0xFFF0) == IDM_ABOUTBOX);
        ASSERT(IDM_ABOUTBOX < 0xF000);

        CMenu* pSysMenu = GetSystemMenu(FALSE);
        CString strAboutMenu;
        strAboutMenu.LoadString(IDS_ABOUTBOX);
        if (!strAboutMenu.IsEmpty())
        {
                pSysMenu->AppendMenu(MF_SEPARATOR);
                pSysMenu->AppendMenu(MF_STRING, IDM_ABOUTBOX, strAboutMenu);
        }

        // Set icon for this dialog.  The framework does this automatically
        //  when the application's main window is not a dialog
        SetIcon(m_hIcon, TRUE);                         // Set big icon
```

```
        SetIcon(m_hIcon, FALSE);                    // Set small icon

        // TODO: Add extra initialization here

        return TRUE;  // return TRUE  unless you set the focus to a control
}

void CDllevappDlg::OnSysCommand(UINT nID, LPARAM lParam)
{
        if ((nID & 0xFFF0) == IDM_ABOUTBOX)
        {
                CAboutDlg dlgAbout;
                dlgAbout.DoModal();
        }
        else
        {
                CDialog::OnSysCommand(nID, lParam);
        }
}

// If you add a minimize button to your dialog, you will need the code below
//  to draw the icon.  For MFC applications using the document/view model,
//  this is automatically done for you by the framework.

void CDllevappDlg::OnPaint()
{
        if (IsIconic())
        {
                CPaintDC dc(this); // device context for painting

                SendMessage(WM_ICONERASEBKGND, (WPARAM) dc.GetSafeHdc(), 0);

                // Center icon in client rectangle
                int cxIcon = GetSystemMetrics(SM_CXICON);
                int cyIcon = GetSystemMetrics(SM_CYICON);
                CRect rect;
                GetClientRect(&rect);
                int x = (rect.Width() - cxIcon + 1) / 2;
                int y = (rect.Height() - cyIcon + 1) / 2;
```

```
                // Draw the icon
                dc.DrawIcon(x, y, m_hIcon);
        }
        else
        {
                CDialog::OnPaint();
        }
}


// The system calls this to obtain the cursor to display while the user drags
//  the minimized window.
HCURSOR CD11evappD1g::OnQueryDragIcon()
{
        return (HCURSOR) m_hIcon;
}


void CD11evappD1g::OnButton1()
{
        ProcessMessages();
        // TODO: Add your control notification handler code here

}
```

So far we have seen how to produce both simple DLLs and DLLs that can read Windows messages. But what if we want two DLLs to interact with each other? For example, what if we had a program that counted the total number of mouse clicks seen in a program—but someone started two instances of the program? In this case, we should count the mouse clicks in the two instances of the program separately—unless we are careful about what we do, and make sure we sum the mouse clicks seen in both instances by sharing memory between the two instances of our DLL. We do that as the subject of our next topic.

Sharing Memory Between DLL Instances

In our next program, we'll see how to share memory between a number of programs that have all loaded our DLL. That is, we'll keep track of the number of mouse clicks in a program—even if the user starts more than one instance of our program. We can do this because the variable that stores the number of mouse clicks, nClicks, will be stored in memory shared between the DLLs.

Creating SHARED.DLL

Use AppWizard to create our click-counting DLL, making it a standard MFC DLL project named, say, SHARED. Like our previous DLL, DLLEVENT, we add a function named ProcessMessages() to contain a message loop. This time, however, we will read mouse messages only and count the total number of clicks (i.e., WM_LBUTTONDOWN messages), which we store in an integer named nClicks:

```
DLLexport void WINAPI ProcessMessages(){

    BOOL fEnd = FALSE;

    while (!fEnd){
        MSG msgMouse;
        WaitMessage();
        if (PeekMessage(&msgMouse, NULL, WM_MOUSEFIRST, WM_MOUSELAST,
            PM_REMOVE)){
->          if (msgMouse.message == WM_LBUTTONDOWN){
->              nClicks++;
            }
                            .
                            .
                            .

        }
    }

}
```

We can also indicate the number of mouse clicks counted in a message box this way:

```
DLLexport void WINAPI ProcessMessages(){

    BOOL fEnd = FALSE;

    while (!fEnd){
        MSG msgMouse;
```

```
        WaitMessage();
        if (PeekMessage(&msgMouse, NULL, WM_MOUSEFIRST, WM_MOUSELAST,
            PM_REMOVE)){
                if (msgMouse.message == WM_LBUTTONDOWN){
                     nClicks++;
     ->         char szText [30];
     ->         sprintf(szText, "Number of clicks seen: %d", nClicks);
     ->         AfxMessageBox(szText);
                }
                if (msgMouse.message == WM_RBUTTONDOWN){
                     fEnd = TRUE;
                }
        }
    }

}
```

339

In addition, we can end our message interception when the user clicks the right mouse button this way:

```
DLLexport void WINAPI ProcessMessages(){

    BOOL fEnd = FALSE;

    while (!fEnd){
        MSG msgMouse;
        WaitMessage();
        if (PeekMessage(&msgMouse, NULL, WM_MOUSEFIRST, WM_MOUSELAST,
            PM_REMOVE)){
                if (msgMouse.message == WM_LBUTTONDOWN){
                     nClicks++;
                     char szText [30];
                     sprintf(szText, "Number of clicks seen: %d", nClicks);
                     AfxMessageBox(szText);
                }
     ->         if (msgMouse.message == WM_RBUTTONDOWN){
     ->              fEnd = TRUE;
                }
        }
```

```
        }

    }
```

We also make `nClicks` a global integer and initialize it to 0 in SHARED.CPP:

```
////////////////////////////////////////////////////////////////////////////
// shared.cpp : Defines the initialization routines for the DLL.
//

#include "stdafx.h"
#include "shared.h"

#ifdef _DEBUG
#define new DEBUG_NEW
#undef THIS_FILE
static char THIS_FILE[] = __FILE__;
#endif

-> int nClicks = 0;
          .
          .
          .
```

The problem here is that the user may start another instance of the calling program, and that instance would load its own version of SHARED.DLL, with its own integer named nClicks. To fix that and share our current integer nClicks between all instances of SHARED.DLL (a skill we'll need in the next chapter on Windows hooks), we use the preprocessor pragma data_seg() like this, where we place nClicks in a shared memory *section* named CommMem:

```
////////////////////////////////////////////////////////////////////////////
// shared.cpp : Defines the initialization routines for the DLL.
//

#include "stdafx.h"
#include "shared.h"

#ifdef _DEBUG
```

```
#define new DEBUG_NEW
#undef THIS_FILE
static char THIS_FILE[] = __FILE__;
#endif
```

```
#pragma data_seg( "CommMem" )    <-
    int nClicks = 0;
#pragma data_seg()               <-

        .

        .

        .
```

It's important to note that we must initialize nClicks when we do this (i.e., here, we set it to 0). If we did not initialize it, nClicks would not be stored in the data_seg part of our program, but rather in the uninitialized data segment, the _bss segment, and it would not be shared at all (despite the use of data_seg() pragma).

In addition, we need to declare our section in the SHARED.DEF file. Here, we make it a shared memory section that we can read and write to by adding these lines:

```
; shared.def : Declares the module parameters for the DLL.

LIBRARY        "SHARED"
DESCRIPTION    'SHARED Windows Dynamic Link Library'

SECTIONS                              <-
    CommMem READ WRITE SHARED         <-
```

Now create SHARED.DLL and SHARED.LIB. Our ProcessMessages() function is ready to count mouse clicks across any number of applications. All we need now is an application to call it from. The support files for SHARED.DLL, SHARED.H and SHARED.CPP, appear in Listing 6.5.

LISTING 6.5 SHARED.H AND SHARED.CPP

```
// shared.h : main header file for the SHARED DLL
//
#define DLLexport        __declspec( dllexport )
```

```
DLLexport void WINAPI ProcessMessages();

#ifndef __AFXWIN_H__
        #error include 'stdafx.h' before including this file for PCH
#endif

#include "resource.h"                    // main symbols

/////////////////////////////////////////////////////////////////////////////
// CSharedApp
// See shared.cpp for the implementation of this class
//

class CSharedApp : public CWinApp
{
public:
        CSharedApp();

// Overrides
        // ClassWizard generated virtual function overrides
        //{{AFX_VIRTUAL(CSharedApp)
        //}}AFX_VIRTUAL

        //{{AFX_MSG(CSharedApp)
        // NOTE - the ClassWizard will add and remove member functions here.
        //    DO NOT EDIT what you see in these blocks of generated code !
        //}}AFX_MSG
        DECLARE_MESSAGE_MAP()
};

/////////////////////////////////////////////////////////////////////////////
// shared.cpp : Defines the initialization routines for the DLL.
//

#include "stdafx.h"
#include "shared.h"

#ifdef _DEBUG
#define new DEBUG_NEW
```

```
#undef THIS_FILE
static char THIS_FILE[] = __FILE__;
#endif

#pragma data_seg( "CommMem" )
    int nClicks = 0;
#pragma data_seg()


/////////////////////////////////////////////////////////////////////////////
// CSharedApp

BEGIN_MESSAGE_MAP(CSharedApp, CWinApp)
        //{{AFX_MSG_MAP(CSharedApp)
        // NOTE - the ClassWizard will add and remove mapping macros here.
        //    DO NOT EDIT what you see in these blocks of generated code!
        //}}AFX_MSG_MAP
END_MESSAGE_MAP()


/////////////////////////////////////////////////////////////////////////////
// CSharedApp construction

CSharedApp::CSharedApp()
{
        // TODO: add construction code here,
        // Place all significant initialization in InitInstance
}


/////////////////////////////////////////////////////////////////////////////
// The one and only CSharedApp object

CSharedApp theApp;

DLLexport void WINAPI ProcessMessages(){

        BOOL fEnd = FALSE;

    while (!fEnd){
                MSG msgMouse;
            WaitMessage();
```

```
        if (PeekMessage(&msgMouse, NULL, WM_MOUSEFIRST, WM_MOUSELAST,
            PM_REMOVE)){
                if (msgMouse.message == WM_LBUTTONDOWN){
                nClicks++;
                        char szText [30];
                        sprintf(szText, "Number of clicks seen: %d",
                            nClicks);
                        AfxMessageBox(szText);
                }
                if (msgMouse.message == WM_RBUTTONDOWN){
            fEnd = TRUE;
            }
        }
    }

}
```

The next step is to create a program that calls our `ProcessMessages()` function in SHARED.DLL, and we can call this new program SHAREAPP.

Creating SHAREAPP.EXE

Use AppWizard now to create a new dialog box–based EXE project named SHAREAPP, which will call the `ProcessMessage()` function. Add a button (`IDC_BUTTON1`) to SHAREAPP with the caption **Start counting clicks** and connect a function to that button named `OnButton1()`:

```
void CShareappDlg::OnButton1()
{

}
```

Here, as before, we just call the `ProcessMessages()` function to start our message loop:

```
void CShareappDlg::OnButton1()
{
        ProcessMessages();

}
```

Now link in SHARED.LIB, copy SHARED.DLL to C:\WINDOWS\SYSTEM, and start two instances of SHAREAPP.EXE now, as shown in Figure 6.4. When you click either window, the total number of mouse clicks is incremented, as also shown in Figure 6.4. As you can see, we've shared `nClicks`—and therefore memory—with another process's instance of our DLL. Our program is a success, and this is a skill we'll need soon. The support files for SHAREAPP, SHAREAPPDLG.H and SHAREAPPDLG.CPP, appear in Listing 6.6.

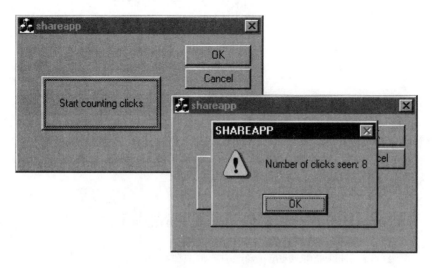

FIGURE 6.4 THE DLL SHARES MEMORY BETWEEN PROCESSES.

LISTING 6.6 SHAREAPPDLG.H AND SHAREAPPDLG.CPP

```
// shareappDlg.h : header file
//
extern void WINAPI ProcessMessages();


/////////////////////////////////////////////////////////////////////////////
// CShareappDlg dialog

class CShareappDlg : public CDialog
{
// Construction
public:
        CShareappDlg(CWnd* pParent = NULL);        // standard constructor
```

```
// Dialog Data
    //{{AFX_DATA(CShareappDlg)
    enum { IDD = IDD_SHAREAPP_DIALOG };
        // NOTE: the ClassWizard will add data members here
    //}}AFX_DATA

    // ClassWizard generated virtual function overrides
    //{{AFX_VIRTUAL(CShareappDlg)
    protected:
    virtual void DoDataExchange(CDataExchange* pDX);
    //}}AFX_VIRTUAL

// Implementation
protected:
    HICON m_hIcon;

    // Generated message map functions
    //{{AFX_MSG(CShareappDlg)
    virtual BOOL OnInitDialog();
    afx_msg void OnSysCommand(UINT nID, LPARAM lParam);
    afx_msg void OnPaint();
    afx_msg HCURSOR OnQueryDragIcon();
    afx_msg void OnButton1();
    //}}AFX_MSG
    DECLARE_MESSAGE_MAP()
};
// shareappDlg.cpp : implementation file
//

#include "stdafx.h"
#include "shareapp.h"
#include "shareappDlg.h"

#ifdef _DEBUG
#define new DEBUG_NEW
#undef THIS_FILE
static char THIS_FILE[] = __FILE__;
#endif
```

```
/////////////////////////////////////////////////////////////////////////
// CAboutDlg dialog used for App About

class CAboutDlg : public CDialog
{
public:
        CAboutDlg();

// Dialog Data
        //{{AFX_DATA(CAboutDlg)
        enum { IDD = IDD_ABOUTBOX };
        //}}AFX_DATA

        // ClassWizard generated virtual function overrides
        //{{AFX_VIRTUAL(CAboutDlg)
        protected:
        virtual void DoDataExchange(CDataExchange* pDX);    // DDX/DDV support
        //}}AFX_VIRTUAL

// Implementation
protected:
        //{{AFX_MSG(CAboutDlg)
        //}}AFX_MSG
        DECLARE_MESSAGE_MAP()
};

CAboutDlg::CAboutDlg() : CDialog(CAboutDlg::IDD)
{
        //{{AFX_DATA_INIT(CAboutDlg)
        //}}AFX_DATA_INIT
}

void CAboutDlg::DoDataExchange(CDataExchange* pDX)
{
        CDialog::DoDataExchange(pDX);
        //{{AFX_DATA_MAP(CAboutDlg)
        //}}AFX_DATA_MAP
}
```

```
BEGIN_MESSAGE_MAP(CAboutDlg, CDialog)
        //{{AFX_MSG_MAP(CAboutDlg)
                // No message handlers
        //}}AFX_MSG_MAP
END_MESSAGE_MAP()


/////////////////////////////////////////////////////////////////////////////
// CShareappDlg dialog

CShareappDlg::CShareappDlg(CWnd* pParent /*=NULL*/)
        : CDialog(CShareappDlg::IDD, pParent)
{
        //{{AFX_DATA_INIT(CShareappDlg)
                // NOTE: the ClassWizard will add member initialization here
        //}}AFX_DATA_INIT
        // Note LoadIcon does not require a subsequent DestroyIcon in Win32
        m_hIcon = AfxGetApp()->LoadIcon(IDR_MAINFRAME);
}


void CShareappDlg::DoDataExchange(CDataExchange* pDX)
{
        CDialog::DoDataExchange(pDX);
        //{{AFX_DATA_MAP(CShareappDlg)
                // NOTE: the ClassWizard will add DDX and DDV calls here
        //}}AFX_DATA_MAP
}


BEGIN_MESSAGE_MAP(CShareappDlg, CDialog)
        //{{AFX_MSG_MAP(CShareappDlg)
        ON_WM_SYSCOMMAND()
        ON_WM_PAINT()
        ON_WM_QUERYDRAGICON()
        ON_BN_CLICKED(IDC_BUTTON1, OnButton1)
        //}}AFX_MSG_MAP
END_MESSAGE_MAP()


/////////////////////////////////////////////////////////////////////////////
// CShareappDlg message handlers
```

```
BOOL CShareappDlg::OnInitDialog()
{
        CDialog::OnInitDialog();

        // Add "About..." menu item to system menu.

        // IDM_ABOUTBOX must be in the system command range.
        ASSERT((IDM_ABOUTBOX & 0xFFF0) == IDM_ABOUTBOX);
        ASSERT(IDM_ABOUTBOX < 0xF000);

        CMenu* pSysMenu = GetSystemMenu(FALSE);
        CString strAboutMenu;
        strAboutMenu.LoadString(IDS_ABOUTBOX);
        if (!strAboutMenu.IsEmpty())
        {
                pSysMenu->AppendMenu(MF_SEPARATOR);
                pSysMenu->AppendMenu(MF_STRING, IDM_ABOUTBOX, strAboutMenu);
        }

        // Set icon for this dialog.  The framework does this automatically
        //  when the application's main window is not a dialog
        SetIcon(m_hIcon, TRUE);                         // Set big icon
        SetIcon(m_hIcon, FALSE);                // Set small icon

        // TODO: Add extra initialization here

        return TRUE;  // return TRUE  unless you set the focus to a control
}

void CShareappDlg::OnSysCommand(UINT nID, LPARAM lParam)
{
        if ((nID & 0xFFF0) == IDM_ABOUTBOX)
        {
                CAboutDlg dlgAbout;
                dlgAbout.DoModal();
        }
        else
        {
                CDialog::OnSysCommand(nID, lParam);
```

```
        }
}

// If you add a minimize button to your dialog, you will need the code below
//  to draw the icon.  For MFC applications using the document/view model,
//  this is automatically done for you by the framework.

void CShareappDlg::OnPaint()
{
        if (IsIconic())
        {
                CPaintDC dc(this); // device context for painting

                SendMessage(WM_ICONERASEBKGND, (WPARAM) dc.GetSafeHdc(), 0);

                // Center icon in client rectangle
                int cxIcon = GetSystemMetrics(SM_CXICON);
                int cyIcon = GetSystemMetrics(SM_CYICON);
                CRect rect;
                GetClientRect(&rect);
                int x = (rect.Width() - cxIcon + 1) / 2;
                int y = (rect.Height() - cyIcon + 1) / 2;

                // Draw the icon
                dc.DrawIcon(x, y, m_hIcon);
        }
        else
        {
                CDialog::OnPaint();
        }
}

// The system calls this to obtain the cursor to display while the user drags
//  the minimized window.
HCURSOR CShareappDlg::OnQueryDragIcon()
{
        return (HCURSOR) m_hIcon;
}


void CShareappDlg::OnButton1()
```

```
{
        ProcessMessages();

}
```

So far, all exported functions in our DLLs have not been members of any class, yet this is also something we can do. Let's see how to export a class and all its members from a DLL next.

Exporting a Class from a DLL (Extending MFC)

It turns out that exporting a class from an MFC DLL is very easy. Let's create a new class called, say, CPointer, derived from the MFC CPoint class. Our CPointer class will be the same as the CPoint class except that, say, the *x* member of the class will be initialized to 1. Let's see how to create and use this class in a MFC EXE program by exporting our new class from a DLL.

We can call our new DLL project DLLCLASS. Create that project now as an MFC DLL—but with an important difference. Instead of letting the type of DLL remain as the default (as displayed in Step 1 of AppWizard: "Regular DLL using shared MFC DLL"), select the **MFC extension DLL (using shared MFC DLL)** option. This will allow us to extend the MFC library with our new class. Now open the header file DLLCLASS.H so that we can declare our new class, CPointer, which is derived from the CPoint class by adding this code:

```
class AFX_EXT_CLASS CPointer : public CPoint
{
public:
        CPointer();
};
```

Note in particular the AFX_EXT_CLASS keyword; it guarantees that our CPointer class will be exported by the DLLCLASS.DLL file. In fact, including that one keyword is all we have to do to make sure that happens. All that's left is to set the *x* member of our CPointer class to 1, and we do that in our class's constructor, DLLCLASS.CPP, like this:

```
CPointer::CPointer()
{
        x = 1;
}
```

Create DLLCLASS.LIB and DLLCLASS.DLL now. Next, we link our new DLLCLASS.LIB library into a new EXE dialog box–based project called, say, DLLCAPP (with files DLLCAPPDLG.H and DLLCAPDLG.CPP) as we have done with other LIB files. We add a button (IDC_BUTTON1) to DLLCAP's dialog window with the caption **Create CPointer object** and connect that button to a function, OnButton1():

```
void CDllcappDlg::OnButton1()
{

}
```

We want to use our new CPointer class in this program, so we link in our DLLCLASS.LIB library as we have before. In addition, we declare this new class at the top of the DLLCAPPDLG.CPP file so Visual C++ knows enough about the class to allow us to create objects of that type:

```
class AFX_EXT_CLASS CPointer : public CPoint
{
public:
        CPointer();
};
```

Now we simply use the new operator to create a new CPointer object in OnButton1():

```
void CDllcappDlg::OnButton1()
{
  ->   CPointer* pt = new CPointer;
            .
            .
            .
}
```

We can report if the creation operation was successful with a message box:

```
void CDllcappDlg::OnButton1()
{
        CPointer* pt = new CPointer;
  ->    if(pt != NULL){
```

```
->          MessageBox("CPointer object initialized.");
->    }            .
                   .
                   .
}
```

If the new CPointer object was not successfully created, we report that too:

```
void CDllcappDlg::OnButton1()
{
        CPointer* pt = new CPointer;
        if(pt != NULL){
                MessageBox("CPointer object initialized.");
        }
->      else{
->              MessageBox("CPointer object not initialized.");
->      }
}
```

Now run the program and click the button with the caption **Create CPointer object**. As we can see in Figure 6.5, the program creates an object of our new CPointer class. Our program is a success. We've seen how to export an entire C++ class from a DLL. The support files for the DLLCLASS.LIB and DLL-CLASS.DLL files, DLLCLASS.H and DLLCLASS.CPP, appear in Listing 6.7.

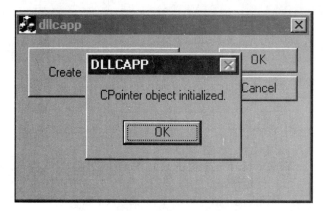

FIGURE 6.5 WE EXTEND THE MFC LIBRARY FROM A DLL.

LISTING 6.7 DLLCLASS.H AND DLLCLASS.CPP

```cpp
class AFX_EXT_CLASS CPointer : public CPoint
{
public:
        CPointer();
};
////////////////////////////////////////////////////////////////////////
extern "C" void WINAPI InitDLL();

// dllclass.cpp : Defines the initialization routines for the DLL.
//

#include "stdafx.h"
#include <afxdllx.h>
#include "dllclass.h"

#ifdef _DEBUG
#define new DEBUG_NEW
#undef THIS_FILE
static char THIS_FILE[] = __FILE__;
#endif

static AFX_EXTENSION_MODULE DllclassDLL = { NULL, NULL };

extern "C" int APIENTRY
DllMain(HINSTANCE hInstance, DWORD dwReason, LPVOID lpReserved)
{
        if (dwReason == DLL_PROCESS_ATTACH)
        {
                TRACE0("DLLCLASS.DLL Initializing!\n");

                // Extension DLL one-time initialization
                AfxInitExtensionModule(DllclassDLL, hInstance);

                // Insert this DLL into the resource chain
                new CDynLinkLibrary(DllclassDLL);
        }
        else if (dwReason == DLL_PROCESS_DETACH)
```

```
        {
                TRACE0("DLLCLASS.DLL Terminating!\n");
        }
        return 1;    // ok
}
```

```
CPointer::CPointer()
{
        x = 1;
}
```

Our next and last program in this chapter will be a C-based DLL, not a C++ based one.

A Small, C-Based DLL

So far all our DLLs have been MFC based, and MFC programs can become large with a proliferation of predefined classes and objects. Simply adding a few CString objects can add considerable space to an MFC-based DLL. Mostly, that is not a problem, but sometimes it is. For example, when we write our Windows hook procedures, we will find that such procedures have to be in DLLs. In addition, those DLLs must be injected into many of the processes running in the system. This means that we will not have to worry about just one copy of our DLL, but rather a dozen or so in memory all at once. For that reason, we will see how to create C-based DLLs that are often smaller than MFC-based DLLs.

In this case, our DLL will be a very basic one named, say, EZCDLL. This time, instead of choosing MFC AppWizard (exe) or MFC AppWizard (dll) in the New Project Workspace dialog box, choose the **Win32 Dynamic-Link Library** option. This creates a new DLL project without any files in it. We start by creating the file EZCDLL.H, the header file for our project. In this file, we will declare the function our DLL exports, which we can call DLLCall(). In this function, we will perform a rudimentary operation—such as having the computer beep—and then return. Create EZCDLL.H using the **New...** item in the File menu, making this a text file, and type in these lines to declare DLLCall():

```
#define DllExport  __declspec( dllexport )      <—
DLLexport void WINAPI DLLCall ();                <—
```

Next, create the file EZCDLL.C. In this file, we'll need a C-based function named `DllMain()`. This is the core of our C-based DLL. In this function, we are passed parameters giving us the handle to the current module, telling us whether or not our DLL is being attached or detached from a process, and reserving one other parameter. Type this in EZCDLL.C now to create a skeleton `DllMain()` function:

```
#include <windows.h>
#include "ezcdll.h"

HANDLE hDLLInst = 0;

BOOL WINAPI DllMain (HANDLE hModule, DWORD dwFunction, LPVOID lpNot)
{
    hDLLInst = hModule;

    switch (dwFunction)
    {
        case DLL_PROCESS_ATTACH:
        case DLL_PROCESS_DETACH:
        default:
            break;
    }
    return TRUE;
}
```

At the end of the EZCDLL.C file, we add our `DLLCall()` function in which we simply have the computer beep:

```
#include <windows.h>
#include "ezcdll.h"

HANDLE hDLLInst = 0;

BOOL WINAPI DllMain (HANDLE hModule, DWORD dwFunction, LPVOID lpNot)
{
    hDLLInst = hModule;

    switch (dwFunction)
    {
```

```
        case DLL_PROCESS_ATTACH:
        case DLL_PROCESS_DETACH:
        default:
            break;
    }
    return TRUE;
}


DllExport void WINAPI DLLCall ()       <-
{                                      <-
    Beep(0, 0);                        <-
}                                      <-
```

357

We'll also need a DEF file, so create EZCDLL.DEF and type in this code:

```
LIBRARY      "EZCDLL"
DESCRIPTION  'EZCDLL Windows Dynamic Link Library'

CODE      PRELOAD MOVEABLE DISCARDABLE
DATA      PRELOAD SINGLE
```

Finally, add all three of these files—EZCDLL.H, EZCDLL.C, and EZCDLL.DEF—to our EZCDLL project by right clicking the EZCDLL entry in the Visual C++ file view and selecting **Add Files to Project**. All you need to do now is build EZCDLL.LIB and EZCDLL.DLL by selecting the **Build ezcdll.dll** item in the Build menu.

To use our new DLL and the function in it, DLLCall(), we create a new dialog box–based EXE project named, say, EZCAPP and place a button (IDC_BUTTON1) in the dialog window with the caption **Call DllCall()**. Connect a function, OnButton1(), to that button and call the DLL function this way:

```
void CEzcappDlg::OnButton1()
{
    DLLCall();
}
```

That seems straightforward enough, but there is one important detail here—our EZCDLL.DLL file was written in C, not C++, so the linkage to our programs is a C linkage, not a C++ linkage. We need to indicate that type of linkage this way when we declare DLLCall():

```
#include "stdafx.h"
#include "ezcapp.h"
#include "ezcappDlg.h"

extern "C"{
        void WINAPI DLLCall();
}
```

Now we can link in our C-based DLL, even into a C++ program. When you run this program and click the button, you will hear the beep from DLLCall(). The C-based DLL program is a success, and the support files for EZCDLL, EZCDLL.H and EZCDLL.CPP, appear in Listing 6.8.

LISTING 6.8 EZCDLL.H AND EZCDLL.CPP

```
#define DllExport          __declspec( dllexport )

DLLexport void WINAPI DLLCall ();

#include <windows.h>
#include "ezcdll.h"

HANDLE hDLLInst = 0;

BOOL WINAPI DllMain (HANDLE hModule, DWORD dwFunction, LPVOID lpNot)
{
    hDLLInst = hModule;

    switch (dwFunction)
    {
        case DLL_PROCESS_ATTACH:
        case DLL_PROCESS_DETACH:
        default:
            break;
    }
    return TRUE;
```

```
}

DLLexport void WINAPI DLLCall ()
{
        Beep(0, 0);
}
```

We have covered dynamic link libraries. Being able to manipulate DLLs is an important skill for the serious Visual C++ 5 programmer. In this chapter, we have come far. We have created a basic DLL, read Windows messages from a DLL, shared memory between DLLs, exported a class to extend the MFC library, and written a DLL in C, not C++. In the next chapter, we'll put this to work as we see how to create Windows hooks.

CHAPTER 7

Behind the Scenes with Windows Hooks

In this chapter, we will explore some very powerful Windows techniques. We will see how to construct Windows hooks—and hooks allow the Visual C++ programmer to work in much the same way that the DOS terminate-and-stay-resident (TSR) programs did. In other words, we can install a Windows hook and have all messages—throughout the system if we like, not just in our thread—sent to our filter function. In that function, we get a chance to work with the messages before the programs they are intended for even see them.

In this way, the Visual C++ program Spy++ can show us all the Windows messages targeted for a specific window, and other programs can install hotkeys—systemwide key filters that perform certain operations (such as opening a word processor or calculator) whenever you press a specific key or key combination. We'll see how to install and use Windows hooks in this chapter, and we'll get an overview of hooks as well.

An Overview of Windows Hooks

We set a Windows hook by using the `SetWindowsHookEx()` function and unhook them by using the `UnHookWindowsHookEx()` function. In `SetWindowsHookEx()`, we install a hook procedure that will be passed the (possibly systemwide) messages we wish to intercept by passing the address of that hook procedure to Windows. We use `SetWindowsHookEx()` this way:

```
HHOOK SetWindowsHookEx(
    int    idHook,        // type of hook to install
    HOOKPROC  lpfn,       // address of hook procedure
    HINSTANCE  hMod,      // handle of application instance
```

```
    DWORD  dwThreadId   // identity of thread to install hook for
);
```

The `idHook` parameter specifies the type of hook we want to set. We will look at all the possibilities in a moment.

The `lpfn` parameter points to the hook procedure itself. This is the procedure that will receive the Windows messages before they are passed on to their intended targets (or, in the case of some hooks, after those targets process the message and return). It gets these parameters and returns a value of type `LRESULT`:

```
    LRESULT WINAPI HookProc(int nCode, WPARAM wParam, LPARAM lParam);
```

If the `dwThreadId` parameter—the ID of the thread setting up the hook—is zero, or if it matches the identifier of a thread created by a different process, the `lpfn` pointer parameter must point to a hook procedure in a dynamic link library (DLL). (We saw how to create DLLs in Chapter 6.) Otherwise, the `lpfn` pointer can point to a hook procedure in the current program's code.

The `hMod` parameter is a handle to the DLL containing the hook procedure pointed to by the `lpfn` parameter. If the `dwThreadId` parameter matches a thread created by the current process, and if the hook procedure is within the current process, the `hMod` parameter must be set to `NULL`.

As mentioned previously, the `dwThreadId` parameter holds the ID of the thread to which the hook procedure will be connected. If `dwThreadId` is zero, the hook procedure will be connected to all existing threads.

Let's look at the different kinds of Windows hooks available. You select the hook you want by setting the `idHook` parameter to the value corresponding to your selection, such as setting `idHook` to `WH_KEYBOARD` to set up a keyboard hook. We'll examine the possibilities for this parameter now.

SendMessage() Hooks

Setting `idHook` to `WH_CALLWNDPROC` or `WH_CALLWNDPROCRET` allows a program to watch messages sent to window procedures with `SendMessage()`. If you use `idHook = WH_CALLWNDPROC`, Windows calls your hook procedure before calling the window procedure. If you use `idHook = WH_CALLWNDPROCRET`, Windows calls your hook function after calling the window procedure. For a `WH_CALLWNDPROC` hook, the parameters sent to us and the result we should return are these, where the `CWPSTRUCT` structure holds information about the message being sent to the window:

```
nCode    HC_ACTION
wParam   Windows message
lParam   Pointer to a CWPSTRUCT structure
lResult  Return 0
```

The `CWPSTRUCT` structure looks like this:

```
typedef struct tagCWPSTRUCT {
    LPARAM   lParam;
    WPARAM   wParam;
    UINT     message;
    HWND     hwnd;
} CWPSTRUCT;
```

For a `WH_CALLWNDPROCRET` hook, the hook procedure parameters and return values are these, where the `CWPRETSTRUCT` structure holds information about the return value sent from the window procedure to Windows:

```
nCode    HC_ACTION
wParam   If wParam is not 0, message is being sent by current
         thread; otherwise, message was received by this
         window from another thread
lParam   Pointer to a CWPRETSTRUCT structure
lResult  Return 0
```

The `CWPRETSTRUCT` structure looks like this:

```
typedef struct tagCWPRETSTRUCT {
    LRESULT lResult;
    LPARAM   lParam;
    WPARAM   wParam;
    DWORD    message;
    HWND     hwnd;
} CWPRETSTRUCT;
```

Computer-Based Training Hooks

Setting idHook to WH_CBT makes Windows call your hook procedure before:

- Activating, creating, destroying, minimizing, maximizing, moving, or sizing a window
- Completing a system command
- Removing a mouse or keyboard event from the system message queue
- Setting the Windows input focus
- Synchronizing with the system message queue

The return value set by the hook procedure indicates whether Windows should allow or prevent one of these operations. This hook is used in computer-based training when the training program allows the user to try a few actions on their own.

Debug Hooks

Set idHook to WH_DEBUG to have Windows call your hook function before calling hook procedures associated with any other hook. You use this hook to set access to other hook procedures, and that is valuable in debugging. Here are the passed and returned parameters for this hook's procedure:

nCode	HC_ACTION.
wParam	Indicates type of hook to be called (e.g., WH_CBT).
lParam	Pointer to a DEBUGHOOKINFO structure.
lResult	Return 0 to have hook called and 1 otherwise.

The DEBUGHOOKINFO structure looks like this:

```
typedef struct tagDEBUGHOOKINFO {
    DWORD  idThread;
    DWORD  idThreadInstaller;
    LPARAM lParam;
    WPARAM wParam;
    int    code;
} DEBUGHOOKINFO;
```

Foreground Idle Hooks

Setting idHook to WH_FOREGROUNDIDLE allows a task to perform low-priority tasks when its foreground thread is idle. Windows will call a foreground idle hook procedure when the application's foreground thread is going to be set idle. In this way, your program can perform other tasks while the foreground remains idle. The passed and returned parameters for this hook procedure are:

nCode	HC_ACTION
wParam	0
lParam	0
lResult	Return 0

GetMessage() Hooks

Like WH_CALLWNDPROC, which sets a hook on messages sent with SendMessage(), setting idHook to WH_GETMESSAGE sets a hook on messages Windows returns to GetMessage() and PeekMessage(). This hook allows you to see all the messages about to be returned by Windows to various programs calling GetMessage() and PeekMessage(). With this hook, you can watch mouse and keyboard input, as well as other messages posted to queues. Here are the passed and returned values from the hook procedure:

nCode	HC_ACTION
wParam	0
lParam	Pointer to a MSG structure
lResult	Return 0

The lParam parameter is a pointer to an MSG structures, and that structure looks like this:

```
typedef struct tagMSG {
    HWND    hwnd;
    UINT    message;
    WPARAM  wParam;
    LPARAM  lParam;
    DWORD   time;
```

```
    POINT  pt;
} MSG;
```

Journal Hooks

Journal hooks, installed by setting idHook to WH_JOURNALRECORD or WH_JOUR-NALPLAYBACK, allow a program to read, record, and play back Windows input events like mouse and keyboard events. Usually, you use this hook to record mouse and/or keyboard events and play them back; this hook is global, not thread-specific. When you want to record events, use the WH_JOURNALRECORD hook. The hook function is passed and returns these parameters:

nCode	HC_ACTION
wParam	0
lParam	Pointer to an EVENTMSG struct
lResult	Return 0

The EVENTMSG structure looks like this:

```
typedef struct tagEVENTMSG {
    UINT  message;
    UINT  paramL;
    UINT  paramH;
    DWORD time;
    HWND  hwnd;
} EVENTMSG;
```

The HC_SYSMODALON and HC_SYSMODALOFF calls indicate that a system modal dialog box is opening or closing, and we should suspend our operations while it is on the screen:

nCode	HC_SYSMODALON
wParam	0
lParam	0
lResult	Return 0
nCode	HC_SYSMODALOFF

wParam	0
lParam	0
lResult	Return 0

The WH_JOURNALPLAYBACK hook lets us play back input events. We wait for the nCode = HC_NEXT call to our hook procedure and return a pointer to the EVENTMSG structure corresponding to this message, as well as the number of milliseconds the system should wait before processing this message:

nCode	HC_GETNEXT
wParam	0
lParam	Points to an EVENTMSG struct
lResult	Milliseconds before this event should be processed

We can get mutiple calls to our hook procedure with nCode = HC_NEXT; when nCode = HC_SKIP, we should get the next event to play back ready to return to the system the next time nCode = HC_NEXT:

nCode	HC_SKIP
wParam	0
lParam	0
lResult	0

Like the journal record hook, the HC_SYSMODALON and HC_SYSMODALOFF calls indicate that a system modal dialog box is opening or closing, and we should suspend our operations while it is on the screen:

nCode	HC_SYSMODALON
wParam	0
lParam	0
lResult	Return 0
nCode	HC_SYSMODALOFF
wParam	0
lParam	0
lResult	Return 0

When a journal playback hook is installed, the system ignores all keyboard and mouse input from the user. We'll see how to use a journal hook soon. They are very popular because no DLL is necessary to use them, although they are global (systemwide and not thread-specific) hooks.

Keyboard and Mouse Hooks

The WH_KEYBOARD hook enables programs to watch WM_KEYDOWN and WM_KEYUP messages that are about to be returned by the GetMessage() or PeekMessage() functions. In this way, a program can watch keyboard and mouse messages posted to message queues. The keyboard hook procedure can be called with nCode equal to HC_ACTION or HC_NOREMOVE. If we see HC_NOREMOVE, we know the calling program is using PeekMessage() to look at the message queue without removing messages. In either case, the wParam parameter passed to our hook function contains the virtual key code of the newly struck key:

nCode	HC_ACTION
wParam	Virtual key code
lParam	Same as lParam in a WM_KEYDOWN message
lResult	0 if Windows should process message and 1 if not
nCode	HC_NOREMOVE
wParam	Virtual key code
lParam	Same as lParam in a WM_KEYDOWN message
lResult	0 if Windows should process message and 1 if not

The bits 0–15 of lParam hold the repeat count of the key; the high word of lParam looks like this:

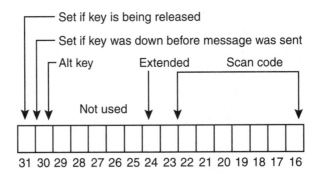

Like the WH_KEYBOARD hook, the WH_MOUSE hook allows a program to watch mouse messages about to be returned by the GetMessage() or PeekMessage() functions. Use this hook to watch mouse messages posted to message queues. Also like the WH_KEYBOARD hook, nCode can be either HC_ACTION or, if the calling program is calling PeekMessage() but not removing messages, nCode can be HC_NOREMOVE:

nCode	HC_ACTION
wParam	Indicates the mouse message
lParam	Pointer to a MOUSEHOOKSTRUCT structure
lResult	0 if Windows should process message and 1 if not
nCode	HC_NOREMOVE
wParam	Indicates the mouse message
lParam	Pointer to a MOUSEHOOKSTRUCT structure
lResult	0 if Windows should process message and 1 if not

The MOUSEHOOKSTRUCT structure looks like this:

```
typedef struct tagMOUSEHOOKSTRUCT {
    POINT pt;
    HWND  hwnd;
    UINT  wHitTestCode;
    DWORD dwExtraInfo;
} MOUSEHOOKSTRUCT;
```

As you might expect, using the WH_KEYBOARD and WH_MOUSE hooks is popular.

Message Filter and System Message Filter Hooks

The WH_MSGFILTER and WH_SYSMSGFILTER hooks allow you to examine messages about to be processed by a menu, scroll bar, message box, or dialog box and to find when a window is about to be activated after the user's presses the **Alt+Tab** or **Alt+Esc** key combination. The WH_MSGFILTER hook watches messages for the thread that installed the hook, while a WH_SYSMSG-FILTER hook watches such messages for all applications.

Many parts of a program can contain their own message loops, such as dialog boxes, menus, and scroll bars. When the individual program component is inside its own message loop, it is very hard to know what's going on unless you install a WH_MSGFILTER or WH_SYSMSGFILTER hook. In the call to the hook procedure, the nCode parameter can take the values MSGF_DIALOGBOX, MSGF_MESSAGEBOX, MESGF_MENU, MSGF_MOVE, MSGF_SIZE, MSGF_SCROLLBAR, MSGF_NEXTWINDOW, or MSGF_MAINLOOP; wParam is 0; lParam points to the message's MSG structure; and the return value lResult should be set to 0 if you want the message to be processed, and 1 otherwise.

Shell Hooks

The WH_SHELL hook lets a Windows shell, like the task bar, know when a window's appearance or location is about to be changed. In particular, Windows calls a WH_SHELL hook procedure when the shell program itself is going to be activated, when a top-level window is created or destroyed, or when the parent of a window is changed (as one can do by calling SetParent()).

This concludes our overview of Windows hooks. Let's put all this new knowledge to work.

Using a Journal Hook

Our first example will be a program that uses a journal hook because those are the most popular types of hook (they are systemwide, not thread-specific, hooks that one does not have to enclose in a DLL, like all other systemwide hooks). For example, we can record keystrokes as they are typed and play them back so that another application reads them. In this example, we can play back the pressed keys after giving our early program SHOWKEYS (from Chapter 1—this program read typed input and displayed it) the focus, and we will see our keystrokes appear there. Let's call our new program JHOOK.

Create JHOOK now, making this a dialog box–based MFC EXE program. We can install both the journal hook to read and the hook to play back keys inside this EXE program, without having to put any code in a DLL. Add two buttons to JHOOK now, one with the caption **Record** (IDC_BUTTON1) and one with the caption **Play** (IDC_BUTTON1). In addition, add a text box so that we can see the characters as we record them:

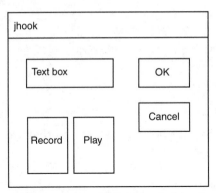

Now connect functions OnButton1() to the Record button and OnButton2() to the Play button. Open OnButton1() now:

```
void CJhookDlg::OnButton1()
{

}
```

In this function, we want to start the recording process, and we'll do that by setting our journal record hook. Because we will record the keystroke messages, we will put aside memory for them, and we should keep track of how many keystrokes there have been so we do not overflow that memory. We can do that with a global (i.e., so we can use it in the hook procedure as well) integer named nCurrentEvent:

```
// jhookDlg.cpp : implementation file
//

#include "stdafx.h"
#include "jhook.h"
#include "jhookDlg.h"
int nCurrentEvent;        <—
        .
        .
        .
```

When the user clicks the **Record** button to start recording keystrokes, we start by setting nCurrentEvent to 0:

```
void CJhookDlg::OnButton1()
{
        nCurrentEvent = 0;
                .
                .
                .
```

Next, we focus on the text box, IDC_EDIT1, so that we can see the keys we are recording as we type them:

```
void CJhookDlg::OnButton1()
{
        nCurrentEvent = 0;
 ->     GetDlgItem(IDC_EDIT1)->SetFocus();
                .
                .
                .
}
```

Finally, we set our journal record hook and report an error if we were unsuccessful. We can name our hook procedure, say, JournalRecordProc(), making our call to SetWindowsHookEx() look like this:

```
void CJhookDlg::OnButton1()
{
        nCurrentEvent = 0;
        GetDlgItem(IDC_EDIT1)->SetFocus();
 ->     hJournalHook = SetWindowsHookEx(WH_JOURNALRECORD,
 ->         JournalRecordProc, GetModuleHandle(NULL), 0);
 ->     if (hJournalHook == NULL){
 ->             MessageBox("Could not set journal hook.");
 ->     }
}
```

Note that we also save the handle to the journal hook that SetWindowsHookEx() returns so that we can unhook our hook later, and we put aside space for that hook handle in hJournalHook, a global variable of type HHOOK:

```
// jhookDlg.cpp : implementation file
//
```

```
#include "stdafx.h"
#include "jhook.h"
#include "jhookDlg.h"
HHOOK hJournalHook;          <-
int nCurrentEvent;
```

```
    .

    .

    .
```

Now we can write our hook procedure that will actually read the struck keys, `JournalRecordProc()`. Add that function now to JHOOKDLG.CPP, not making it part of any class (as well as adding its prototype to the header file, JHOOKDLG.H):

```
LRESULT CALLBACK JournalRecordProc(int nCode, WPARAM wParam, LPARAM lParam){


}
```

When this function is called, `lParam` will point to an EVENTMSG structure, whose members look like this:

```
typedef struct tagEVENTMSG {
    UINT  message;
    UINT  paramL;
    UINT  paramH;
    DWORD time;
    HWND  hwnd;
} EVENTMSG;
```

We will record the succession of such structures we receive and play them back in our playback hook procedure. We begin `JournalRecordProc()` by calling the next installed hook. If there is one, we are responsible for doing that, not Windows:

```
LRESULT CALLBACK JournalRecordProc(int nCode, WPARAM wParam, LPARAM lParam){

 ->   LRESULT lResult = CallNextHookEx(hJournalHook, nCode, wParam, lParam);
    .

    .
```

```
          .
->   return(lResult);
}
```

Next, we check the nCode parameter to make sure that it is set to HC_ACTION, meaning there was a user input event:

```
LRESULT CALLBACK JournalRecordProc(int nCode, WPARAM wParam, LPARAM lParam){

        LRESULT lResult = CallNextHookEx(hJournalHook, nCode, wParam, lParam);

->    if (nCode == HC_ACTION){
                .
                .
                .

        }
        return(lResult);
}
```

If so, we want to see if it was a WM_KEYUP or WM_KEYDOWN message (recall that we deal with these messages outside message loops because the WM_CHAR message is generated when we call TranslateMessage() in a message loop). We can check that by checking the EVENTMSG structure's message member:

```
LRESULT CALLBACK JournalRecordProc(int nCode, WPARAM wParam, LPARAM lParam){

        LRESULT lResult = CallNextHookEx(hJournalHook, nCode, wParam, lParam);

        if (nCode == HC_ACTION){
->            if(((PEVENTMSG) lParam)->message == WM_KEYUP ||
->                ((PEVENTMSG) lParam)->message == WM_KEYDOWN){
                        .
                        .
                        .

                }
        }
        return(lResult);
}
```

If this was a WM_KEYUP or WM_KEYDOWN message, we want to add it to our stored list of input events. We set aside an array of EVENTMSG structures this way in JHOOKDLG.CPP:

```
// jhookDlg.cpp : implementation file
//

#include "stdafx.h"
#include "jhook.h"
#include "jhookDlg.h"
HHOOK hJournalHook;
EVENTMSG aEvents[MAXEVENTS];    <—
int nCurrentEvent;
```

Here we have defined MAXEVENTS this way in JHOOKDLG.H:

```
#define MAXEVENTS 1024
```

Now we can store the current EVENTMSG structure this way in our EVENTMSG array aEvents[]:

```
LRESULT CALLBACK JournalRecordProc(int nCode, WPARAM wParam, LPARAM lParam){

        LRESULT lResult = CallNextHookEx(hJournalHook, nCode, wParam, lParam);

        if (nCode == HC_ACTION){
                if(((PEVENTMSG) lParam)->message == WM_KEYUP ||
                    ((PEVENTMSG) lParam)->message == WM_KEYDOWN){
 —>                    aEvents[nCurrentEvent++] = *((PEVENTMSG) lParam);
                            .
                            .
                            .

                }
        }
        return(lResult);
}
```

We also check to make sure that we do not exceed the maximum number of keyboard events that we can record, MAXEVENTS, calling UnhookWindowsHookEx() if we do reach MAXEVENTS:

```
LRESULT CALLBACK JournalRecordProc(int nCode, WPARAM wParam, LPARAM lParam){

        LRESULT lResult = CallNextHookEx(hJournalHook, nCode, wParam, lParam);

        if (nCode == HC_ACTION){
                if(((PEVENTMSG) lParam)->message == WM_KEYUP ||
                    ((PEVENTMSG) lParam)->message == WM_KEYDOWN){
                        aEvents[nCurrentEvent++] = *((PEVENTMSG) lParam);
    ->              if (nCurrentEvent == MAXEVENTS){
    ->                      UnhookWindowsHookEx(hJournalHook);
    ->                      hJournalHook = NULL;
    ->                      nCurrentEvent = 0;
    ->              }
                }
        }
        return(lResult);
}
```

That's it for the recording keystroke process. Next, we want to allow the user to play back the recorded keystrokes, so open the Play button's procedure, OnButton2():

```
void CJhookDlg::OnButton2()
{

}
```

In this function, we need to unhook our recording hook and set our playback hook. First, we set the total number of recorded events to nCurrentEvent because we are going to start playing those events back. We can store the total number of recorded events in a global integer named, say, nTotalEvents:

```
void CJhookDlg::OnButton2()
{
    ->  nTotalEvents = nCurrentEvent;
```

```
        .
        .
        .
}
```

Next, we reset the nCurrentEvent variable, preparing ourselves to increment it as we iterate through the array of events, playing them back:

```
void CJhookDlg::OnButton2()
{
        nTotalEvents = nCurrentEvent;
  ->    nCurrentEvent = -1;
            .
            .
            .
}
```

The goal here is to play these events back, sending the typed keys to our SHOWKEYS program. To make sure SHOWKEYS gets the keystrokes, we give that program the focus by finding its window using the (programmer's favorite) function FindWindow() and using the (also programmer's favorite) function BringWindowToTop() this way, where we search for the title the MFC framework has given our SHOWKEYS program, "Untitled - showkeys":

```
void CJhookDlg::OnButton2()
{
        nTotalEvents = nCurrentEvent;
        nCurrentEvent = -1;
  ->    CWnd* pWndTarget = FindWindow(NULL, "Untitled - showkeys");
  ->    pWndTarget->BringWindowToTop();
            .
            .
            .
}
```

After SHOWKEYS is ready, we unhook the journal record hook with UnhookWindowsHookEx():

```
void CJhookDlg::OnButton2()
```

```
{
        nTotalEvents = nCurrentEvent;
        nCurrentEvent = -1;
        CWnd* pWndTarget = FindWindow(NULL, "Untitled - showkeys");
        pWndTarget->BringWindowToTop();
 ->     if(hJournalHook != NULL) UnhookWindowsHookEx(hJournalHook);
                .

                .

                .

}
```

Now we can play back the keys, and we'll do that in our playback hook pro-cedure, JournalPlaybackProc(), set with SetWindowsHookEx() this way:

```
void CJhookDlg::OnButton2()
{
        nTotalEvents = nCurrentEvent;
        nCurrentEvent = -1;
        CWnd* pWndTarget = FindWindow(NULL, "Untitled - showkeys");
        pWndTarget->BringWindowToTop();
        if(hJournalHook != NULL) UnhookWindowsHookEx(hJournalHook);
 ->     hJournalHook = SetWindowsHookEx(WH_JOURNALPLAYBACK,
                JournalPlaybackProc, GetModuleHandle(NULL), 0);
}
```

All that remains is to write JournalPlayBackProc() to play back our keys:

```
LRESULT CALLBACK JournalPlaybackProc(int nCode, WPARAM wParam, LPARAM lParam){


}
```

We start by calling the next hook, if one was installed:

```
LRESULT CALLBACK JournalPlaybackProc(int nCode, WPARAM wParam, LPARAM lParam){

 ->     LRESULT lResult = CallNextHookEx(hJournalHook, nCode, wParam, lParam);
                .

                .

                .
```

```
->    return(lResult);
}
```

Now we will watch for two values passed in nCode. If we see the first, HC_SKIP, we want to prepare the next event to be played back. If we see HC_GETNEXT, we will play back the current event (note that we can get many HC_GETNEXT calls for the same message). We start with HC_SKIP:

```
LRESULT CALLBACK JournalPlaybackProc(int nCode, WPARAM wParam, LPARAM lParam){

        LRESULT lResult = CallNextHookEx(hJournalHook, nCode, wParam, lParam);

  ->   if(nCode == HC_SKIP){
            .

            .

            .

  ->   }

        return(lResult);
}
```

Here we want to skip on to the next event, and we do that by incrementing the array index of events, nCurrentEvent:

```
LRESULT CALLBACK JournalPlaybackProc(int nCode, WPARAM wParam, LPARAM lParam){

        LRESULT lResult = CallNextHookEx(hJournalHook, nCode, wParam, lParam);

        if(nCode == HC_SKIP){
  ->           nCurrentEvent++;
                .

                .

                .

        }

        return(lResult);
}
```

We also have to update the time member of the current event's EVENTMSG structure to reflect the current system time and check if we have played back all the events yet. If we have, we unhook our playback hook and quit:

```
LRESULT CALLBACK JournalPlaybackProc(int nCode, WPARAM wParam, LPARAM lParam){

        LRESULT lResult = CallNextHookEx(hJournalHook, nCode, wParam, lParam);

        if(nCode == HC_SKIP){
                nCurrentEvent++;
->              aEvents[nCurrentEvent].time = GetTickCount();
->              if (nCurrentEvent > nTotalEvents){
->                      UnhookWindowsHookEx(hJournalHook);
->                      nCurrentEvent = 0;
->              }
        }

        return(lResult);
}
```

Next, we check for the nCode HC_GETNEXT:

```
LRESULT CALLBACK JournalPlaybackProc(int nCode, WPARAM wParam, LPARAM lParam){

        LRESULT lResult = CallNextHookEx(hJournalHook, nCode, wParam, lParam);

        if(nCode == HC_SKIP){
                nCurrentEvent++;
                aEvents[nCurrentEvent].time = GetTickCount();
                if (nCurrentEvent > nTotalEvents){
                        UnhookWindowsHookEx(hJournalHook);
                        nCurrentEvent = 0;
                }
        }

->      if(nCode == HC_GETNEXT){
```

```
->  }


        return(lResult);
}
```

In this case, we want to set our return value, lResult, to the number of mil-
liseconds the system should wait before playing back the current message,
and we will set that to 0. In addition, we pass the current event to Windows
by placing a pointer to it in lParam before returning:

```
LRESULT CALLBACK JournalPlaybackProc(int nCode, WPARAM wParam, LPARAM
lParam){

        LRESULT lResult = CallNextHookEx(hJournalHook, nCode, wParam,
lParam);

        if(nCode == HC_SKIP){
                nCurrentEvent++;
                aEvents[nCurrentEvent].time = GetTickCount();
                if (nCurrentEvent > nTotalEvents){
                        UnhookWindowsHookEx(hJournalHook);
                        nCurrentEvent = 0;
                }
        }


        if(nCode == HC_GETNEXT){
->              *((PEVENTMSG) lParam) = aEvents[nCurrentEvent];
->              lResult = 0;
        }


        return(lResult);
}
```

Our program is now complete. Run SHOWKEYS now as shown in Figure
7.1, and run JHOOK as well. Click the **Record** button, press some keys, and
then click the **Play** button. You will see the letters recorded in SHOWKEY's
window, as also shown in Figure 7.1.

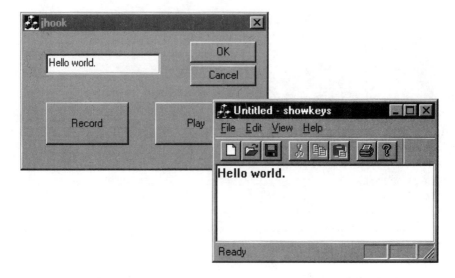

FIGURE 7.1 THE JHOOK PROGRAM RECORDS AND PLAYS BACK KEYSTROKES.

The support files for this program, JHOOKDLG.H and JHOOKDLG.CPP, appear in Listing 7.1.

LISTING 7.1 JHOOKDLG.H AND JHOOKDLG.CPP

```
// jhookDlg.h : header file
//


/////////////////////////////////////////////////////////////////////////
// CJhookDlg dialog

LRESULT CALLBACK JournalRecordProc(int nCode, WPARAM wParam, LPARAM
lParam);
LRESULT CALLBACK JournalPlaybackProc(int nCode, WPARAM wParam, LPARAM
lParam);
#define MAXEVENTS 1024
#define MAXPLAY 12

class CJhookDlg : public CDialog
{
// Construction
public:
```

```
        CJhookDlg(CWnd* pParent = NULL);        // standard constructor

// Dialog Data
        //{{AFX_DATA(CJhookDlg)
        enum { IDD = IDD_JHOOK_DIALOG };
                // NOTE: the ClassWizard will add data members here
        //}}AFX_DATA

        // ClassWizard generated virtual function overrides
        //{{AFX_VIRTUAL(CJhookDlg)
        protected:
        virtual void DoDataExchange(CDataExchange* pDX);
        //}}AFX_VIRTUAL

// Implementation
protected:
        HICON m_hIcon;

        // Generated message map functions
        //{{AFX_MSG(CJhookDlg)
        virtual BOOL OnInitDialog();
        afx_msg void OnSysCommand(UINT nID, LPARAM lParam);
        afx_msg void OnPaint();
        afx_msg HCURSOR OnQueryDragIcon();
        afx_msg void OnButton1();
        afx_msg void OnButton2();
        afx_msg void OnChar(UINT nChar, UINT nRepCnt, UINT nFlags);
        //}}AFX_MSG
        DECLARE_MESSAGE_MAP()
};

// jhookDlg.cpp : implementation file
//

#include "stdafx.h"
#include "jhook.h"
#include "jhookDlg.h"
HHOOK hJournalHook;
EVENTMSG aEvents[MAXEVENTS];
```

```
int nCurrentEvent;
int nTotalEvents;

#ifdef _DEBUG
#define new DEBUG_NEW
#undef THIS_FILE
static char THIS_FILE[] = __FILE__;
#endif

/////////////////////////////////////////////////////////////////////////////
// CAboutDlg dialog used for App About

class CAboutDlg : public CDialog
{
public:
        CAboutDlg();

// Dialog Data
        //{{AFX_DATA(CAboutDlg)
        enum { IDD = IDD_ABOUTBOX };
        //}}AFX_DATA

        // ClassWizard generated virtual function overrides
        //{{AFX_VIRTUAL(CAboutDlg)
        protected:
        virtual void DoDataExchange(CDataExchange* pDX);    // DDX/DDV support
        //}}AFX_VIRTUAL

// Implementation
protected:
        //{{AFX_MSG(CAboutDlg)
        //}}AFX_MSG
        DECLARE_MESSAGE_MAP()
};

CAboutDlg::CAboutDlg() : CDialog(CAboutDlg::IDD)
{
        //{{AFX_DATA_INIT(CAboutDlg)
        //}}AFX_DATA_INIT
```

```
}

void CAboutDlg::DoDataExchange(CDataExchange* pDX)
{
        CDialog::DoDataExchange(pDX);
        //{{AFX_DATA_MAP(CAboutDlg)
        //}}AFX_DATA_MAP
}


BEGIN_MESSAGE_MAP(CAboutDlg, CDialog)
        //{{AFX_MSG_MAP(CAboutDlg)
                // No message handlers
        //}}AFX_MSG_MAP
END_MESSAGE_MAP()


/////////////////////////////////////////////////////////////////////////
// CJhookDlg dialog

CJhookDlg::CJhookDlg(CWnd* pParent /*=NULL*/)
        : CDialog(CJhookDlg::IDD, pParent)
{
        //{{AFX_DATA_INIT(CJhookDlg)
                // NOTE: the ClassWizard will add member initialization here
        //}}AFX_DATA_INIT
        // Note LoadIcon does not require a subsequent DestroyIcon in Win32
        m_hIcon = AfxGetApp()->LoadIcon(IDR_MAINFRAME);
        nCurrentEvent = 0;
}


void CJhookDlg::DoDataExchange(CDataExchange* pDX)
{
        CDialog::DoDataExchange(pDX);
        //{{AFX_DATA_MAP(CJhookDlg)
                // NOTE: the ClassWizard will add DDX and DDV calls here
        //}}AFX_DATA_MAP
}


BEGIN_MESSAGE_MAP(CJhookDlg, CDialog)
        //{{AFX_MSG_MAP(CJhookDlg)
```

```
            ON_WM_SYSCOMMAND()
            ON_WM_PAINT()
            ON_WM_QUERYDRAGICON()
            ON_BN_CLICKED(IDC_BUTTON1, OnButton1)
            ON_BN_CLICKED(IDC_BUTTON2, OnButton2)
            ON_WM_CHAR()
            //}}AFX_MSG_MAP
    END_MESSAGE_MAP()


    /////////////////////////////////////////////////////////////////////////
    // CJhookDlg message handlers

    BOOL CJhookDlg::OnInitDialog()
    {
            CDialog::OnInitDialog();

            // Add "About..." menu item to system menu.

            // IDM_ABOUTBOX must be in the system command range.
            ASSERT((IDM_ABOUTBOX & 0xFFF0) == IDM_ABOUTBOX);
            ASSERT(IDM_ABOUTBOX < 0xF000);

            CMenu* pSysMenu = GetSystemMenu(FALSE);
            CString strAboutMenu;
            strAboutMenu.LoadString(IDS_ABOUTBOX);
            if (!strAboutMenu.IsEmpty())
            {
                    pSysMenu->AppendMenu(MF_SEPARATOR);
                    pSysMenu->AppendMenu(MF_STRING, IDM_ABOUTBOX, strAboutMenu);
            }

            // Set icon for this dialog.  The framework does this automatically
            //  when the application's main window is not a dialog
            SetIcon(m_hIcon, TRUE);                      // Set big icon
            SetIcon(m_hIcon, FALSE);            // Set small icon

            // TODO: Add extra initialization here

            return TRUE;  // return TRUE  unless you set the focus to a control
```

```
}

void CJhookDlg::OnSysCommand(UINT nID, LPARAM lParam)
{
        if ((nID & 0xFFF0) == IDM_ABOUTBOX)
        {
                CAboutDlg dlgAbout;
                dlgAbout.DoModal();
        }
        else
        {
                CDialog::OnSysCommand(nID, lParam);
        }
}

// If you add a minimize button to your dialog, you will need the code below
//   to draw the icon.  For MFC applications using the document/view model,
//   this is automatically done for you by the framework.

void CJhookDlg::OnPaint()
{
        if (IsIconic())
        {
                CPaintDC dc(this); // device context for painting

                SendMessage(WM_ICONERASEBKGND, (WPARAM) dc.GetSafeHdc(), 0);

                // Center icon in client rectangle
                int cxIcon = GetSystemMetrics(SM_CXICON);
                int cyIcon = GetSystemMetrics(SM_CYICON);
                CRect rect;
                GetClientRect(&rect);
                int x = (rect.Width() - cxIcon + 1) / 2;
                int y = (rect.Height() - cyIcon + 1) / 2;

                // Draw the icon
                dc.DrawIcon(x, y, m_hIcon);
        }
        else
```

```
                {
                        CDialog::OnPaint();
                }
}

// The system calls this to obtain the cursor to display while the user drags
//   the minimized window.
HCURSOR CJhookDlg::OnQueryDragIcon()
{
        return (HCURSOR) m_hIcon;
}


void CJhookDlg::OnButton1()
{
        nCurrentEvent = 0;
        GetDlgItem(IDC_EDIT1)->SetFocus();
        hJournalHook = SetWindowsHookEx(WH_JOURNALRECORD,
            JournalRecordProc, GetModuleHandle(NULL), 0);
        if (hJournalHook == NULL){
                MessageBox("Could not set journal hook.");
        }
}


void CJhookDlg::OnButton2()
{
        nTotalEvents = nCurrentEvent;
        nCurrentEvent = -1;
        CWnd* pWndTarget = FindWindow(NULL, "Untitled - showkeys");
        pWndTarget->BringWindowToTop();
        if(hJournalHook != NULL) UnhookWindowsHookEx(hJournalHook);
        hJournalHook = SetWindowsHookEx(WH_JOURNALPLAYBACK,
            JournalPlaybackProc, GetModuleHandle(NULL), 0);
}


LRESULT CALLBACK JournalRecordProc(int nCode, WPARAM wParam, LPARAM lParam){

        LRESULT lResult = CallNextHookEx(hJournalHook, nCode, wParam, lParam);

        if (nCode == HC_ACTION){
```

```
                if(((PEVENTMSG) lParam)->message == WM_KEYUP ||
                    ((PEVENTMSG) lParam)->message == WM_KEYDOWN){
                        aEvents[nCurrentEvent++] = *((PEVENTMSG) lParam);
                        if (nCurrentEvent == MAXEVENTS){
                                UnhookWindowsHookEx(hJournalHook);
                                hJournalHook = NULL;
                                nCurrentEvent = 0;
                        }
                }
        }
        return(lResult);
}


LRESULT CALLBACK JournalPlaybackProc(int nCode, WPARAM wParam, LPARAM lParam){

        LRESULT lResult = CallNextHookEx(hJournalHook, nCode, wParam, lParam);

        if(nCode == HC_SKIP){
                nCurrentEvent++;
                aEvents[nCurrentEvent].time = GetTickCount();
                if (nCurrentEvent > nTotalEvents){
                        UnhookWindowsHookEx(hJournalHook);
                        nCurrentEvent = 0;
                }
        }


        if(nCode == HC_GETNEXT){
                *((PEVENTMSG) lParam) = aEvents[nCurrentEvent];
                lResult = 0;
        }


        return(lResult);
}


void CJhookDlg::OnChar(UINT nChar, UINT nRepCnt, UINT nFlags)
{
        // TODO: Add your message handler code here and/or call default

        CDialog::OnChar(nChar, nRepCnt, nFlags);
```

}

So far, we've seen how to use journal hooks, the easiest type of hook to code. However, there are many more types of hooks. We will take a look at another type—a keyboard hook—next.

A Keyboard Hook Procedure

The WH_KEYBOARD hook is very common, and we'll see how to use it to build a hotkey program. A *hotkey* is a key or key combination that the user can type at any time, in any program, and have some action performed. For example, if the user presses ^B, he or she might want to bring up Windows notepad; if ^D is pressed, the Windows calculator might be desired. And if ^E is pressed, the user might want the hook program to de-install itself. Hotkeys have become so popular that there is some support for them already in Windows 95. That is, you can send a window a WM_HOTKEY message, and whenever the hotkey you specify is entered, that window will get a WM_SYSCOMMAND message specifying SC_HOTKEY to tell you that hotkey was entered. Unfortunately, there is no way to tell which hotkey was used if you have several, so the WM_HOTKEY method works only for one hotkey per program. Here, however, we'll need three hotkeys: ^B (Windows notepad), ^D (Windows calculator), and ^E (de-install the program). That means we must use a WM_KEYBOARD hook to watch for hotkeys.

The hook procedure for a keyboard hook is actually injected into the currently active process to watch keystrokes, and the user can activate more processes as time goes on. Because the code is injected into other processes, we have to place it in a DLL, which we will name HOTDLL.DLL here. We will write this DLL in C, not MFC-based C++, to keep it small.

Creating the Hook

Create a new (non-MFC) DLL project in AppWizard now named HOTDLL and a new text file named HHOOK.C. We start HHOOK.C with the DllMain() function:

```
BOOL WINAPI DllMain (HANDLE hModule, DWORD dwFunction, LPVOID lpNot)
{

}
```

Here, we will simply repeat the code we saw for the `DllMain()` function in Chapter 6, with one important difference—because we need the handle of the module setting our keyboard hook and because that module will be this DLL, we save that module handle when it is passed to us in the global variable `hDLLInst`:

```
BOOL WINAPI DllMain (HANDLE hModule, DWORD dwFunction, LPVOID lpNot)
{
-> hDLLInst = hModule;

    switch (dwFunction)
    {
        case DLL_PROCESS_ATTACH:
        case DLL_PROCESS_DETACH:
        default:
            break;
    }
    return TRUE;
}
```

Two more steps remain: installing the keyboard hook, which we'll do with a function named `InstallHook()`, and the hook procedure, which we will name `KeyboardHook()`, that will watch for the **^B**, **^D**, and **^E** hotkeys. We start with `InstallHook()`, which we will call from another program and which will set our Windows hook. Notice that, just as in Chapter 6, we use the `DllExport` keyword to export this function (and define `DllExport` as `__declspec( dllexport )` in HHOOK.H):

```
DllExport void WINAPI InstallHook ()
{

}
```

We will store the hook handle in the global variable `hHook`, and we start our installation process by checking if `hHook` really is `NULL`. In this case, we can set our keyboard hook, connecting it to the function `KeyboardHook()`:

```
DllExport void WINAPI InstallHook ()
{
-> if (hHook == NULL){
```

```
->      hHook =
(HHOOK)SetWindowsHookEx(WH_KEYBOARD,(HOOKPROC)KeyboardHook,
->          hDLLInst, 0);
-> }           .


                .

                .
}
```

Otherwise, if hHook is not NULL, we will assume that the user has already installed the keyboard hook and wants to de-install it, which we do with UnhookWindowsHookEx():

```
DllExport void WINAPI InstallHook ()
{
    if (hHook == NULL){
        hHook =
(HHOOK)SetWindowsHookEx(WH_KEYBOARD,(HOOKPROC)KeyboardHook,
            hDLLInst, 0);
    }
-> else{
->      UnhookWindowsHookEx(hHook);
->          hHook = NULL;
-> }
}
```

Note that we are saving the hook handle returned by SetWindowsHookEx() in a global variable named hHook. This is because we want to be able to de-install the hook when the user presses ^E. However, there is a problem here—this DLL will be loaded into many different processes' memory spaces, and we only call InstallHook() from one process to install our hook. How can we make sure the other processes' version of this DLL have the right value for hHook when the time comes to unhook our keyboard hook? Fortunately, we know the answer, because we developed it in the last chapter. We can use shared memory in the DLL so that all instances of this DLL will use the same memory location for hHook. We do that when we declare our global variable hHook in a memory section this way in HHOOK.C (notice that we also initialize it to NULL, making sure it in fact stored in our common memory area and not in the _bss segment):

```
#pragma data_seg( "CommMem" )
    HHOOK hHook = NULL;
#pragma data_seg()
```

In addition, we declare our memory section in a DEF file, HOTDLL.DEF, which we add to our project (with the **Insert I Files into project...** menu item):

```
LIBRARY        "HOTDLL"
DESCRIPTION   'HOTDLL Windows Dynamic Link Library'

CODE      PRELOAD MOVEABLE DISCARDABLE
DATA      PRELOAD SINGLE

SECTIONS                            <-
    CommMem READ WRITE SHARED       <-
```

Now we are free to add our keyboard hook procedure, KeyboardHook(), to HHOOK.C:

```
LRESULT CALLBACK KeyboardHook (int nCode, WORD wParam, DWORD lParam )
{

}
```

We start by setting our return value, lResult, to 0, which means that Windows should process this keystroke:

```
LRESULT CALLBACK KeyboardHook (int nCode, WORD wParam, DWORD lParam )
{
    ->   LRESULT lResult = 0;

         .
         .
         .

}
```

Now we examine the parameters passed to us in KeyboardHook(), where we wait for the hotkeys **^B**, **^D**, or **^E**. Those parameters will look like this when the user presses a key:

nCode	HC_ACTION
wParam	Virtual key code
lParam	Same as lParam in a WM_KEYDOWN message
lResult	0 if Windows should process message and 1 if not

First, then, we watch for nCode = HC_ACTION:

```
LRESULT CALLBACK KeyboardHook (int nCode, WORD wParam, DWORD lParam )
{
        LRESULT lResult = 0;

        if(nCode == HC_ACTION){
          .
          .
          .

        }
}
```

Now we can check for our first hotkey, **^B**. The wParam parameter will hold the virtual key code for the pressed key. For letters, the virtual key code is the same as the key's numerical code. In addition, we can see if the **Ctrl** key was down by using the GetKeyState() function, which returns the state of a given key at the time the current message was generated. Finally, we only want to respond to WM_KEYDOWN or WM_KEYUP messages, not both (which would launch Windows notepad or other programs twice). To check that, we examine the top bit of the lParam parameter, which is 0 if the key is being pressed and 1 if the key is being released, and only proceed if, say, that bit is 1:

```
LRESULT CALLBACK KeyboardHook (int nCode, WORD wParam, DWORD lParam )
{
        LRESULT lResult = 0;

        if(nCode == HC_ACTION){
->              if ((wParam == 'B') && (GetKeyState(VK_CONTROL) < 0) &&
                    (lParam & 0x80000000)){
                  .
                  .
                  .

                }
```

```
        }
}
```

if **^B** was indeed pressed, we want to launch Windows notepad, which we can do with the CreateProcess() function (which replaces WinExec() and LoadModule()). Using that process looks like this:

```
LRESULT CALLBACK KeyboardHook (int nCode, WORD wParam, DWORD lParam )
{
        LRESULT lResult = 0;

        if(nCode == HC_ACTION){
                if ((wParam == 'B') && (GetKeyState(VK_CONTROL) < 0) &&
                    (lParam & 0x80000000)){
  ->                    STARTUPINFO si;
  ->                    PROCESS_INFORMATION pi;
  ->
  ->                    memset(&si, 0, sizeof(si));
  ->                    si.cb = sizeof(si);
  ->
  ->                    CreateProcess("c:\\windows\\notepad.exe", NULL, NULL,
  ->                        NULL, FALSE, 0, NULL, NULL, &si, &pi);
  ->                    lResult = 1;
  ->                    return(lResult);
                }           .

                            .

                            .

        }
}
```

Note that at the end of this block of code, we set lResult to 1, which means that Windows should not process this keystroke. Because it is a hotkey and we have taken the appropriate action by launching Windows notepad, we do not want this key to appear in a program's message queue.

Similarly, we launch Windows calculator program when the user types **^D**:

```
LRESULT CALLBACK KeyboardHook (int nCode, WORD wParam, DWORD lParam )
{
        LRESULT lResult = 0;
```

```
           if(nCode == HC_ACTION){
                if ((wParam == 'B') && (GetKeyState(VK_CONTROL) < 0) &&
                    (lParam & 0x80000000)){
                        STARTUPINFO si;
                        PROCESS_INFORMATION pi;

                        memset(&si, 0, sizeof(si));
                        si.cb = sizeof(si);

                        CreateProcess("c:\\windows\\notepad.exe", NULL, NULL,
                             NULL, FALSE, 0, NULL, NULL, &si, &pi);
                        lResult = 1;
                        return(lResult);
                }
->              if ((wParam == 'D') && (GetKeyState(VK_CONTROL) < 0) &&
->                  (lParam & 0x80000000)){
->                      STARTUPINFO si;
->                      PROCESS_INFORMATION pi;
->
->                      memset(&si, 0, sizeof(si));
->                      si.cb = sizeof(si);
->
->                      CreateProcess("c:\\windows\\calc.exe", NULL, NULL,
->                           NULL, FALSE, 0, NULL, NULL, &si, &pi);
->                      lResult = 1;
->                      return(lResult);
                }                     .

           }                         .
                                     .

     }
```

Finally, when the user presses **^E**, we can de-install our hotkey program by using UnhookWindowsEx():

```
LRESULT CALLBACK KeyboardHook (int nCode, WORD wParam, DWORD lParam )
{
        LRESULT lResult = 0;

        if(nCode == HC_ACTION){
```

```
        if ((wParam == 'B') && (GetKeyState(VK_CONTROL) < 0) &&
            (lParam & 0x80000000)){
                STARTUPINFO si;
                PROCESS_INFORMATION pi;

                memset(&si, 0, sizeof(si));
                si.cb = sizeof(si);

                CreateProcess("c:\\windows\\notepad.exe", NULL, NULL,
                    NULL, FALSE, 0, NULL, NULL, &si, &pi);
                lResult = 1;
                return(lResult);
        }
        if ((wParam == 'D') && (GetKeyState(VK_CONTROL) < 0) &&
            (lParam & 0x80000000)){
                STARTUPINFO si;
                PROCESS_INFORMATION pi;

                memset(&si, 0, sizeof(si));
                si.cb = sizeof(si);

                CreateProcess("c:\\windows\\calc.exe", NULL, NULL,
                    NULL, FALSE, 0, NULL, NULL, &si, &pi);
                lResult = 1;
                return(lResult);
        }
->      if ((wParam == 'E') && (GetKeyState(VK_CONTROL) < 0) &&
->          (lParam & 0x80000000)){
->              UnhookWindowsHookEx(hHook);
->              lResult = 1;
->      return(lResult);
->          }
    }
    return (int)CallNextHookEx(hHook, nCode, wParam, lParam);
}
```

Note that if we have not processed the key at the very end of the KeyboardHook()
function, we pass it along to the next hook by calling CallNextHookEx(). Our

DLL is now complete. Create HOTDLL.DLL and HOTDLL.LIB; the support files for this library, HHOOK.H and HHOOK.C, are in Listing 7.2.

LISTING 7.2 HHOOK.H AND HHOOK.C

```c
#define DllExport          __declspec( dllexport )
DllExport void WINAPI InstallHook ();
LRESULT CALLBACK KeyboardHook (int nCode, WORD wParam, DWORD lParam );

#include <windows.h>
#include "hhook.h"

#pragma data_seg( "CommMem" )
    HHOOK hHook = NULL;
#pragma data_seg()

HANDLE hDLLInst = 0;

BOOL WINAPI DllMain (HANDLE hModule, DWORD dwFunction, LPVOID lpNot)
{
    hDLLInst = hModule;

    switch (dwFunction)
    {
        case DLL_PROCESS_ATTACH:
        case DLL_PROCESS_DETACH:
        default:
            break;
    }
    return TRUE;
}


DllExport void WINAPI InstallHook ()
{
    if (hHook == NULL){
        hHook =
(HHOOK)SetWindowsHookEx(WH_KEYBOARD,(HOOKPROC)KeyboardHook,
            hDLLInst, 0);
    }
```

```
    else{
        UnhookWindowsHookEx(hHook);
            hHook = NULL;
    }
}


LRESULT CALLBACK KeyboardHook (int nCode, WORD wParam, DWORD lParam )
{
        LRESULT lResult = 0;

        if(nCode == HC_ACTION){
                if ((wParam == 'B') && (GetKeyState(VK_CONTROL) < 0) &&
                    (lParam & 0x80000000)){
                        STARTUPINFO si;
                        PROCESS_INFORMATION pi;

                        memset(&si, 0, sizeof(si));
                        si.cb = sizeof(si);

                        CreateProcess("c:\\windows\\notepad.exe", NULL, NULL,
                            NULL, FALSE, 0, NULL, NULL, &si, &pi);
                        lResult = 1;
                        return(lResult);
                }
                if ((wParam == 'D') && (GetKeyState(VK_CONTROL) < 0) &&
                    (lParam & 0x80000000)){
                        STARTUPINFO si;
                        PROCESS_INFORMATION pi;

                        memset(&si, 0, sizeof(si));
                        si.cb = sizeof(si);

                        CreateProcess("c:\\windows\\calc.exe", NULL, NULL,
                            NULL, FALSE, 0, NULL, NULL, &si, &pi);
                        lResult = 1;
                        return(lResult);
                }
                if ((wParam == 'E') && (GetKeyState(VK_CONTROL) < 0) &&
                    (lParam & 0x80000000)){
```

```
                    UnhookWindowsHookEx(hHook);
                    lResult = 1;
             return(lResult);
                    }
        }
    return (int)CallNextHookEx(hHook, nCode, wParam, lParam);
}
```

Installing the Hook

Next, we need a program to call InstallHook() and get the whole process started. For that purpose, create a new dialog box–based AppWizard EXE project named, say, HOTKEY, and place a button (IDC_BUTTON1) in the dialog window with the caption **Click** to toggle the hotkey on or off. Next, connect a function to that button, OnButton1():

```
void CHotkeyDlg::OnButton1()
{

}
```

In this function, we just call InstallHook() this way from our HOTDLL.DLL module:

```
void CHotkeyDlg::OnButton1()
{
        InstallHook();
}
```

In addition, link HOTDLL.LIB into our HOTKEY project as we have seen before, and create HOTKEY.EXE. Run that program and click the button to install the hotkey hook; start some other program, and press, say, **^D** to start the Windows calculator program, as shown in Figure 7.2. To deinstall the hotkey hook, press **^E** now. Our program is a success—now we can look for systemwide hotkeys.

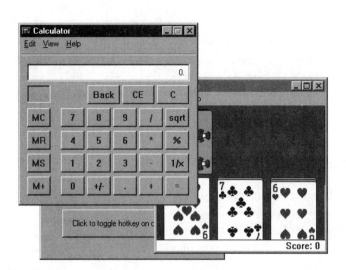

FIGURE 7.2 THE HOTKEY PROGRAM LETS THE USER USE HOTKEYS IN WINDOWS.

The support files for the HOTKEY project, HOTKEYDLG.H and HOTKEY-DLG.CPP, are in Listing 7.3.

LISTING 7.3 HOTKEYDLG.H AND HOTKEYDLG.CPP

```
// hotkeyDlg.h : header file
//


/////////////////////////////////////////////////////////////////////////
// CHotkeyDlg dialog

class CHotkeyDlg : public CDialog
{
// Construction
public:
        CHotkeyDlg(CWnd* pParent = NULL);          // standard constructor

// Dialog Data
        //{{AFX_DATA(CHotkeyDlg)
        enum { IDD = IDD_HOTKEY_DIALOG };
                // NOTE: the ClassWizard will add data members here
        //}}AFX_DATA
```

```
           // ClassWizard generated virtual function overrides
           //{{AFX_VIRTUAL(CHotkeyDlg)
           protected:
           virtual void DoDataExchange(CDataExchange* pDX);
           //}}AFX_VIRTUAL


// Implementation
protected:
           HICON m_hIcon;

           // Generated message map functions
           //{{AFX_MSG(CHotkeyDlg)
           virtual BOOL OnInitDialog();
           afx_msg void OnSysCommand(UINT nID, LPARAM lParam);
           afx_msg void OnPaint();
           afx_msg HCURSOR OnQueryDragIcon();
           afx_msg void OnButton1();
           //}}AFX_MSG
           DECLARE_MESSAGE_MAP()
};

// hotkeyDlg.cpp : implementation file
//

#include "stdafx.h"
#include "hotkey.h"
#include "hotkeyDlg.h"
#include "hotkey2.h"

#ifdef _DEBUG
#define new DEBUG_NEW
#undef THIS_FILE
static char THIS_FILE[] = __FILE__;
#endif


/////////////////////////////////////////////////////////////////////////
// CAboutDlg dialog used for App About

class CAboutDlg : public CDialog
```

```
{
public:
        CAboutDlg();

// Dialog Data
        //{{AFX_DATA(CAboutDlg)
        enum { IDD = IDD_ABOUTBOX };
        //}}AFX_DATA

        // ClassWizard generated virtual function overrides
        //{{AFX_VIRTUAL(CAboutDlg)
        protected:
        virtual void DoDataExchange(CDataExchange* pDX);    // DDX/DDV support
        //}}AFX_VIRTUAL

// Implementation
protected:
        //{{AFX_MSG(CAboutDlg)
        //}}AFX_MSG
        DECLARE_MESSAGE_MAP()
};

CAboutDlg::CAboutDlg() : CDialog(CAboutDlg::IDD)
{
        //{{AFX_DATA_INIT(CAboutDlg)
        //}}AFX_DATA_INIT
}

void CAboutDlg::DoDataExchange(CDataExchange* pDX)
{
        CDialog::DoDataExchange(pDX);
        //{{AFX_DATA_MAP(CAboutDlg)
        //}}AFX_DATA_MAP
}

BEGIN_MESSAGE_MAP(CAboutDlg, CDialog)
        //{{AFX_MSG_MAP(CAboutDlg)
                // No message handlers
        //}}AFX_MSG_MAP
```

```
END_MESSAGE_MAP()


/////////////////////////////////////////////////////////////////////
// CHotkeyDlg dialog

CHotkeyDlg::CHotkeyDlg(CWnd* pParent /*=NULL*/)
        : CDialog(CHotkeyDlg::IDD, pParent)
{
        //{{AFX_DATA_INIT(CHotkeyDlg)
                // NOTE: the ClassWizard will add member initialization here
        //}}AFX_DATA_INIT
        // Note LoadIcon does not require a subsequent DestroyIcon in Win32
        m_hIcon = AfxGetApp()->LoadIcon(IDR_MAINFRAME);
}


void CHotkeyDlg::DoDataExchange(CDataExchange* pDX)
{
        CDialog::DoDataExchange(pDX);
        //{{AFX_DATA_MAP(CHotkeyDlg)
                // NOTE: the ClassWizard will add DDX and DDV calls here
        //}}AFX_DATA_MAP
}


BEGIN_MESSAGE_MAP(CHotkeyDlg, CDialog)
        //{{AFX_MSG_MAP(CHotkeyDlg)
        ON_WM_SYSCOMMAND()
        ON_WM_PAINT()
        ON_WM_QUERYDRAGICON()
        ON_BN_CLICKED(IDC_BUTTON1, OnButton1)
        //}}AFX_MSG_MAP
END_MESSAGE_MAP()


/////////////////////////////////////////////////////////////////////
// CHotkeyDlg message handlers

BOOL CHotkeyDlg::OnInitDialog()
{
        CDialog::OnInitDialog();
```

```
        // Add "About..." menu item to system menu.

        // IDM_ABOUTBOX must be in the system command range.
        ASSERT((IDM_ABOUTBOX & 0xFFF0) == IDM_ABOUTBOX);
        ASSERT(IDM_ABOUTBOX < 0xF000);


        CMenu* pSysMenu = GetSystemMenu(FALSE);
        CString strAboutMenu;
        strAboutMenu.LoadString(IDS_ABOUTBOX);
        if (!strAboutMenu.IsEmpty())
        {
                pSysMenu->AppendMenu(MF_SEPARATOR);
                pSysMenu->AppendMenu(MF_STRING, IDM_ABOUTBOX, strAboutMenu);
        }


        // Set icon for this dialog.  The framework does this automatically
        //  when the application's main window is not a dialog
        SetIcon(m_hIcon, TRUE);                          // Set big icon
        SetIcon(m_hIcon, FALSE);                     // Set small icon

        // TODO: Add extra initialization here

        return TRUE;  // return TRUE  unless you set the focus to a control
}


void CHotkeyDlg::OnSysCommand(UINT nID, LPARAM lParam)
{
        if ((nID & 0xFFF0) == IDM_ABOUTBOX)
        {
                CAboutDlg dlgAbout;
                dlgAbout.DoModal();
        }
        else
        {
                CDialog::OnSysCommand(nID, lParam);
        }
}


// If you add a minimize button to your dialog, you will need the code below
```

```
//  to draw the icon.  For MFC applications using the document/view model,
//  this is automatically done for you by the framework.

void CHotkeyDlg::OnPaint()
{
        if (IsIconic())
        {
                CPaintDC dc(this); // device context for painting

                SendMessage(WM_ICONERASEBKGND, (WPARAM) dc.GetSafeHdc(), 0);

                // Center icon in client rectangle
                int cxIcon = GetSystemMetrics(SM_CXICON);
                int cyIcon = GetSystemMetrics(SM_CYICON);
                CRect rect;
                GetClientRect(&rect);
                int x = (rect.Width() - cxIcon + 1) / 2;
                int y = (rect.Height() - cyIcon + 1) / 2;

                // Draw the icon
                dc.DrawIcon(x, y, m_hIcon);
        }
        else
        {
                CDialog::OnPaint();
        }
}


// The system calls this to obtain the cursor to display while the user drags
//  the minimized window.
HCURSOR CHotkeyDlg::OnQueryDragIcon()
{
        return (HCURSOR) m_hIcon;
}


void CHotkeyDlg::OnButton1()
{
        InstallHook();

}
```

We've successfully seen how to install a hook from a DLL and how to de-install that same hook on command. We've come far, but there is more that we can do here. For example, what if we want our DLL hook to communicate with the window that installed it? We'll see how to do that in the next and final hook example.

Sending Messages to a Window from a Hook Procedure

So far, we've installed a keyboard hook that watched for hotkeys and took the appropriate action after one was typed. But what if we want our hooks to communicate with the program that installed them? That is common enough—a program might install a set of hooks to determine information about what is happening in the system. We will see how a hook procedure can send information back to the program that first installed it. For example, we might install a new hook to watch if the letter *a* is pressed and to alert the program that installed the hook when it is.

Creating the Hook

We can call the hook-installation program ALERT and the new hook DLL project ALERTDLL. When we install the hook procedure, which is in ALERTDLL, it will alert our ALERT program if the user types *a* in any program. As before, we create a new DLL project, ALERTDLL, with the AppWizard non-MFC dynamic link library option. Next, create the text file AHOOK.C and place our `DllMain()` function in it:

```
BOOL WINAPI DllMain (HANDLE hModule, DWORD dwFunction, LPVOID lpNot)
{
    hDLLInst = hModule;

    switch (dwFunction)
    {
        case DLL_PROCESS_ATTACH:
        case DLL_PROCESS_DETACH:
        default:
            break;
    }
```

```
    return TRUE;
}
```

As before, we save the DLL instance in a global variable named hDLLInst so that we can use it in a call to SetWindowHookEx():

```
#include <windows.h>
#include "ahook.h"

HANDLE hDLLInst = 0;      <-
        .
        .
        .
```

Now we set up the InstallHook() function that we'll call from the ALERT program. In this function, we want to install our hook and set up our hook procedure so that it can send a message to the ALERT program if it sees an *a* was pressed. We do that by passing the handle of a text box in ALERT's main window to the InstallHook() function as a parameter, hWnd:

```
DllExport void WINAPI InstallHook (HWND hWnd)
{

}
```

We can also save the text box's window handle in a global variable named, say, hWndMain, this way:

```
DllExport void WINAPI InstallHook (HWND hWnd)
{
-> hWndMain = hWnd;
        .
        .
        .

}
```

This is the window (i.e., a text box in ALERT's main window) we will send our alert messages to. We should be careful here to make sure that all instances of our DLL have the same value of hWndMain, and we do that by placing it in a shared data section (from AHOOK.C):

```
#include <windows.h>
#include "ahook.h"

HANDLE hDLLInst = 0;

#pragma data_seg( "CommMem" )
  HWND  hWndMain = NULL;        <-
#pragma data_seg()
        .
        .
        .
```

We also declare our new memory section, CommMem, in our DEF file, ALERT-DLL.DEF:

```
LIBRARY      "ALERTDLL"
DESCRIPTION  'ALERTDLL Windows Dynamic Link Library'

CODE      PRELOAD MOVEABLE DISCARDABLE
DATA      PRELOAD SINGLE

SECTIONS                              <-
    CommMem READ WRITE SHARED         <-
```

The next step after storing the text box's window handle in InstallHook() is to install the hook itself:

```
DllExport void WINAPI InstallHook (HWND hWnd)
{
    hWndMain = hWnd;

->  if (hHook == NULL){
->      hHook =
(HHOOK)SetWindowsHookEx(WH_KEYBOARD,(HOOKPROC)KeyboardHook,
->          hDLLInst, 0);
->  }           .
                .
                .

}
```

We store the hook handle in our shared memory section this way:

```
#pragma data_seg( "CommMem" )
  HHOOK hHook = NULL;                    <-
  HWND  hWndMain = NULL;
#pragma data_seg()
```

If hHook was NULL, however, we make the assumption that the hook was already installed and that the user wants to de-install it, which we do with UnhookWindowsHookEx():

```
DllExport void WINAPI InstallHook (HWND hWnd)
{
    hWndMain = hWnd;

    if (hHook == NULL){
        hHook =
(HHOOK)SetWindowsHookEx(WH_KEYBOARD,(HOOKPROC)KeyboardHook,
            hDLLInst, 0);
    }
-> else{
->      UnhookWindowsHookEx(hHook);
->              hHook = NULL;
-> }
}
```

Our hook is installed, and we have stored the window handle of our ALERT program. Now it's time to write our hook procedure, KeyboardHook() (from AHOOK.C):

```
LRESULT CALLBACK KeyboardHook (int nCode, WORD wParam, DWORD lParam )
{

}
```

We begin by setting our return value, lResult, to 0 and by checking the nCode parameter, looking for those cases in which there is user input, nCode = HC_ACTION:

```
LRESULT CALLBACK KeyboardHook (int nCode, WORD wParam, DWORD lParam )
```

```
{
        LRESULT lResult = 0;

  ->    if(nCode == HC_ACTION){
                .
                .
                .

  ->    }
}
```

Next, we check to see if the character *a* was pressed and if we have in fact intercepted a WM_KEYDOWN event by checking lParam as before:

```
LRESULT CALLBACK KeyboardHook (int nCode, WORD wParam, DWORD lParam )
{
        LRESULT lResult = 0;

        if(nCode == HC_ACTION){
  ->            if ((wParam == 'A') && (lParam & 0x80000000)){
                        .
                        .
                        .

  ->            }
        }
}
```

At this point, then, we have seen the character *a*, and we want to alert the main program to this fact. We have a window handle, hWndMain, to a text box in ALERT's main window, so that we can send a Windows message setting the text in that text box to the string "Character a seen.":

```
LRESULT CALLBACK KeyboardHook (int nCode, WORD wParam, DWORD lParam )
{
        LRESULT lResult = 0;

        if(nCode == HC_ACTION){
  ->            if ((wParam == 'A') && (lParam & 0x80000000)){
  ->                    SendMessage(hWndMain, WM_SETTEXT, 0, (LPARAM)
  ->                            "Character a seen.");
```

```
->              lResult = 1;
->              return(lResult);
->          }       .
                    .
                    .
        }
}
```

We have alerted the main window if the character *a* was seen. We might also allow the user to de-install the hook if they press, say, **^D**:

```
LRESULT CALLBACK KeyboardHook (int nCode, WORD wParam, DWORD lParam )
{
        LRESULT lResult = 0;

        if(nCode == HC_ACTION){
                if ((wParam == 'A') && (lParam & 0x80000000)){
                        SendMessage(hWndMain, WM_SETTEXT, 0, (LPARAM)
                            "Character a seen.");
                        lResult = 1;
                        return(lResult);
                }
->              if ((wParam == 'D') && (GetKeyState(VK_CONTROL) < 0)
->                  && (lParam & 0x80000000)){
->                      UnhookWindowsHookEx(hHook);
->                      lResult = 1;
->                      return(lResult);
->              }
        }
    return (int)CallNextHookEx(hHook, nCode, wParam, lParam);
}
```

Note also at the end that we called `CallNextHook()` if the keystroke was not one we recognize. That's it for ALERTDLL—create ALERTDLL.DLL and ALERTDLL.LIB now. The support files for this project, AHOOK.H and AHOOK.C, appear in Listing 7.4.

LISTING 7.4 AHOOK.H AND AHOOK.C

```
#define DllExport          __declspec( dllexport )
DllExport void WINAPI InstallHook (HWND hWnd);
LRESULT CALLBACK KeyboardHook (int nCode, WORD wParam, DWORD lParam );


#include <windows.h>
#include "ahook.h"


HANDLE hDLLInst = 0;


#pragma data_seg( "CommMem" )
  HHOOK hHook = NULL;
  HWND  hWndMain = NULL;
#pragma data_seg()


BOOL WINAPI DllMain (HANDLE hModule, DWORD dwFunction, LPVOID lpNot)
{
    hDLLInst = hModule;

    switch (dwFunction)
    {
        case DLL_PROCESS_ATTACH:
        case DLL_PROCESS_DETACH:
        default:
            break;
    }
    return TRUE;
}


DllExport void WINAPI InstallHook (HWND hWnd)
{
    hWndMain = hWnd;

    if (hHook == NULL){
        hHook =
(HHOOK)SetWindowsHookEx(WH_KEYBOARD,(HOOKPROC)KeyboardHook,
            hDLLInst, 0);
    }
```

```
        else{
            UnhookWindowsHookEx(hHook);
                    hHook = NULL;
        }
}

LRESULT CALLBACK KeyboardHook (int nCode, WORD wParam, DWORD lParam )
{
        LRESULT lResult = 0;

        if(nCode == HC_ACTION){
                if ((wParam == 'A') && (lParam & 0x80000000)){
                        SendMessage(hWndMain, WM_SETTEXT, 0, (LPARAM)
                            "Character a seen.");
                        lResult = 1;
                        return(lResult);
                }
                if ((wParam == 'D') && (GetKeyState(VK_CONTROL) < 0)
                    && (lParam & 0x80000000)){
                        UnhookWindowsHookEx(hHook);
                        lResult = 1;
                        return(lResult);
                }
        }
    return (int)CallNextHookEx(hHook, nCode, wParam, lParam);
}
```

The next step is to create the ALERT program, which we will use to install the hook, and which our hook procedure will alert when an *a* is pressed.

Installing the Hook

Make the ALERT program a dialog box–based AppWizard EXE file. Add a button (IDC_BUTTON1) now with the caption **Watch for character 'a'** now, and connect this button to the function OnButton1(). In addition, add a text box (IDC_TEXT1) so that we can have the hook procedure in ALERTDLL send messages to it:

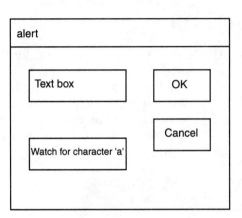

Open `OnButton1()` now:

```
void CAlertDlg::OnButton1()
{

}
```

In this function, we want to install the hook by calling the `InstallHook()` function and passing the handle of the text box in our call, which looks like this:

```
void CAlertDlg::OnButton1()
{
->    InstallHook(GetDlgItem(IDC_EDIT1)->m_hWnd);
              .
              .
              .

}
```

We can place a preliminary message in the text box, which reads, say, "Watching for a.", this way:

```
void CAlertDlg::OnButton1()
{
      InstallHook(GetDlgItem(IDC_EDIT1)->m_hWnd);
->    GetDlgItem(IDC_EDIT1)->SendMessage(WM_SETTEXT, 0, (LPARAM)
          "Watching for a.");
```

```
}
```

Give this program a try. Place ALERTDLL.DLL in C:\WINDOWS\SYSTEM and ALERTDLL.LIB in the ALERT\DEBUG directory and link ALERTDLL.LIB into the ALERT project; then run ALERT.EXE, as shown in Figure 7.3. Next, click the **Watch for character 'a'** button, switch to another program, and press **a**. As you can see in Figure 7.3, the hook procedure alerts our ALERT program. Our program is a success. The support code for the ALERT program, ALERTDLG.H and ALERTDLG.CPP, appears in Listing 7.5.

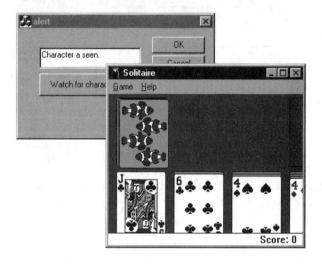

FIGURE 7.3 THE ALERT HOOK ALERTS OUR MAIN WINDOW IF THE CHARACTER A IS TYPED.

LISTING 7.5 ALERTDLG.H AND ALERTDLG.CPP

```
// alertDlg.h : header file
//


/////////////////////////////////////////////////////////////////////
// CAlertDlg dialog

class CAlertDlg : public CDialog
{
// Construction
public:
```

```
        CAlertDlg(CWnd* pParent = NULL);        // standard constructor

// Dialog Data
        //{{AFX_DATA(CAlertDlg)
        enum { IDD = IDD_ALERT_DIALOG };
                // NOTE: the ClassWizard will add data members here
        //}}AFX_DATA

        // ClassWizard generated virtual function overrides
        //{{AFX_VIRTUAL(CAlertDlg)
        protected:
        virtual void DoDataExchange(CDataExchange* pDX);
        //}}AFX_VIRTUAL

// Implementation
protected:
        HICON m_hIcon;

        // Generated message map functions
        //{{AFX_MSG(CAlertDlg)
        virtual BOOL OnInitDialog();
        afx_msg void OnSysCommand(UINT nID, LPARAM lParam);
        afx_msg void OnPaint();
        afx_msg HCURSOR OnQueryDragIcon();
        afx_msg void OnButton1();
        //}}AFX_MSG
        DECLARE_MESSAGE_MAP()
};
// alertDlg.cpp : implementation file
//

#include "stdafx.h"
#include "alert.h"
#include "alert2.h"
#include "alertDlg.h"

#ifdef _DEBUG
#define new DEBUG_NEW
#undef THIS_FILE
```

```
static char THIS_FILE[] = __FILE__;
#endif

/////////////////////////////////////////////////////////////////////////////
// CAboutDlg dialog used for App About

class CAboutDlg : public CDialog
{
public:
        CAboutDlg();

// Dialog Data
        //{{AFX_DATA(CAboutDlg)
        enum { IDD = IDD_ABOUTBOX };
        //}}AFX_DATA

        // ClassWizard generated virtual function overrides
        //{{AFX_VIRTUAL(CAboutDlg)
        protected:
        virtual void DoDataExchange(CDataExchange* pDX);    // DDX/DDV support
        //}}AFX_VIRTUAL

// Implementation
protected:
        //{{AFX_MSG(CAboutDlg)
        //}}AFX_MSG
        DECLARE_MESSAGE_MAP()
};

CAboutDlg::CAboutDlg() : CDialog(CAboutDlg::IDD)
{
        //{{AFX_DATA_INIT(CAboutDlg)
        //}}AFX_DATA_INIT
}

void CAboutDlg::DoDataExchange(CDataExchange* pDX)
{
        CDialog::DoDataExchange(pDX);
        //{{AFX_DATA_MAP(CAboutDlg)
```

```
            //}}AFX_DATA_MAP
}


BEGIN_MESSAGE_MAP(CAboutDlg, CDialog)
        //{{AFX_MSG_MAP(CAboutDlg)
                // No message handlers
        //}}AFX_MSG_MAP
END_MESSAGE_MAP()


/////////////////////////////////////////////////////////////////////////////
// CAlertDlg dialog

CAlertDlg::CAlertDlg(CWnd* pParent /*=NULL*/)
        : CDialog(CAlertDlg::IDD, pParent)
{
        //{{AFX_DATA_INIT(CAlertDlg)
                // NOTE: the ClassWizard will add member initialization here
        //}}AFX_DATA_INIT
        // Note LoadIcon does not require a subsequent DestroyIcon in Win32
        m_hIcon = AfxGetApp()->LoadIcon(IDR_MAINFRAME);
}


void CAlertDlg::DoDataExchange(CDataExchange* pDX)
{
        CDialog::DoDataExchange(pDX);
        //{{AFX_DATA_MAP(CAlertDlg)
                // NOTE: the ClassWizard will add DDX and DDV calls here
        //}}AFX_DATA_MAP
}


BEGIN_MESSAGE_MAP(CAlertDlg, CDialog)
        //{{AFX_MSG_MAP(CAlertDlg)
        ON_WM_SYSCOMMAND()
        ON_WM_PAINT()
        ON_WM_QUERYDRAGICON()
        ON_BN_CLICKED(IDC_BUTTON1, OnButton1)
        //}}AFX_MSG_MAP
END_MESSAGE_MAP()
```

```
/////////////////////////////////////////////////////////////////////
// CAlertDlg message handlers

BOOL CAlertDlg::OnInitDialog()
{
        CDialog::OnInitDialog();

        // Add "About..." menu item to system menu.

        // IDM_ABOUTBOX must be in the system command range.
        ASSERT((IDM_ABOUTBOX & 0xFFF0) == IDM_ABOUTBOX);
        ASSERT(IDM_ABOUTBOX < 0xF000);

        CMenu* pSysMenu = GetSystemMenu(FALSE);
        CString strAboutMenu;
        strAboutMenu.LoadString(IDS_ABOUTBOX);
        if (!strAboutMenu.IsEmpty())
        {
                pSysMenu->AppendMenu(MF_SEPARATOR);
                pSysMenu->AppendMenu(MF_STRING, IDM_ABOUTBOX, strAboutMenu);
        }

        // Set icon for this dialog.  The framework does this automatically
        //  when the application's main window is not a dialog
        SetIcon(m_hIcon, TRUE);                         // Set big icon
        SetIcon(m_hIcon, FALSE);                // Set small icon

        // TODO: Add extra initialization here

        return TRUE;  // return TRUE  unless you set the focus to a control
}

void CAlertDlg::OnSysCommand(UINT nID, LPARAM lParam)
{
        if ((nID & 0xFFF0) == IDM_ABOUTBOX)
        {
                CAboutDlg dlgAbout;
                dlgAbout.DoModal();
        }
```

```
        else
        {
                CDialog::OnSysCommand(nID, lParam);
        }
}
```

```
// If you add a minimize button to your dialog, you will need the code below
// to draw the icon.  For MFC applications using the document/view model,
// this is automatically done for you by the framework.

void CAlertDlg::OnPaint()
{
        if (IsIconic())
        {
                CPaintDC dc(this); // device context for painting

                SendMessage(WM_ICONERASEBKGND, (WPARAM) dc.GetSafeHdc(), 0);

                // Center icon in client rectangle
                int cxIcon = GetSystemMetrics(SM_CXICON);
                int cyIcon = GetSystemMetrics(SM_CYICON);
                CRect rect;
                GetClientRect(&rect);
                int x = (rect.Width() - cxIcon + 1) / 2;
                int y = (rect.Height() - cyIcon + 1) / 2;

                // Draw the icon
                dc.DrawIcon(x, y, m_hIcon);
        }
        else
        {
                CDialog::OnPaint();
        }
}

// The system calls this to obtain cursor to display while the user drags
//  the minimized window.
HCURSOR CAlertDlg::OnQueryDragIcon()
{
```

```
        return (HCURSOR) m_hIcon;

}


void CAlertDlg::OnButton1()
{
        InstallHook(GetDlgItem(IDC_EDIT1)->m_hWnd);
        GetDlgItem(IDC_EDIT1)->SendMessage(WM_SETTEXT, 0, (LPARAM)
            "Watching for a.");

}
```

Our coverage of Windows hooks is complete. We've come far in this chapter, from an overview of the kinds of hooks available to using a journal hook, from using a keyboard hook to make a hotkey program to using a hook procedure to alert a main window. In Chapter 8, we'll start looking at a powerful 32-bit technique: working with multithreaded programs.

Multithreaded Programs and Synchronization in Visual C++ 5

In this chapter, we will start to look at memory handling. One of the best aspects of 32-bit programming (besides getting rid of memory models) is true multitasking, the ability Windows has to run several truly independent programs at once. Each of these programs has its own *thread*, or execution stream. Windows multitasks between threads, sharing access to the CPU between them. If we run two programs that we've already developed in this book, they would represent two threads, and Windows would automatically swap control from one to the other so that both programs appear to be executing simultaneously.

One Program, Many Threads

In fact, a single program can maintain several threads, and that's often a good idea. For example, let's say our program has some complex, time-consuming calculation to perform:

Our Program

1 + 2 = ?

At the same time, we might want to turn our attention to other tasks, such as user I/O, performing the calculation when we have time. In such a case, our program could start a new thread to perform the time-consuming calculation behind the scenes.

There are two types of threads—user I/O threads and worker threads. A user I/O thread supports the creation of windows and can look to the user much as if you had launched a new Windows program. Worker threads are more common; such threads stay invisible but allow a program to devote time (when time is available) to a specific problem. We'll use worker threads here— to create a worker thread, we use the function AfxBeginThread() this way:

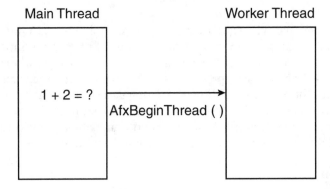

One of the parameters we pass to AfxBeginThread() is a pointer to a data structure, and we'll place the data we want the worker thread to work on in that structure before starting the worker thread. Using this data structure, the worker thread can retrieve the data we want to work on and perform the calculation (while the main part of the program is doing other things, such as reading and responding to mouse movements or keyboard presses):

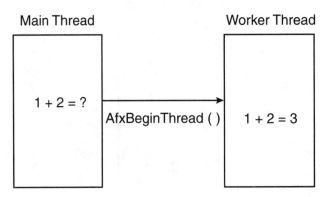

After the calculation is complete, the worker thread can communicate with the main thread through customized Windows messages, indicating that the task is finished:

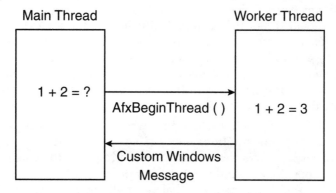

When the worker thread finishes the calculation, it places the result back into the data structure it got the original data from (thus giving the main thread access to that result) and sends its Windows message back to the main thread. The main thread then terminates the worker thread and reads the result from the data structure:

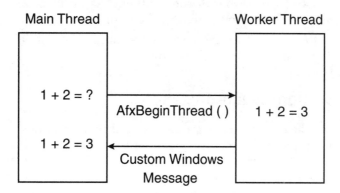

In this way, we've performed the time-consuming calculation in a way that doesn't interfere with the operation of the program.

Synchronization

With the possibility of a number of execution streams (i.e., threads), a number of problems arise. For example, what if thread A depends on a certain result from thread B, but thread B isn't finished by the time thread A needs that result? Or what if two threads try to use the same resource, perhaps a file or even a printer? As you can see, the task of managing multiple threads — called *synchronization*—becomes important here. For example, thread A may need a long sorted array from thread B, but it must wait until thread B finishes sorting that array before using it.

In earlier (16-bit) versions of Windows, which we'll call Win16, programs that idled used functions like GetMessage() and PeekMessage() to pass control back to Windows. That is, the programs themselves decided when to cede control to Windows (i.e., if a program used GetMessage() and PeekMessage(), Windows assumed that the program was waiting for input, and that control could safely be passed to another program). The Win16 operating system would not take control from a program unless that program gave control up by itself (the user, of course, could take control from a program simply by switching to another program). In Win32, it's a different story—especially with multithreaded programs—and the operating system *can* switch control away from threads without asking them first. In multithreaded programs, thread synchronization becomes an issue.

There are four chief methods of synchronization available to us in Visual C++, and we will look at them now.

Critical Section Synchronization

The first method of synchronization—using critical sections—deals only with threads in the same process (the other three methods allow us to synchronize threads from different processes as well). The idea behind critical sections is simple, and you use them when a program has a particular section of code that not more than one thread should execute at a time (e.g., it may write to a crucial file).

To use this technique, create an object of the MFC class CCriticalSection. When the constructor returns, you can enter the critical section. For repeated access, create an object of class CSingleLock (if you have one critical section) or CMultiLock (if you have multiple critical sections) and use the object's Lock() and Unlock() functions to gain access to the critical section.

In addition, a thread can use the non-MFC functions `Initialize-CriticalSection()` and `EnterCriticalSection()` to enter the critical section of code. No other thread from the same process will be allowed to enter the critical section while that first thread is still in it. When the thread leaves the critical section, it calls `LeaveCriticalSection()`, which opens the way for other threads waiting to get in. In this way, only one thread at a time is allowed to execute the code in the critical section, which allows for a minimal amount of thread synchronization.

427

Although this is one technique of synchronization, and it fits a specific problem (i.e., making sure multiple threads in the same process do not execute the same section of code), there are more general synchronization techniques.

Event Synchronization

The next method of synchronization uses Windows *events*. This is probably the most common form of true multitasking synchronization used in Visual C++, and it's the primary method we will use in this chapter.

It works like this. Say that there are two threads, A and B, and B needs some result from A before it can continue. If we set up a global flag of some sort, thread B can keep checking that flag to see if A is ready for it to go ahead, but its continual checking needlessly uses up CPU time.

Instead, as we'll see in this chapter, we can create a Windows event with `CreateEvent()`. Then, thread B can call the function `WaitForSingleObject()`, and Windows will simply suspend thread B until the function `SetEvent()` is called in thread A. When thread A calls `SetEvent()`, the event is set, and thread B is allowed to resume execution (e.g., thread A may have at last completed a calculation that thread B needs). We'll see event synchronization in action later. Besides `WaitForSingleObject()`, which waits for one Windows event, Windows also provides `WaitForMultipleObjects()`, which you can use to wait for a number of events.

This is a good method to use when one thread depends on another's progress before it can proceed, as we'll see in this chapter.

The last two methods of synchronization depend more on blocking access to shared resources and code than event synchronization does (event synchronization is used more often to synchronize threads that are dependent on other threads finishing certain tasks before moving ahead). The first of these methods is mutex—which stands for mutual exclusion—synchronization.

Mutex Synchronization

In mutex synchronization, one thread creates a *mutex* when it is about to use the resources or code that only one thread is allowed access to. For example, when a thread is about to write to a crucial file on disk, it may acquire a mutex to let all other threads know that the file is now inaccessible. All other threads are denied access to that resource or code until the first thread releases the mutex.

Using the MFC library, you create an object of class CMutex, as well as an object of either class CSingleLock or CMultiLock, and then use the CSingleLock or CMultiLock Lock() and Unlock() functions. The non-MFC functions you can use here are CreateMutex(), OpenMutex(), and ReleaseMutex(). In many ways, mutex synchronization functions much like critical section synchronization, except that mutex synchronization can work with threads from different processes, which critical section synchronization cannot.

Semaphore Synchronization

There are cases when mutex synchronization is not enough. For example, what if three threads—but not more than three threads—were allowed access to the restricted code or resources? Mutex synchronization excludes all but one thread from the restricted code or resources, so that technique is not appropriate. Here, one uses *semaphores* instead.

A semaphore work much like a mutex, except that it can allow a number of threads—up to a maximum that you specify—access to the restricted code or resources. That is, when a program wants to declare a resource as restricted, it declares an object of class CSemaphore, as well as an object of either class CSingleLock or CMultiLock, and uses the Lock() and Unlock() member functions. The non-MFC way to do this is to call CreateSemaphore() to get a handle to a sempahore and to specify how many threads may have access to that resource simultaneously. Various threads can then use OpenSemaphore() and ReleaseSemaphore() to get access to the restricted resource (and to begin waiting for the restricted resource, they call WaitForSingleObject()). In this way, you can restrict access to the number of threads you specify.

Now let's see how multithreaded programs work with some examples and put synchronization to work.

Our First Multithread Example

Our first example in which we let a worker thread handle the calculation will not be earth-shattering. We'll just pass the worker thread two integers (1 and 2), have it add them, and return the result so we can read it:

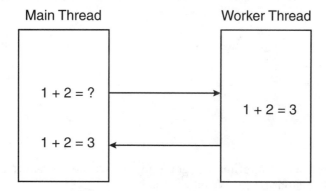

While the worker thread is working, our main thread can handle other tasks, such as reading I/O from the user.

Create a new SDI project named WORKER with Visual C++, using AppWizard as we have throughout the book to generate the project files. Now let's start adding the code to make this a multithreaded program.

As we discussed previously, we'll pass a pointer to a data structure to the worker thread (so that the worker thread can read our data from that structure). In this case, the data we want to pass will just be the integers 1 and 2, which we can store in the variables m_Int1 and m_Int2. Let's create this data structure now. Open WORKEVW.H in Visual C++ and give this new structure the name, say, CCalcThreadInfo:

```
// workevw.h : interface of the CWorkerView class
//
/////////////////////////////////////////////////////////////////////////////
    struct CCalcThreadInfo        <-
{

};
```

We start by putting aside space for the two integers we want the worker thread to add, m_Int1 and m_Int2:

```
// workevw.h : interface of the CWorkerView class
//
/////////////////////////////////////////////////////////////////////////////
    struct CCalcThreadInfo
{
-> int m_Int1;
-> int m_Int2;
        .
        .
        .

};
```

Next, we put aside another integer that the worker thread can store the result of its calculation in. We name this integer m_Sum:

```
// workevw.h : interface of the CWorkerView class
//
/////////////////////////////////////////////////////////////////////////////
    struct CCalcThreadInfo
{
    int m_Int1;
    int m_Int2;
-> int m_Sum;
        .
        .
        .

};
```

This way, the worker thread can read the two integers we want added, add them, and store the result in m_Sum.

When it has finished its calculation, the worker thread will send a customized Windows message to the main thread:

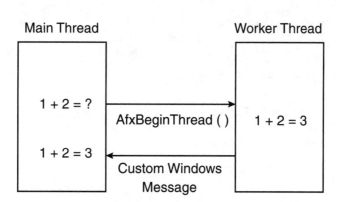

We must let the worker thread know which window to send that message to. We do that by storing the main thread's window handle in the data structure as well (in this way, we'll be able to handle the worker thread's calculation-complete message like any other Windows message):

```
// workevw.h : interface of the CWorkerView class
//
///////////////////////////////////////////////////////////////////////
    struct CCalcThreadInfo
{
    int m_Int1;
    int m_Int2;
    int m_Sum;
-> HWND m_hwndNotifyCalcDone;
};
```

We've defined our new data structure, CCalcThreadInfo. Now we declare a new variable of that type named m_calcThreadInfo in our view class this way:

```
// workevw.h : interface of the CWorkerView class
//
///////////////////////////////////////////////////////////////////////
    struct CCalcThreadInfo
{
    int m_Int1;
    int m_Int2;
    int m_Sum;
```

```
    HWND m_hwndNotifyCalcDone;
};


class CWorkerView : public CView
{
protected: // create from serialization only
    CWorkerView();
    DECLARE_DYNCREATE(CWorkerView)

// Attributes
public:
    CWorkerDoc* GetDocument();
-> CCalcThreadInfo m_calcThreadInfo;
        .
        .
        .
```

Now our data structure, m_calcThreadInfo, is complete. The next step is to allow the user to create the new thread so it can perform its calculation. To do that, use ClassWizard to add a new menu to WORKER's view class named Threads with one item in it: **Start Demo.** When the user selects this item, we'll create the new worker thread, let it perform the calculation, and display the result.

Add the new Threads menu and connect a handler function, OnThreadsStartdemo(), to it in our view class using ClassWizard. Now open that function (from WORKEVW.CPP):

```
void CWorkerView::OnThreadsStartdemo()
{

}
```

Our task here is to load the data structure, m_calcThreadInfo, with the values we want the worker thread to add and to start that thread. We start by loading the two integers to add, 1 and 2, into the data structure:

```
void CWorkerView::OnThreadsStartdemo()
{
    m_calcThreadInfo.m_Int1 = 1;
    m_calcThreadInfo.m_Int2 = 2;
```

```
        .
        .
        .
}
```

Next, we need to indicate to the worker thread what window to send its calculation-complete message to. We do that by loading the data structure member m_hwndNotifyCalcDone with the handle of the current window (i.e., our view). To get that handle, we use the MFC CWnd data member m_hWnd:

```
void CWorkerView::OnThreadsStartdemo()
{
    m_calcThreadInfo.m_Int1 = 1;
    m_calcThreadInfo.m_Int2 = 2;
->  m_calcThreadInfo.m_hwndNotifyCalcDone = m_hWnd;
        .
        .
        .
}
```

At this point, we've created the data structure that the worker thread will read from and loaded it. The user has indicated that he or she wants to start the worker thread now. We start the new thread using the function AfxBeginThread():

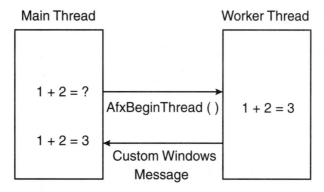

We pass two parameters to AfxBeginThread(): a pointer to the data structure we've just filled and a pointer to the function that holds the code the new thread is to execute. In this way, we can keep the new thread's code in the same file, WORKEVW.CPP. In particular, we can place the worker thread's code in a function named, say, `CalcThreadProc()`. Create that function now and add it to WORKEVW.CPP, indicating that it will return an unsigned integer and that it takes a void pointer (i.e., to the data structure):

```
UINT CalcThreadProc(LPVOID pParam)
{

}
```

In addition, add this new function's prototype to WORKEVW.H:

```
// workevw.h : interface of the CWorkerView class
//
/////////////////////////////////////////////////////////////////
UINT CalcThreadProc(LPVOID pParam);    <-

    struct CCalcThreadInfo
{
    int m_Int1;
    int m_Int2;
    int m_Sum;
    HWND m_hwndNotifyCalcDone;
};            .
             .
             .
```

Now we can call `AfxBeginThread()` to start the thread in `OnThreadsStartdemo()`. We do that like this, where we pass `AfxBeginThread()` a pointer to the worker thread's function (`CalcThreadProc()`) and a pointer to the data structure we set up for the worker thread (`&m_calcThreadInfo`):

```
void CWorkerView::OnThreadsStartdemo()
{
    m_calcThreadInfo.m_Int1 = 1;
    m_calcThreadInfo.m_Int2 = 2;
    m_calcThreadInfo.m_hwndNotifyCalcDone = m_hWnd;
->  m_pCalcWorkerThread = AfxBeginThread(CalcThreadProc,
&m_calcThreadInfo);
}
```

AfxBeginThread() starts the new thread, and that thread begins to execute the code in the function CalcThreadProc(), using the data in m_calcThreadinfo. Note that AfxBeginThread() has a return value. In fact, this return value is a pointer to the new thread, and we'll need that later. This pointer is to an object of class CWinThread, so we set up a variable named m_pCalcWorkerThread to hold it in the view's header (from WORKEVW.H):

```
// workevw.h : interface of the CWorkerView class
//
/////////////////////////////////////////////////////////////////////////////
UINT CalcThreadProc(LPVOID pParam /* CCalcThreadInfo ptr */);

    struct CCalcThreadInfo
{
    int m_Int1;
    int m_Int2;
    int m_Sum;
    HWND m_hwndNotifyCalcDone;
};


class CWorkerView : public CView
{
protected: // create from serialization only
    CWorkerView();
    DECLARE_DYNCREATE(CWorkerView)

// Attributes
public:
    CWorkerDoc* GetDocument();
    CCalcThreadInfo m_calcThreadInfo;
-> CWinThread* m_pCalcWorkerThread;
         .
         .
         .
```

We've started the worker thread, passed it the data it's supposed to work on, and stored a pointer to the worker thread. Let's switch to that thread now and write the code for the thread itself, which is held in the function CalcThreadProc().

The Worker Thread's Code

We have already set up the worker thread's function, `CalcThreadProc`, in WORKEVW.CPP:

```
UINT CalcThreadProc(LPVOID pParam)
{

}
```

Now we need to write the code that will fetch the data from the data structure (a pointer to that data structure has been passed to us), execute the calculation, post a Windows message back to the main thread, and return an exit code to Windows indicating success.

The parameter passed to us, `pParam`, is a pointer to the data structure back in the main thread, and that data structure is loaded with the data (`m_Int1` and `m_Int2`) we need to use:

```
    struct CCalcThreadInfo
{
    int m_Int1;
    int m_Int2;
    int m_Sum;
    HWND m_hwndNotifyCalcDone;
};
```

Because `pParam` is a void pointer, we first create a pointer of type `CCalcThreadInfo*`, which we can name `pCalcInfo`:

```
UINT CalcThreadProc(LPVOID pParam)
{
-> CCalcThreadInfo* pCalcInfo = (CCalcThreadInfo*)pParam;
    .
    .
    .

}
```

Now that we have this new pointer, `pCalcInfo`, the calculation is easy, of course. We just fetch the data from the data structure in the main thread, add the two integers, and store the result in `pCalcInfo->m_Sum` this way:

```
UINT CalcThreadProc(LPVOID pParam)
{
    CCalcThreadInfo* pCalcInfo = (CCalcThreadInfo*)pParam;

    pCalcInfo->m_Sum = pCalcInfo->m_Int1 + pCalcInfo->m_Int2;
        .
        .
        .

}
```

437

We retrieved the data from the main thread and used it in this worker thread; then we stored the result in the main thread again. Using a pointer to a data structure, the work itself was easy. The next step is to inform the main thread that the calculation is complete, and we can do that by sending a Windows message back to the main thread. In fact, we already have the handle of the window we want to send the message to—that window is simply our main thread's view object—and we already stored a pointer to it in the data structure as pCalcInfo->m_hwndNotifyCalcDone.

We can name the actual Windows message we'll send WM_USER_CALC_DONE, and we will create this message ourselves. Windows sets aside the values from the constant WM_USER and above for user messages, so we define our customized Windows message like this (in WORKER.H):

```
// worker.h : main header file for the WORKER application
//


#ifndef __AFXWIN_H__
    #error include 'stdafx.h' before including this file for PCH
#endif

#include "resource.h"       // main symbols


////////////////////////////////////////////////////////////////////////////
// CWorkerApp:
// See worker.cpp for the implementation of this class
//


#define WM_USER_CALC_DONE (WM_USER + 1)          <-
        .
```

This is the Windows message we send from the worker thread back to our view object in `CalcThreadProc()` (from WORKEVW.CPP):

```
UINT CalcThreadProc(LPVOID pParam)
{
    CCalcThreadInfo* pCalcInfo = (CCalcThreadInfo*)pParam;

    pCalcInfo->m_Sum = pCalcInfo->m_Int1 + pCalcInfo->m_Int2;
->  ::PostMessage(pCalcInfo->m_hwndNotifyCalcDone, WM_USER_CALC_DONE, 0, 0);
        .
        .
        .

}
```

Here we notify the view object that the calculation is over (note that we load the last two parameters in the `PostMessage()` call—`lParam` and `wParam`, which normally accompany a Windows message—with 0 because we do not need them to carry any additional information for us). Finally, we return an exit code for the worker thread to Windows (the main thread can read this exit code with the function `GetExitCodeThread()` if desired); in this case, we simply return 0, indicating success:

```
UINT CalcThreadProc(LPVOID pParam)
{
    CCalcThreadInfo* pCalcInfo = (CCalcThreadInfo*)pParam;

    pCalcInfo->m_Sum = pCalcInfo->m_Int1 + pCalcInfo->m_Int2;
    ::PostMessage(pCalcInfo->m_hwndNotifyCalcDone, WM_USER_CALC_DONE, 0, 0);

->  return 0;
}
```

We've read the data were supposed to work on, completed the calculation, stored the result, and notified the main thread that we're done. Let's turn back to the main thread now.

Returning to the Main Thread

The worker thread notifies the main thread that the calculation is complete with a `WM_USER_CALC_DONE` message so that we can set up a function called, say, `OnCalcDone()`, in the main thread to handle this message. We set up that function by first connecting the `WM_USER_CALC_DONE` message to the function `OnCalcDone()` in our view's message map (add this code by hand to WORKEVW.CPP):

```
// workevw.cpp : implementation of the CWorkerView class
//

#include "stdafx.h"
#include "worker.h"

#include "workedoc.h"
#include "workevw.h"

#ifdef _DEBUG
#undef THIS_FILE
static char BASED_CODE THIS_FILE[] = __FILE__;
#endif


/////////////////////////////////////////////////////////////////////////////
// CWorkerView

IMPLEMENT_DYNCREATE(CWorkerView, CView)

BEGIN_MESSAGE_MAP(CWorkerView, CView)
    //{{AFX_MSG_MAP(CWorkerView)
->  ON_MESSAGE(WM_USER_CALC_DONE, OnCalcDone)
    ON_COMMAND(ID_THREADS_STARTDEMO, OnThreadsStartdemo)
    //}}AFX_MSG_MAP
    // Standard printing commands
    ON_COMMAND(ID_FILE_PRINT, CView::OnFilePrint)
    ON_COMMAND(ID_FILE_PRINT_PREVIEW, CView::OnFilePrintPreview)
END_MESSAGE_MAP()
        .
        .
        .
```

Next, add the prototype of `OnCalcDone()` to the view's header file, WORKEVW.H (note that because we're handling a Windows message, we have to provide a parameter list that includes the customary `wParam` and `lParam`, even though we will not use these variables):

```
// workevw.h : interface of the CWorkerView class
//
/////////////////////////////////////////////////////////////////////////////
UINT CalcThreadProc(LPVOID pParam /* CCalcThreadInfo ptr */);

    struct CCalcThreadInfo
{
    int m_Int1;
    int m_Int2;
    int m_Sum;
    HWND m_hwndNotifyCalcDone;
};

class CWorkerView : public CView
{
protected: // create from serialization only
    CWorkerView();
    DECLARE_DYNCREATE(CWorkerView)

// Attributes
public:
    CWorkerDoc* GetDocument();
    CCalcThreadInfo m_calcThreadInfo;
->  LRESULT OnCalcDone(WPARAM wParam, LPARAM lParam);
        .
        .
        .
```

Finally, add `OnCalcDone()` to the view's code file WORKEVW.CPP this way:

```
LRESULT CWorkerView::OnCalcDone(WPARAM, LPARAM)
{

}
```

When we reach this point, the worker thread has executed the calculation, and we can display the result in the view. In particular, we want to display the value in the variable m_calcThreadInfo.m_Sum, and we do that like this:

441

```
LRESULT CWorkerView::OnCalcDone(WPARAM, LPARAM)
{
->  char out_string[100];
->  wsprintf(out_string, "1 + 2 = %d, solved by worker thread.",
->      m_calcThreadInfo.m_Sum);
->  CClientDC dc(this);
->  dc.TextOut(0, 0, out_string, strlen(out_string));
        .
        .
        .

}
```

After displaying the result, we can terminate the worker thread (if we didn't, Windows would terminate the thread when our program quit) using the function TerminateThread() this way (where we pass a pointer to the thread and accept an exit code from the function):

```
LRESULT CWorkerView::OnCalcDone(WPARAM, LPARAM)
{
->  DWORD dwExitCode;
    char out_string[100];
    wsprintf(out_string, "1 + 2 = %d, solved by worker thread.",
        m_calcThreadInfo.m_Sum);
    CClientDC dc(this);
    dc.TextOut(0, 0, out_string, strlen(out_string));
->  TerminateThread(m_pCalcWorkerThread, dwExitCode);
        .
        .
        .

}
```

Finally, we just return a value of 0 to end the function and our entire program is done:

```
LRESULT CWorkerView::OnCalcDone(WPARAM, LPARAM)
{
```

```
    DWORD dwExitCode;
    char out_string[100];
    wsprintf(out_string, "1 + 2 = %d, solved by worker thread.",
        m_calcThreadInfo.m_Sum);
    CClientDC dc(this);
    dc.TextOut(0, 0, out_string, strlen(out_string));
    TerminateThread(m_pCalcWorkerThread, dwExitCode);
-> return 0;
}
```

So far, we have launched a worker thread, passed it some data, and had it work on that data, signal us when it finished, and then display the results of the calculation and terminate the worker thread. In particular, we've passed the integers 1 and 2 to the worker thread, let it add them, and displayed the result as in Figure 8.1, where we learn that indeed 1 + 2 = 3. Our program is a success.

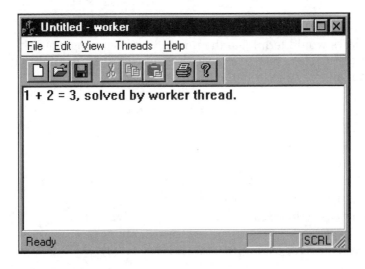

FIGURE 8.1 THIS MULTITHREAD PROGRAM USES A SECOND THREAD TO PERFORM A CALCULATION.

The code for this program appears in these listings:

| Listing 8.1 | WORKER.H and WORKER.CPP |
| Listing 8.2 | WORKEVW.H and WORKEVW.CPP |

This example is fine as far as it goes, but we haven't really given our worker thread much to chew on. After all, the calculation 1 + 2 doesn't take an enormous amount of time, so synchronization was never an issue. Let's see another example in which we might ask the worker thread to do some real work, such as to sort an array of 100,000 integers.

LISTING 8.1 WORKER.H AND WORKER.CPP

```
// worker.h : main header file for the WORKER application
//


#ifndef __AFXWIN_H__
    #error include 'stdafx.h' before including this file for PCH
#endif


#include "resource.h"        // main symbols


/////////////////////////////////////////////////////////////////////////
// CWorkerApp:
// See worker.cpp for the implementation of this class
//


#define WM_USER_CALC_DONE (WM_USER + 1)

class CWorkerApp : public CWinApp
{
public:
    CWorkerApp();

// Overrides
    // ClassWizard generated virtual function overrides
    //{{AFX_VIRTUAL(CWorkerApp)
    public:
    virtual BOOL InitInstance();
    //}}AFX_VIRTUAL

// Implementation

    //{{AFX_MSG(CWorkerApp)
```

```
    afx_msg void OnAppAbout();
        // NOTE - the ClassWizard will add and remove member functions here.
        //     DO NOT EDIT what you see in these blocks of generated code !
    //}}AFX_MSG
    DECLARE_MESSAGE_MAP()
};


/////////////////////////////////////////////////////////////////////////////
// worker.cpp : Defines the class behaviors for the application.
//

#include "stdafx.h"
#include "worker.h"

#include "mainfrm.h"
#include "workedoc.h"
#include "workevw.h"

#ifdef _DEBUG
#undef THIS_FILE
static char BASED_CODE THIS_FILE[] = __FILE__;
#endif


/////////////////////////////////////////////////////////////////////////////
// CWorkerApp

BEGIN_MESSAGE_MAP(CWorkerApp, CWinApp)
    //{{AFX_MSG_MAP(CWorkerApp)
    ON_COMMAND(ID_APP_ABOUT, OnAppAbout)
        // NOTE - the ClassWizard will add and remove mapping macros here.
        //     DO NOT EDIT what you see in these blocks of generated code!
    //}}AFX_MSG_MAP
    // Standard file based document commands
    ON_COMMAND(ID_FILE_NEW, CWinApp::OnFileNew)
    ON_COMMAND(ID_FILE_OPEN, CWinApp::OnFileOpen)
    // Standard print setup command
    ON_COMMAND(ID_FILE_PRINT_SETUP, CWinApp::OnFilePrintSetup)
END_MESSAGE_MAP()
```

```
///////////////////////////////////////////////////////////////////////////
// CWorkerApp construction

CWorkerApp::CWorkerApp()
{
    // TODO: add construction code here,
    // Place all significant initialization in InitInstance
}


///////////////////////////////////////////////////////////////////////////
// The one and only CWorkerApp object

CWorkerApp theApp;


///////////////////////////////////////////////////////////////////////////
// CWorkerApp initialization

BOOL CWorkerApp::InitInstance()
{
    // Standard initialization
    // If you are not using these features and wish to reduce the size
    //  of your final executable, you should remove from the following
    //  the specific initialization routines you do not need.

    Enable3dControls();

    LoadStdProfileSettings();  // Load INI file options (including MRU)

    // Register the application's document templates.  Document templates
    //  serve as the connection between documents, frame windows and views.

    CSingleDocTemplate* pDocTemplate;
    pDocTemplate = new CSingleDocTemplate(
        IDR_MAINFRAME,
        RUNTIME_CLASS(CWorkerDoc),
        RUNTIME_CLASS(CMainFrame),        // main SDI frame window
        RUNTIME_CLASS(CWorkerView));
    AddDocTemplate(pDocTemplate);
```

```
    // create a new (empty) document
    OnFileNew();

    if (m_lpCmdLine[0] != '\0')
    {
        // TODO: add command line processing here
    }

    return TRUE;
}


/////////////////////////////////////////////////////////////////////////////
// CAboutDlg dialog used for App About

class CAboutDlg : public CDialog
{
public:
    CAboutDlg();

// Dialog Data
    //{{AFX_DATA(CAboutDlg)
    enum { IDD = IDD_ABOUTBOX };
    //}}AFX_DATA

// Implementation
protected:
    virtual void DoDataExchange(CDataExchange* pDX);    // DDX/DDV support
    //{{AFX_MSG(CAboutDlg)
        // No message handlers
    //}}AFX_MSG
    DECLARE_MESSAGE_MAP()
};

CAboutDlg::CAboutDlg() : CDialog(CAboutDlg::IDD)
{
    //{{AFX_DATA_INIT(CAboutDlg)
    //}}AFX_DATA_INIT
```

```
}


void CAboutDlg::DoDataExchange(CDataExchange* pDX)
{
    CDialog::DoDataExchange(pDX);
    //{{AFX_DATA_MAP(CAboutDlg)
    //}}AFX_DATA_MAP
}


BEGIN_MESSAGE_MAP(CAboutDlg, CDialog)
    //{{AFX_MSG_MAP(CAboutDlg)
        // No message handlers
    //}}AFX_MSG_MAP
END_MESSAGE_MAP()


// App command to run the dialog
void CWorkerApp::OnAppAbout()
{
    CAboutDlg aboutDlg;
    aboutDlg.DoModal();
}


/////////////////////////////////////////////////////////////////////////////
// CWorkerApp commands
```

Listing 8.2 WORKEVW.H and WORKEVW.CPP

```
// workevw.h : interface of the CWorkerView class
//
/////////////////////////////////////////////////////////////////////////////
UINT CalcThreadProc(LPVOID pParam /* CCalcThreadInfo ptr */);

    struct CCalcThreadInfo
{
    int m_Int1;
    int m_Int2;
    int m_Sum;
```

```
        HWND m_hwndNotifyCalcDone;
};

class CWorkerView : public CView
{
protected: // create from serialization only
    CWorkerView();
    DECLARE_DYNCREATE(CWorkerView)

// Attributes
public:
    CWorkerDoc* GetDocument();
    CCalcThreadInfo m_calcThreadInfo;
    LRESULT OnCalcDone(WPARAM wParam, LPARAM lParam);
    CWinThread* m_pCalcWorkerThread;

// Operations
public:

// Overrides
    // ClassWizard generated virtual function overrides
    //{{AFX_VIRTUAL(CWorkerView)
    public:
    virtual void OnDraw(CDC* pDC);  // overridden to draw this view
    protected:
    virtual BOOL OnPreparePrinting(CPrintInfo* pInfo);
    virtual void OnBeginPrinting(CDC* pDC, CPrintInfo* pInfo);
    virtual void OnEndPrinting(CDC* pDC, CPrintInfo* pInfo);
    //}}AFX_VIRTUAL

// Implementation
public:
    virtual ~CWorkerView();
#ifdef _DEBUG
    virtual void AssertValid() const;
    virtual void Dump(CDumpContext& dc) const;
#endif

protected:
```

```
// Generated message map functions
protected:
    //{{AFX_MSG(CWorkerView)
    afx_msg void OnThreadsStartdemo();
    //}}AFX_MSG
    DECLARE_MESSAGE_MAP()
};

#ifndef _DEBUG  // debug version in workevw.cpp
inline CWorkerDoc* CWorkerView::GetDocument()
   { return (CWorkerDoc*)m_pDocument; }
#endif

// workevw.cpp : implementation of the CWorkerView class
//

#include "stdafx.h"
#include "worker.h"

#include "workedoc.h"
#include "workevw.h"

#ifdef _DEBUG
#undef THIS_FILE
static char BASED_CODE THIS_FILE[] = __FILE__;
#endif

/////////////////////////////////////////////////////////////////////////////
// CWorkerView

IMPLEMENT_DYNCREATE(CWorkerView, CView)

BEGIN_MESSAGE_MAP(CWorkerView, CView)
    //{{AFX_MSG_MAP(CWorkerView)
    ON_MESSAGE(WM_USER_CALC_DONE, OnCalcDone)
    ON_COMMAND(ID_THREADS_STARTDEMO, OnThreadsStartdemo)
    //}}AFX_MSG_MAP
    // Standard printing commands
    ON_COMMAND(ID_FILE_PRINT, CView::OnFilePrint)
```

```
    ON_COMMAND(ID_FILE_PRINT_PREVIEW, CView::OnFilePrintPreview)
END_MESSAGE_MAP()
```

```
/////////////////////////////////////////////////////////////////////
// CWorkerView construction/destruction

CWorkerView::CWorkerView()
{

}

CWorkerView::~CWorkerView()
{

}

/////////////////////////////////////////////////////////////////////////
// CWorkerView drawing

void CWorkerView::OnDraw(CDC* pDC)
{
    CWorkerDoc* pDoc = GetDocument();
    ASSERT_VALID(pDoc);

    // TODO: add draw code for native data here
}

/////////////////////////////////////////////////////////////////////
// CWorkerView printing

BOOL CWorkerView::OnPreparePrinting(CPrintInfo* pInfo)
{
    // default preparation
    return DoPreparePrinting(pInfo);
}

void CWorkerView::OnBeginPrinting(CDC* /*pDC*/, CPrintInfo* /*pInfo*/)
{
    // TODO: add extra initialization before printing
```

```
}


void CWorkerView::OnEndPrinting(CDC* /*pDC*/, CPrintInfo* /*pInfo*/)
{
    // TODO: add cleanup after printing
}


/////////////////////////////////////////////////////////////////////////////
// CWorkerView diagnostics

#ifdef _DEBUG
void CWorkerView::AssertValid() const
{
    CView::AssertValid();
}


void CWorkerView::Dump(CDumpContext& dc) const
{
    CView::Dump(dc);
}


CWorkerDoc* CWorkerView::GetDocument() // non-debug version is inline
{
    ASSERT(m_pDocument->IsKindOf(RUNTIME_CLASS(CWorkerDoc)));
    return (CWorkerDoc*)m_pDocument;
}
#endif //_DEBUG


/////////////////////////////////////////////////////////////////////////////
// CWorkerView message handlers

void CWorkerView::OnThreadsStartdemo()
{
    m_calcThreadInfo.m_Int1 = 1;
    m_calcThreadInfo.m_Int2 = 2;
    m_calcThreadInfo.m_hwndNotifyCalcDone = m_hWnd;
    m_pCalcWorkerThread = AfxBeginThread(CalcThreadProc, &m_calcThreadInfo);
}
```

```
LRESULT CWorkerView::OnCalcDone(WPARAM, LPARAM)
{
    DWORD dwExitCode;
    char out_string[100];
    wsprintf(out_string, "1 + 2 = %d, solved by worker thread.",
        m_calcThreadInfo.m_Sum);
    CClientDC dc(this);
    dc.TextOut(0, 0, out_string, strlen(out_string));
    TerminateThread(m_pCalcWorkerThread, dwExitCode);
    return 0;
}


UINT CalcThreadProc(LPVOID pParam)
{
    CCalcThreadInfo* pCalcInfo = (CCalcThreadInfo*)pParam;

    pCalcInfo->m_Sum = pCalcInfo->m_Int1 + pCalcInfo->m_Int2;
    ::PostMessage(pCalcInfo->m_hwndNotifyCalcDone, WM_USER_CALC_DONE, 0, 0);

    return 0;
}
```

A Big Sorting Problem

In this next example, we'll give the worker thread something to do—sort a large array of integers. While it's doing its thing, the user can play with the rest of the program: opening menus, even making menu choices. As the user does so, the worker thread is busily sorting the array. When it's done, the result will appear in the program's window, even if the user is still doing other work with the same program.

Our array will contain 100,000 random integers, and we'll use the Visual C++ qsort() function to sort it. Here's how we use that function:

```
void qsort(void *base, size_t num, size_t width, int(__cdecl *compare)
    (const void *elem1, const void *elem2));
```

And here's what these parameters mean:

base	Pointer to the beginning of the array to sort
num	Number of elements to sort
width	Size of elements in bytes
compare()	Comparison function—compares elem1 and elem2 and returns one of the following values:

< 0	elem1 is less than elem2
= 0	elem1 is equivalent to elem2
> 0	elem1 is greater than elem2
elem1	Pointer to element 1 for comparison function
elem2	Pointer to element 2 for comparison function

Let's see this function in action. Use AppWizard to create a new SDI project named SORTER and give it a menu named Sort with one item in it: Array. Use ClassWizard to connect this menu item to a view class member function named OnSortArray():

```
void CSorterView::OnSortArray()
{

}
```

We must set up our array of random integers, and we can do that and define the constant ARRAY_SIZE (the number of elements in the array) to be 100,000 this way (from SORTEVW.H):

```
// sortevw.h : interface of the CSorterView class
#define ARRAY_SIZE 100000       <-

class CSorterView : public CView
{
protected: // create from serialization only
    CSorterView();
    DECLARE_DYNCREATE(CSorterView)

// Attributes
public:
    CSorterDoc* GetDocument();
-> int* pArray;
```

.
.
.

Next, we allocate space for that array using the new operator in the view's constructor (from SORTEVW.CPP):

```
CSorterView::CSorterView()
{
    pArray = new int[ARRAY_SIZE];
        .
        .
        .

}
```

Now we seed the random-number generator with the srand() function, passing it the time of day (this ensures that the array of integers we get will be different each time):

```
CSorterView::CSorterView()
{
    pArray = new int[ARRAY_SIZE];
-> srand((unsigned) time(NULL));
        .
        .
        .

}
```

Finally, we fill the array with random integers, using the rand() function:

```
CSorterView::CSorterView()
{
    pArray = new int[ARRAY_SIZE];
    srand((unsigned) time(NULL));
-> for (int loop_index = 0; loop_index < ARRAY_SIZE; loop_index++){
->      pArray[loop_index] = rand();
-> }
}
```

Now we have some data to work with. We can display, say, the first ten values in that array in our view by adding this code to the OnDraw() function (from SORTEVW.CPP):

```
void CSorterView::OnDraw(CDC* pDC)
{
    CSorterDoc* pDoc = GetDocument();
    ASSERT_VALID(pDoc);

    TEXTMETRIC tm;
    pDC->GetTextMetrics(&tm);
    char out_string[30];

    for(int loop_index = 0; loop_index < 10; loop_index++){
        wsprintf(out_string, "%d", pArray[loop_index]);
        pDC->TextOut(0, loop_index * tm.tmHeight, CString(out_string));
    }
}
```

Next, we sort the array using a worker thread. We begin by setting up the structure that will hold our data—in this case, a pointer to the array to sort and the handle of the window that the worker thread should notify when it has completed the sorting (from SORTEVW.H):

```
// sortevw.h : interface of the CSorterView class
//
#define ARRAY_SIZE 100000

    struct CCalcThreadInfo          <-
{                                   <-
    int* m_pArray;                  <-
    HWND m_hwndNotifyCalcDone;      <-
};                                  <-

class CSorterView : public CView
{
protected: // create from serialization only
        .

        .
```

```
// Attributes
public:
    CSorterDoc* GetDocument();
    int* pArray;
-> CCalcThreadInfo m_calcThreadInfo;
        .
        .
        .
```

Now we load that data structure and launch the worker thread in OnSortArray(), the function corresponding to the menu item **Sort | Array**. Starting the worker thread looks like this, where we indicate that the worker thread's code is in a function named CalcThreadProc—the same name we gave to the worker thread function in the WORKER example (from SORTEVW.CPP):

```
void CSorterView::OnSortArray()
{
-> m_calcThreadInfo.m_pArray = pArray;
-> m_calcThreadInfo.m_hwndNotifyCalcDone = m_hWnd;
-> m_pCalcWorkerThread = AfxBeginThread(CalcThreadProc,
&m_calcThreadInfo);
}
```

At this point we have started our worker thread and passed it a pointer to our data. Let's write the worker thread's code next.

The Worker Thread's Code

Now we must set up the worker thread's function CalcThreadProc(), and we place that code in SORTEVW.CPP (and its prototype in SORTEVW.H):

```
UINT CalcThreadProc(LPVOID pParam)
{

}
```

As we did in our WORKER program, we begin by creating a correctly typed pointer to the main thread's data structure, and we name that pointer pCalcInfo:

```
UINT CalcThreadProc(LPVOID pParam)
{
    CCalcThreadInfo* pCalcInfo = (CCalcThreadInfo*)pParam;
        .
        .
        .
}
```

The idea is to sort the array pointed to by pCalcInfo->m_pArray, and we can do that with qsort():

```
UINT CalcThreadProc(LPVOID pParam)
{
    CCalcThreadInfo* pCalcInfo = (CCalcThreadInfo*)pParam;

-> qsort(pCalcInfo->m_pArray, (size_t) ARRAY_SIZE, sizeof(int), compare);
        .
        .
        .
}
```

Note that we had to pass a pointer to the comparison function, compare(), to qsort(). This function compares two integers a and b. If $a > b$, it returns a positive value; if $a = b$, it returns 0; if $a < b$, it returns a negative value. We add the compare() function to SORTEVW.CPP now (and its prototype to SORTEVW.H):

```
UINT CalcThreadProc(LPVOID pParam)
{
    CCalcThreadInfo* pCalcInfo = (CCalcThreadInfo*)pParam;

    qsort(pCalcInfo->m_pArray, (size_t) ARRAY_SIZE, sizeof(int), compare);
        .
        .
        .
}

int compare(const void *arg1, const void *arg2){          <-
    return (*(int*) arg1 >= *(int*) arg2 ? *(int*) arg1 > *(int*) arg2 : -1);
}
```

The array is now sorted, and we can pass our custom Windows message WM_USER_CALC_DONE back to the main thread and quit this way:

```
UINT CalcThreadProc(LPVOID pParam)
{
    CCalcThreadInfo* pCalcInfo = (CCalcThreadInfo*)pParam;

    qsort(pCalcInfo->m_pArray, (size_t) ARRAY_SIZE, sizeof(int), compare);
->  ::PostMessage(pCalcInfo->m_hwndNotifyCalcDone, WM_USER_CALC_DONE, 0, 0);

->  return 0;
}

int compare(const void *arg1, const void *arg2){
    return (*(int*) arg1 >= *(int*) arg2 ? *(int*) arg1 > *(int*) arg2 : -1);
}
```

The worker thread has done its work. Now let's return to the main thread and display the result.

Returning to the Main Thread

The worker thread has sorted our array and sent us a WM_USER_CALC_DONE message. We define that value to be WM_USER + 1 in SORTER.H:

```
// sorter.h : main header file for the SORTER application
//
#ifndef __AFXWIN_H__
    #error include 'stdafx.h' before including this file for PCH
#endif   .
         .
         .
#define WM_USER_CALC_DONE (WM_USER + 1)              <-
         .
         .
         .
```

As we did with the WORKER program, we connect the WM_USER_CALC_DONE message to a function named OnCalcDone() in the view's message map (from SORTEVW.CPP):

```
// sortevw.cpp : implementation of the CSorterView class
//

#include "stdafx.h"
#include "sorter.h"
        .
        .
        .

IMPLEMENT_DYNCREATE(CSorterView, CView)

BEGIN_MESSAGE_MAP(CSorterView, CView)
    //{{AFX_MSG_MAP(CSorterView)
    ON_COMMAND(ID_SORT_ARRAY, OnSortArray)
-> ON_MESSAGE(WM_USER_CALC_DONE, OnCalcDone)
    //}}AFX_MSG_MAP
    // Standard printing commands
    ON_COMMAND(ID_FILE_PRINT, CView::OnFilePrint)
    ON_COMMAND(ID_FILE_PRINT_PREVIEW, CView::OnFilePrintPreview)
END_MESSAGE_MAP()
        .
        .
        .
```

And we add the code for OnCalcDone to SORTEVW.CPP (and its prototype to SORTEVW.H):

```
LRESULT CSorterView::OnCalcDone(WPARAM, LPARAM)
{

}
```

When we reach this function, the worker thread has already sorted the array, and we just have to display the result. First, however, we terminate the worker thread:

```
LRESULT CSorterView::OnCalcDone(WPARAM, LPARAM)
{
    DWORD dwExitCode;
    TerminateThread(m_pCalcWorkerThread, dwExitCode);
```

```
      .
      .
      .
}
```

As you might recall, the `CSorterView::OnDraw()` function is already set up to display the first ten values in the array:

```
void CSorterView::OnDraw(CDC* pDC)
{
    CSorterDoc* pDoc = GetDocument();
    ASSERT_VALID(pDoc);

    TEXTMETRIC tm;
    pDC->GetTextMetrics(&tm);
    char out_string[30];

    for(int loop_index = 0; loop_index < 10; loop_index++){
        wsprintf(out_string, "%d", pArray[loop_index]);
        pDC->TextOut(0, loop_index * tm.tmHeight, CString(out_string));
    }
}
```

This means that we can simply invalidate the view (causing the program to call `OnDraw()`) to redisplay the now-sorted array:

```
LRESULT CSorterView::OnCalcDone(WPARAM, LPARAM)
{
    DWORD dwExitCode;
    TerminateThread(m_pCalcWorkerThread, dwExitCode);
->  Invalidate();
->  return 0;
}
```

We've created an array of random integers, displayed the first ten of them, created a worker thread that sorted the array, and finally redisplayed the first ten elements of the newly sorted array. Create SORTER.EXE now and run it; the first ten elements of the random array appear in our view as in Figure 8.2. Next, select the **Sort | Array** menu item to start the worker thread. Sorting the array takes some time, and you can open and close menus during that time, which demonstrates that our program can still execute I/O as the actual work takes place in the worker thread. When the array is sorted, the program terminates the worker thread and displays the new first ten elements of the array, as shown in Figure 8.3.

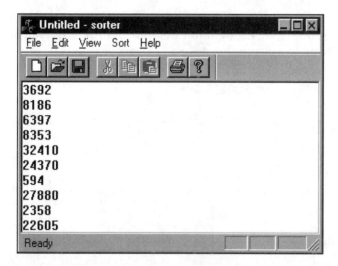

FIGURE 8.2 THE FIRST PART OF THE ARRAY BEFORE SORTING.

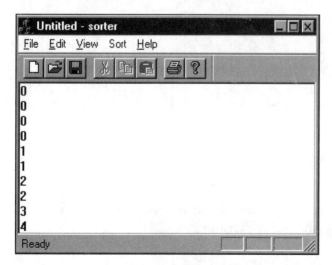

FIGURE 8.3 THE FIRST PART OF THE ARRAY AFTER THE WORKER THREAD HAS SORTED IT.

The code for this program appears in these listings:

This is fine as far as it goes, but there's much more to multithreaded programs. For example, let's look into the problem of inter-thread synchronization using Windows events.

LISTING 8.3 SORTER.H AND SORTER.CPP

```
// sorter.h : main header file for the SORTER application
//


#ifndef __AFXWIN_H__
    #error include 'stdafx.h' before including this file for PCH
#endif


#include "resource.h"        // main symbols


/////////////////////////////////////////////////////////////////////////////
// CSorterApp:
// See sorter.cpp for the implementation of this class
//


#define WM_USER_CALC_DONE (WM_USER + 1)

class CSorterApp : public CWinApp
{
public:
    CSorterApp();

// Overrides
    // ClassWizard generated virtual function overrides
    //{{AFX_VIRTUAL(CSorterApp)
    public:
    virtual BOOL InitInstance();
    //}}AFX_VIRTUAL
```

```
// Implementation

    //{{AFX_MSG(CSorterApp)
    afx_msg void OnAppAbout();
        // NOTE - the ClassWizard will add and remove member functions here.
        //      DO NOT EDIT what you see in these blocks of generated code !
    //}}AFX_MSG
    DECLARE_MESSAGE_MAP()
};


/////////////////////////////////////////////////////////////////////////////
// sorter.cpp : Defines the class behaviors for the application.
//

#include "stdafx.h"
#include "sorter.h"

#include "mainfrm.h"
#include "sortedoc.h"
#include "sortevw.h"

#ifdef _DEBUG
#undef THIS_FILE
static char BASED_CODE THIS_FILE[] = __FILE__;
#endif


/////////////////////////////////////////////////////////////////////////////
// CSorterApp

BEGIN_MESSAGE_MAP(CSorterApp, CWinApp)
    //{{AFX_MSG_MAP(CSorterApp)
    ON_COMMAND(ID_APP_ABOUT, OnAppAbout)
        // NOTE - the ClassWizard will add and remove mapping macros here.
        //      DO NOT EDIT what you see in these blocks of generated code!
    //}}AFX_MSG_MAP
    // Standard file based document commands
    ON_COMMAND(ID_FILE_NEW, CWinApp::OnFileNew)
    ON_COMMAND(ID_FILE_OPEN, CWinApp::OnFileOpen)
    // Standard print setup command
```

```
    ON_COMMAND(ID_FILE_PRINT_SETUP, CWinApp::OnFilePrintSetup)
END_MESSAGE_MAP()
```

```
/////////////////////////////////////////////////////////////////////////
// CSorterApp construction

CSorterApp::CSorterApp()
{
    // TODO: add construction code here,
    // Place all significant initialization in InitInstance
}


/////////////////////////////////////////////////////////////////////////
// The one and only CSorterApp object

CSorterApp theApp;

/////////////////////////////////////////////////////////////////////////
// CSorterApp initialization

BOOL CSorterApp::InitInstance()
{
    // Standard initialization
    // If you are not using these features and wish to reduce the size
    //  of your final executable, you should remove from the following
    //  the specific initialization routines you do not need.

    Enable3dControls();

    LoadStdProfileSettings();  // Load INI file options (including MRU)

    // Register the application's document templates.  Document templates
    //  serve as the connection between documents, frame windows and views.

    CSingleDocTemplate* pDocTemplate;
    pDocTemplate = new CSingleDocTemplate(
        IDR_MAINFRAME,
        RUNTIME_CLASS(CSorterDoc),
        RUNTIME_CLASS(CMainFrame),          // main SDI frame window
```

```
        RUNTIME_CLASS(CSorterView));
    AddDocTemplate(pDocTemplate);

    // create a new (empty) document
    OnFileNew();

    if (m_lpCmdLine[0] != '\0')
    {
        // TODO: add command line processing here
    }

    return TRUE;
}


//////////////////////////////////////////////////////////////////////
// CAboutDlg dialog used for App About

class CAboutDlg : public CDialog
{
public:
    CAboutDlg();

// Dialog Data
    //{{AFX_DATA(CAboutDlg)
    enum { IDD = IDD_ABOUTBOX };
    //}}AFX_DATA

// Implementation
protected:
    virtual void DoDataExchange(CDataExchange* pDX);    // DDX/DDV support
    //{{AFX_MSG(CAboutDlg)
        // No message handlers
    //}}AFX_MSG
    DECLARE_MESSAGE_MAP()
};

CAboutDlg::CAboutDlg() : CDialog(CAboutDlg::IDD)
{
    //{{AFX_DATA_INIT(CAboutDlg)
```

```
    //}}}AFX_DATA_INIT
}

void CAboutDlg::DoDataExchange(CDataExchange* pDX)
{
    CDialog::DoDataExchange(pDX);
    //{{AFX_DATA_MAP(CAboutDlg)
    //}}AFX_DATA_MAP
}


BEGIN_MESSAGE_MAP(CAboutDlg, CDialog)
    //{{AFX_MSG_MAP(CAboutDlg)
        // No message handlers
    //}}AFX_MSG_MAP
END_MESSAGE_MAP()

// App command to run the dialog
void CSorterApp::OnAppAbout()
{
    CAboutDlg aboutDlg;
    aboutDlg.DoModal();
}


/////////////////////////////////////////////////////////////////////////////
// CSorterApp commands
```

LISTING 8.4 SORTEVW.H AND SORTEVW.CPP

```
// sortevw.h : interface of the CSorterView class
//
/////////////////////////////////////////////////////////////////////////////
#define ARRAY_SIZE 100000

int compare(const void *arg1, const void *arg2);

UINT CalcThreadProc(LPVOID pParam /* CCalcThreadInfo ptr */);

    struct CCalcThreadInfo
```

```
{
    int* m_pArray;
    HWND m_hwndNotifyCalcDone;
};

class CSorterView : public CView
{
protected: // create from serialization only
    CSorterView();
    DECLARE_DYNCREATE(CSorterView)

// Attributes
public:
    CSorterDoc* GetDocument();
    int* pArray;
    CCalcThreadInfo m_calcThreadInfo;
    LRESULT CSorterView::OnCalcDone(WPARAM, LPARAM);
    CWinThread* m_pCalcWorkerThread;
// Operations
public:

// Overrides
    // ClassWizard generated virtual function overrides
    //{{AFX_VIRTUAL(CSorterView)
    public:
    virtual void OnDraw(CDC* pDC);  // overridden to draw this view
    protected:
    virtual BOOL OnPreparePrinting(CPrintInfo* pInfo);
    virtual void OnBeginPrinting(CDC* pDC, CPrintInfo* pInfo);
    virtual void OnEndPrinting(CDC* pDC, CPrintInfo* pInfo);
    //}}AFX_VIRTUAL

// Implementation
public:
    virtual ~CSorterView();
#ifdef _DEBUG
    virtual void AssertValid() const;
    virtual void Dump(CDumpContext& dc) const;
#endif
```

```
protected:

// Generated message map functions
protected:
    //{{AFX_MSG(CSorterView)
    afx_msg void OnSortArray();
    //}}AFX_MSG
    DECLARE_MESSAGE_MAP()
};

#ifndef _DEBUG  // debug version in sortevw.cpp
inline CSorterDoc* CSorterView::GetDocument()
    { return (CSorterDoc*)m_pDocument; }
#endif


///////////////////////////////////////////////////////////////////////////

// sortevw.cpp : implementation of the CSorterView class
//

#include "stdafx.h"
#include "sorter.h"

#include "sortedoc.h"
#include "sortevw.h"

#ifdef _DEBUG
#undef THIS_FILE
static char BASED_CODE THIS_FILE[] = __FILE__;
#endif


///////////////////////////////////////////////////////////////////////////
// CSorterView

IMPLEMENT_DYNCREATE(CSorterView, CView)

BEGIN_MESSAGE_MAP(CSorterView, CView)
    //{{AFX_MSG_MAP(CSorterView)
    ON_COMMAND(ID_SORT_ARRAY, OnSortArray)
```

```
    ON_MESSAGE(WM_USER_CALC_DONE, OnCalcDone)
    //}}AFX_MSG_MAP
    // Standard printing commands
    ON_COMMAND(ID_FILE_PRINT, CView::OnFilePrint)
    ON_COMMAND(ID_FILE_PRINT_PREVIEW, CView::OnFilePrintPreview)
END_MESSAGE_MAP()


/////////////////////////////////////////////////////////////////////////
// CSorterView construction/destruction

CSorterView::CSorterView()
{
    pArray = new int[ARRAY_SIZE];
    srand((unsigned) time(NULL));
    for (int loop_index = 0; loop_index < ARRAY_SIZE; loop_index++){
        pArray[loop_index] = rand();
    }
}


CSorterView::~CSorterView()
{

}


/////////////////////////////////////////////////////////////////////////
// CSorterView drawing

void CSorterView::OnDraw(CDC* pDC)
{
    CSorterDoc* pDoc = GetDocument();
    ASSERT_VALID(pDoc);

    TEXTMETRIC tm;
    pDC->GetTextMetrics(&tm);
    char out_string[30];

    for(int loop_index = 0; loop_index < 10; loop_index++){
        wsprintf(out_string, "%d", pArray[loop_index]);
        pDC->TextOut(0, loop_index * tm.tmHeight, CString(out_string));
```

```
    }
}
```

```
/////////////////////////////////////////////////////////////////////////
// CSorterView printing

BOOL CSorterView::OnPreparePrinting(CPrintInfo* pInfo)
{
    // default preparation
    return DoPreparePrinting(pInfo);
}


void CSorterView::OnBeginPrinting(CDC* /*pDC*/, CPrintInfo* /*pInfo*/)
{
    // TODO: add extra initialization before printing
}


void CSorterView::OnEndPrinting(CDC* /*pDC*/, CPrintInfo* /*pInfo*/)
{
    // TODO: add cleanup after printing
}


/////////////////////////////////////////////////////////////////////////
// CSorterView diagnostics

#ifdef _DEBUG
void CSorterView::AssertValid() const
{
    CView::AssertValid();
}


void CSorterView::Dump(CDumpContext& dc) const
{
    CView::Dump(dc);
}


CSorterDoc* CSorterView::GetDocument() // non-debug version is inline
{
    ASSERT(m_pDocument->IsKindOf(RUNTIME_CLASS(CSorterDoc)));
```

```
    return (CSorterDoc*)m_pDocument;
}
#endif //_DEBUG

//////////////////////////////////////////////////////////////////////////
// CSorterView message handlers

void CSorterView::OnSortArray()
{
    m_calcThreadInfo.m_pArray = pArray;
    m_calcThreadInfo.m_hwndNotifyCalcDone = m_hWnd;
    m_pCalcWorkerThread = AfxBeginThread(CalcThreadProc, &m_calcThreadInfo);

    Invalidate();
}

LRESULT CSorterView::OnCalcDone(WPARAM, LPARAM)
{
    DWORD dwExitCode;
    TerminateThread(m_pCalcWorkerThread, dwExitCode);
    Invalidate();
    return 0;
}

UINT CalcThreadProc(LPVOID pParam)
{
    CCalcThreadInfo* pCalcInfo = (CCalcThreadInfo*)pParam;

    qsort(pCalcInfo->m_pArray, (size_t) ARRAY_SIZE, sizeof(int), compare);
    ::PostMessage(pCalcInfo->m_hwndNotifyCalcDone, WM_USER_CALC_DONE, 0, 0);

    return 0;
}

int compare(const void *arg1, const void *arg2){
    return (*(int*) arg1 >= *(int*) arg2 ? *(int*) arg1 > *(int*) arg2 : -1);
}
```

Synchronizing Threads with Windows Events

Now we'll consider synchronization using Windows events. That is, after we start a new thread, is there any way we can communicate it or control it? It turns out that the answer is yes. Let's say that we had a problem to solve in our main thread and that we started a worker thread working on that problem:

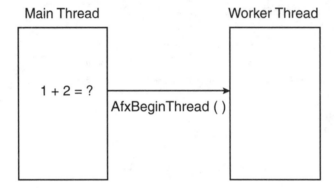

If we set up a *Windows event*, providing us with a mechanism for communicating between threads, we can have the new thread wait for that event to be set (events can be either set or reset):

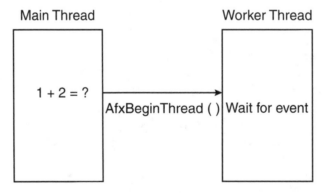

When we set the event the worker thread is waiting for, using the SetEvent() function, the worker thread can then continue and perform the calculation:

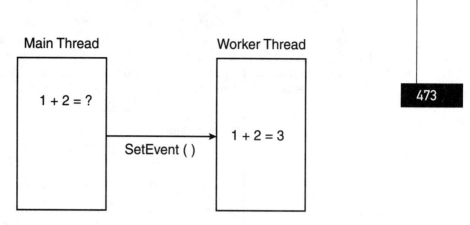

Then, as before, it can use a Windows message to inform the main thread that the calculation is complete:

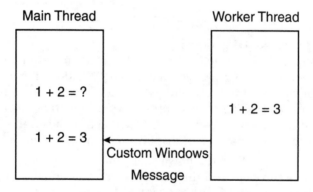

Let's see this in action. We'll revise our WORKER program to synchronize the main thread and the worker thread. When the user clicks the **Start Demo** menu item, the program starts the worker thread:

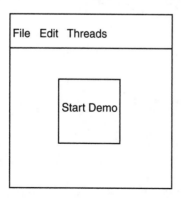

However, we will make sure that the worker thread does not execute the calculation (i.e., it will wait, using `WaitForSingleObject()`) until it synchronizes with the main thread. In particular, we might pop a message box on the screen with the message "New thread will continue when you click OK":

When the user clicks **OK**, we can set the event that the worker thread is waiting for so that thread may continue. Let's create this example now. First, we start by creating a new project named, say, WORKER2, and by copying over the code we added to the WORKER project (see Listings 8.1 and 8.2). If you were to run WORKER2 at this point, it would function just as WORKER did—it would pass the problem 1 + 2 to a worker thread, wait until the calculation had been completed, and display the result in its view.

We will modify WORKER2, however, so that the worker thread waits for an event to be set in the main thread before performing the calculation. We start by adding a handle for that event, `m_hDoCalc`, to our data structure (from WORKEVW.CPP):

```
    struct CCalcThreadInfo
{
    int m_Int1;
    int m_Int2;
    int m_Sum;
->  HANDLE m_hDoCalc;
    HWND m_hwndNotifyCalcDone;
};
```

Next, we create a Windows event in the view's constructor with the CreateEvent() function and assign the handle returned by that function to m_calcThreadInfo.m_hDoCalc (from WORKEVW.CPP):

```
CWorker2View::CWorker2View()
{
-> m_calcThreadInfo.m_hDoCalc = CreateEvent(NULL, FALSE, FALSE, NULL);
}
```

The first parameter is a pointer to the event's security attributes (which we won't need here and so set to NULL), the next parameter is the manual-reset flag (which we'll leave FALSE), next is the initial state flag (we'll leave it FALSE so the event is initially reset), and the last parameter is a pointer to the event's name, if we want one (we don't here).

Now we have a Windows event we can work with. We *reset* that event (note that until the event is set, the worker thread will wait) before creating the new worker thread like this in CWorker2View::OnThreadsStartdemo(), the function connected to the **Threads | Start Demo** menu item (from WORKEVW.CPP):

```
void CWorker2View::OnThreadsStartdemo()
{
    m_calcThreadInfo.m_Int1 = 1;
    m_calcThreadInfo.m_Int2 = 2;
-> ResetEvent(m_calcThreadInfo.m_hDoCalc);
    m_calcThreadInfo.m_hwndNotifyCalcDone = m_hWnd;
    m_pCalcWorkerThread = AfxBeginThread(CalcThreadProc, &m_calcThreadInfo);
}
```

After the event is reset, we create the new worker thread:

```
void CWorker2View::OnThreadsStartdemo()
{
    m_calcThreadInfo.m_Int1 = 1;
    m_calcThreadInfo.m_Int2 = 2;
    ResetEvent(m_calcThreadInfo.m_hDoCalc);
    m_calcThreadInfo.m_hwndNotifyCalcDone = m_hWnd;
-> m_pCalcWorkerThread = AfxBeginThread(CalcThreadProc, &m_calcThreadInfo);
}
```

Now we'll make the worker thread wait for the pCalcInfo->m_hDoCalc event to be set before performing the calculation. We do that with the Windows WaitForSingleObject() function, where we indicate in WORKEVW.CPP that we want the worker thread to wait as long as is needed (up to an INFINITE time):

```
UINT CalcThreadProc(LPVOID pParam)
{
    CCalcThreadInfo* pCalcInfo = (CCalcThreadInfo*)pParam;

->  WaitForSingleObject(pCalcInfo->m_hDoCalc, INFINITE);
    pCalcInfo->m_Sum = pCalcInfo->m_Int1 + pCalcInfo->m_Int2;
    ::PostMessage(pCalcInfo->m_hwndNotifyCalcDone, WM_USER_CALC_DONE, 0, 0);

    return 0;
}
```

Now the worker thread will wait for the m_hDoCalc event before continuing. Back in the main thread, we can pop a message box on the screen with the message "New thread will continue when you click OK":

```
void CWorker2View::OnThreadsStartdemo()
{
    m_calcThreadInfo.m_Int1 = 1;
    m_calcThreadInfo.m_Int2 = 2;
    ResetEvent(m_calcThreadInfo.m_hDoCalc);
    m_calcThreadInfo.m_hwndNotifyCalcDone = m_hWnd;
    m_pCalcWorkerThread = AfxBeginThread(CalcThreadProc, &m_calcThreadInfo);
->  MessageBox("New thread will continue when you click OK");
}
```

When the user clicks this button, we want to set the m_calcThreadInfo.m_hDoCalc event so that the worker thread can continue. We set the event with SetEvent():

```
void CWorker2View::OnThreadsStartdemo()
{
    m_calcThreadInfo.m_Int1 = 1;
    m_calcThreadInfo.m_Int2 = 2;
    ResetEvent(m_calcThreadInfo.m_hDoCalc);
```

Chapter 8 • Multithreaded Programs and Synchronization in Visual C++ 5

```
    m_calcThreadInfo.m_hwndNotifyCalcDone = m_hWnd;
    m_pCalcWorkerThread = AfxBeginThread(CalcThreadProc, &m_calcThreadInfo);
    MessageBox("New thread will continue when you click OK");
-> SetEvent(m_calcThreadInfo.m_hDoCalc);
}
```

477

When we run the program and select the **Threads | Start Demo** menu item, the new worker thread is created but waits for our custom event to be set. A message box appears on the screen as in Figure 8.4, informing the user that the worker thread will continue when the **OK** button is clicked. When it is clicked, the message box disappears, we set the event, the worker thread completes its calculation and informs the main thread, and finally the result appears in the view, as shown in Figure 8.5. WORKER2 is a success—we've supported inter-thread communication and synchronization. You can find the code for this program in these listings:

Listing 8.5   WORKER2.H and WORKER2.CPP

Listing 8.6   WORKEVW.H and WORKEVW.CPP

FIGURE 8.4 THE PROGRAM MAKES THE WORKER THREAD WAIT UNTIL THE USER CLICKS THE OK BUTTON.

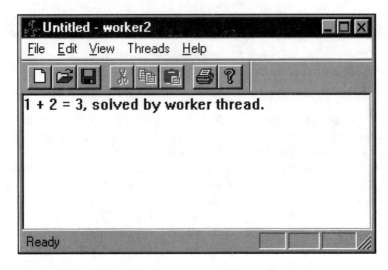

FIGURE 8.5 AFTER THE MAIN THREAD SETS ITS WINDOWS EVENT,
THE WORKER THREAD COMPLETES ITS CALCULATION.

LISTING 8.5 WORKER2.H AND WORKER2.CPP

```cpp
// worker2.h : main header file for the WORKER2 application
//

#ifndef __AFXWIN_H__
    #error include 'stdafx.h' before including this file for PCH
#endif

#include "resource.h"        // main symbols


/////////////////////////////////////////////////////////////////////////
// CWorker2App:
// See worker2.cpp for the implementation of this class
//

#define WM_USER_CALC_DONE (WM_USER + 1)

class CWorker2App : public CWinApp
{
```

```
public:
    CWorker2App();

// Overrides
    // ClassWizard generated virtual function overrides
    //{{AFX_VIRTUAL(CWorker2App)
    public:
    virtual BOOL InitInstance();
    //}}AFX_VIRTUAL

// Implementation

    //{{AFX_MSG(CWorker2App)
    afx_msg void OnAppAbout();
        // NOTE - the ClassWizard will add and remove member functions here.
        //      DO NOT EDIT what you see in these blocks of generated code !
    //}}AFX_MSG
    DECLARE_MESSAGE_MAP()
};


//////////////////////////////////////////////////////////////////////////
// worker2.cpp : Defines the class behaviors for the application.
//

#include "stdafx.h"
#include "worker2.h"

#include "mainfrm.h"
#include "workedoc.h"
#include "workevw.h"

#ifdef _DEBUG
#undef THIS_FILE
static char BASED_CODE THIS_FILE[] = __FILE__;
#endif


//////////////////////////////////////////////////////////////////////
// CWorker2App
```

```
BEGIN_MESSAGE_MAP(CWorker2App, CWinApp)
    //{{AFX_MSG_MAP(CWorker2App)
    ON_COMMAND(ID_APP_ABOUT, OnAppAbout)
        // NOTE - the ClassWizard will add and remove mapping macros here.
        //    DO NOT EDIT what you see in these blocks of generated code!
    //}}AFX_MSG_MAP
    // Standard file based document commands
    ON_COMMAND(ID_FILE_NEW, CWinApp::OnFileNew)
    ON_COMMAND(ID_FILE_OPEN, CWinApp::OnFileOpen)
    // Standard print setup command
    ON_COMMAND(ID_FILE_PRINT_SETUP, CWinApp::OnFilePrintSetup)
END_MESSAGE_MAP()


/////////////////////////////////////////////////////////////////////////////
// CWorker2App construction

CWorker2App::CWorker2App()
{
    // TODO: add construction code here,
    // Place all significant initialization in InitInstance
}


/////////////////////////////////////////////////////////////////////////////
// The one and only CWorker2App object

CWorker2App theApp;

/////////////////////////////////////////////////////////////////////////////
// CWorker2App initialization

BOOL CWorker2App::InitInstance()
{
    // Standard initialization
    // If you are not using these features and wish to reduce the size
    //  of your final executable, you should remove from the following
    //  the specific initialization routines you do not need.

    Enable3dControls();
```

```
LoadStdProfileSettings();  // Load INI file options (including MRU)

// Register the application's document templates.  Document templates
//  serve as the connection between documents, frame windows and views.

CSingleDocTemplate* pDocTemplate;
pDocTemplate = new CSingleDocTemplate(
    IDR_MAINFRAME,
    RUNTIME_CLASS(CWorker2Doc),
    RUNTIME_CLASS(CMainFrame),          // main SDI frame window
    RUNTIME_CLASS(CWorker2View));
AddDocTemplate(pDocTemplate);

// create a new (empty) document
OnFileNew();

if (m_lpCmdLine[0] != '\0')
{
    // TODO: add command line processing here
}

return TRUE;
}


/////////////////////////////////////////////////////////////////////////////
// CAboutDlg dialog used for App About

class CAboutDlg : public CDialog
{
public:
    CAboutDlg();

// Dialog Data
    //{{AFX_DATA(CAboutDlg)
    enum { IDD = IDD_ABOUTBOX };
    //}}AFX_DATA

// Implementation
protected:
```

```
    virtual void DoDataExchange(CDataExchange* pDX);    // DDX/DDV support
    //{{AFX_MSG(CAboutDlg)
        // No message handlers
    //}}AFX_MSG
    DECLARE_MESSAGE_MAP()
};

CAboutDlg::CAboutDlg() : CDialog(CAboutDlg::IDD)
{
    //{{AFX_DATA_INIT(CAboutDlg)
    //}}AFX_DATA_INIT
}

void CAboutDlg::DoDataExchange(CDataExchange* pDX)
{
    CDialog::DoDataExchange(pDX);
    //{{AFX_DATA_MAP(CAboutDlg)
    //}}AFX_DATA_MAP
}

BEGIN_MESSAGE_MAP(CAboutDlg, CDialog)
    //{{AFX_MSG_MAP(CAboutDlg)
        // No message handlers
    //}}AFX_MSG_MAP
END_MESSAGE_MAP()

// App command to run the dialog
void CWorker2App::OnAppAbout()
{
    CAboutDlg aboutDlg;
    aboutDlg.DoModal();
}

/////////////////////////////////////////////////////////////////////////
// CWorker2App commands
```

LISTING **8.6** WORKEVW.H AND **WORKEVW.CPP**

```cpp
// workevw.h : interface of the CWorker2View class
//
/////////////////////////////////////////////////////////////////////////////
UINT CalcThreadProc(LPVOID pParam /* CCalcThreadInfo ptr */);

    struct CCalcThreadInfo
{
    int m_Int1;
    int m_Int2;
    int m_Sum;
    HANDLE m_hDoCalc;
    HWND m_hwndNotifyCalcDone;
};

class CWorker2View : public CView
{
protected: // create from serialization only
    CWorker2View();
    DECLARE_DYNCREATE(CWorker2View)

// Attributes
public:
    CWorker2Doc* GetDocument();
    int m_Int1;
    int m_Int2;
    int m_Sum;
    CCalcThreadInfo m_calcThreadInfo;
    LRESULT OnCalcDone(WPARAM wParam, LPARAM lParam);
    CWinThread* m_pCalcWorkerThread;

// Operations
public:

// Overrides
    // ClassWizard generated virtual function overrides
```

```
    //{{AFX_VIRTUAL(CWorker2View)
    public:
    virtual void OnDraw(CDC* pDC);  // overridden to draw this view
    protected:
    virtual BOOL OnPreparePrinting(CPrintInfo* pInfo);
    virtual void OnBeginPrinting(CDC* pDC, CPrintInfo* pInfo);
    virtual void OnEndPrinting(CDC* pDC, CPrintInfo* pInfo);
    //}}AFX_VIRTUAL

// Implementation
public:
    virtual ~CWorker2View();
#ifdef _DEBUG
    virtual void AssertValid() const;
    virtual void Dump(CDumpContext& dc) const;
#endif

protected:

// Generated message map functions
protected:
    //{{AFX_MSG(CWorker2View)
    afx_msg void OnThreadsStartdemo();
    //}}AFX_MSG
    DECLARE_MESSAGE_MAP()
};

#ifndef _DEBUG  // debug version in workevw.cpp
inline CWorker2Doc* CWorker2View::GetDocument()
    { return (CWorker2Doc*)m_pDocument; }
#endif

/////////////////////////////////////////////////////////////////////////

// workevw.cpp : implementation of the CWorker2View class
//
```

```
#include "stdafx.h"
#include "worker2.h"

#include "workedoc.h"
#include "workevw.h"

#ifdef _DEBUG
#undef THIS_FILE
static char BASED_CODE THIS_FILE[] = __FILE__;
#endif

/////////////////////////////////////////////////////////////////////////////
// CWorker2View

IMPLEMENT_DYNCREATE(CWorker2View, CView)

BEGIN_MESSAGE_MAP(CWorker2View, CView)
    //{{AFX_MSG_MAP(CWorker2View)
    ON_MESSAGE(WM_USER_CALC_DONE, OnCalcDone)
    ON_COMMAND(ID_THREADS_STARTDEMO, OnThreadsStartdemo)
    //}}AFX_MSG_MAP
    // Standard printing commands
    ON_COMMAND(ID_FILE_PRINT, CView::OnFilePrint)
    ON_COMMAND(ID_FILE_PRINT_PREVIEW, CView::OnFilePrintPreview)
END_MESSAGE_MAP()

/////////////////////////////////////////////////////////////////////////////
// CWorker2View construction/destruction

CWorker2View::CWorker2View()
{
    m_calcThreadInfo.m_hDoCalc = CreateEvent(NULL, FALSE, FALSE, NULL);
}

CWorker2View::~CWorker2View()
{
```

```
}

//////////////////////////////////////////////////////////////////////////
// CWorker2View drawing

void CWorker2View::OnDraw(CDC* pDC)
{
    CWorker2Doc* pDoc = GetDocument();
    ASSERT_VALID(pDoc);

    // TODO: add draw code for native data here
}


//////////////////////////////////////////////////////////////////////////
// CWorker2View printing

BOOL CWorker2View::OnPreparePrinting(CPrintInfo* pInfo)
{
    // default preparation
    return DoPreparePrinting(pInfo);
}

void CWorker2View::OnBeginPrinting(CDC* /*pDC*/, CPrintInfo* /*pInfo*/)
{
    // TODO: add extra initialization before printing
}

void CWorker2View::OnEndPrinting(CDC* /*pDC*/, CPrintInfo* /*pInfo*/)
{
    // TODO: add cleanup after printing
}


//////////////////////////////////////////////////////////////////////////
// CWorker2View diagnostics

#ifdef _DEBUG
void CWorker2View::AssertValid() const
```

```
{
    CView::AssertValid();
}

void CWorker2View::Dump(CDumpContext& dc) const
{
    CView::Dump(dc);
}

CWorker2Doc* CWorker2View::GetDocument() // non-debug version is inline
{
    ASSERT(m_pDocument->IsKindOf(RUNTIME_CLASS(CWorker2Doc)));
    return (CWorker2Doc*)m_pDocument;
}
#endif //_DEBUG

/////////////////////////////////////////////////////////////////////////////
// CWorker2View message handlers

void CWorker2View::OnThreadsStartdemo()
{
    m_calcThreadInfo.m_Int1 = 1;
    m_calcThreadInfo.m_Int2 = 2;
    ResetEvent(m_calcThreadInfo.m_hDoCalc);
    m_calcThreadInfo.m_hwndNotifyCalcDone = m_hWnd;
    m_pCalcWorkerThread = AfxBeginThread(CalcThreadProc, &m_calcThreadInfo);
    MessageBox("New thread will continue when you click OK");
    SetEvent(m_calcThreadInfo.m_hDoCalc);
}

LRESULT CWorker2View::OnCalcDone(WPARAM, LPARAM)
{
    DWORD dwExitCode;
    char out_string[100];
    wsprintf(out_string, "1 + 2 = %d, solved by worker thread.",
        m_calcThreadInfo.m_Sum);
    CClientDC dc(this);
```

```
    dc.TextOut(0, 0, out_string, strlen(out_string));
    TerminateThread(m_pCalcWorkerThread, dwExitCode);
    return 0;
}

UINT CalcThreadProc(LPVOID pParam)
{
    CCalcThreadInfo* pCalcInfo = (CCalcThreadInfo*)pParam;

    WaitForSingleObject(pCalcInfo->m_hDoCalc, INFINITE);
    pCalcInfo->m_Sum = pCalcInfo->m_Int1 + pCalcInfo->m_Int2;
    ::PostMessage(pCalcInfo->m_hwndNotifyCalcDone, WM_USER_CALC_DONE, 0, 0);

    return 0;
}
```

That's it for our multithread programs. As you can see, such programs provide the programmer with a powerful tool. In the next chapter, we'll go farther with Visual C++ when we look at some advanced techniques for working with Windows.

CHAPTER 9

Making Full Use of Windows 95's Resources

As you may recall, in Chapter 3, we saw how to handle our individual windows in a professional way; in this chapter, we'll see some ways to interact with Windows itself in a professional way. This turns out to be a mixture of knowing which functions will permit us to better work in the Windows environment, like GetTopWindow(), GetDesktopWindow(), and others that use pre-existing system resources like the Windows registry, and tailoring our programs to fit in with Windows better.

This last subject, making our programs fit in with Windows better, includes such topics as using either ANSI or Unicode depending on what Windows itself is using and adding version information to our EXE or DLL files so that Windows can keep track of and display that information. We'll address these topics in this chapter. We'll start by seeing how a program can get an overview of all the windows displayed on the Windows desktop so that we can get an idea of the Windows environment we're operating in.

Listing All Windows

Our first program will examine the ways in which a program can learn more about the Windows environment in which it operates. In this case, we'll see how to determine what other windows are on the Windows desktop besides our own. To do this, we first get a pointer to the Windows desktop itself; this is the window that covers the screen, and all other windows lie on top of it. We will get a pointer to the desktop window with the function GetDesktopWindow(), which, as you might expect, takes no parameters (i.e., there's only one desktop window). Next, we'll get the first window in the desktop's Z-order with a call to GetTopWindow(), which also takes no parameters. After that, we can call the GetWindow() function to cycle through all windows on the desktop. We can pass one of these arguments to GetWindow():

GW_CHILD	Gets the window's first child window.
GW_HWNDFIRST	If the window is a child window, returns the first sibling window.
GW_HWNDLAST	If the window is a child window, returns the last sibling window.
GW_HWNDNEXT	Returns the next window in the window manager's list.
GW_HWNDPREV	Returns the previous window in the window manager's list.
GW_OWNER	Gets the window's owner.

In this case, we'll use the GW_HWNDNEXT parameter to get the next window in the window manager's list of windows on the desktop, allowing us to keep calling GetWindow() as we iterate over all available windows.

Let's put all this to work. Create a dialog box–based EXE project named, say, LISTWNDS, now. Add a button (IDC_BUTTON1) with the caption **List Windows** and a multiline text box (IDC_EDIT1)—that is, select the multiline property in the text box's Styles page. Our dialog window looks like this:

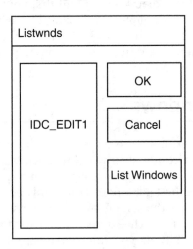

When the user clicks the **List Windows** button, we can display all the windows currently on the desktop in the text box. Connect a function, OnButton1(), to that button with ClassWizard and open that function:

```
void CListwndsDlg::OnButton1()
{

}
```

Here our plan is just to set up a loop in which we loop over all desktop windows. We can get the captions from those windows (if they have a caption) with the CWnd function GetWindowText(). We'll store those captions in a CString object named, say, out_string, which we can display in the text box at the end of our OnButton1() function. To set up our loop, we first create a pointer to a CWnd object named pWnd:

```
void CListwndsDlg::OnButton1()
{
  ->    CWnd* pWnd;
            .
            .
            .

}
```

Now we will loop, making this pointer point to all the desktop windows in turn as we have discussed. First, we get a pointer to the desktop window with GetDesktopWindow(), and then we use GetTopWindow() to get the window first in the Z-order. Next, we simply keep calling GetWindow() until it returns NULL, looping over all windows in the system:

```
void CListwndsDlg::OnButton1()
{
        CWnd* pWnd;
  ->    for (pWnd = GetDesktopWindow()->GetTopWindow(); pWnd != NULL;
  ->        pWnd = pWnd->GetWindow(GW_HWNDNEXT)){
            .
            .
            .

  ->    }
}
```

At this stage, pWnd will hold a pointer to all windows on the desktop successively. We can get the caption of a particular window and place it into a CString object named temp_string this way with GetWindowText():

```
void CListwndsDlg::OnButton1()
{
->    CString temp_string;
      CWnd* pWnd;
      for (pWnd = GetDesktopWindow()->GetTopWindow(); pWnd != NULL;
          pWnd = pWnd->GetWindow(GW_HWNDNEXT)){
->            pWnd->GetWindowText(temp_string);
                        .
                        .
                        .

      }
}
```

Because not all windows will have captions, we first check if temp_string actually holds any text with the CString IsEmpty() function. If it does, we add that text to the CString object out_string, which we will display in the text box at the end of the program:

```
void CListwndsDlg::OnButton1()
{
->    CString temp_string, out_string;
      CWnd* pWnd;
      for (pWnd = GetDesktopWindow()->GetTopWindow(); pWnd != NULL;
          pWnd = pWnd->GetWindow(GW_HWNDNEXT)){
              pWnd->GetWindowText(temp_string);
->            if(!temp_string.IsEmpty()){
->                    out_string += temp_string;
->                    out_string += "\r\n";
->            }
      }
->    SetDlgItemText(IDC_EDIT1, out_string);
}
```

Now run the program and click the **List windows** button. When you do, you'll see a list of all captioned windows in the text box, as shown in Figure 9.1. Our first, short program is a success, and gives us more of an idea of how to examine the Windows environment around us. The support files for this program, LISTWNDSDLG.H and LISTWNDSDLG.CPP, appear in Listing 9.1.

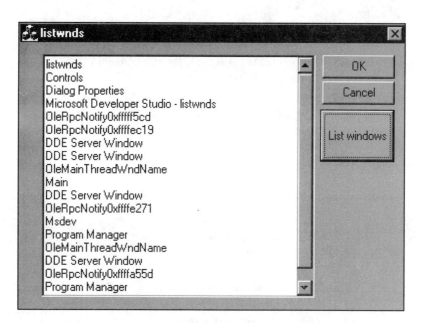

FIGURE 9.1 WE GET A LIST OF ALL DESKTOP WINDOWS.

LISTING 9.1 LISTWNDSDLG.H AND LISTWNDSDLG.CPP

```cpp
// listwndsDlg.h : header file
//


/////////////////////////////////////////////////////////////////////////////
// CListwndsDlg dialog

class CListwndsDlg : public CDialog
{
// Construction
public:
        CListwndsDlg(CWnd* pParent = NULL);        // standard constructor

// Dialog Data
        //{{AFX_DATA(CListwndsDlg)
        enum { IDD = IDD_LISTWNDS_DIALOG };
                // NOTE: the ClassWizard will add data members here
```

```
        //}}AFX_DATA

        // ClassWizard generated virtual function overrides
        //{{AFX_VIRTUAL(CListwndsDlg)
        protected:
        virtual void DoDataExchange(CDataExchange* pDX);
        //}}AFX_VIRTUAL

// Implementation
protected:
        HICON m_hIcon;

        // Generated message map functions
        //{{AFX_MSG(CListwndsDlg)
        virtual BOOL OnInitDialog();
        afx_msg void OnSysCommand(UINT nID, LPARAM lParam);
        afx_msg void OnPaint();
        afx_msg HCURSOR OnQueryDragIcon();
        afx_msg void OnButton1();
        //}}AFX_MSG
        DECLARE_MESSAGE_MAP()
};

// listwndsDlg.cpp : implementation file
//

#include "stdafx.h"
#include "listwnds.h"
#include "listwndsDlg.h"
#include "winuser.h"
#include "windows.h"
#include "windowsx.h"

#ifdef _DEBUG
#define new DEBUG_NEW
#undef THIS_FILE
static char THIS_FILE[] = __FILE__;
#endif

/////////////////////////////////////////////////////////////////////////////
```

```
// CAboutDlg dialog used for App About

class CAboutDlg : public CDialog
{
public:
        CAboutDlg();

// Dialog Data
        //{{AFX_DATA(CAboutDlg)
        enum { IDD = IDD_ABOUTBOX };
        //}}AFX_DATA


        // ClassWizard generated virtual function overrides
        //{{AFX_VIRTUAL(CAboutDlg)
        protected:
        virtual void DoDataExchange(CDataExchange* pDX);    // DDX/DDV support
        //}}AFX_VIRTUAL

// Implementation
protected:
        //{{AFX_MSG(CAboutDlg)
        //}}AFX_MSG
        DECLARE_MESSAGE_MAP()
};

CAboutDlg::CAboutDlg() : CDialog(CAboutDlg::IDD)
{
        //{{AFX_DATA_INIT(CAboutDlg)
        //}}AFX_DATA_INIT
}

void CAboutDlg::DoDataExchange(CDataExchange* pDX)
{
        CDialog::DoDataExchange(pDX);
        //{{AFX_DATA_MAP(CAboutDlg)
        //}}AFX_DATA_MAP
}

BEGIN_MESSAGE_MAP(CAboutDlg, CDialog)
        //{{AFX_MSG_MAP(CAboutDlg)
```

```
                    // No message handlers
        //}}AFX_MSG_MAP
END_MESSAGE_MAP()


/////////////////////////////////////////////////////////////////////////
// CListwndsDlg dialog

CListwndsDlg::CListwndsDlg(CWnd* pParent /*=NULL*/)
        : CDialog(CListwndsDlg::IDD, pParent)
{
        //{{AFX_DATA_INIT(CListwndsDlg)
                // NOTE: the ClassWizard will add member initialization here
        //}}AFX_DATA_INIT
        // Note LoadIcon does not require a subsequent DestroyIcon in Win32
        m_hIcon = AfxGetApp()->LoadIcon(IDR_MAINFRAME);
}


void CListwndsDlg::DoDataExchange(CDataExchange* pDX)
{
        CDialog::DoDataExchange(pDX);
        //{{AFX_DATA_MAP(CListwndsDlg)
                // NOTE: the ClassWizard will add DDX and DDV calls here
        //}}AFX_DATA_MAP
}


BEGIN_MESSAGE_MAP(CListwndsDlg, CDialog)
        //{{AFX_MSG_MAP(CListwndsDlg)
        ON_WM_SYSCOMMAND()
        ON_WM_PAINT()
        ON_WM_QUERYDRAGICON()
        ON_BN_CLICKED(IDC_BUTTON1, OnButton1)
        //}}AFX_MSG_MAP
END_MESSAGE_MAP()


/////////////////////////////////////////////////////////////////////////
// CListwndsDlg message handlers

BOOL CListwndsDlg::OnInitDialog()
{
        CDialog::OnInitDialog();
```

```
// Add "About..." menu item to system menu.

// IDM_ABOUTBOX must be in the system command range.
ASSERT((IDM_ABOUTBOX & 0xFFF0) == IDM_ABOUTBOX);
ASSERT(IDM_ABOUTBOX < 0xF000);

CMenu* pSysMenu = GetSystemMenu(FALSE);
CString strAboutMenu;
strAboutMenu.LoadString(IDS_ABOUTBOX);
if (!strAboutMenu.IsEmpty())
{
        pSysMenu->AppendMenu(MF_SEPARATOR);
        pSysMenu->AppendMenu(MF_STRING, IDM_ABOUTBOX, strAboutMenu);
}

// Set icon for this dialog.  The framework does this automatically
//   when the application's main window is not a dialog
SetIcon(m_hIcon, TRUE);                         // Set big icon
SetIcon(m_hIcon, FALSE);                // Set small icon

// TODO: Add extra initialization here

return TRUE;  // return TRUE  unless you set the focus to a control
}


void CListwndsDlg::OnSysCommand(UINT nID, LPARAM lParam)
{
        if ((nID & 0xFFF0) == IDM_ABOUTBOX)
        {
                CAboutDlg dlgAbout;
                dlgAbout.DoModal();
        }
        else
        {
                CDialog::OnSysCommand(nID, lParam);
        }
}


// If you add a minimize button to your dialog, you will need the code below
//   to draw the icon.  For MFC applications using the document/view model,
```

497

```
//  this is automatically done for you by the framework.

void CListwndsDlg::OnPaint()
{
        if (IsIconic())
        {
                CPaintDC dc(this); // device context for painting

                SendMessage(WM_ICONERASEBKGND, (WPARAM) dc.GetSafeHdc(), 0);

                // Center icon in client rectangle
                int cxIcon = GetSystemMetrics(SM_CXICON);
                int cyIcon = GetSystemMetrics(SM_CYICON);
                CRect rect;
                GetClientRect(&rect);
                int x = (rect.Width() - cxIcon + 1) / 2;
                int y = (rect.Height() - cyIcon + 1) / 2;

                // Draw the icon
                dc.DrawIcon(x, y, m_hIcon);
        }
        else
        {
                CDialog::OnPaint();
        }
}


// The system calls this to obtain the cursor to display while the user drags
//  the minimized window.
HCURSOR CListwndsDlg::OnQueryDragIcon()
{
        return (HCURSOR) m_hIcon;
}


void CListwndsDlg::OnButton1()
{
        CString temp_string, out_string;
        CWnd* pWnd;
        for (pWnd = GetDesktopWindow()->GetTopWindow(); pWnd != NULL;
```

```
    pWnd = pWnd->GetWindow(GW_HWNDNEXT)){
        pWnd->GetWindowText(temp_string);
        if(!temp_string.IsEmpty()){
                out_string += temp_string;
                out_string += "\r\n";
        }
    }
    SetDlgItemText(IDC_EDIT1, out_string);
}
```

499

That's certainly one way of working with Windows itself—calling functions that give us a better handle on our environment. However, there are other ways of working with Windows, and we'll turn to some of them now. For example, let's look at a new type of resource that Windows can read directly from our EXE or DLL files—the version resource.

Version Tracking

To examine how the version resource works and what it has to offer us, we might create a new dialog box–based EXE project named VERSION. After selecting the **Resources** tab in Visual C++, double-click the **Version** folder to open the version resource editor as shown in Figure 9.2.

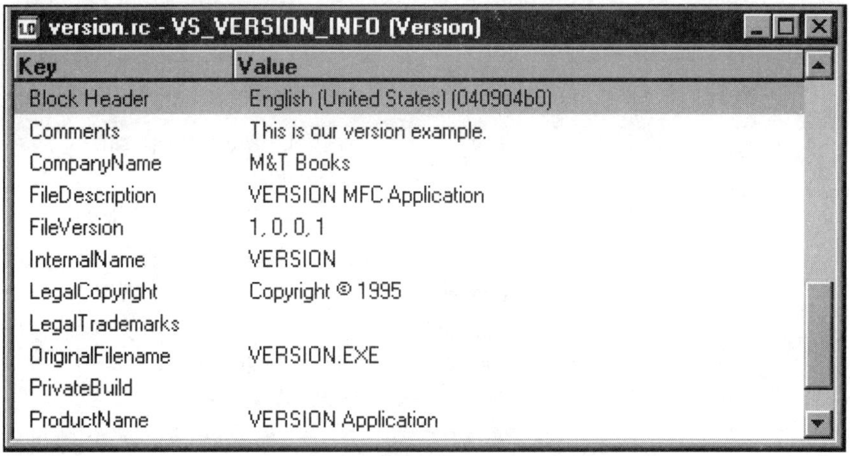

Key	Value
Block Header	English (United States) (040904b0)
Comments	This is our version example.
CompanyName	M&T Books
FileDescription	VERSION MFC Application
FileVersion	1, 0, 0, 1
InternalName	VERSION
LegalCopyright	Copyright © 1995
LegalTrademarks	
OriginalFilename	VERSION.EXE
PrivateBuild	
ProductName	VERSION Application

version.rc - VS_VERSION_INFO (Version)

FIGURE 9.2 THE VERSION RESOURCE EDITOR.

As you can see in Figure 9.2, there are many items like CompanyName, FileDescription, FileVersion, InternalName, and so on to set in a version resource. This gives us a chance to set the complete version information of our file the way we want it, but there are many possibilities here. Let's see what all these parameters stand for:

FILEVERSION	Gives the version number for the file.
PRODUCTVERSION	Gives the version number for product with which the file is distributed.
FILEFLAGSMASK	Indicates which of the bits in the FILEFLAGS statement are valid.
FILEFLAGS	Gives the Boolean attributes of the file:.

VS_FF_DEBUG	Contains debugging information.
VS_FF_INFOINFERRED	Contains version-information resource.
VS_FF_PATCHED	Has been modified, not identical to original shipping file.
VS_FF_PRERELEASE	A development version.
VS_FF_PRIVATEBUILD	A private build of the file.
VS_FF_SPECIALBUILD	A variation of the standard file of the same version number.

FILEOS	Gives the operating system for which this file was designed:

VOS_UNKNOWN	Unknown operating system.
VOS_DOS	Designed for MS-DOS.
VOS_NT	Designed for Windows NT.
VOS_WINDOWS16	Designed for Windows version 3.0 or higher.
VOS_WINDOWS32	Designed for 32-bit Windows.
VOS_DOS_WINDOWS16	Designed for Windows version 3.0 or higher running with MS-DOS.

	`VOS_DOS_WINDOWS32`	Designed for 32-bit Windows running with MS-DOS.
	`VOS_NT_WINDOWS32`	Designed for 32-bit Windows with Windows NT.
`FILETYPE`	Gives the general type of file:	
	`VFT_UNKNOWN`	Unknown type.
	`VFT_APP`	Application.
	`VFT_DLL`	Dynamic link library.
	`VFT_DRV`	Device driver.
	`VFT_FONT`	Font file.
	`VFT_VXD`	Virtual device.
	`VFT_STATIC_LIB`	Static link library.
`FILESUBTYPE`	Gives the function of the file. This parameter is zero unless `FILETYPE` is `VFT_DRV`, `VFT_FONT`, or `VFT_VXD`, in which case it is one of these:	
	`VFT2_UNKNOWN`	Unknown subtype.
	`VFT2_DRV_COMM`	Communications driver.
	`VFT2_DRV_PRINTER`	Printer driver.
	`VFT2_DRV_KEYBOARD`	Keyboard driver.
	`VFT2_DRV_LANGUAGE`	Language driver.
	`VFT2_DRV_DISPLAY`	Display driver.
	`VFT2_DRV_MOUSE`	Mouse driver.
	`VFT2_DRV_NETWORK`	Network driver.
	`VFT2_DRV_SYSTEM`	System driver.
	`VFT2_DRV_INSTALLABLE`	Installable driver.
	`VFT2_DRV_SOUND`	Sound driver.
	`VFT2_FONT_RASTER`	Raster font.
	`VFT2_FONT_VECTOR`	Vector font.
	`VFT2_FONT_TRUETYPE`	TrueType font.

501

The additional strings that Visual C++ currently lets us add to our version resource are these:

`Comments`	Displays information for diagnostic purposes.
`CompanyName`	Indicates company that produced the file.
`FileDescription`	Gives a file description for users.
`FileVersion`	Gives version number of the file (e.g., 4.10).
`InternalName`	Gives the internal name of the file, if one exists.
`LegalCopyright`	Gives all copyright notices that apply to file.
`LegalTrademarks`	Gives all registered trademarks that apply to file.
`OriginalFilename`	Gives the original name of the file; allows a program to determine whether a file was renamed by user.
`PrivateBuild`	Gives information about private version of the file (e.g., Tested by Edward).
`ProductName`	Gives name of product with which file comes.
`ProductVersion`	Gives version of product with which file comes.
`SpecialBuild`	Indicates how this version file differs from the standard version.

Editing a Version Resource

We can take advantage of the version resource editor to add a comment (under the `Comments` heading) to our EXE file saying, for example, "This is our version example.", as well as setting the company name (under the `CompanyName` heading) to "M&T Books", as shown in Figure 9.2. To do this, just type these strings into the version resource editor as you would with any text box.

In addition, version resources can work with several different languages, each of which has their own identifying number:

0x0401	Arabic
0x0402	Bulgarian
0x0403	Catalan
0x0404	Traditional Chinese
0x0405	Czech
0x0406	Danish
0x0407	German
0x0408	Greek
0x0409	U.S. English

0x040A	Castilian Spanish
0x040B	Finnish
0x040C	French
0x040D	Hebrew
0x040E	Hungarian
0x040F	Icelandic
0x0410	Italian
0x0411	Japanese
0x0412	Korean
0x0413	Dutch
0x0414	Norwegian—Bokml
0x0810	Swiss Italian
0x0813	Belgian Dutch
0x0814	Norwegian—Nynorsk
0x0415	Polish
0x0416	Brazilian Portuguese
0x0417	Rhaeto-Romanic
0x0418	Romanian
0x0419	Russian
0x041A	Croato-Serbian (Latin)
0x041B	Slovak
0x041C	Albanian
0x041D	Swedish
0x041E	Thai
0x041F	Turkish
0x0420	Urdu
0x0421	Bahasa
0x0804	Simplified Chinese
0x0807	Swiss German
0x0809	U.K. English
0x080A	Mexican Spanish
0x080C	Belgian French
0x0C0C	Canadian French

0x100C	Swiss French
0x0816	Portuguese
0x081A	Serbo-Croatian (Cyrillic)

We might want to add some text in another language to our version resource in case our program is used in another country. We can do this by selecting the Insert menu's **New Version Info Block**. The Block Header Properties page opens. Select **German (Standard)** in the Language ID dropdown list box and close the property dialog box, creating a new German version block as shown in Figure 9.3. We can also add some text to that version block, which is also shown in Figure 9.3.

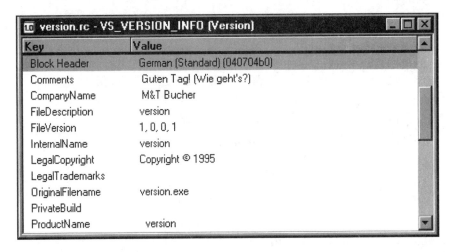

FIGURE 9.3 ADDING A GERMAN VERSION TO OUR PROGRAM.

Save the resource file, VERSION.RC. If we look inside VERSION.RC, we'll find the Version block, which looks like this:

```
//////////////////////////////////////////////////////////////////////
//
// Version
//

VS_VERSION_INFO VERSIONINFO
 FILEVERSION 1,0,0,1
 PRODUCTVERSION 1,0,0,1
```

```
 FILEFLAGSMASK 0x3fL
#ifdef _DEBUG
 FILEFLAGS 0x1L
#else
 FILEFLAGS 0x0L
#endif
 FILEOS 0x4L
 FILETYPE 0x1L
 FILESUBTYPE 0x0L
BEGIN
    BLOCK "StringFileInfo"
    BEGIN
        BLOCK "040704b0"
        BEGIN
            VALUE "Comments", " Guten Tag! (Wie geht's?)\0"
            VALUE "CompanyName", " M&T Bucher\0"
            VALUE "FileDescription", "version\0"
            VALUE "FileVersion", "1, 0, 0, 1\0"
            VALUE "InternalName", "version\0"
            VALUE "LegalCopyright", "Copyright 1995\0"
            VALUE "OriginalFilename", "version.exe\0"
            VALUE "ProductName", "  version\0"
            VALUE "ProductVersion", "1, 0, 0, 1\0"
        END
        BLOCK "040904b0"
        BEGIN
            VALUE "Comments", "This is our version example.\0"
            VALUE "CompanyName", "M&T Books\0"
            VALUE "FileDescription", "VERSION MFC Application\0"
            VALUE "FileVersion", "1, 0, 0, 1\0"
            VALUE "InternalName", "VERSION\0"
            VALUE "LegalCopyright", "Copyright 1995\0"
            VALUE "OriginalFilename", "VERSION.EXE\0"
            VALUE "ProductName", "VERSION Application\0"
            VALUE "ProductVersion", "1, 0, 0, 1\0"
        END
    END
    BLOCK "VarFileInfo"
```

```
BEGIN
    VALUE "Translation", 0x407, 1200, 0x409, 1200
END
END
```

As you can see, the various settings for our version resource are all here, ready to be used. Create VERSION.EXE to see how this works. Because this program has a complete VERSIONINFO resource, we can use the Windows Explorer to get version information directly. Find VERSION.EXE in the Explorer and click the right mouse button, selecting **Properties** from the popup menu that appears. Look at the Version tab in the Properties box, as shown in Figure 9.4.

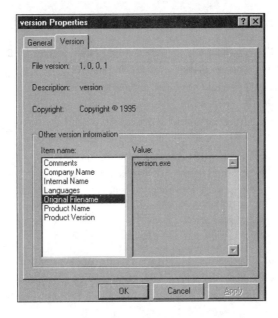

FIGURE 9.4 VERSION.EXE'S PROPERTIES PAGE.

As you can see, the user can examine the properties we set in our VERSIONINFO resource in this way, reading the settings and strings we have placed there.

That's one use of the VERSIONINFO resource, but we can also gain access to that information in our programs, which can be invaluable in case you want to make sure the user has installed the most recent version of your software. To see how this works, add a button (IDC_BUTTON1) with the caption **Get version info**, and a multiline text box (IDC_EDIT1) to VERSION's dialog window now:

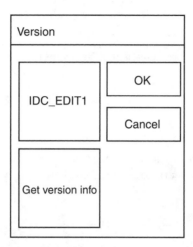

When the user clicks the **Get version info** button, VERSION can read information from its own VERSIONINFO resource (and can easily be adapted to read that resource from other files). Connect a function, OnButton1(), to IDC_BUTTON1 now:

```
void CVersionDlg::OnButton1()
{

}
```

When the user clicks this button, we will read the VERSIONINFO resource and store it in memory. We begin that process by determining the amount of memory we will need with the GetFileVersionInfoSize() function. We pass this function the name of the file we are interested in and the address of a reserved DWORD (the DWORD itself is always set to 0). This function returns the amount of memory we will need for the version information, and we store that as dwSize:

```
void CVersionDlg::OnButton1()
{
    ->    DWORD dwZero;
    ->    DWORD dwSize;
    ->    dwSize =
```

```
->
GetFileVersionInfoSize("c:\\advcpp\\version\\debug\\version.exe",
  ->       &dwZero);

  ->    if(!dwSize){
  ->          MessageBox("Could not get version info size.");
  ->          return;
  ->    }          .
                   .
                   .
```

Now we have the size of the version information block. Next, we set aside the memory we will need, pointed to by a pointer named, say, lpVersionData:

```
void CVersionDlg::OnButton1()
{
        DWORD dwZero;
        DWORD dwSize;
        dwSize =

GetFileVersionInfoSize("c:\\advcpp\\version\\debug\\version.exe",
        &dwZero);

        if(!dwSize){
                MessageBox("Could not get version info size.");
                return;
        }

  ->    LPVOID lpVersionData = new char[dwSize];
          .
          .
          .
```

To read in the VERSIONINFO resource block, we will use the GetFileVersionInfo() function, which we call with these parameters:

```
        BOOL GetFileVersionInfo(
                LPTSTR lptstrFilename,    // pointer to filename string
```

```
DWORD   dwHandle,    // ignored
DWORD   dwLen,       // size of buffer
LPVOID  lpData       // pointer to buffer to get file-version info.
)
```

Here, we pass the name of the file we want information about, the size of
the buffer we have set aside to receive that information, and a pointer to that
buffer this way:

```
void CVersionDlg::OnButton1()
{
        DWORD dwZero;
        DWORD dwSize;
        dwSize =

GetFileVersionInfoSize("c:\\advcpp\\version\\debug\\version.exe",
        &dwZero);

        if(!dwSize){
                MessageBox("Could not get version info size.");
                return;
        }

        LPVOID lpVersionData = new char[dwSize];
->      if(!GetFileVersionInfo("c:\\advcpp\\version\\debug\\version.exe",
->          dwZero, dwSize, lpVersionData)){
->              MessageBox("Could not get version info.");
->              return;
->      }          .

                   .

                   .
```

Now that we've read in the version information, we must examine its con-
tents. We do that with the VerQueryValue() function, which we call with
these parameters:

```
BOOL VerQueryValue(
    const LPVOID  pBlock,    // address of buffer for version resource
    LPTSTR  lpSubBlock,      // address of value to retrieve
```

```
        LPVOID * lplpBuffer,     // address of buffer for version pointer
        PUINT  puLen             // address of version-value length buffer
        );
```

Here, `pBlock` points to the buffer containing the version resource we got from `GetFileVersionInfo()`, and `lpSubBlock` points to a string indicating which version resource value to retrieve. This string is made up of names separated by backslashes (\) and can take one of the following forms:

`\` `VerQueryValue()`	Retrieves a pointer to a VS_FIXEDFILE-INFO structure for the version resource.
`\VarFileInfo\Translation`	Gets the translation table, an array of language and character-set identifiers.
`\StringFileInfo\lang-charset\` `string-name`	Gets a value from the version resource.

The `lplpBuffer` parameter points to a buffer that receives a pointer to the version resource value we selected. The `puLen` parameter points to a buffer that receives the length of the version resource value. If it is successful, `VerQueryValue()` returns TRUE; if it is not successful, it returns FALSE.

If we want to retrieve a particular string from the version resource, we specify that like this in our call to `VerQueryValue()`: "\StringFileInfo\lang-charset\string-name". Here, `string_name` is the name of the string we want to read, and `lang-charset` is the hex numerical value for that language block in the version resource (from VERSION.RC). In our case, we can work with the U.S. English block:

```
BLOCK "StringFileInfo"
BEGIN
    BLOCK "040704b0"
    BEGIN
        VALUE "Comments", " Guten Tag! (Wie geht's?)\0"
        VALUE "CompanyName", " M&T Bucher\0"
        VALUE "FileDescription", "version\0"
        VALUE "FileVersion", "1, 0, 0, 1\0"
        VALUE "InternalName", "version\0"
        VALUE "LegalCopyright", "Copyright 1995\0"
        VALUE "OriginalFilename", "version.exe\0"
        VALUE "ProductName", " version\0"
```

```
              VALUE "ProductVersion", "1, 0, 0, 1\0"
          END
->    BLOCK "040904b0"
          BEGIN
              VALUE "Comments", "This is our version example.\0"
              VALUE "CompanyName", "M&T Books\0"
              VALUE "FileDescription", "VERSION MFC Application\0"
              VALUE "FileVersion", "1, 0, 0, 1\0"
              VALUE "InternalName", "VERSION\0"
              VALUE "LegalCopyright", "Copyright 1995\0"
              VALUE "OriginalFilename", "VERSION.EXE\0"
              VALUE "ProductName", "VERSION Application\0"
              VALUE "ProductVersion", "1, 0, 0, 1\0"
          END
      END
```

For example, we can use VerQueryValue() to read the company name from
the CompanyName value in VERSION's version resource this way, where we add
the company name to a CString object named out_string:

```
void CVersionDlg::OnButton1()
{
      DWORD dwZero;
      DWORD dwSize;
      dwSize =

GetFileVersionInfoSize("c:\\advcpp\\version\\debug\\version.exe",
          &dwZero);

      if(!dwSize){
            MessageBox("Could not get version info size.");
            return;
      }

      LPVOID lpVersionData = new char[dwSize];
      if(!GetFileVersionInfo("c:\\advcpp\\version\\debug\\version.exe",
          dwZero, dwSize, lpVersionData)){
            MessageBox("Could not get version info.");
            return;
```

```
        }

->      LPVOID pText;
->      UINT uTextSize = 0;
->      if(!VerQueryValue(lpVersionData,
->          "\\StringFileInfo\\040904b0\\CompanyName", &pText, &uTextSize)){
->              MessageBox("Could not get version value.");
->              return;
->      }
->      CString out_string = "Company Name = ";
->      out_string += (char *) pText;
->      out_string += "\r\n";

            .

            .

            .
```

On the other hand, we can also pass a backslash (\) to VerQueryValue() to make it fill a standard structure of type VS_FIXEDFILEINFO. That structure looks like this:

```
typedef struct _VS_FIXEDFILEINFO {
    DWORD dwSignature;
    DWORD dwStrucVersion;
    DWORD dwFileVersionMS;
    DWORD dwFileVersionLS;
    DWORD dwProductVersionMS;
    DWORD dwProductVersionLS;
    DWORD dwFileFlagsMask;
    DWORD dwFileFlags;
    DWORD dwFileOS;
    DWORD dwFileType;
    DWORD dwFileSubtype;
    DWORD dwFileDateMS;
    DWORD dwFileDateLS;
} VS_FIXEDFILEINFO;
```

The individual entries here can take the values we saw previously when we examined the version resource editor; for example, the dwFileOS entry can take on these values:

VOS_UNKNOWN	Unknown operating system.
VOS_DOS	Designed for MS-DOS.
VOS_NT	Designed for Windows NT.
VOS_WINDOWS16	Designed for Windows version 3.0 or higher.
VOS_WINDOWS32	Designed for 32-bit Windows.
VOS_DOS_WINDOWS16	Designed for Windows version 3.0 or higher running with MS-DOS.
VOS_DOS_WINDOWS32	Designed for 32-bit Windows running with MS-DOS.
VOS_NT_WINDOWS32	Designed for 32-bit Windows with Windows NT.

Let's examine the dwFileOS entry and indicate if the file is designed for Win32. We do that by adding text to our CString out_string:

```
void CVersionDlg::OnButton1()
{
        DWORD dwZero;
        DWORD dwSize;
        dwSize =

GetFileVersionInfoSize("c:\\advcpp\\version\\debug\\version.exe",
            &dwZero);

        if(!dwSize){
                MessageBox("Could not get version info size.");
                return;
        }

        LPVOID lpVersionData = new char[dwSize];
        if(!GetFileVersionInfo("c:\\advcpp\\version\\debug\\version.exe",
            dwZero, dwSize, lpVersionData)){
                MessageBox("Could not get version info.");
                return;
        }       .
                .
                .
->      VS_FIXEDFILEINFO *VersionStruct;
->      if(!VerQueryValue(lpVersionData, "\\", (VOID **) &VersionStruct,
->          &uTextSize)){
```

```
->              MessageBox("Could not get version data.");
->              return;
->      }
```

```
->      if(VersionStruct->dwFileOS == VOS_WINDOWS32){
->              out_string += "File OS version = Win32\r\n";
->      }
```

If this file was designed for Win32, we will see "File OS version = Win32" in the text box when the program runs. In this way, we can check any of the VERSIONINFO values from inside our program.

We might add one more embellishment here. We now know what operating system the file was designed for, but what operating system are we working under? Because this is a chapter on handling Windows professionally, that is certainly a topic we can profitably examine. To determine the version of Windows we are working with, we simply call the GetVersionEx() function, passing it the address of a structure of type OSVERSIONINFO, which looks like this:

```
typedef struct _OSVERSIONINFO{
    DWORD dwOSVersionInfoSize;
    DWORD dwMajorVersion;
    DWORD dwMinorVersion;
    DWORD dwBuildNumber;
    DWORD dwPlatformId;
    TCHAR szCSDVersion[ 128 ];
} OSVERSIONINFO;
```

That means we can add the version of Windows (returned in the dwMajorVersion and dwMinorVersion members of the OSVERSIONINFO structure— e.g., Windows 4.0 would have dwMajorVersion = 4 and dwMinorVersion = 0) to our CString object out_string this way in OnButton1():

```
void CVersionDlg::OnButton1()
{
    DWORD dwZero;
    DWORD dwSize;
    dwSize =
```

```
GetFileVersionInfoSize("c:\\advcpp\\version\\debug\\version.exe",
        &dwZero);

    if(!dwSize){
            MessageBox("Could not get version info size.");
            return;
    }        .
             .
             .

->  OSVERSIONINFO OSvi;
->  OSvi.dwOSVersionInfoSize = sizeof(OSvi);

->  if(GetVersionEx(&OSvi)){
->          char szText[40];
->          wsprintf(szText, "Current OS = Windows %d.%d",
->              OSvi.dwMajorVersion, OSvi.dwMinorVersion);
->          out_string += szText;
->  }

->  SetDlgItemText(IDC_EDIT1, out_string);
}
```

Also note that at the end of the program we placed the `CString out_string` into the multiline text box `IDC_EDIT1` so that we could see the results.

However, before creating this program's EXE file, there is another step we must take—include the file WINVER.H at the beginning of VERSIONDLG.CPP to pass the version functions' prototypes on to Visual C++. We also must link in the library that holds the version routines we are using, VERSION.LIB. Do that now (link in VERSION.LIB in the same way as linked in the LIB version of our dynamic link libraries, by using the **Build | Settings...** menu item and selecting the **Link** tab) and create VERSION.EXE.

Run the program and click the **Get version info** button as shown in Figure 9.5. When you do, the program retrieves its own version resource, as shown in Figure 9.5. Our program is a success. Now we can set and retrieve version information in an EXE file. The support files for this program, VERSIONDLG.H and VERSIONDLG.CPP, appear in Listing 9.2.

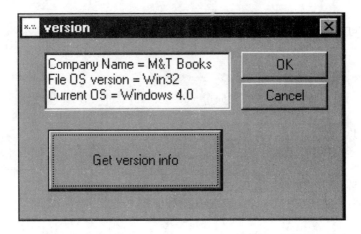

FIGURE 9.5 VERSION READS ITS OWN VERSION INFORMATION.

LISTING 9.2 VERSIONDLG.H AND VERSIONDLG.CPP

```
// versionDlg.h : header file
//


/////////////////////////////////////////////////////////////////////////
// CVersionDlg dialog

class CVersionDlg : public CDialog
{
// Construction
public:
        CVersionDlg(CWnd* pParent = NULL);          // standard constructor

// Dialog Data
        //{{AFX_DATA(CVersionDlg)
        enum { IDD = IDD_VERSION_DIALOG };
                // NOTE: the ClassWizard will add data members here
        //}}AFX_DATA

        // ClassWizard generated virtual function overrides
        //{{AFX_VIRTUAL(CVersionDlg)
        protected:
```

```cpp
        virtual void DoDataExchange(CDataExchange* pDX);
        //}}AFX_VIRTUAL

// Implementation
protected:
        HICON m_hIcon;

        // Generated message map functions
        //{{AFX_MSG(CVersionDlg)
        virtual BOOL OnInitDialog();
        afx_msg void OnSysCommand(UINT nID, LPARAM lParam);
        afx_msg void OnPaint();
        afx_msg HCURSOR OnQueryDragIcon();
        afx_msg void OnButton1();
        //}}AFX_MSG
        DECLARE_MESSAGE_MAP()
};

// versionDlg.cpp : implementation file
//

#include "stdafx.h"
#include "version.h"
#include "versionDlg.h"
#include "winver.h"

#ifdef _DEBUG
#define new DEBUG_NEW
#undef THIS_FILE
static char THIS_FILE[] = __FILE__;
#endif

#define VOS_WINDOWS32 0x4L

/////////////////////////////////////////////////////////////////////////
// CAboutDlg dialog used for App About

class CAboutDlg : public CDialog
{
```

```
public:
        CAboutDlg();

// Dialog Data
        //{{AFX_DATA(CAboutDlg)
        enum { IDD = IDD_ABOUTBOX };
        //}}AFX_DATA

        // ClassWizard generated virtual function overrides
        //{{AFX_VIRTUAL(CAboutDlg)
        protected:
        virtual void DoDataExchange(CDataExchange* pDX);    // DDX/DDV support
        //}}AFX_VIRTUAL

// Implementation
protected:
        //{{AFX_MSG(CAboutDlg)
        //}}AFX_MSG
        DECLARE_MESSAGE_MAP()
};

CAboutDlg::CAboutDlg() : CDialog(CAboutDlg::IDD)
{
        //{{AFX_DATA_INIT(CAboutDlg)
        //}}AFX_DATA_INIT
}

void CAboutDlg::DoDataExchange(CDataExchange* pDX)
{
        CDialog::DoDataExchange(pDX);
        //{{AFX_DATA_MAP(CAboutDlg)
        //}}AFX_DATA_MAP
}

BEGIN_MESSAGE_MAP(CAboutDlg, CDialog)
        //{{AFX_MSG_MAP(CAboutDlg)
                // No message handlers
        //}}AFX_MSG_MAP
END_MESSAGE_MAP()
```

```
//////////////////////////////////////////////////////////////////////
// CVersionDlg dialog

CVersionDlg::CVersionDlg(CWnd* pParent /*=NULL*/)
        : CDialog(CVersionDlg::IDD, pParent)
{
        //{{AFX_DATA_INIT(CVersionDlg)
                // NOTE: the ClassWizard will add member initialization here
        //}}AFX_DATA_INIT
        // Note LoadIcon does not require a subsequent DestroyIcon in Win32
        m_hIcon = AfxGetApp()->LoadIcon(IDR_MAINFRAME);
}


void CVersionDlg::DoDataExchange(CDataExchange* pDX)
{
        CDialog::DoDataExchange(pDX);
        //{{AFX_DATA_MAP(CVersionDlg)
                // NOTE: the ClassWizard will add DDX and DDV calls here
        //}}AFX_DATA_MAP
}


BEGIN_MESSAGE_MAP(CVersionDlg, CDialog)
        //{{AFX_MSG_MAP(CVersionDlg)
        ON_WM_SYSCOMMAND()
        ON_WM_PAINT()
        ON_WM_QUERYDRAGICON()
        ON_BN_CLICKED(IDC_BUTTON1, OnButton1)
        //}}AFX_MSG_MAP
END_MESSAGE_MAP()


//////////////////////////////////////////////////////////////////////
// CVersionDlg message handlers

BOOL CVersionDlg::OnInitDialog()
{
        CDialog::OnInitDialog();

        // Add "About..." menu item to system menu.
```

```
        // IDM_ABOUTBOX must be in the system command range.
        ASSERT((IDM_ABOUTBOX & 0xFFF0) == IDM_ABOUTBOX);
        ASSERT(IDM_ABOUTBOX < 0xF000);

        CMenu* pSysMenu = GetSystemMenu(FALSE);
        CString strAboutMenu;
        strAboutMenu.LoadString(IDS_ABOUTBOX);
        if (!strAboutMenu.IsEmpty())
        {
                pSysMenu->AppendMenu(MF_SEPARATOR);
                pSysMenu->AppendMenu(MF_STRING, IDM_ABOUTBOX, strAboutMenu);
        }

        // Set icon for this dialog.  The framework does this automatically
        //  when the application's main window is not a dialog
        SetIcon(m_hIcon, TRUE);                       // Set big icon
        SetIcon(m_hIcon, FALSE);            // Set small icon

        // TODO: Add extra initialization here

        return TRUE;  // return TRUE  unless you set the focus to a control
}

void CVersionDlg::OnSysCommand(UINT nID, LPARAM lParam)
{
        if ((nID & 0xFFF0) == IDM_ABOUTBOX)
        {
                CAboutDlg dlgAbout;
                dlgAbout.DoModal();
        }
        else
        {
                CDialog::OnSysCommand(nID, lParam);
        }
}

// If you add a minimize button to your dialog, you will need the code below
//  to draw the icon.  For MFC applications using the document/view model,
//  this is automatically done for you by the framework.
```

```
void CVersionDlg::OnPaint()
{
        if (IsIconic())
        {
                CPaintDC dc(this); // device context for painting

                SendMessage(WM_ICONERASEBKGND, (WPARAM) dc.GetSafeHdc(), 0);

                // Center icon in client rectangle
                int cxIcon = GetSystemMetrics(SM_CXICON);
                int cyIcon = GetSystemMetrics(SM_CYICON);
                CRect rect;
                GetClientRect(&rect);
                int x = (rect.Width() - cxIcon + 1) / 2;
                int y = (rect.Height() - cyIcon + 1) / 2;

                // Draw the icon
                dc.DrawIcon(x, y, m_hIcon);
        }
        else
        {
                CDialog::OnPaint();
        }
}


// The system calls this to obtain the cursor to display while the user drags
//   the minimized window.
HCURSOR CVersionDlg::OnQueryDragIcon()
{
        return (HCURSOR) m_hIcon;
}


void CVersionDlg::OnButton1()
{
        DWORD dwZero;
        DWORD dwSize;
        dwSize =

GetFileVersionInfoSize("c:\\advcpp\\version\\debug\\version.exe",
```

```
        &dwZero);

if(!dwSize){
        MessageBox("Could not get version info size.");
        return;
}

LPVOID lpVersionData = new char[dwSize];
if(!GetFileVersionInfo("c:\\advcpp\\version\\debug\\version.exe",
    dwZero, dwSize, lpVersionData)){
        MessageBox("Could not get version info.");
        return;
}

LPVOID pText;
UINT uTextSize = 0;
if(!VerQueryValue(lpVersionData,
    "\\StringFileInfo\\040904b0\\CompanyName", &pText, &uTextSize)){
        MessageBox("Could not get version value.");
        return;
}
CString out_string = "Company Name = ";
out_string += (char *) pText;
out_string += "\r\n";
VS_FIXEDFILEINFO *VersionStruct;
if(!VerQueryValue(lpVersionData, "\\", (VOID **) &VersionStruct,
    &uTextSize)){
        MessageBox("Could not get version data.");
        return;
}
if(VersionStruct->dwFileOS == VOS_WINDOWS32){
        out_string += "File OS version = Win32\r\n";
}

OSVERSIONINFO OSvi;
OSvi.dwOSVersionInfoSize = sizeof(OSvi);

if(GetVersionEx(&OSvi)){
        char szText[40];
```

```
      wsprintf(szText, "Current OS = Windows %d.%d",
          OSvi.dwMajorVersion, OSvi.dwMinorVersion);
      out_string += szText;
   }


   SetDlgItemText(IDC_EDIT1, out_string);
}
```

523

While we are on the topic of changing the version resource, let's look at the process of editing a program's icon.

Editing an Icon Resource

We've reviewed all the other Visual C++ resource editors already; editing an icon is all that's left, and we'll examine that process now. Just open the Resource folder's **Icon** folder and double-click **IDR_MAINFRAME** to open our program's icon, as shown in Figure 9.6.

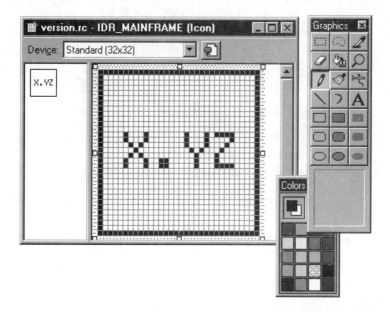

FIGURE 9.6 EDITING OUR PROGRAM'S MAIN ICON.

The IDR_MAINFRAME icon is loaded in our dialog window's constructor like this:

```
CVersionDlg::CVersionDlg(CWnd* pParent /*=NULL*/)
        : CDialog(CVersionDlg::IDD, pParent)
{
        //{{AFX_DATA_INIT(CVersionDlg)
                // NOTE: the ClassWizard will add member initialization here
        //}}AFX_DATA_INIT
        // Note LoadIcon does not require a subsequent DestroyIcon in Win32
  ->    m_hIcon = AfxGetApp()->LoadIcon(IDR_MAINFRAME);
}
```

We simply use the editing tools provided in the icon resource editor to make VERSION's icon show the text X.YZ as in Figure 9.6, indicating that this program has something to do with version numbers. The only trick here is to make sure we change both the large and small icons associated with VERSION.EXE—that is, there is both a 16 x 16 pixel icon and a 32 x 32 pixel icon associated with our program, and we have to change both. (If you change one but not the other, you may be surprised to find the program's original icon appearing when the unchanged icon is displayed.) After we edit both icons and rebuild VERSION.EXE, the X.YZ icon appears on the desktop and in the Windows Explorer, as shown in Figure 9.7.

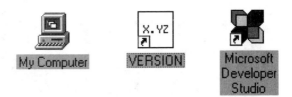

FIGURE 9.7 OUR NEW ICON ON THE DESKTOP.

As you can see, it was that easy to change our program's icon—all we had to do was edit it.

Our next topic will be one that also has much to do with handling Windows professionally—using Unicode.

Unicode

Although Windows 95 doesn't offer much Unicode support, Windows NT is Unicode-based, and Unicode is definitely coming to Windows. How can we handle that, and even write code that uses Unicode when it should and uses ANSI otherwise? We'll look at this question now.

Unicode is a 16-bit character set, also called a *wide character set*. Because there are 65,536 possibilities when using 16 bits, it is clear that we can have many more characters than the 256 allowed in 8-bit character sets like ANSI. Windows 95 is written to use ANSI characters, yet we can still work with Unicode, although we will have to translate our text from Unicode to ANSI before calling most Windows 95 system functions.

You may have noticed that in Windows 95, most functions have two forms. For example, GetMessage() is really two functions: GetMessageA() and GetMessageW(). GetMessageA() is used in ANSI-based programs, and GetMessageW(), in Unicode-based ones. When we compile and link a program with the symbol UNICODE defined, we automatically use GetMessageW() (the *W* stands for wide); otherwise, we use GetMessageA(). GetMessage() itself is actually a macro set up like this in WINUSER.H:

```
#ifdef UNICODE
#define GetMessage   GetMessageW
#else
#define GetMessage   GetMessageA
#endif // !UNICODE
```

Under Windows 95, the *W* functions, like GetMessageW(), either do nothing or are simply stub functions, translating Unicode strings into ANSI and calling the corresponding *A* function, like GetMessageA(). However, it is very possible to use Unicode in Windows 95. Let's look at a program that explicitly uses Unicode and manipulates Unicode strings.

Using Unicode

Create a new dialog box–based EXE project now named, say, UNICODE. Add a button (IDC_BUTTON1) to the dialog window. When the user clicks this button, we can translate a Unicode string to ANSI and display the result in a text box (IDC_EDIT1), so give the button the caption **Translate Unicode to ANSI**:

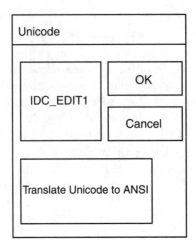

Connect a function, OnButton1(), to IDC_BUTTON1 and open that function now:

```
void CUnicodeDlg::OnButton1()
{

}
```

We begin by declaring two Unicode strings. To do that, we use the Unicode wchar_t type, not the ANSI char type:

```
void CUnicodeDlg::OnButton1()
{
  ->    wchar_t wString1[50];
  ->    wchar_t wString2[50];
              .

              .

              .

}
```

Our Unicode strings, of type wchar_t*, are now ready. Next, we place the text "Hello " in the first string and "world." in the other with the function wcscpy() (note that we use wcscpy(), not strcpy()):

```
void CUnicodeDlg::OnButton1()
{
        wchar_t wString1[50];
        wchar_t wString2[50];
```

```
->    wcscpy(wString1, L"Hello ");
->    wcscpy(wString2, L"world.");
         .
         .
         .
```

There are one or two things to notice here. First, to make sure that the Visual
C++ compiler stored our literal strings "Hello " and "world." as Unicode, we
have to place the letter L in front of them, as shown in the preceding code. In
addition, we note that wcscpy() is the Unicode version of the familiar str-
cpy() function. In fact, all string manipulation routines have ANSI, MBCS,
and Unicode versions, as shown in Table 9.1. (Multiple byte character sets,
MBCS—in which some characters have two or more bytes and some have
just one—was mostly a stop-gap solution between ANSI and Unicode.)

TABLE 9.1 ANSI, UNICODE, AND ANSI/UNICODE STRING ROUTINES

Generic-Text Routine Name	SBCS (_UNICODE, _MBCS Not Defined)	_MBCS Defined	_UNICODE Defined
_fgettc	fgetc	fgetc	fgetwc
_fgettchar	fgetchar	fgetchar	_fgetwchar
_fgetts fgets	fgets	fgetws	
_fputtc fputc	fputc	fputwc	
_fputtchar	fputchar	fputchar	_fputwchar
_fputts fputs	fputs	fputws	
_ftprintf	fprintf	fprintf	fwprintf
_ftscanf	fscanf	fscanf	fwscanf
_gettc	getc	getc	getwc
_gettchar	getchar	getchar	getwchar
_getts	gets	gets	getws
_istalnum	isalnum	_ismbcalnum	iswalnum
_istalpha	isalpha	_ismbcalpha	iswalpha
_istascii	__isascii	__isascii	iswascii
_istcntrl	iscntrl	iscntrl	iswcntrl
_istdigit	isdigit	_ismbcdigit	iswdigit
_istgraph	isgraph	_ismbcgraph	iswgraph
_istlower	islower	_ismbclower	iswlower
_istprint	isprint	_ismbcprint	iswprint

_istpunct	ispunct	_ismbcpunct	iswpunct
_istspace	isspace	_ismbcspace	iswspace
_istupper	isupper	_ismbcupper	iswupper
_istxdigit	isxdigit	isxdigit	iswxdigit
_itot	_itoa	_itoa	_itow
_ltot	_ltoa	_ltoa	_ltow
_puttc	putc	putc	putwc
_puttchar	putchar	putchar	putwchar
_putts	puts	puts	putws
_tmain	main	main	wmain
_sntprintf	_snprintf	_snprintf	_snwprintf
_stprintf	sprintf	sprintf	swprintf
_stscanf	sscanf	sscanf	swscanf
_taccess	_access	_access	_waccess
_tasctime	asctime	asctime	_wasctime
_tchdir	_chdir	_chdir	_wchdir
_tchmod	_chmod	_chmod	_wchmod
_tcreat	_creat	_creat	_wcreat
_tcscat	strcat	_mbscat	wcscat
_tcschr	strchr	_mbschr	wcschr
_tcsclen	strlen	_mbslen	wcslen
_tcscmp	strcmp	_mbscmp	wcscmp
_tcscoll	strcoll	_mbscoll	wcscoll
_tcscpy	strcpy	_mbscpy	wcscpy
_tcscspn	strcspn	_mbscspn	wcscspn
_tcsdec	_strdec	_mbsdec	_wcsdec
_tcsdup	_strdup	_mbsdup	_wcsdup
_tcsftime	strftime	strftime	wcsftime
_tcsicmp	_stricmp	_mbsicmp	_wcsicmp
_tcsicoll	_stricoll	_stricoll	_wcsicoll
_tcsinc	_strinc	_mbsinc	_wcsinc
_tcslen	strlen	_mbslen	wcslen
_tcslwr	_strlwr	_mbslwr	_wcslwr
_tcsnbcnt	_strncnt	_mbsnbcnt	_wcnscnt
_tcsncat	strncat	_mbsnbcat	wcsncat
_tcsnccat	strncat	_mbsncat	wcsncat
_tcsncmp	strncmp	_mbsnbcmp	wcsncmp
_tcsnccmp	strncmp	_mbsncmp	wcsncmp
_tcsnccnt	_strncnt	_mbsnccnt	_wcsncnt
_tcsnccpy	strncpy	_mbsncpy	wcsncpy

_tcsncicmp	_strnicmp	_mbsnicmp	_wcsnicmp
_tcsncpy	strncpy	_mbsnbcpy	wcsncpy
_tcsncset	_strnset	_mbsnset	_wcsnset
_tcsnextc	_strnextc	_mbsnextc	_wcsnextc
_tcsnicmp	_strnicmp	_mbsnicmp	_wcsnicmp
_tcsnicoll	_strnicoll	_strnicoll	_wcsnicoll
_tcsninc	_strninc	_mbsninc	_wcsninc
_tcsnccnt	_strncnt	_mbsnccnt	_wcsncnt
_tcsnset	_strnset	_mbsnbset	_wcsnset
_tcspbrk	strpbrk	_mbspbrk	wcspbrk
_tcsspnp	_strspnp	_mbsspnp	_wcsspnp
_tcsrchr	strrchr	_mbsrchr	wcsrchr
_tcsrev	_strrev	_mbsrev	_wcsrev
_tcsset	_strset	_mbsset	_wcsset
_tcsspn	strspn	_mbsspn	wcsspn
_tcsstr	strstr	_mbsstr	wcsstr
_tcstod	strtod	strtod	wcstod
_tcstok	strtok	_mbstok	wcstok
_tcstol	strtol	strtol	wcstol
_tcstoul	strtoul	strtoul	wcstoul
_tcsupr	_strupr	_mbsupr	_wcsupr
_tcsxfrm	strxfrm	strxfrm	wcsxfrm
_tctime	ctime	ctime	_wctime
_texecl	_execl	_execl	_wexecl
_texecle	_execle	_execle	_wexecle
_texeclp	_execlp	_execlp	_wexeclp
_texeclpe	_execlpe	_execlpe	_wexeclpe
_texecv	_execv	_execv	_wexecv
_texecve	_execve	_execve	_wexecve
_texecvp	_execvp	_execvp	_wexecvp
_texecvpe	_execvpe	_execvpe	_wexecvpe
_tfdopen	_fdopen	_fdopen	_wfdopen
_tfindfirst	_findfirst	_findfirst	_wfindfirst
_tfindnext	_findnext	_findnext	_wfindnext
_tfopen	fopen	fopen	_wfopen
_tfreopen	freopen	freopen	_wfreopen
_tfsopen	_fsopen	_fsopen	_wfsopen
_tfullpath	_fullpath	_fullpath	_wfullpath
_tgetcwd	_getcwd	_getcwd	_wgetcwd
_tgetenv	getenv	getenv	_wgetenv

_tmain	main	main	wmain
_tmakepath	_makepath	_makepath	_wmakepath
_tmkdir	_mkdir	_mkdir	_wmkdir
_tmktemp	_mktemp	_mktemp	_wmktemp
_tperror	perror	perror	_wperror
_topen	_open	_open	_wopen
_totlower	tolower	_mbctolower	towlower
_totupper	toupper	_mbctoupper	towupper
_tpopen	_popen	_popen	_wpopen
_tprintf	printf	printf	wprintf
_tremove	remove	remove	_wremove
_trename	rename	rename	_wrename
_trmdir	_rmdir	_rmdir	_wrmdir
_tsearchenv	_searchenv	_searchenv	_wsearchenv
_tscanf	scanf	scanf	wscanf
_tsetlocale	setlocale	setlocale	_wsetlocale
_tsopen	_sopen	_sopen	_wsopen
_tspawnl	_spawnl	_spawnl	_wspawnl
_tspawnle	_spawnle	_spawnle	_wspawnle
_tspawnlp	_spawnlp	_spawnlp	_wspawnlp
_tspawnlpe	_spawnlpe	_spawnlpe	_wspawnlpe
_tspawnv	_spawnv	_spawnv	_wspawnv
_tspawnve	_spawnve	_spawnve	_wspawnve
_tspawnvp	_spawnvp	_spawnvp	_tspawnvp
_tspawnvpe	_spawnvpe	_spawnvpe	_tspawnvpe
_tsplitpath	_splitpath	_splitpath	_wsplitpath
_tstat	_stat	_stat	_wstat
_tstrdate	_strdate	_strdate	_wstrdate
_tstrtime	_strtime	_strtime	_wstrtime
_tsystem	system	system	_wsystem
_ttempnam	_tempnam	_tempnam	_wtempnam
_ttmpnam	tmpnam	tmpnam	_wtmpnam
_ttoi	atoi	atoi	_wtoi
_ttol	atol	atol	_wtol
_tutime	_utime	_utime	_wutime
_tWinMain	WinMain	WinMain	wWinMain
_ultot	_ultoa	_ultoa	_ultow
_ungettc	ungetc	ungetc	ungetwc
_vftprintf	vfprintf	vfprintf	vfwprintf
_vsntprintf	_vsnprintf	_vsnprintf	_vsnwprintf

_vstprintf	vsprintf	vsprintf	vswprintf
_vtprintf	vprintf	vprintf	vwprintf

Next, we can concatenate our explicit Unicode strings together with wcscat() this way, naming the result wOutString (which will then hold "Hello world."):

```
void CUnicodeDlg::OnButton1()
{
        wchar_t wString1[50];
        wchar_t wString2[50];

        wcscpy(wString1, L"Hello ");
        wcscpy(wString2, L"world.");

 ->     wchar_t* wOutString = wcscat(wString1, wString2);
                .
                .
                .
```

We can also find the length of our final Unicode string using the string function wcslen() like this:

```
void CUnicodeDlg::OnButton1()
{
        wchar_t wString1[50];
        wchar_t wString2[50];

        wcscpy(wString1, L"Hello ");
        wcscpy(wString2, L"world.");

        wchar_t* wOutString = wcscat(wString1, wString2);

 ->     int nwOutStringLen = wcslen(wOutString);
                .
                .
                .
```

However, when it comes time to display our Unicode text string in IDC_EDIT1, we'll have to translate it into ANSI first. And we'll do that next.

Converting Unicode to ANSI

To convert Unicode to ANSI, we use the WideCharToMultiByte() function (and to go the other way, we would use the MultiByteToWideChar() function), whose parameters look like this:

```
int WideCharToMultiByte(
    UINT  CodePage,            // code page
    DWORD dwFlags,             // performance and mapping flags
    LPCWSTR lpWideCharStr,     // address of wide-character string
    int   cchWideChar,         // number of characters in string
    LPSTR lpMultiByteStr,      // address of buffer for new string
    int   cchMultiByte,        // size of buffer
    LPCSTR lpDefaultChar,      // default for unmappable characters
    LPBOOL lpUsedDefaultChar   // set flag when default char used
);
```

In WideCharToMultiByte(), the CodePage parameter indicates the code page used to perform the conversion. We can use any installed code page or one of these default system code pages (we will use CP_ACP):

CP_ACP	ANSI code page
CP_MACCP	Macintosh code page
CP_OEMCP	OEM code page

The dwFlags parameter holds flags that specify how to handle unmapped characters; the following constants may be used here:

WC_COMPOSITECHECK	Convert composite characters to precomposed characters.
WC_DISCARDNS	Discard nonspacing characters in conversion.
WC_SEPCHARS	Generate separate characters during conversion (default).
WC_DEFAULTCHAR	Replace exceptions with default character during conversion.

The lpWideCharStr parameter holds a pointer that points to the Unicode string to be converted, and the cchWideChar parameter indicates the number of characters in the string pointed to by lpWideCharStr. If cchWideChar value is -1, the lpWideCharStr string will be null-terminated and its length will be calculated automatically by WideCharToMultiByte().

The lpMultiByteStr parameter holds a pointer that points to the buffer to receive the translated string, and the cchMultiByte parameter indicates the size (in characters) of the buffer pointed to by the lpMultiByteStr parameter. If this value is zero, the function returns the number of bytes required for the buffer instead of performing a translation.

The lpDefaultChar parameter holds a pointer that points to the default character WideCharToMultiByte() will use if a Unicode character cannot be represented in ANSI (if this parameter is NULL, the system default value will be used). The lpUsedDefaultChar parameter holds a pointer pointing to a flag that will indicate whether a default character was used (this flag is set to TRUE if one or more wide characters from the source string could not be translated into ANSI).

In our case, we want to convert the Unicode string wOutString to an ANSI string, which we might name cOutString, and we use WideCharToMultiByte() to do that like this in OnButton1():

```
void CUnicodeDlg::OnButton1()
{
        wchar_t wString1[50];
        wchar_t wString2[50];

        wcscpy(wString1, L"Hello ");
        wcscpy(wString2, L"world.");

        wchar_t* wOutString = wcscat(wString1, wString2);

        int nwOutStringLen = wcslen(wOutString);

->      char cOutString[50];

->      int nChars = WideCharToMultiByte(CP_ACP, 0, wOutString,
            nwOutStringLen, cOutString, sizeof(cOutString), NULL, NULL);
            .
            .
            .
```

Finally, we terminate the newly created ANSI string cOutString with a zero and display it in the text box IDC_EDIT1 this way:

```
void CUnicodeDlg::OnButton1()
{
        wchar_t wString1[50];
        wchar_t wString2[50];

        wcscpy(wString1, L"Hello ");
        wcscpy(wString2, L"world.");

        wchar_t* wOutString = wcscat(wString1, wString2);

        int nwOutStringLen = wcslen(wOutString);

        char cOutString[50];

        int nChars = WideCharToMultiByte(CP_ACP, 0, wOutString,
            nwOutStringLen, cOutString, sizeof(cOutString), NULL, NULL);

  ->    cOutString[nChars] = 0;

  ->    SetDlgItemText(IDC_EDIT1, cOutString);
                .
                .
                .
```

Our program is almost ready. However, to use Unicode functions, we must include the file WINNLS.H at the beginning of our UNICODEDLG.CPP file. And that's it—we've used explicit Unicode text strings, manipulated them, and displayed the results, as shown in Figure 9.8. Our program is a success so far.

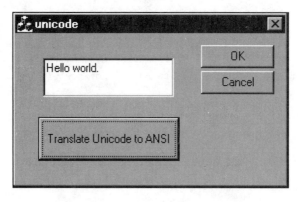

FIGURE 9.8 THE UNICODE TEXT STRING PROGRAM.

However, writing our code purely for Unicode strings is as bad as writing it purely for ANSI strings—we should actually write our code to compile with Unicode functions, if appropriate, or ANSI functions, if that is appropriate. It turns out that is determined by checking whether the keyword UNICODE is defined, and we'll take advantage of that next.

535

Using ANSI or Unicode as Required

Microsoft has gone to considerable lengths to allow us to write programs that are independent of either ANSI or Unicode, and that is very useful to the programmer because it is one less thing to worry about. When we write a program in an ANSI/Unicode-independent way and compile it with UNICODE defined, the program will use Unicode strings and string functions. Otherwise, it will use ANSI strings and string functions. That allows us to use the same code whether or not Windows is using Unicode.

The specific steps to follow are: instead of using char or wchar_t to declare characters, use TCHAR. The keyword TCHAR is translated into wchar_t if UNICODE is defined and into char otherwise. In addition, use the _txxx string functions shown in Table 9.1, not ANSI- or Unicode-specific functions. For example, instead of using strcpy() or wcscpy(), use _tcscpy() because _tcscpy() will be translated into wcscpy() if UNICODE is defined and into strcpy() otherwise. In addition, we saw that we must place an L in front of literal text strings to make them Unicode, and we can now do that with the _TEXT() macro (another name for this macro is _T()). If UNICODE is defined, _TEXT() places an L in front of a text string, and it places nothing otherwise. We'll see how to use _TEXT() in a minute. Also, convert pointers from types LPSTR and LPCSTR to LPTSTR and LPCTSTR; these types are translated correctly depending on whether UNICODE is defined. Finally, if you want to set up a set of bytes in memory, use new BYTE[100], not new char[100].

Let's see how to write a little Unicode/ANSI-independent code now. For example, we might want to place the text "Unicode/ANSI text." in a message box and handle this string in a Unicode/ANSI-independent way. We do that by declaring an array of type TCHAR and by using the _TEXT() macro for our literal string in OnButton1():

```
void CUnicodeDlg::OnButton1()
{
        wchar_t wString1[50];
        wchar_t wString2[50];
```

```
        wcscpy(wString1, L"Hello ");
        wcscpy(wString2, L"world.");

        wchar_t* wOutString = wcscat(wString1, wString2);

        int nwOutStringLen = wcslen(wOutString);

        char cOutString[50];

        int nChars = WideCharToMultiByte(CP_ACP, 0, wOutString,
            nwOutStringLen, cOutString, sizeof(cOutString), NULL, NULL);
        cOutString[nChars] = 0;

        SetDlgItemText(IDC_EDIT1, cOutString);

        // Unicode/ANSI code — automatically converts
->      TCHAR szText[] = _TEXT("Unicode/ANSI text.");
                .
                .
                .

}
```

If we wanted to get a pointer to our text string, we could create a pointer of type LPTSTR and display our string in a message box this way:

```
void CUnicodeDlg::OnButton1()
{
        wchar_t wString1[50];
        wchar_t wString2[50];

        wcscpy(wString1, L"Hello ");
        wcscpy(wString2, L"world.");

        wchar_t* wOutString = wcscat(wString1, wString2);

        int nwOutStringLen = wcslen(wOutString);

        char cOutString[50];

        int nChars = WideCharToMultiByte(CP_ACP, 0, wOutString,
```

```
             nwOutStringLen, cOutString, sizeof(cOutString), NULL, NULL);
         cOutString[nChars] = 0;


         SetDlgItemText(IDC_EDIT1, cOutString);
```

537

```
         // Unicode/ANSI code - automatically converts
         TCHAR szText[] = _TEXT("Unicode/ANSI text.");
  ->     LPTSTR lpText = szText;
  ->     MessageBox(lpText);
                  .

                  .

                  .


}
```

The CString class takes care of all these considerations for us. This class is built on the TCHAR type, not the char or wchar_t type. This means that if you keep all your string manipulations to CString operations, you'll be fine under both ANSI and Unicode. For example, this code will work whether UNICODE is defined or not:

```
void CUnicodeDlg::OnButton1()
{
        wchar_t wString1[50];
        wchar_t wString2[50];

        wcscpy(wString1, L"Hello ");
        wcscpy(wString2, L"world.");

        wchar_t* wOutString = wcscat(wString1, wString2);

        int nwOutStringLen = wcslen(wOutString);

        char cOutString[50];

        int nChars = WideCharToMultiByte(CP_ACP, 0, wOutString,
            nwOutStringLen, cOutString, sizeof(cOutString), NULL, NULL);
        cOutString[nChars] = 0;

        SetDlgItemText(IDC_EDIT1, cOutString);

        // Unicode/ANSI code - automatically converts
```

```
        TCHAR szText[] = _TEXT("Unicode/ANSI text.");
        LPTSTR lpText = szText;
        MessageBox(lpText);
    ->  CString CStringText("Also Unicode/ANSI text.");
    ->  MessageBox(CStringText);
}
```

In this program, we've seen how to work with straight Unicode, as well as how to work in a Unicode/ANSI-independent way. Our program is a success. The support files for this program, UNICODEDLG.H and UNICOD-EDLG.CPP, appear in Listing 9.3.

Listing 9.3 UNICODEDLG.H and UNICODEDLG.CPP

```
// unicodeDlg.h : header file
//


/////////////////////////////////////////////////////////////////////////////
// CUnicodeDlg dialog

class CUnicodeDlg : public CDialog
{
// Construction
public:
        CUnicodeDlg(CWnd* pParent = NULL);        // standard constructor

// Dialog Data
        //{{AFX_DATA(CUnicodeDlg)
        enum { IDD = IDD_UNICODE_DIALOG };
                // NOTE: the ClassWizard will add data members here
        //}}AFX_DATA


        // ClassWizard generated virtual function overrides
        //{{AFX_VIRTUAL(CUnicodeDlg)
        protected:
        virtual void DoDataExchange(CDataExchange* pDX);
        //}}AFX_VIRTUAL


// Implementation
protected:
```

```
        HICON m_hIcon;

        // Generated message map functions
        //{{AFX_MSG(CUnicodeDlg)
        virtual BOOL OnInitDialog();
        afx_msg void OnSysCommand(UINT nID, LPARAM lParam);
        afx_msg void OnPaint();
        afx_msg HCURSOR OnQueryDragIcon();
        afx_msg void OnButton1();
        //}}AFX_MSG
        DECLARE_MESSAGE_MAP()
};


// unicodeDlg.cpp : implementation file
//

#include "stdafx.h"
#include "unicode.h"
#include "unicodeDlg.h"
#include "winnls.h"

#ifdef _DEBUG
#define new DEBUG_NEW
#undef THIS_FILE
static char THIS_FILE[] = __FILE__;
#endif


/////////////////////////////////////////////////////////////////////////
// CAboutDlg dialog used for App About

class CAboutDlg : public CDialog
{
public:
        CAboutDlg();

// Dialog Data
        //{{AFX_DATA(CAboutDlg)
        enum { IDD = IDD_ABOUTBOX };
        //}}AFX_DATA
```

```
        // ClassWizard generated virtual function overrides
        //{{AFX_VIRTUAL(CAboutDlg)
        protected:
        virtual void DoDataExchange(CDataExchange* pDX);    // DDX/DDV support
        //}}AFX_VIRTUAL

// Implementation
protected:
        //{{AFX_MSG(CAboutDlg)
        //}}AFX_MSG
        DECLARE_MESSAGE_MAP()
};

CAboutDlg::CAboutDlg() : CDialog(CAboutDlg::IDD)
{
        //{{AFX_DATA_INIT(CAboutDlg)
        //}}AFX_DATA_INIT
}


void CAboutDlg::DoDataExchange(CDataExchange* pDX)
{
        CDialog::DoDataExchange(pDX);
        //{{AFX_DATA_MAP(CAboutDlg)
        //}}AFX_DATA_MAP
}


BEGIN_MESSAGE_MAP(CAboutDlg, CDialog)
        //{{AFX_MSG_MAP(CAboutDlg)
                // No message handlers
        //}}AFX_MSG_MAP
END_MESSAGE_MAP()


///////////////////////////////////////////////////////////////////////////
// CUnicodeDlg dialog

CUnicodeDlg::CUnicodeDlg(CWnd* pParent /*=NULL*/)
        : CDialog(CUnicodeDlg::IDD, pParent)
{
        //{{AFX_DATA_INIT(CUnicodeDlg)
                // NOTE: the ClassWizard will add member initialization here
```

```
        //}}AFX_DATA_INIT
        // Note LoadIcon does not require a subsequent DestroyIcon in Win32
        m_hIcon = AfxGetApp()->LoadIcon(IDR_MAINFRAME);
}
```

```
void CUnicodeDlg::DoDataExchange(CDataExchange* pDX)
{
        CDialog::DoDataExchange(pDX);
        //{{AFX_DATA_MAP(CUnicodeDlg)
                // NOTE: the ClassWizard will add DDX and DDV calls here
        //}}AFX_DATA_MAP
}


BEGIN_MESSAGE_MAP(CUnicodeDlg, CDialog)
        //{{AFX_MSG_MAP(CUnicodeDlg)
        ON_WM_SYSCOMMAND()
        ON_WM_PAINT()
        ON_WM_QUERYDRAGICON()
        ON_BN_CLICKED(IDC_BUTTON1, OnButton1)
        //}}AFX_MSG_MAP
END_MESSAGE_MAP()

/////////////////////////////////////////////////////////////////////////
// CUnicodeDlg message handlers

BOOL CUnicodeDlg::OnInitDialog()
{
        CDialog::OnInitDialog();

        // Add "About..." menu item to system menu.

        // IDM_ABOUTBOX must be in the system command range.
        ASSERT((IDM_ABOUTBOX & 0xFFF0) == IDM_ABOUTBOX);
        ASSERT(IDM_ABOUTBOX < 0xF000);

        CMenu* pSysMenu = GetSystemMenu(FALSE);
        CString strAboutMenu;
        strAboutMenu.LoadString(IDS_ABOUTBOX);
        if (!strAboutMenu.IsEmpty())
        {
```

```
                pSysMenu->AppendMenu(MF_SEPARATOR);
                pSysMenu->AppendMenu(MF_STRING, IDM_ABOUTBOX, strAboutMenu);
        }

        // Set icon for this dialog.  The framework does this automatically
        //  when the application's main window is not a dialog
        SetIcon(m_hIcon, TRUE);                         // Set big icon
        SetIcon(m_hIcon, FALSE);                        // Set small icon

        // TODO: Add extra initialization here

        return TRUE;  // return TRUE  unless you set the focus to a control
}

void CUnicodeDlg::OnSysCommand(UINT nID, LPARAM lParam)
{
        if ((nID & 0xFFF0) == IDM_ABOUTBOX)
        {
                CAboutDlg dlgAbout;
                dlgAbout.DoModal();
        }
        else
        {
                CDialog::OnSysCommand(nID, lParam);
        }
}

// If you add a minimize button to your dialog, you will need the code below
//  to draw the icon.  For MFC applications using the document/view model,
//  this is automatically done for you by the framework.

void CUnicodeDlg::OnPaint()
{
        if (IsIconic())
        {
                CPaintDC dc(this); // device context for painting

                SendMessage(WM_ICONERASEBKGND, (WPARAM) dc.GetSafeHdc(), 0);

                // Center icon in client rectangle
```

```
                int cxIcon = GetSystemMetrics(SM_CXICON);
                int cyIcon = GetSystemMetrics(SM_CYICON);
                CRect rect;
                GetClientRect(&rect);
                int x = (rect.Width() - cxIcon + 1) / 2;
                int y = (rect.Height() - cyIcon + 1) / 2;

                // Draw the icon
                dc.DrawIcon(x, y, m_hIcon);
        }
        else
        {
                CDialog::OnPaint();
        }
}


// The system calls this to obtain the cursor to display while the user drags
//   the minimized window.
HCURSOR CUnicodeDlg::OnQueryDragIcon()
{
        return (HCURSOR) m_hIcon;
}


void CUnicodeDlg::OnButton1()
{
        wchar_t wString1[50];
        wchar_t wString2[50];

        wcscpy(wString1, L"Hello ");
        wcscpy(wString2, L"world.");

        wchar_t* wOutString = wcscat(wString1, wString2);

        int nwOutStringLen = wcslen(wOutString);

        char cOutString[50];

        int nChars = WideCharToMultiByte(CP_ACP, 0, wOutString,
            nwOutStringLen, cOutString, sizeof(cOutString), NULL, NULL);
        cOutString[nChars] = 0;
```

```
SetDlgItemText(IDC_EDIT1, cOutString);

// Unicode/ANSI code — automatically converts
TCHAR szText[] = _TEXT("Unicode/ANSI text.");
LPSTR lpText = szText;
MessageBox(lpText);
CString CStringText("Also Unicode/ANSI text.");
MessageBox(CStringText);
}
```

The last topic for this chapter on working with Windows professionally will be an investigation of the Windows registry; let's turn to that now.

Using the System Registry

In early versions of Windows, a program would store all its options and settings in an INI file—perhaps even editing WIN.INI or SYSTEM.INI directly. Today, programs are supposed to store their options and settings in the system registry, which Windows has more control over. This is not as hard as it might seem, and we'll look at this process now. Create a new dialog box–based EXE project named, say, REGISTER. Add a text box (IDC_EDIT1) and a button (IDC_BUTTON1) as well. When the user clicks the button, we can store a value in the Windows registry, then read it back and display it in the text box, so give the button the caption **Store value in Registry**:

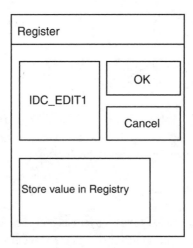

Now we're ready to write the code for our program. The first step is to set up a location for our program in the Windows registry, and we do that with the CWinApp function SetRegistryKey(). Calling this function allows us to set up space in the system registry for our program's settings and options; that space will be marked with the *key* we pass, and a key is just a text string that we choose. SetRegistryKey() is a protected member function of the CWinApp class, so we will call it in our application object's InitInstance() function. We find that function in REGISTER.CPP and add this code, where we create a new location in the Windows registry for our program using the sample key "SteveCo":

```
BOOL CRegisterApp::InitInstance()
{
        // Standard initialization
        // If you are not using these features and wish to reduce the size
        //  of your final executable, you should remove from the following
        //  the specific initialization routines you do not need.


#ifdef _AFXDLL
        Enable3dControls();        // Call this when using MFC in a shared DLL
#else
        Enable3dControlsStatic(); // Call this when linking to MFC statically
#endif

   ->   SetRegistryKey("SteveCo");
            .
            .
            .
```

Now we have a location in the registry for our program's settings. We can store either integers or strings in the registry using the functions WriteProfileInt() and WriteProfileString(), which are called this way:

```
BOOL WriteProfileInt(LPCTSTR lpszSection, LPCTSTR lpszEntry,
      int nValue);

BOOL WriteProfileString(LPCTSTR lpszSection, LPCTSTR
      lpszEntry, LPCTSTR lpszValue);
```

We must pass the name of a *section* in the registry to these functions. For example, we can set aside a section of our location in the registry for initialization by calling that section Initialization; if that section did not exist before, it is created when we use `WriteProfileInt()` or `WriteProfileString()`. In addition, we also must pass the name of an *entry* in the section to write to (i.e., the name of the string or integer we are storing). For example, we might call our entry in the Initialization section FileNumber and store integers in it.

To read integers or strings from the Windows registry, we use `GetProfileInt()` or `GetProfileString()`:

```
UINT GetProfileInt(LPCTSTR lpszSection, LPCTSTR lpszEntry,
int nDefault);

CString GetProfileString(LPCTSTR lpszSection, LPCTSTR
lpszEntry, LPCTSTR lpszDefault = NULL);
```

Here we simply pass the section and entry names of the integer or string we wish to retrieve, as well as a default value that the function can return if it was unsuccessful in finding the integer or string. These functions return the string or integer value we are looking for. Let's put this to use now by writing a value to the registry and then reading it back.

Connect a function, `OnButton1()`, to the button (`IDC_BUTTON1`) whose caption is **Store value in Registry**:

```
void CRegisterDlg::OnButton1()
{

}
```

When the user clicks this button, we can create an Initialization section in the registry and place an entry named FileNumber in it, giving it the value 5 this way (note that because `WriteProfileInt()` is a `CWinApp` member function, we must get a pointer to our application object first):

```
void CRegisterDlg::OnButton1()
{
 ->   AfxGetApp()->WriteProfileInt("Initialization", "FileNumber", 5);
        .
        .
        .
}
```

Now we've written data to the system registry. We can retrieve that value and store it in a UINT named, say, nData this way:

```
void CRegisterDlg::OnButton1()
{
        AfxGetApp()->WriteProfileInt("Initialization", "FileNumber", 5);
  ->    UINT nData = AfxGetApp()->GetProfileInt("Initialization",
            "FileNumber", 0);
            .
            .
            .

}
```

Finally, we can display the value we have set and retrieved from the Windows registry like this:

```
void CRegisterDlg::OnButton1()
{
        AfxGetApp()->WriteProfileInt("Initialization", "FileNumber", 5);
        UINT nData = AfxGetApp()->GetProfileInt("Initialization",
            "FileNumber", 0);
  ->    char szText[40];
  ->    wsprintf(szText, "Initialization file number = %d", nData);
  ->    SetDlgItemText(IDC_EDIT1, szText);
}
```

Now run the program and click the **Store value in Registry** button. When you do, it creates our location in the Windows registry, adds the Initialization section, and places the FileNumber entry in it. To see this, use the Windows utility REGEDIT, as shown in Figure 9.9. This utility allows us to examine and modify entries in the Windows registry. As we can see in Figure 9.9, our FileNumber entry in the registry does indeed hold the value 5.

(Parenthetically, utilities like REGEDIT can be very useful to the programmer, and Visual C++ comes with a number of them, such as DUMPBIN, which allows you to examine a DLL file to see what functions it exports or an EXE file to see what DLLs it requires. Examining the utilities Microsoft provides can be very rewarding.)

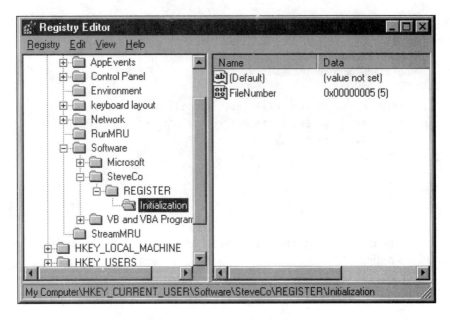

FIGURE 9.9 THE REGISTRATION APPEARS IN THE REGISTRY EDITOR.

In addition, we can retrieve our FileNumber value from the Windows registry and display it in the text box, as shown in Figure 9.10. Our Windows registry program is a success.

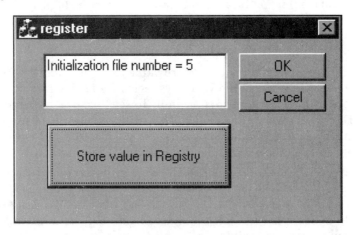

FIGURE 9.10 RETRIEVING A VALUE FROM THE REGISTRY.

The support files for this program, REGISTER.H and REGISTER.CPP, appear in Listing 9.4.

LISTING 9.4 REGISTER.H AND REGISTER.CPP

```
// register.h : main header file for the REGISTER application
//

#ifndef __AFXWIN_H__
        #error include 'stdafx.h' before including this file for PCH
#endif

#include "resource.h"                // main symbols

/////////////////////////////////////////////////////////////////////////////
// CRegisterApp:
// See register.cpp for the implementation of this class
//

class CRegisterApp : public CWinApp
{
public:
        CRegisterApp();

// Overrides
        // ClassWizard generated virtual function overrides
        //{{AFX_VIRTUAL(CRegisterApp)
        public:
        virtual BOOL InitInstance();
        //}}AFX_VIRTUAL

// Implementation

        //{{AFX_MSG(CRegisterApp)
        // NOTE - the ClassWizard will add and remove member functions here.
        //      DO NOT EDIT what you see in these blocks of generated code !
        //}}AFX_MSG
        DECLARE_MESSAGE_MAP()
};
```

```
/////////////////////////////////////////////////////////////////////////

// register.cpp : Defines the class behaviors for the application.
//

#include "stdafx.h"
#include "register.h"
#include "registerDlg.h"

#ifdef _DEBUG
#define new DEBUG_NEW
#undef THIS_FILE
static char THIS_FILE[] = __FILE__;
#endif

/////////////////////////////////////////////////////////////////////////
// CRegisterApp

BEGIN_MESSAGE_MAP(CRegisterApp, CWinApp)
        //{{AFX_MSG_MAP(CRegisterApp)
        // NOTE - the ClassWizard will add and remove mapping macros here.
        //     DO NOT EDIT what you see in these blocks of generated code!
        //}}AFX_MSG
        ON_COMMAND(ID_HELP, CWinApp::OnHelp)
END_MESSAGE_MAP()

/////////////////////////////////////////////////////////////////////////
// CRegisterApp construction

CRegisterApp::CRegisterApp()
{
        // TODO: add construction code here,
        // Place all significant initialization in InitInstance
}

/////////////////////////////////////////////////////////////////////////
// The one and only CRegisterApp object
```

```
CRegisterApp theApp;

/////////////////////////////////////////////////////////////////////////
// CRegisterApp initialization

BOOL CRegisterApp::InitInstance()
{
        // Standard initialization
        // If you are not using these features and wish to reduce the size
        //  of your final executable, you should remove from the following
        //  the specific initialization routines you do not need.

#ifdef _AFXDLL
        Enable3dControls();       // Call this when using MFC in a shared DLL
#else
        Enable3dControlsStatic(); // Call this when linking to MFC statically
#endif

        SetRegistryKey("SteveCo");

        CRegisterDlg dlg;
        m_pMainWnd = &dlg;
        int nResponse = dlg.DoModal();
        if (nResponse == IDOK)
        {
                // TODO: Place code here to handle when the dialog is
                //  dismissed with OK
        }
        else if (nResponse == IDCANCEL)
        {
                // TODO: Place code here to handle when the dialog is
                //  dismissed with Cancel
        }

        // Since the dialog has been closed, return FALSE so that we exit the
        //  application, rather than start the application's message pump.
        return FALSE;
}
```

LISTING 9.5 REGISTERDLG.H AND REGISTERDLG.CPP

```
// registerDlg.h : header file
//


/////////////////////////////////////////////////////////////////////////
// CRegisterDlg dialog

class CRegisterDlg : public CDialog
{
// Construction
public:
        CRegisterDlg(CWnd* pParent = NULL);          // standard constructor

// Dialog Data
        //{{AFX_DATA(CRegisterDlg)
        enum { IDD = IDD_REGISTER_DIALOG };
                // NOTE: the ClassWizard will add data members here
        //}}AFX_DATA


        // ClassWizard generated virtual function overrides
        //{{AFX_VIRTUAL(CRegisterDlg)
        protected:
        virtual void DoDataExchange(CDataExchange* pDX);
        //}}AFX_VIRTUAL


// Implementation
protected:
        HICON m_hIcon;

        // Generated message map functions
        //{{AFX_MSG(CRegisterDlg)
        virtual BOOL OnInitDialog();
        afx_msg void OnSysCommand(UINT nID, LPARAM lParam);
        afx_msg void OnPaint();
        afx_msg HCURSOR OnQueryDragIcon();
        afx_msg void OnButton1();
        //}}AFX_MSG
        DECLARE_MESSAGE_MAP()
```

```
};

// registerDlg.cpp : implementation file
//

#include "stdafx.h"
#include "register.h"
#include "registerDlg.h"

#ifdef _DEBUG
#define new DEBUG_NEW
#undef THIS_FILE
static char THIS_FILE[] = __FILE__;
#endif


/////////////////////////////////////////////////////////////////////////////
// CAboutDlg dialog used for App About

class CAboutDlg : public CDialog
{
public:
        CAboutDlg();

// Dialog Data
        //{{AFX_DATA(CAboutDlg)
        enum { IDD = IDD_ABOUTBOX };
        //}}AFX_DATA

        // ClassWizard generated virtual function overrides
        //{{AFX_VIRTUAL(CAboutDlg)
        protected:
        virtual void DoDataExchange(CDataExchange* pDX);     // DDX/DDV support
        //}}AFX_VIRTUAL

// Implementation
protected:
        //{{AFX_MSG(CAboutDlg)
        //}}AFX_MSG
        DECLARE_MESSAGE_MAP()
```

```
};

CAboutDlg::CAboutDlg() : CDialog(CAboutDlg::IDD)
{
        //{{AFX_DATA_INIT(CAboutDlg)
        //}}AFX_DATA_INIT
}

void CAboutDlg::DoDataExchange(CDataExchange* pDX)
{
        CDialog::DoDataExchange(pDX);
        //{{AFX_DATA_MAP(CAboutDlg)
        //}}AFX_DATA_MAP
}

BEGIN_MESSAGE_MAP(CAboutDlg, CDialog)
        //{{AFX_MSG_MAP(CAboutDlg)
                // No message handlers
        //}}AFX_MSG_MAP
END_MESSAGE_MAP()

/////////////////////////////////////////////////////////////////////////////
// CRegisterDlg dialog

CRegisterDlg::CRegisterDlg(CWnd* pParent /*=NULL*/)
        : CDialog(CRegisterDlg::IDD, pParent)
{
        //{{AFX_DATA_INIT(CRegisterDlg)
                // NOTE: the ClassWizard will add member initialization here
        //}}AFX_DATA_INIT
        // Note LoadIcon does not require a subsequent DestroyIcon in Win32
        m_hIcon = AfxGetApp()->LoadIcon(IDR_MAINFRAME);
}

void CRegisterDlg::DoDataExchange(CDataExchange* pDX)
{
        CDialog::DoDataExchange(pDX);
        //{{AFX_DATA_MAP(CRegisterDlg)
                // NOTE: the ClassWizard will add DDX and DDV calls here
```

```
        //}}AFX_DATA_MAP
}

BEGIN_MESSAGE_MAP(CRegisterDlg, CDialog)
        //{{AFX_MSG_MAP(CRegisterDlg)
        ON_WM_SYSCOMMAND()
        ON_WM_PAINT()
        ON_WM_QUERYDRAGICON()
        ON_BN_CLICKED(IDC_BUTTON1, OnButton1)
        //}}AFX_MSG_MAP
END_MESSAGE_MAP()

/////////////////////////////////////////////////////////////////////////////
// CRegisterDlg message handlers

BOOL CRegisterDlg::OnInitDialog()
{
        CDialog::OnInitDialog();

        // Add "About..." menu item to system menu.

        // IDM_ABOUTBOX must be in the system command range.
        ASSERT((IDM_ABOUTBOX & 0xFFF0) == IDM_ABOUTBOX);
        ASSERT(IDM_ABOUTBOX < 0xF000);

        CMenu* pSysMenu = GetSystemMenu(FALSE);
        CString strAboutMenu;
        strAboutMenu.LoadString(IDS_ABOUTBOX);
        if (!strAboutMenu.IsEmpty())
        {
                pSysMenu->AppendMenu(MF_SEPARATOR);
                pSysMenu->AppendMenu(MF_STRING, IDM_ABOUTBOX, strAboutMenu);
        }

        // Set icon for this dialog.  The framework does this automatically
        //  when the application's main window is not a dialog
        SetIcon(m_hIcon, TRUE);                      // Set big icon
        SetIcon(m_hIcon, FALSE);                  // Set small icon
```

```
            // TODO: Add extra initialization here

            return TRUE;  // return TRUE  unless you set the focus to a control
}

void CRegisterDlg::OnSysCommand(UINT nID, LPARAM lParam)
{
        if ((nID & 0xFFF0) == IDM_ABOUTBOX)
        {
                CAboutDlg dlgAbout;
                dlgAbout.DoModal();
        }
        else
        {
                CDialog::OnSysCommand(nID, lParam);
        }
}


// If you add a minimize button to your dialog, you will need the code below
//  to draw the icon.  For MFC applications using the document/view model,
//  this is automatically done for you by the framework.

void CRegisterDlg::OnPaint()
{
        if (IsIconic())
        {
                CPaintDC dc(this); // device context for painting

                SendMessage(WM_ICONERASEBKGND, (WPARAM) dc.GetSafeHdc(), 0);

                // Center icon in client rectangle
                int cxIcon = GetSystemMetrics(SM_CXICON);
                int cyIcon = GetSystemMetrics(SM_CYICON);
                CRect rect;
                GetClientRect(&rect);
                int x = (rect.Width() - cxIcon + 1) / 2;
                int y = (rect.Height() - cyIcon + 1) / 2;

                // Draw the icon
```

```
                dc.DrawIcon(x, y, m_hIcon);
        }
        else
        {
                CDialog::OnPaint();
        }
}


// The system calls this to obtain the cursor to display while the user drags
//   the minimized window.
HCURSOR CRegisterDlg::OnQueryDragIcon()
{
        return (HCURSOR) m_hIcon;
}


void CRegisterDlg::OnButton1()
{
        AfxGetApp()->WriteProfileInt("Initialization", "FileNumber", 5);
        UINT nData = AfxGetApp()->GetProfileInt("Initialization",
            "FileNumber", 0);
        char szText[40];
        wsprintf(szText, "Initialization file number = %d", nData);
        SetDlgItemText(IDC_EDIT1, szText);
}
```

That's it for the chapter where we have surveyed handling Windows professionally. We've come far, from examining the Windows environment to seeing some powerful functions at work, from working with version resources to editing our program's icon, and from working with Unicode to using the Windows registry. In the next chapter, we'll continue our survey of advanced Visual C++ when we see how to create our own ActiveX controls and put them to work.

CHAPTER 10

Building ActiveX Controls and Using Databases

In this chapter, we'll see how to build and use ActiveX custom controls, also known as OCX controls. With Visual C++ 5, it is possible to design and implement your own customized controls using the ActiveX ControlWizard, which comes with Visual C++. For example, you may want a control that displays the date, and using Visual C++, you can make one. Then you can install this control in Visual C++ programs as easily as other controls like buttons and list boxes.

As you can imagine, this is a very powerful technique. Some of the custom controls that come with Visual C++, for example, let you draw graphs automatically when you pass them data, support gauge controls (i.e., those colored bars that can grow or shrink as you install a program), or draw spreadsheet-like grids full of data cells. In fact, the potential (and after-market) for new controls is endless. Using the techniques developed in this chapter, you will be able to create and implement your own custom controls.

Let's look at the process of creating our own controls now.

LISTER.OCX: A List Box–Based ActiveX Custom Control

Our first example custom ActiveX control might be, say, a customized list box control. In all ways, this control would act as a listbox—except when the user clicks it. After being clicked, our customized list box would display the text "Hello, world.":

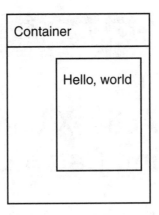

This will be our first custom control—in every way, it will act like a normal list box, except that when it is clicked, it will display the "Hello, world." text.

We will place the support for this custom control in a file named LISTER.OCX (OCX is the normal extension for ActiveX custom controls). In a programming environment like Visual C++, it is easy to add ActiveX controls to a program by simply selecting them in the *component gallery*, as we will see. If we did so, the LISTER control would then be added as a new tool in the dialog editor's toolbox. If you wanted to place a LISTER control in a dialog box–based EXE project, you would then simply draw it as required (i.e., following the standard dialog box–editing technique) in the window you want it in.

Visual C++ also provides an excellent tool for testing the ActiveX controls we create—in the Visual C++ Tools menu, you will find the menu item **ActiveX Control Test Container**. Clicking that tool opens the Visual C++ test container, and the Edit menu of that container program has an item named **Insert OLE Control…**:

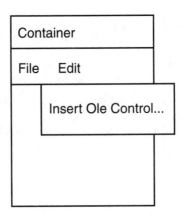

When you select that item, the Insert OLE Control box opens, displaying all the custom controls available, such as our LISTER control:

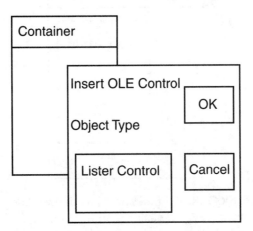

Here, you see the entry **Lister Control** in the Object Type box. That is, we assume that we have already registered our ActiveX control with Windows, and now Windows is informing us that it is available. When we select **Lister Control** in the Object Type box, and then click **OK**, a new LISTER control appears in the test container (i.e., just an empty list box at this point):

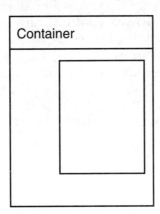

This control is a normal list box, except that when the user clicks it, it displays the text "Hello, world":

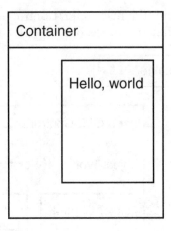

And that's how LISTER.OCX will function. Now that we know what we are aiming for—creating our first ActiveX custom control: LISTER.OCX—let's get started.

Using ControlWizard to Create Custom Control Code

The first step in creating the LISTER ActiveX control is to use Visual C++'s ControlWizard to create a skeleton version of all the support files we'll need, just as AppWizard creates skeletal support files for EXE programs. To create LISTER now, just select the **MFC ActiveX ControlWizard** option instead of the **MFC AppWizard** option when creating this new project, as shown in Figure 10.1.

We will base our LISTER control on the standard List Box control (but note that it is not necessary to base your ActiveX custom control on any pre-existing control type at all) so that we'll have all the functionality of a list box. To do that, select **LISTBOX** as the type of control our ActiveX control should subclass in ClassWizard's Step 2 box, as shown in Figure 10.2.

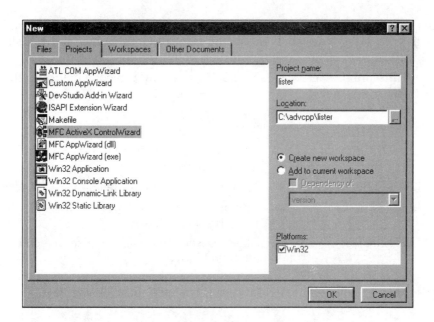

FIGURE 10.1 VISUAL C++'S CONTROLWIZARD.

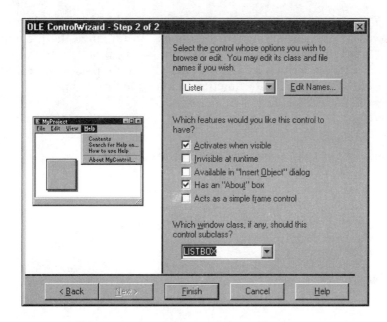

FIGURE 10.2 CONTROLWIZARD'S CONTROL OPTIONS BOX.

This indicates to ControlWizard that we want to base our new control on the list box type. Now click **OK** in the Control Options box and **Finish** in ControlWizard to create the support files we'll need for LISTER.OCX.

At this point, ControlWizard creates the new project, including these important files:

LISTER.MAK	The project file
LISTER.CPP	ActiveX DLL initialization, termination, other bookkeeping
LISTERCTL.CPP	Main implementation file (CListerCtrl class)
LISTERPPG.CPP	Implementation of the CListerPropPage property page class
LISTER.ODL	Object Description Language source code for the type library

Let's examine some of the files created for us by ControlWizard next.

Understanding a ControlWizard Program

The file LISTER.CPP serves the same purpose that the main application file has served in projects throughout this book—to initialize the program and connect it to Windows. In this case, we find that the function InitInstance() in LISTER.CPP (as written by ControlWizard) simply passes control back to the base class' InitInstance() function (do not add this code):

```
BOOL CListerApp::InitInstance()
{
    BOOL bInit = COleControlModule::InitInstance();

    if (bInit)
    {
        // TODO: Add your own module initialization code here.
    }

    return bInit;
}
```

It is also important to register the new control with Windows, and the program as it stands now does that in LISTER.CPP's `DllRegisterServer()` function:

```
STDAPI DllRegisterServer(void)
{
    AFX_MANAGE_STATE(_afxModuleAddrThis);

    if (!AfxOleRegisterTypeLib(AfxGetInstanceHandle(), _tlid))
        return ResultFromScode(SELFREG_E_TYPELIB);

    if (!COleObjectFactoryEx::UpdateRegistryAll(TRUE))
        return ResultFromScode(SELFREG_E_CLASS);

    return NOERROR;
}
```

And that's about all that happens in LISTER.CPP; there is not much going on in the initialization section of our program.

The next file worth mentioning is LISTER.ODL (ODL stands for Object Description Language), which describes our control to Windows. For example, the line that gives an English name to our control looks like this in LISTER.ODL:

```
// Class information for CListerCtrl


[ uuid(1DD85028-3ADE-11CF-B01D-92668F0CF447), version(1.0),
    helpstring("lister ActiveX Control module"), control ]
```

This is the string, "`Lister Control`", that we'll see when we install our LISTER.OCX control in Visual C++ 5's `ActiveX` test container. When the program is built, the source code in LISTER.ODL is compiled into a type library file, LISTER.TLB, which holds information that Windows can read directly.

Up to this point in the book, the DLG code file (e.g., THEPROGDLG.CPP) was the file we worked with most often. Now, however, we will work mostly with the custom control's code file, which is LISTERCTL.CPP. The real action in our program takes place there. Open that file now, and take a look at the `OnDraw()` function (add no code to `OnDraw()`):

```
void CListerCtrl::OnDraw(CDC* pdc,
        const CRect& rcBounds, const CRect& rcInvalid)
{
    DoSuperclassPaint(pdc, rcBounds);
}
```

This function works much like any other OnDraw() function. Here we simply draw our control. Note that we are passed a pointer to a device context (pdc) in which to draw the bounding rectangle of the control we are supposed to draw (rcBounds) and that the rectangle in our control has been marked as invalid (rcInvalid)—that is, the part of the control we are supposed to redraw.

If we wanted to draw our own control, we would do it here. For example, if we wanted to create a control that draws a picture of fish in an aquarium, we could draw that here. Of course, we can draw what we like to customize our control's appearance, even making it appear three dimensional if we used the shading techniques used in Windows buttons.

Because we are basing our ActiveX control on list boxes, however, the program will take care of drawing it for us, and it does that with a call to the function DoSuperclassPaint(). We will not have to worry about drawing LISTER at all—the program takes care of that for us, giving it the appearance of a normal list box.

Our goal in LISTER is to display the words "Hello, world." when the user clicks our LISTER control. We can do that simply by connecting a function to WM_LBUTTONDOWN as we have before in other programs. Just as we have with other programs, we can use ClassWizard to connect messages like WM_LBUTTONDOWN to functions in LISTERCTL.CPP. Let's see how that works.

Reading Mouse Clicks in LISTER.OCX

Open ClassWizard now. Select our control class, CListerCtrl, in the Class Name box, and then select WM_LBUTTONDOWN in the Messages box. Connect the function OnLButtonDown() to the CListerCtrl class with the **Add Function...** button and open that function now:

```
void CListerCtrl::OnLButtonDown(UINT nFlags, CPoint point)
{

    COleControl::OnLButtonDown(nFlags, point);
}
```

Our goal here is to simply place a text string reading `"hello, world."` in the
list box when the user clicks it. We begin by setting up that text string:

```
void CListerCtrl::OnLButtonDown(UINT nFlags, CPoint point)
{
-> char out_string[] = "Hello, world.";
       .
       .
       .

    COleControl::OnLButtonDown(nFlags, point);
}
```

Note that for a standard ActiveX control, we could now set a flag and invali-
date the control using Invalidate() so that OnDraw() would be called and the
control redrawn with the string `"hello, world."` in it (provided we had
added code to OnDraw() to draw our custom control the way we had wanted
it).

Here, however, our control is built on a list box control, so we should
simply add our text string as an entry in the list box and let it handle its
own redrawing. We can do that by sending a control message to our list box.
The message we want to send is LB_INSERTSTRING, and we do that with the
Windows SendMessage() function this way:

```
void CListerCtrl::OnLButtonDown(UINT nFlags, CPoint point)
{
    char out_string[] = "Hello, world.";
-> int nIndex = 0;

-> SendMessage(LB_INSERTSTRING, nIndex, (long) out_string);

    COleControl::OnLButtonDown(nFlags, point);
}
```

Here, we indicate that we want to add our new string as entry 0, the top
entry, in the list box. We pass a pointer to the text string to our
SendMessage() function, after first converting that pointer to a long value.

That's it for the code. Create LISTER.OCX now by selecting the **Build
lister.ocx** menu item in the Visual C++ Build menu. After LISTER.OCX is

created, we must register it with Windows so that we can use it in other programs. To register LISTER.OCX with Windows, just select the **Register Control** menu item in Visual C++'s Tools menu now. A box should appear, indicating that the control was registered successfully with Windows.

To test the new ActiveX control, just select the **ActiveX Control Test Container** menu item in the Visual C++ Tools menu, opening the Visual C++ test container, as shown in Figure 10.3. Now select the **Insert OLE Control...** menu item in the test container's Edit menu, as also shown in Figure 10.3.

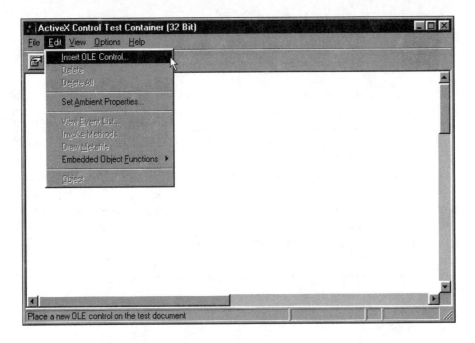

FIGURE 10.3 THE VISUAL C++ ACTIVEX CONTROL TEST CONTAINER.

This opens the Insert OLE Control box, as shown in Figure 10.4.

Select the entry **Lister Control** in the Object Type box and click **OK**. This inserts a new LISTER control in the test container, as shown in Figure 10.5. Now click the **LISTER** control; when you do so, the control displays "Hello, world." in the list box, as also shown in Figure 10-5. Our first, simple ActiveX project, LISTER, is a success.

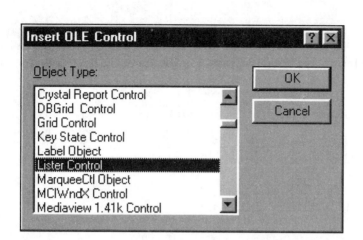

FIGURE 10.4 THE INSERT OLE CONTROL BOX.

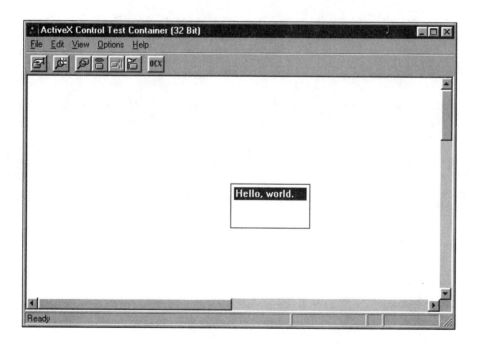

FIGURE 10.5 OUR LISTER ACTIVEX CUSTOM CONTROL.

That's it for our first custom ActiveX control. As you can see, setting up a custom ActiveX control is not difficult in Visual C++ because Visual C++ handles most of the details for us. The code for the LISTER project, our first OCX project, may be found in these listings:

LISTING 10.1 LISTER.H AND LISTER.CPP

```
// lister.h : main header file for LISTER.DLL

#if !defined( __AFXCTL_H__ )
        #error include 'afxctl.h' before including this file
#endif

#include "resource.h"        // main symbols

/////////////////////////////////////////////////////////////////////////////
// CListerApp : See lister.cpp for implementation.

class CListerApp : public COleControlModule
{
public:
        BOOL InitInstance();
        int ExitInstance();
};

extern const GUID CDECL _tlid;
extern const WORD _wVerMajor;
extern const WORD _wVerMinor;

// lister.cpp : Implementation of CListerApp and DLL registration.

#include "stdafx.h"
#include "lister.h"
```

```
#ifdef _DEBUG
#define new DEBUG_NEW
#undef THIS_FILE
static char THIS_FILE[] = __FILE__;
#endif


CListerApp NEAR theApp;

const GUID CDECL BASED_CODE _tlid =
    { 0x1dd85028, 0x3ade, 0x11cf, { 0xb0, 0x1d, 0x92, 0x66,
        0x8f, 0xc, 0xf4, 0x47 } };
const WORD _wVerMajor = 1;
const WORD _wVerMinor = 0;


/////////////////////////////////////////////////////////////////////////////
// CListerApp::InitInstance - DLL initialization

BOOL CListerApp::InitInstance()
{
        BOOL bInit = COleControlModule::InitInstance();

        if (bInit)
        {
                // TODO: Add your own module initialization code here.
        }

        return bInit;
}


/////////////////////////////////////////////////////////////////////////////
// CListerApp::ExitInstance - DLL termination

int CListerApp::ExitInstance()
{
        // TODO: Add your own module termination code here.

        return COleControlModule::ExitInstance();
}
```

```
/////////////////////////////////////////////////////////////////////////
// DllRegisterServer - Adds entries to the system registry

STDAPI DllRegisterServer(void)
{
        AFX_MANAGE_STATE(_afxModuleAddrThis);

        if (!AfxOleRegisterTypeLib(AfxGetInstanceHandle(), _tlid))
                return ResultFromScode(SELFREG_E_TYPELIB);

        if (!COleObjectFactoryEx::UpdateRegistryAll(TRUE))
                return ResultFromScode(SELFREG_E_CLASS);

        return NOERROR;
}


/////////////////////////////////////////////////////////////////////////
// DllUnregisterServer - Removes entries from the system registry

STDAPI DllUnregisterServer(void)
{
        AFX_MANAGE_STATE(_afxModuleAddrThis);

        if (!AfxOleUnregisterTypeLib(_tlid))
                return ResultFromScode(SELFREG_E_TYPELIB);

        if (!COleObjectFactoryEx::UpdateRegistryAll(FALSE))
                return ResultFromScode(SELFREG_E_CLASS);

        return NOERROR;
}
```

LISTING 10.2 LISTERCTL.H AND LISTERCTL.CPP

```
// ListerCtl.h : Declaration of the CListerCtrl ActiveX control class.

/////////////////////////////////////////////////////////////////////////
// CListerCtrl : See ListerCtl.cpp for implementation.
```

```
class CListerCtrl : public COleControl
{
        DECLARE_DYNCREATE(CListerCtrl)

// Constructor
public:
        CListerCtrl();

// Overrides

        // Drawing function
        virtual void OnDraw(
                CDC* pdc, const CRect& rcBounds, const CRect& rcInvalid);

        // Persistence
        virtual void DoPropExchange(CPropExchange* pPX);

        // Reset control state
        virtual void OnResetState();

// Implementation
protected:
        ~CListerCtrl();

        DECLARE_OLECREATE_EX(CListerCtrl)      // Class factory and guid
        DECLARE_OLETYPELIB(CListerCtrl)        // GetTypeInfo
        DECLARE_PROPPAGEIDS(CListerCtrl)       // Property page IDs
        DECLARE_OLECTLTYPE(CListerCtrl)        // Type name and misc status

        // Subclassed control support
        BOOL PreCreateWindow(CREATESTRUCT& cs);
        BOOL IsSubclassedControl();
        LRESULT OnOcmCommand(WPARAM wParam, LPARAM lParam);

// Message maps
        //{{AFX_MSG(CListerCtrl)
        afx_msg void OnLButtonDown(UINT nFlags, CPoint point);
        //}}AFX_MSG
        DECLARE_MESSAGE_MAP()
```

```
// Dispatch maps
        //{{AFX_DISPATCH(CListerCtrl)
        // NOTE - ClassWizard will add and remove member functions here.
        //    DO NOT EDIT what you see in these blocks of generated code !
        //}}AFX_DISPATCH
        DECLARE_DISPATCH_MAP()

        afx_msg void AboutBox();

// Event maps
        //{{AFX_EVENT(CListerCtrl)
        // NOTE - ClassWizard will add and remove member functions here.
        //    DO NOT EDIT what you see in these blocks of generated code !
        //}}AFX_EVENT
        DECLARE_EVENT_MAP()

// Dispatch and event IDs
public:
        enum {
        //{{AFX_DISP_ID(CListerCtrl)
        // NOTE: ClassWizard will add and remove enumeration elements here.
        //    DO NOT EDIT what you see in these blocks of generated code !
        //}}AFX_DISP_ID
        };
};


// ListerCtl.cpp : Implementation of the CListerCtrl ActiveX control class.

#include "stdafx.h"
#include "lister.h"
#include "ListerCtl.h"
#include "ListerPpg.h"

#ifdef _DEBUG
#define new DEBUG_NEW
#undef THIS_FILE
static char THIS_FILE[] = __FILE__;
#endif
```

```
IMPLEMENT_DYNCREATE(CListerCtrl, COleControl)

/////////////////////////////////////////////////////////////////////////
// Message map

BEGIN_MESSAGE_MAP(CListerCtrl, COleControl)
        //{{AFX_MSG_MAP(CListerCtrl)
        ON_WM_LBUTTONDOWN()
        //}}AFX_MSG_MAP
        ON_MESSAGE(OCM_COMMAND, OnOcmCommand)
        ON_OLEVERB(AFX_IDS_VERB_PROPERTIES, OnProperties)
END_MESSAGE_MAP()


/////////////////////////////////////////////////////////////////////////
// Dispatch map

BEGIN_DISPATCH_MAP(CListerCtrl, COleControl)
        //{{AFX_DISPATCH_MAP(CListerCtrl)
        // NOTE - ClassWizard will add and remove dispatch map entries
        //    DO NOT EDIT what you see in these blocks of generated code !
        //}}AFX_DISPATCH_MAP
        DISP_FUNCTION_ID(CListerCtrl, "AboutBox", DISPID_ABOUTBOX,
            AboutBox, VT_EMPTY, VTS_NONE)
END_DISPATCH_MAP()


/////////////////////////////////////////////////////////////////////////
// Event map

BEGIN_EVENT_MAP(CListerCtrl, COleControl)
        //{{AFX_EVENT_MAP(CListerCtrl)
        // NOTE - ClassWizard will add and remove event map entries
        //    DO NOT EDIT what you see in these blocks of generated code !
        //}}AFX_EVENT_MAP
END_EVENT_MAP()


/////////////////////////////////////////////////////////////////////////
// Property pages

// TODO: Add more property pages as needed.  Remember to increase the count!
```

```
BEGIN_PROPPAGEIDS(CListerCtrl, 1)
        PROPPAGEID(CListerPropPage::guid)
END_PROPPAGEIDS(CListerCtrl)


/////////////////////////////////////////////////////////////////////////
// Initialize class factory and guid

IMPLEMENT_OLECREATE_EX(CListerCtrl, "LISTER.ListerCtrl.1",
        0x14cf3a60, 0x92a, 0x101c, 0xba, 0xc7, 0x4, 0x2, 0x24, 0, 0x9c, 0x2)


/////////////////////////////////////////////////////////////////////////
// Type library ID and version

IMPLEMENT_OLETYPELIB(CListerCtrl, _tlid, _wVerMajor, _wVerMinor)


/////////////////////////////////////////////////////////////////////////
// Interface IDs

const IID BASED_CODE IID_DLister =
  { 0x1dd85029, 0x3ade, 0x11cf, { 0xb0, 0x1d, 0x92, 0x66, 0x8f,
        0xc, 0xf4, 0x47 } };
const IID BASED_CODE IID_DListerEvents =
  { 0x1dd8502a, 0x3ade, 0x11cf, { 0xb0, 0x1d, 0x92, 0x66, 0x8f,
        0xc, 0xf4, 0x47 } };


/////////////////////////////////////////////////////////////////////////
// Control type information

static const DWORD BASED_CODE _dwListerOleMisc =
        OLEMISC_ACTIVATEWHENVISIBLE |
        OLEMISC_SETCLIENTSITEFIRST |
        OLEMISC_INSIDEOUT |
        OLEMISC_CANTLINKINSIDE |
        OLEMISC_RECOMPOSEONRESIZE;

IMPLEMENT_OLECTLTYPE(CListerCtrl, IDS_LISTER, _dwListerOleMisc)


/////////////////////////////////////////////////////////////////////////
// CListerCtrl::CListerCtrlFactory::UpdateRegistry -
```

```
// Adds or removes system registry entries for CListerCtrl

BOOL CListerCtrl::CListerCtrlFactory::UpdateRegistry(BOOL bRegister)
{
        if (bRegister)
                return AfxOleRegisterControlClass(
                        AfxGetInstanceHandle(),
                        m_clsid,
                        m_lpszProgID,
                        IDS_LISTER,
                        IDB_LISTER,
                        FALSE,                          //  Not insertable
                        _dwListerOleMisc,
                        _tlid,
                        _wVerMajor,
                        _wVerMinor);
        else
                return AfxOleUnregisterClass(m_clsid, m_lpszProgID);
}


/////////////////////////////////////////////////////////////////////////////
// CListerCtrl::CListerCtrl - Constructor

CListerCtrl::CListerCtrl()
{
        InitializeIIDs(&IID_DLister, &IID_DListerEvents);

        // TODO: Initialize your control's instance data here.
}


/////////////////////////////////////////////////////////////////////////////
// CListerCtrl::~CListerCtrl - Destructor

CListerCtrl::~CListerCtrl()
{
        // TODO: Cleanup your control's instance data here.
}


/////////////////////////////////////////////////////////////////////////////
```

```
// CListerCtrl::OnDraw - Drawing function

void CListerCtrl::OnDraw(
        CDC* pdc, const CRect& rcBounds, const CRect& rcInvalid)
{
        DoSuperclassPaint(pdc, rcBounds);
}


/////////////////////////////////////////////////////////////////////////
// CListerCtrl::DoPropExchange - Persistence support

void CListerCtrl::DoPropExchange(CPropExchange* pPX)
{
        ExchangeVersion(pPX, MAKELONG(_wVerMinor, _wVerMajor));
        COleControl::DoPropExchange(pPX);

        // TODO: Call PX_ functions for each persistent custom property.

}


/////////////////////////////////////////////////////////////////////////
// CListerCtrl::OnResetState - Reset control to default state

void CListerCtrl::OnResetState()
{
        COleControl::OnResetState();  // Resets defaults found in
DoPropExchange

        // TODO: Reset any other control state here.
}


/////////////////////////////////////////////////////////////////////////
// CListerCtrl::AboutBox - Display an "About" box to the user

void CListerCtrl::AboutBox()
{
        CDialog dlgAbout(IDD_ABOUTBOX_LISTER);
        dlgAbout.DoModal();
}
```

```
/////////////////////////////////////////////////////////////////////////////
// CListerCtrl::PreCreateWindow - Modify parameters for CreateWindowEx

BOOL CListerCtrl::PreCreateWindow(CREATESTRUCT& cs)
{
        cs.lpszClass = _T("LISTBOX");
        return COleControl::PreCreateWindow(cs);
}


/////////////////////////////////////////////////////////////////////////////
// CListerCtrl::IsSubclassedControl - This is a subclassed control

BOOL CListerCtrl::IsSubclassedControl()
{
        return TRUE;
}


/////////////////////////////////////////////////////////////////////////////
// CListerCtrl::OnOcmCommand - Handle command messages

LRESULT CListerCtrl::OnOcmCommand(WPARAM wParam, LPARAM lParam)
{
#ifdef _WIN32
        WORD wNotifyCode = HIWORD(wParam);
#else
        WORD wNotifyCode = HIWORD(lParam);
#endif

        // TODO: Switch on wNotifyCode here.

        return 0;
}


/////////////////////////////////////////////////////////////////////////////
// CListerCtrl message handlers

void CListerCtrl::OnLButtonDown(UINT nFlags, CPoint point)
{
        char out_string[] = "Hello, world.";
```

```
        int nIndex = 0;

        SendMessage(LB_INSERTSTRING, nIndex, (long) out_string);

        COleControl::OnLButtonDown(nFlags, point);
}
```

LISTING 10.3 LISTER.ODL

```
// lister.odl : type library source for ActiveX Control project.

// This file will be processed by the Make Type Library (mktyplib) tool to
// produce the type library (lister.tlb) that will become a resource in
// lister.ocx.

#include <olectl.h>

[ uuid(1DD85028-3ADE-11CF-B01D-92668F0CF447), version(1.0),
  helpstring("lister ActiveX Control module"), control ]
library LISTERLib
{
        importlib(STDOLE_TLB);
        importlib(STDTYPE_TLB);

        //  Primary dispatch interface for CListerCtrl

        [ uuid(1DD85029-3ADE-11CF-B01D-92668F0CF447),
          helpstring("Dispatch interface for Lister Control"), hidden ]
        dispinterface _DLister
        {
                properties:
                // NOTE - ClassWizard will maintain property information here.
                        //    Use extreme caution when editing this section.
                        //{{AFX_ODL_PROP(CListerCtrl)
                        //}}AFX_ODL_PROP

                methods:
                // NOTE - ClassWizard will maintain method information here.
```

```
            //     Use extreme caution when editing this section.
            //{{AFX_ODL_METHOD(CListerCtrl)
            //}}AFX_ODL_METHOD

            [id(DISPID_ABOUTBOX)] void AboutBox();
};


//  Event dispatch interface for CListerCtrl

[ uuid(1DD8502A-3ADE-11CF-B01D-92668F0CF447),
  helpstring("Event interface for Lister Control") ]
dispinterface _DListerEvents
{
        properties:
                //  Event interface has no properties

        methods:
        // NOTE - ClassWizard will maintain event information here.
            //     Use extreme caution when editing this section.
            //{{AFX_ODL_EVENT(CListerCtrl)
            //}}AFX_ODL_EVENT
};


//  Class information for CListerCtrl

[ uuid(14CF3A60-092A-101C-BAC7-040224009C02),
  helpstring("Lister Control"), control ]
coclass Lister
{
        [default] dispinterface _DLister;
        [default, source] dispinterface _DListerEvents;
};


//{{AFX_APPEND_ODL}}
};
```

So far, we've seen how to set up a rudimentary ActiveX control. Let's dig deeper now with our next control, and see how to add it to a Visual C++ program as well.

CONTROL.OCX: A Button-Based ActiveX Custom Control

Basing our ActiveX custom controls on pre-existing control types is quite useful because it means that the standard events—like mouse button pushes or character entry—are already supported, and we can add event-handling functions (like OnLButtonDown()) to our ActiveX controls simply by using ClassWizard. In fact, we can handle the drawing of the control ourselves, even if we base our control on a standard Windows control.

For example, we might draw a button with a cloudy day image that changes that to a sunny day when the button is pushed. This is possible because, although based on the Windows button type of control, we can make this control look like and act like anything we want because we'll draw it ourselves. Let's call this new project CONTROL. When we insert a control of this type in a program, we'll be able to control its appearance when we draw it:

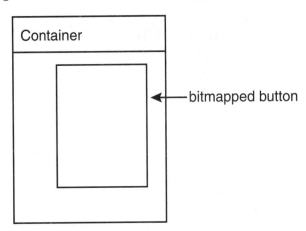

Using ActiveX ControlWizard, give this new project the name CONTROL and create it. In Step 2 of the ActiveX ControlWizard, select **BUTTON** as the type of control our ActiveX project should subclass (just as we selected **LISTBOX** in LISTER). Click the **Finish** button to allow ControlWizard to create this project.

As before, ControlWizard creates many files for us, including these important ones:

CONTROL.MAK   The project file

CONTROL.CPP	`ActiveX` DLL initialization, termination, other bookkeeping
CONTROLCTL.CPP	Main implementation file (`CControlCtrl` class)
CONTROLPPG.CPP	Implementation of the `CControlPropPage` property page class
CONTROL.ODL	Object Description Language source code for the type library

Creating Bitmaps for Our ActiveX Control

We want our control to display a cloudy day before it is pushed (i.e., when the button is up) and a sunny day when it is pushed (i.e., when the button is down). To do that, we'll create the customized button bitmaps IDB_UPBITMAP (cloudy day) and IDB_DOWNBITMAP (sunny day). To create these new resources, just select the Visual C++ **Insert | Resource...** menu item and select **Bitmap** in the Insert Resource box that appears. This opens the bitmap editor, as shown in Figure 10.6.

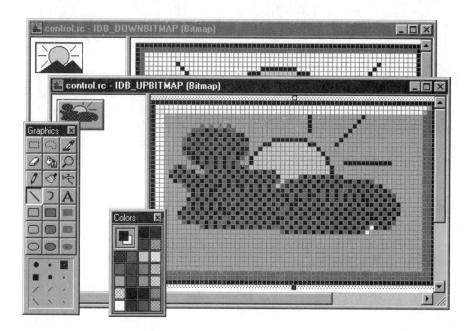

FIGURE 10.6 DESIGNING A CUSTOM BITMAP.

This new bitmap has the default ID IDB_BITMAP1; change that to IDB_UPBITMAP by using the bitmap's property page. Open that page by selecting the **Properties...** item in the Visual C++ Edit menu. This opens the property page for the bitmap, and you can change the bitmap's ID from IDB_BITMAP1 to IDB_UPBITMAP directly. Next, draw a representation of a cloudy day in the IDB_UPBITMAP bitmap, as shown in Figure 10.6. Similarly, we also create a new bitmap with the ID IDB_DOWNBITMAP and draw a sunny day in it.

Now our customized images for CONTROL are ready. Using these bitmaps, we'll see how to change the control's appearance. Besides that, we will also have access to all the events a button normally has, such as Click events, ready for us to use in ClassWizard. We'll also see how to add customized events, properties, and methods to CONTROL.OCX and how to install our new control in a Visual C++ program.

As before, the control support file itself, CONTROLCTL.CPP, will be the most important. Here is how our control is actually created, based on the Windows button control (from CONTROLCTL.CPP)—note that the program derives this control from the Windows button type:

```
BOOL CControlCtrl::PreCreateWindow(CREATESTRUCT& cs)
{
    cs.lpszClass = _T("BUTTON");
    return COleControl::PreCreateWindow(cs);
}
```

However, we want to draw the button ourselves, so we will modify this code a little. This function, PreCreateWindow(), is called when our control is first created, and we are passed a reference to a creation structure (i.e., a structure of type CREATESTRUCT). One of the members of this creation structure is the style member, which holds the style of the control we are creating. In this case, we will OR the button style with two new button styles: BS_PUSHBUTTON and BS_OWNERDRAW:

```
BOOL CControlCtrl::PreCreateWindow(CREATESTRUCT& cs)
{
    cs.lpszClass = _T("BUTTON");
->  cs.style |= BS_PUSHBUTTON | BS_OWNERDRAW;
    return COleControl::PreCreateWindow(cs);
}
```

Using BS_OWNERDRAW means that now we are responsible for drawing the appearance of the button ourselves, which is what we want. If we just wanted to draw an unchanging control, we could place code in the OnDraw() function, and whatever we drew there would appear in our ActiveX control. However, we want to do more than that. We want to draw the button in both its pressed and unpressed state as the user clicks it with the mouse. This means that we will have to intercept the actual message sent to the button control telling it when to show itself as pressed and when to show itself as released, which OnDraw() alone will not do. In this way, we'll get a little more advanced.

To draw an active button ourselves, we must intercept the OCM_DRAWITEM message. The prefix OCM stands for OLE Control Message, and these are the messages that ActiveX custom controls themselves receive (in addition to Windows messages starting with the WM_ prefix). The OCM message we want to receive is OCM_DRAWITEM. In addition to simply drawing our button, we will get more information with this message such as: is the button supposed to be up or down? This will enable us to draw the button with the right bitmap (sunny day or cloudy day).

To attach a function to the OCM_DRAWITEM message, we will edit the message map in CONTROLCTL.CPP directly (i.e., ClassWizard will not work with OCM messages). Find the message map now in CONTROLCTL.CPP:

```
// ControlCtl.cpp : Implementation of the CControlCtrl ActiveX control class.
#include "stdafx.h"
#include "control.h"
          .
          .
          .

BEGIN_MESSAGE_MAP(CControlCtrl, COleControl)
    //{{AFX_MSG_MAP(CControlCtrl)
    ON_MESSAGE(OCM_COMMAND, OnOcmCommand)
    //}}AFX_MSG_MAP
END_MESSAGE_MAP()
          .
          .
          .
```

We will intercept the OCM_DRAWITEM message this way, by connecting it to the function OnOcmDrawItem() (add this line of code):

```
// ControlCtl.cpp : Implementation of the CControlCtrl ActiveX control class.
```

```
#include "stdafx.h"
#include "control.h"
        .
        .
        .

BEGIN_MESSAGE_MAP(CControlCtrl, COleControl)
    //{{AFX_MSG_MAP(CControlCtrl)
    ON_MESSAGE(OCM_COMMAND, OnOcmCommand)
->  ON_MESSAGE(OCM_DRAWITEM, OnOcmDrawItem)
    //}}AFX_MSG_MAP
END_MESSAGE_MAP()
        .
        .
        .
```

In addition, we must add the prototype of OnOcmDrawItem() to CONTROLCTL.H
(note that this function returns an argument of type LRESULT, as we'll see soon):

```
// ControlCtl.h : Declaration of the CControlCtrl ActiveX control class.
///////////////////////////////////////////////////////////////////////
        .
        .
        .

    DECLARE_OLECREATE_EX(CControlCtrl)      // Class factory and guid
    DECLARE_OLETYPELIB(CControlCtrl)        // GetTypeInfo
    DECLARE_PROPPAGEIDS(CControlCtrl)       // Property page IDs
    DECLARE_OLECTLTYPE(CControlCtrl)          // Type name and misc status

    // Subclassed control support
    BOOL PreCreateWindow(CREATESTRUCT& cs);
    WNDPROC* GetSuperWndProcAddr(void);
    LRESULT OnOcmCommand(WPARAM wParam, LPARAM lParam);
->  LRESULT OnOcmDrawItem(WPARAM wParam, LPARAM lParam);
        .
        .
        .
```

Now create the OnOcmDrawItem() function in CONTROLCTL.CPP by typing it in:

```
LRESULT CControlCtrl::OnOcmDrawItem(WPARAM wParam, LPARAM lParam)
{

}
```

As with most direct Windows message handlers, we are passed two parameters: wParam and lParam, the standard low-level parameters that accompany Windows messages. Here, lParam is a long pointer to a structure of type LPDRAWITEMSTRUCT. Because this structure contains additional information about what we're supposed to be drawing, it will allow us to draw our button in both the pressed and released state. For example, we are able to get a pointer to the device context we're supposed to draw in from the hDC member of the LPDRAWITEMSTRUCT structure. The hDC member is actually a handle to a device context, and it is simply a numerical index standing for that device context as far as Windows is concerned. We create a pointer to the device context from hDC using the MFC CDC function FromHandle():

```
LRESULT CControlCtrl::OnOcmDrawItem(WPARAM wParam, LPARAM lParam)
{
-> CDC *pdc;

-> pdc = CDC::FromHandle(((LPDRAWITEMSTRUCT)lParam)->hDC);
    .
    .
    .
}
```

Now that we have a pointer to the device context we want to draw in, the next step is to load the bitmap in from the disk. We will use the two bitmaps we created: IDB_DOWNBITMAP for the button-down bitmap and IDB_UPBITMAP for the button-up bitmap. We will load the appropriate bitmap depending on whether the button is in its up or down state. To determine if the button is up or down, we check the itemState member of the DRAWITEMSTRUCT structure that we were passed a pointer to. If the ODS_SELECTED bit in itemState is set, we should draw the button as pressed; otherwise, we should draw it as released. Based on itemState, we load in the correct bitmap this way into an object of class CBitmap named bmpObj:

```
LRESULT CControlCtrl::OnOcmDrawItem(WPARAM wParam, LPARAM lParam)
{
    CDC *pdc;
```

```
-> CBitmap bmpObj;

    pdc = CDC::FromHandle(((LPDRAWITEMSTRUCT)lParam)->hDC);

-> bmpObj.LoadBitmap((((LPDRAWITEMSTRUCT)lParam)->itemState &
        ODS_SELECTED) ? IDB_DOWNBITMAP : IDB_UPBITMAP);
            .
            .
            .
```

At this point, we have loaded the bitmap to display into a bitmap object of MFC class CBitmap. The next step is to display that bitmap. To do that, we need the dimensions of the bitmap, which we can get by filling a structure of type BITMAP:

```
typedef struct tagBITMAP {
    int     bmType;
    int     bmWidth;
    int     bmHeight;
    int     bmWidthBytes;
    BYTE    bmPlanes;
    BYTE    bmBitsPixel;
    LPVOID  bmBits;
} BITMAP;
```

We'll fill our BITMAP structure, named bmp, like this, using the CBitmap member function GetObject():

```
LRESULT CControlCtrl::OnOcmDrawItem(WPARAM wParam, LPARAM lParam)
{
    CDC *pdc;
    CBitmap bmpObj;
->  BITMAP  bmp;

    pdc = CDC::FromHandle(((LPDRAWITEMSTRUCT)lParam)->hDC);

    bmpObj.LoadBitmap((((LPDRAWITEMSTRUCT)lParam)->itemState &
        ODS_SELECTED) ? IDB_DOWNBITMAP : IDB_UPBITMAP);
```

```
-> bmpObj.GetObject(sizeof(BITMAP), &bmp);
        .
        .
        .
```

To determine the actual dimensions of the bitmap, we use the BITMAP members bmWidth and bmHeight to fill a CRect object named rect:

```
LRESULT CControlCtrl::OnOcmDrawItem(WPARAM wParam, LPARAM lParam)
{
    CDC *pdc;
    CBitmap bmpObj;
    BITMAP  bmp;
->  CRect rect;

    pdc = CDC::FromHandle(((LPDRAWITEMSTRUCT)lParam)->hDC);

    bmpObj.LoadBitmap((((LPDRAWITEMSTRUCT)lParam)->itemState &
        ODS_SELECTED) ? IDB_DOWNBITMAP : IDB_UPBITMAP);
    bmpObj.GetObject(sizeof(BITMAP), &bmp);
->  rect.right = bmp.bmWidth;
->  rect.bottom = bmp.bmHeight;
        .
        .
        .

}
```

Now we have the bitmap and its size, so all that's left is to draw it. There's a shortcut method here that we will use. Visual C++ supports a special class named CPictureHolder, and we'll use that class to draw our custom control. A popular property (we'll see more about properties soon) for ActiveX controls is the Picture property, which holds the image of the control. Reloading the Picture property with a new bitmap changes the appearance of the control. We won't support the picture property here, but we will use the CPictureHolder class because it is designed to hold a control's bitmap (i.e., its graphical representation) and display it easily. Because the CPictureHolder class is specially made to work with the image of our control, we will create a CPictureHolder object here and load our bitmap into it:

```
LRESULT CControlCtrl::OnOcmDrawItem(WPARAM wParam, LPARAM lParam)
```

```
{
    CDC *pdc;
    CBitmap bmpObj;
    BITMAP  bmp;
->  CPictureHolder picHolderObj;
    CRect rect;

    pdc = CDC::FromHandle(((LPDRAWITEMSTRUCT)lParam)->hDC);

    bmpObj.LoadBitmap(((((LPDRAWITEMSTRUCT)lParam)->itemState &
        ODS_SELECTED) ? IDB_DOWNBITMAP : IDB_UPBITMAP);
    bmpObj.GetObject(sizeof(BITMAP), &bmp);
    rect.right = bmp.bmWidth;
    rect.bottom = bmp.bmHeight;

->  picHolderObj.CreateFromBitmap((HBITMAP)bmpObj.m_hObject, NULL, FALSE);
    .
    .
    .

}
```

To actually draw the item, we need only call the CPictureHolder member function Render(), passing it the actual size of the control's bounding rectangle (which we get as rcItem in the DRAWITEMSTRUCT structure passed to us) and the bounding rectangle of the bitmap we want to draw. Finally, we return a value of 1 from OnOcmDrawItem(), indicating success:

```
LRESULT CControlCtrl::OnOcmDrawItem(WPARAM wParam, LPARAM lParam)
{
    CDC *pdc;
    CBitmap bmpObj;
    BITMAP  bmp;
    CPictureHolder picHolderObj;
    CRect rect;

    pdc = CDC::FromHandle(((LPDRAWITEMSTRUCT)lParam)->hDC);
```

```
bmpObj.LoadBitmap((((LPDRAWITEMSTRUCT)lParam)->itemState &
    ODS_SELECTED) ? IDB_DOWNBITMAP : IDB_UPBITMAP);
bmpObj.GetObject(sizeof(BITMAP), &bmp);
rect.right = bmp.bmWidth;
rect.bottom = bmp.bmHeight;

    picHolderObj.CreateFromBitmap((HBITMAP)bmpObj.m_hObject, NULL, FALSE);
-> picHolderObj.Render(pdc, ((LPDRAWITEMSTRUCT)lParam)->rcItem, rect);

-> return 1;
}
```

591

We are able to create and support CONTROL.OCX. To do so, select the **Build control.ocx** menu item in the Visual C++ Project menu, followed by **Register Control** in the Tools menu.

Now let's see our control in action. Open the test container from the Tools menu and insert a control of our new type, CONTROL, as shown in Figure 10.7.

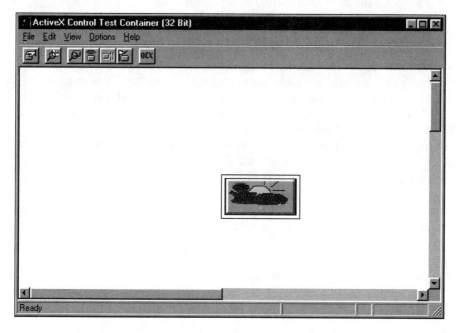

FIGURE 10.7 THE **CONTROL.OCX** CONTROL.

When you click this CONTROL button, the image displayed turns from the cloudy day to the sunny one and back again, which is what we want. Even though we've subclassed our control from an existing Windows control (a command button), we now know how to draw it ourselves. So far, then, CONTROL.OCX is a success.

There is far more to learn about ActiveX controls, however. For example, ActiveX controls may support properties, methods, and custom events. After we add our custom control to a Visual C++ program named, say, CONTAPP, we can simply use ClassWizard in CONTAPP to connect functions to our custom events, just as we would for the events of any other control. However, properties and methods work through OLE automation and will take a little more work to use from CONTAPP, as we'll see soon.

Properties are very useful. For example, if you had a custom control that displayed text, you might set the text simply by setting the control's Text property. Methods are also very useful. If you had a custom control that displayed data in a graph, you might pass it the data to graph in a method named SetData().

We will also support custom events in our OCX controls. Let's say our control supports a custom event named, say, posEvent which we *fired* (firing an event causes its event-handing function to be called) when the mouse button was pushed. We could then place our custom control in the standard Visual C++ program named CONTAPP (we will see how to place our ActiveX controls into a Visual C++ program soon), and the control would display its cloudy or sunny day images as required. In addition, ClassWizard could set up an event-handling function named OnposEvent() in CONTAPP to handle our control's event, just as it might handle a button control's click event with a function named OnButton1(). In this way, as far as CONTAPP is concerned, our new ActiveX control acts just like any other control (such as a button or text box). As another example, if we had a custom control named DATE that displayed the date, we could give it an event named DateChanged, which would be fired every time the date changed. Then, in CONTAPP, we could use ClassWizard to connect a function, OnDateChanged(), to an embedded DATE control.

Properties, methods, and events are integral parts of ActiveX controls, so let's begin an examination of them now.

ActiveX Control Properties

Adding properties to CONTROL.OCX is easy with ClassWizard. In this case, we'll just add a property named Counter. This property is like a data member of a C++ object. In this case, Counter will simply hold a short value that we can initialize to zero and that we can increment as we like (we will count the number of times the button is clicked).

To add Counter to our custom control, open ClassWizard now, and select the **Automation** tab. Make sure our control's class, CControlCtrl, is selected in the Class Name box, as shown in Figure 10.8. Click the **Add Property...** button, opening the Add Property box, as also shown in Figure 10.8.

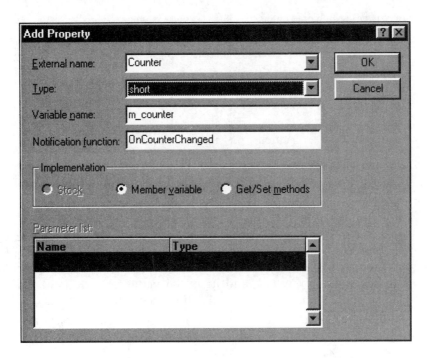

FIGURE 10.8 USING CLASSWIZARD, WE ADD A PROPERTY TO CONTROL.

Type the name of the new property, **Counter**, in the External Name box of the Add Property box, and select type **short** in the Type box, making Counter a short value. Finally, click **OK** to create the new property. Now our ActiveX control has a new property named Counter. When controls of type CONTROL are inserted in other Visual C++ programs, we can reach this new property, Counter, through OLE automation as we'll see later.

Inside our CONTROL project, our new property will be stored in the short variable m_counter (declared by ClassWizard in CONTROLCTL.H). If you want to set the initial value of m_counter to something other than 0, you would look for this line in CONTROLCTL.CPP (do not add this code):

```
/////////////////////////////////////////////////////////////////////////
// CControlCtrl::DoPropExchange - Persistence support

void CControlCtrl::DoPropExchange(CPropExchange* pPX)
{
    ExchangeVersion(pPX, MAKELONG(_wVerMinor, _wVerMajor));
    COleControl::DoPropExchange(pPX);
->  PX_Short(pPX, _T("Counter"), m_counter, 0);
    // TODO: Call PX_ functions for each persistent custom property.

}
```

Here, the program sets up our Counter property. The PX_Short() function is used to initialize short properties. The arguments the program passes to PX_Short() follow: pPX is a pointer to the program's internal CPropertyExchange object (maintained by our program automatically), followed by the name of the property (Counter), followed by the name of the internal variable that holds the properties value (m_counter, and its initial value set to 0 here). That is exactly how a counter should start, at 0. We'll leave this line unchanged.

In addition to the new internal variable m_counter, ClassWizard has also written a new function for us, OnCounterChanged() (from CONTROLCTL.CPP):

```
void CControlCtrl::OnCounterChanged()
{
    // TODO: Add notification handler code
    SetModifiedFlag();
}
```

The program calls this function when our `Counter` property is changed, and this function is very handy for that reason. For example, if changing this property is supposed to change other properties as well, we can make those changes in this function. Say that a control displays text and that the control's `Text` property (assuming the control has such a property) was changed. In this case, the program would call `OnTextChanged()`, allowing the control to update its display.

To test out our new Counter property, create CONTROL.OCX with the **Build control.ocx** line in the Visual C++ Project menu, and open the control test container, using the **ActiveX Control Test Container** item in the Tools menu. Insert a new control of type COUNTER in the test container, and select the **Properties...** menu item in the test container's View menu, opening the Properties box, as shown in Figure 10.9.

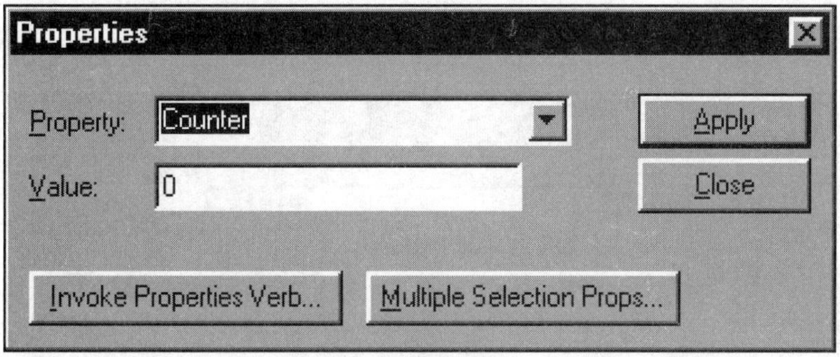

FIGURE 10.9 SETTING OUR ACTIVEX CONTROL'S COUNTER PROPERTY.

Select **Counter** in the dropdown list box labeled Property. When we do, we see that the Counter property is set to 0, as shown in Figure 10.9.

We can increment the Counter property each time the user clicks our control. To do that, return to Visual C++ now and use ClassWizard to add a `WM_LBUTTONDOWN` message handler to our `CControlCtrl` class. Open that function (from CONTROLCTL.CPP):

```
void CControlCtrl::OnLButtonDown(UINT nFlags, CPoint point)
{
    // TODO: Add your message handler code here and/or call default
    COleControl::OnLButtonDown(nFlags, point);
}
```

This function will be called when the user clicks our custom button, and we can increment the Counter property every time they do simply by incrementing the internal variable m_counter:

```
void CControlCtrl::OnLButtonDown(UINT nFlags, CPoint point)
{
    // TODO: Add your message handler code here and/or call default
    COleControl::OnLButtonDown(nFlags, point);

->  m_counter++;
}
```

Every time the user clicks our button, we increment the Counter property, as we can see Figure 10.10, where we've incremented Counter to a value of 5.

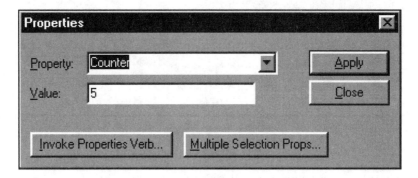

FIGURE 10.10 INCREMENTING OUR COUNTER PROPERTY BY CLICKING OUR ACTIVEX CONTROL.

It was that easy to add properties to our ActiveX control. We'll see how to reach the properties of an OCX control from Visual C++ programs in which they are embedded soon. Before we do, however, let's take a look at how to add a method to our ActiveX control.

ActiveX Control Methods

OLE automation methods are like member functions of C++ objects. For example, we might add a method named Beep() to our CONTROL project, which will simply make the computer beep. Using ClassWizard, methods are as easy to add to our ActiveX control as properties were. To add the Beep() method, open ClassWizard now and select the **Automation** tab. Make sure that our control class, CControlCtrl, is selected in the Class Name box, and click the **Add Method...** button, opening the Add Method box, as shown in Figure 10.11.

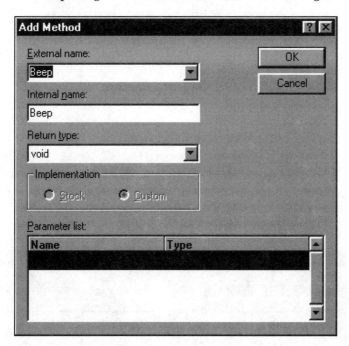

FIGURE 10.11 USING THE ADD METHOD BOX, WE ADD THE BEEP() METHOD TO OUR ACTIVEX CONTROL.

Type the name of this method, **Beep**, in the External Name box, and select **void** in the Return Type dropdown list box, indicating that we do not want to return any values from this function. If we had wanted to, we could have had our method return values like long, short, or float simply by selecting them in this box. In addition, our method will not have any parameters passed to it. If we had wanted to receive parameters, we could simply type their names in the Name column of the Parameter List box (see Figure 10.11), and then select the parameter type in the dropdown list box that appears in the Type column of the Parameter List box. (We'll see how this works when we add a custom event next.) Now click **OK** in the Add Method box, adding the Beep() method to CONTROL. Next, click the **Edit Code** button in ClassWizard, opening our new Beep() method:

```
void CControlCtrl::Beep()
{

}
```

In this case, we'll just have the computer beep when this method is invoked, so add this line of code:

```
void CControlCtrl::Beep()
{
-> MessageBeep(MB_OK);
}
```

We've added a new method to our ActiveX control. We can test this new method by inserting a control of the CONTROL type in the ActiveX control test container and selecting the **Invoke Methods...** menu item in the test container's Edit menu, opening the Invoke Control Method box as shown in Figure 10.12.

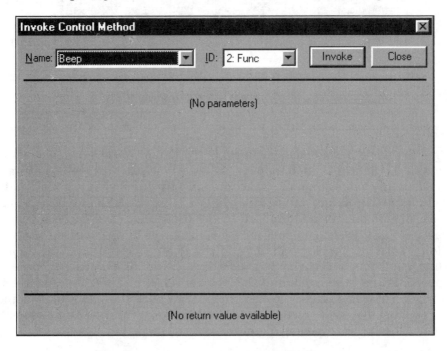

FIGURE 10.12 INVOKING OUR ACTIVEX CONTROL'S NEW METHOD.

As you see in Figure 10.12, our `Beep()` method is available for use—clicking the **Invoke** button calls our `Beep()` method and makes the computer beep.

The next step is to see how to support custom events. We'll look at that now.

ActiveX Control Custom Events

To use CONTROL's properties and methods from a standard Visual C++ program like CONTAPP, we must take additional steps to handle the OLE automation involved. On the other hand, when we are working with custom events, we just use ClassWizard to connect events from our `ActiveX` controls to functions in CONTAPP, making it a very easy process.

The custom event we add to CONTROL.OCX will be called `posEvent`, and we will *fire* (i.e., make the program call its event-handling function) this event when the mouse button goes down, passing the location of the mouse button to the handling function (i.e., *posEvent* stands for position event).

We use ClassWizard to add the `posEvent` event in our CONTROL project. Open ClassWizard now and select the **ActiveX Events** tab. Make sure that our control class, `CControlCtrl`, is selected in the Class Name box, and click the **Add Event...** button, opening the Add Event box as shown in Figure 10.13.

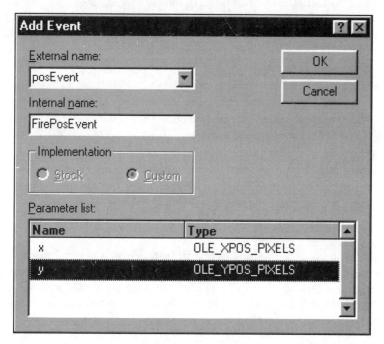

FIGURE 10.13 ADDING A CUSTOM EVENT TO OUR OCX CONTROL.

Type the name of this event, **posEvent**, into the External Name box, and type **x** in the Parameter List box, as shown in Figure 10.13. A dropdown list box appears on the right of the Parameter List box—select **OLE_XPOS_PIX-ELS** as the *x* parameter's type. Now enter a new parameter in the Parameter List box named **y** and select the **OLE_YPOS_PIXELS** type for it. The result appears in Figure 10.13. Close the Add Event box by clicking **OK**, adding the new posEvent event to our ActiveX control. Click **OK** in ClassWizard.

ClassWizard has connected the posEvent event to a function we can use to fire that event—FirePosEvent(), which it sets up this way in CON-TROLCTL.CPP:

```
// Event maps
    //{{AFX_EVENT(CControlCtrl)
    void FirePosEvent(OLE_XPOS_PIXELS x, OLE_YPOS_PIXELS y)
        {FireEvent(eventidPosEvent,EVENT_PARAM(VTS_XPOS_PIXELS
            VTS_YPOS_PIXELS), x, y);}
    //}}AFX_EVENT
    DECLARE_EVENT_MAP()
```

To fire this event, then, we only need to call FirePosEvent(). In our example program, we will fire the new event each time the mouse button is pressed, so we will call FirePosEvent() in the OnLButtonDown() function we already have (from CONTROLCTL.CPP) by adding this code:

```
void CControlCtrl::OnLButtonDown(UINT nFlags, CPoint point)
{
    // TODO: Add your message handler code here and/or call default
    COleControl::OnLButtonDown(nFlags, point);

    m_counter++;

->  FirePosEvent(point.x, point.y);
}
```

Here, we fire a posEvent event every time there is a mouse click, and we pass the mouse position to this event. In the CONTAPP program (which will have a custom control of the CONTROL type embedded), we will connect our custom control's posEvent event to a function, OnPosEvent(), which will be called each time we fire a position event in CONTROL (much like connecting a button click to a function named OnButton1()).

To test this event in our test container, we can watch as our custom events are fired—simply create CONTROL.OCX and insert a control of that type into the test container. Next, select the **Event Log...** menu item in the test container's View menu, opening the event log as shown in Figure 10.14.

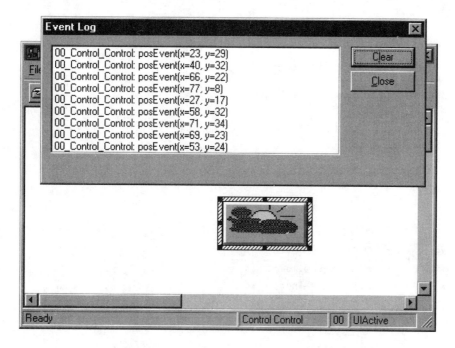

FIGURE 10.14 THE CUSTOM EVENT FIRED IN **CONTROL.OCX**.

When you click the **CONTROL** button, the program fires a posEvent event, and the results appear in the event log, as shown in Figure 10.14. We also see that the x and y mouse location inside our ActiveX control (measured in pixels) is also passed to this event handler.

As we see with the ActiveX control test container, our ActiveX control is ready to go. The next step is to place it into a Visual C++ program, CONTAPP, and use it. We'll do that next. The files CONTROL.H and CONTROL.CPP may found in Listing 10.4, and the files CONTROLCTL.H and CONTROLCTL.CPP in Listing 10.5.

LISTING 10.4 CONTROL.H AND CONTROL.CPP

```cpp
// control.h : main header file for CONTROL.DLL

#if !defined( __AFXCTL_H__ )
        #error include 'afxctl.h' before including this file
#endif

#include "resource.h"        // main symbols

/////////////////////////////////////////////////////////////////////////////
// CControlApp : See control.cpp for implementation.

class CControlApp : public COleControlModule
{
public:
        BOOL InitInstance();
        int ExitInstance();
};

extern const GUID CDECL _tlid;
extern const WORD _wVerMajor;
extern const WORD _wVerMinor;

// control.cpp : Implementation of CControlApp and DLL registration.

#include "stdafx.h"
#include "control.h"

#ifdef _DEBUG
#define new DEBUG_NEW
#undef THIS_FILE
static char THIS_FILE[] = __FILE__;
#endif

CControlApp NEAR theApp;

const GUID CDECL BASED_CODE _tlid =
                { 0x1dd8502f, 0x3ade, 0x11cf, { 0xb0, 0x1d, 0x92, 0x66,
```

```
            0x8f, 0xc, 0xf4, 0x47 } };
const WORD _wVerMajor = 1;
const WORD _wVerMinor = 0;
```

```
/////////////////////////////////////////////////////////////////////////
// CControlApp::InitInstance - DLL initialization

BOOL CControlApp::InitInstance()
{
        BOOL bInit = COleControlModule::InitInstance();

        if (bInit)
        {
                // TODO: Add your own module initialization code here.
        }

        return bInit;
}


/////////////////////////////////////////////////////////////////////////
// CControlApp::ExitInstance - DLL termination

int CControlApp::ExitInstance()
{
        // TODO: Add your own module termination code here.

        return COleControlModule::ExitInstance();
}


/////////////////////////////////////////////////////////////////////////
// DllRegisterServer - Adds entries to the system registry

STDAPI DllRegisterServer(void)
{
        AFX_MANAGE_STATE(_afxModuleAddrThis);

        if (!AfxOleRegisterTypeLib(AfxGetInstanceHandle(), _tlid))
                return ResultFromScode(SELFREG_E_TYPELIB);
```

```
        if (!COleObjectFactoryEx::UpdateRegistryAll(TRUE))
                return ResultFromScode(SELFREG_E_CLASS);

        return NOERROR;
}


/////////////////////////////////////////////////////////////////////////////
// DllUnregisterServer - Removes entries from the system registry

STDAPI DllUnregisterServer(void)
{
        AFX_MANAGE_STATE(_afxModuleAddrThis);

        if (!AfxOleUnregisterTypeLib(_tlid))
                return ResultFromScode(SELFREG_E_TYPELIB);

        if (!COleObjectFactoryEx::UpdateRegistryAll(FALSE))
                return ResultFromScode(SELFREG_E_CLASS);

        return NOERROR;
}
```

LISTING 10.5 CONTROLCTL.H AND CONTROLCTL.CPP

```
// ControlCtl.h : Declaration of the CControlCtrl ActiveX control class.

/////////////////////////////////////////////////////////////////////////////
// CControlCtrl : See ControlCtl.cpp for implementation.

class CControlCtrl : public COleControl
{
        DECLARE_DYNCREATE(CControlCtrl)

// Constructor
public:
        CControlCtrl();

// Overrides
```

```
        // Drawing function
        virtual void OnDraw(
                    CDC* pdc, const CRect& rcBounds, const CRect&
rcInvalid);

        // Persistence
        virtual void DoPropExchange(CPropExchange* pPX);

        // Reset control state
        virtual void OnResetState();

// Implementation
protected:
        ~CControlCtrl();

        DECLARE_OLECREATE_EX(CControlCtrl)      // Class factory and guid
        DECLARE_OLETYPELIB(CControlCtrl)        // GetTypeInfo
        DECLARE_PROPPAGEIDS(CControlCtrl)       // Property page IDs
        DECLARE_OLECTLTYPE(CControlCtrl)        // Type name and misc status

        // Subclassed control support
        BOOL PreCreateWindow(CREATESTRUCT& cs);
        BOOL IsSubclassedControl();
        LRESULT OnOcmCommand(WPARAM wParam, LPARAM lParam);
        LRESULT OnOcmDrawItem(WPARAM wParam, LPARAM lParam);

// Message maps
        //{{AFX_MSG(CControlCtrl)
        afx_msg void OnLButtonDown(UINT nFlags, CPoint point);
        //}}AFX_MSG
        DECLARE_MESSAGE_MAP()

// Dispatch maps
        //{{AFX_DISPATCH(CControlCtrl)
        short m_counter;
        afx_msg void OnCounterChanged();
        afx_msg void Beep();
        //}}AFX_DISPATCH
        DECLARE_DISPATCH_MAP()
```

```
        afx_msg void AboutBox();

// Event maps
        //{{AFX_EVENT(CControlCtrl)
        void FirePosEvent(OLE_XPOS_PIXELS x, OLE_YPOS_PIXELS y)
                {FireEvent(eventidPosEvent,EVENT_PARAM(VTS_XPOS_PIXELS
                VTS_YPOS_PIXELS), x, y);}
        //}}AFX_EVENT
        DECLARE_EVENT_MAP()

// Dispatch and event IDs
public:
        enum {
        //{{AFX_DISP_ID(CControlCtrl)
        dispidCounter = 1L,
        dispidBeep = 2L,
        eventidPosEvent = 1L,
        //}}AFX_DISP_ID
        };
};


// ControlCtl.cpp : Implementation of the CControlCtrl ActiveX control class.

#include "stdafx.h"
#include "control.h"
#include "ControlCtl.h"
#include "ControlPpg.h"

#ifdef _DEBUG
#define new DEBUG_NEW
#undef THIS_FILE
static char THIS_FILE[] = __FILE__;
#endif

IMPLEMENT_DYNCREATE(CControlCtrl, COleControl)

/////////////////////////////////////////////////////////////////////////
// Message map
```

```
BEGIN_MESSAGE_MAP(CControlCtrl, COleControl)
        //{{AFX_MSG_MAP(CControlCtrl)
        ON_WM_LBUTTONDOWN()
        //}}AFX_MSG_MAP
        ON_MESSAGE(OCM_COMMAND, OnOcmCommand)
        ON_MESSAGE(OCM_DRAWITEM, OnOcmDrawItem)
        ON_OLEVERB(AFX_IDS_VERB_PROPERTIES, OnProperties)
END_MESSAGE_MAP()


/////////////////////////////////////////////////////////////////////////
// Dispatch map

BEGIN_DISPATCH_MAP(CControlCtrl, COleControl)
        //{{AFX_DISPATCH_MAP(CControlCtrl)
        DISP_PROPERTY_NOTIFY(CControlCtrl, "Counter", m_counter,
           OnCounterChanged, VT_I2)
        DISP_FUNCTION(CControlCtrl, "Beep", Beep, VT_EMPTY, VTS_NONE)
        //}}AFX_DISPATCH_MAP
        DISP_FUNCTION_ID(CControlCtrl, "AboutBox", DISPID_ABOUTBOX,
           AboutBox, VT_EMPTY, VTS_NONE)
END_DISPATCH_MAP()


/////////////////////////////////////////////////////////////////////////
// Event map

BEGIN_EVENT_MAP(CControlCtrl, COleControl)
     //{{AFX_EVENT_MAP(CControlCtrl)
     EVENT_CUSTOM("posEvent", FirePosEvent, VTS_XPOS_PIXELS  VTS_YPOS_PIXELS)
     //}}AFX_EVENT_MAP
END_EVENT_MAP()


/////////////////////////////////////////////////////////////////////////
// Property pages

// TODO: Add more property pages as needed.  Remember to increase the count!
BEGIN_PROPPAGEIDS(CControlCtrl, 1)
        PROPPAGEID(CControlPropPage::guid)
END_PROPPAGEIDS(CControlCtrl)
```

```
/////////////////////////////////////////////////////////////////////////
// Initialize class factory and guid

IMPLEMENT_OLECREATE_EX(CControlCtrl, "CONTROL.ControlCtrl.1",
        0xd96fbcc1, 0x90a, 0x101c, 0xba, 0xc7, 0x4, 0x2, 0x24, 0, 0x9c, 0x2)

/////////////////////////////////////////////////////////////////////////
// Type library ID and version

IMPLEMENT_OLETYPELIB(CControlCtrl, _tlid, _wVerMajor, _wVerMinor)

/////////////////////////////////////////////////////////////////////////
// Interface IDs

const IID BASED_CODE IID_DControl =
                { 0x1dd85030, 0x3ade, 0x11cf, { 0xb0, 0x1d, 0x92, 0x66,
        0x8f, 0xc, 0xf4, 0x47 } };
const IID BASED_CODE IID_DControlEvents =
                { 0x1dd85031, 0x3ade, 0x11cf, { 0xb0, 0x1d, 0x92, 0x66,
        0x8f, 0xc, 0xf4, 0x47 } };

/////////////////////////////////////////////////////////////////////////
// Control type information

static const DWORD BASED_CODE _dwControlOleMisc =
        OLEMISC_ACTIVATEWHENVISIBLE |
        OLEMISC_SETCLIENTSITEFIRST |
        OLEMISC_INSIDEOUT |
        OLEMISC_CANTLINKINSIDE |
        OLEMISC_RECOMPOSEONRESIZE;

IMPLEMENT_OLECTLTYPE(CControlCtrl, IDS_CONTROL, _dwControlOleMisc)

/////////////////////////////////////////////////////////////////////////
// CControlCtrl::CControlCtrlFactory::UpdateRegistry -
// Adds or removes system registry entries for CControlCtrl

BOOL CControlCtrl::CControlCtrlFactory::UpdateRegistry(BOOL bRegister)
{
```

```
        if (bRegister)
                return AfxOleRegisterControlClass(
                        AfxGetInstanceHandle(),
                        m_clsid,
                        m_lpszProgID,
                        IDS_CONTROL,
                        IDB_CONTROL,
                        FALSE,                              // Not insertable
                        _dwControlOleMisc,
                        _tlid,
                        _wVerMajor,
                        _wVerMinor);
        else
                return AfxOleUnregisterClass(m_clsid, m_lpszProgID);
}


/////////////////////////////////////////////////////////////////////////////
// CControlCtrl::CControlCtrl - Constructor

CControlCtrl::CControlCtrl()
{
        InitializeIIDs(&IID_DControl, &IID_DControlEvents);

        // TODO: Initialize your control's instance data here.
}


/////////////////////////////////////////////////////////////////////////////
// CControlCtrl::~CControlCtrl - Destructor

CControlCtrl::~CControlCtrl()
{
        // TODO: Cleanup your control's instance data here.
}


/////////////////////////////////////////////////////////////////////////////
// CControlCtrl::OnDraw - Drawing function

void CControlCtrl::OnDraw(
            CDC* pdc, const CRect& rcBounds, const CRect& rcInvalid)
```

```
{
        DoSuperclassPaint(pdc, rcBounds);
}

/////////////////////////////////////////////////////////////////////////////
// CControlCtrl::DoPropExchange - Persistence support

void CControlCtrl::DoPropExchange(CPropExchange* pPX)
{
        ExchangeVersion(pPX, MAKELONG(_wVerMinor, _wVerMajor));
        COleControl::DoPropExchange(pPX);
        PX_Short(pPX, _T("Counter"), m_counter, 0);

        // TODO: Call PX_ functions for each persistent custom property.

}


/////////////////////////////////////////////////////////////////////////////
// CControlCtrl::OnResetState - Reset control to default state

void CControlCtrl::OnResetState()
{
        COleControl::OnResetState();  // Resets defaults in DoPropExchange

        // TODO: Reset any other control state here.
}


/////////////////////////////////////////////////////////////////////////////
// CControlCtrl::AboutBox - Display an "About" box to the user

void CControlCtrl::AboutBox()
{
        CDialog dlgAbout(IDD_ABOUTBOX_CONTROL);
        dlgAbout.DoModal();
}


/////////////////////////////////////////////////////////////////////////////
// CControlCtrl::PreCreateWindow - Modify parameters for CreateWindowEx
```

```
BOOL CControlCtrl::PreCreateWindow(CREATESTRUCT& cs)
{
        cs.lpszClass = _T("BUTTON");
        cs.style |= BS_PUSHBUTTON | BS_OWNERDRAW;
        return COleControl::PreCreateWindow(cs);
}


/////////////////////////////////////////////////////////////////////////////
// CControlCtrl::IsSubclassedControl - This is a subclassed control

BOOL CControlCtrl::IsSubclassedControl()
{
        return TRUE;
}


/////////////////////////////////////////////////////////////////////////////
// CControlCtrl::OnOcmCommand - Handle command messages

LRESULT CControlCtrl::OnOcmCommand(WPARAM wParam, LPARAM lParam)
{
#ifdef _WIN32
        WORD wNotifyCode = HIWORD(wParam);
#else
        WORD wNotifyCode = HIWORD(lParam);
#endif

        // TODO: Switch on wNotifyCode here.

        return 0;
}


/////////////////////////////////////////////////////////////////////////////
// CControlCtrl message handlers

LRESULT CControlCtrl::OnOcmDrawItem(WPARAM wParam, LPARAM lParam)
{
    CDC *pdc;
    CBitmap bmpObj;
    BITMAP  bmp;
```

```
        CPictureHolder picHolderObj;
        CRect rect;

        pdc = CDC::FromHandle(((LPDRAWITEMSTRUCT)lParam)->hDC);

        bmpObj.LoadBitmap((((LPDRAWITEMSTRUCT)lParam)->itemState &
            ODS_SELECTED) ? IDB_DOWNBITMAP : IDB_UPBITMAP);
        bmpObj.GetObject(sizeof(BITMAP), &bmp);
        rect.right = bmp.bmWidth;
        rect.bottom = bmp.bmHeight;

        picHolderObj.CreateFromBitmap((HBITMAP)bmpObj.m_hObject, NULL, FALSE);
            picHolderObj.Render(pdc, ((LPDRAWITEMSTRUCT)lParam)->rcItem, rect);

        return 1;
}


void CControlCtrl::OnCounterChanged()
{
        // TODO: Add notification handler code

        SetModifiedFlag();
}


void CControlCtrl::OnLButtonDown(UINT nFlags, CPoint point)
{
        m_counter++;

        FirePosEvent(point.x, point.y);

        COleControl::OnLButtonDown(nFlags, point);
}


void CControlCtrl::Beep()
{
        MessageBeep(MB_OK);
}
```

CONTROL.OCX is now ready to be integrated into a Visual C++ program, so let's do that now.

Using the ActiveX Control in a Visual C++ Program

To put CONTROL.OCX to work in a Visual C++ program, create the dialog box–based EXE project CONTAPP now. In Step 3 of AppWizard, when AppWizard asks "What other support would you like to include?", click the **ActiveX controls** option button, which will let us use ActiveX controls in our program. Next, open the main dialog window in the dialog editor by clicking the ID IDD_CONTAPP_DIALOG in the Dialog resource folder. Our next step is to add CONTROL.OCX to the Controls toolbox in the dialog editor so that we can add a CONTROL control to the dialog window. To do that, just select the **Add to Project** item in the Project menu, and select the **Components and Controls** item in the submenu that opens. This opens the Components and Controls Gallery; select the **Registered ActiveX Controls** entry there, as shown in Figure 10.15.

Next, select our new ActiveX control, CONTROL, in the Components and Controls Gallery and click the **Insert** button. This adds our ActiveX control to the dialog editor Controls toolbox, just like any other control such as text boxes or list boxes, as shown in Figure 10.16. In this case, our control appears as a simple box with the letters OCX in it (you can change our OCX control's appearance in the Controls toolbox by editing the IDB_CONTROL bitmap in the CONTROL project), as shown in Figure 10.16.

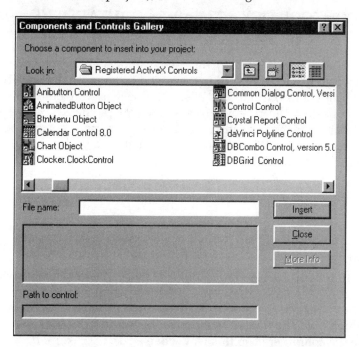

FIGURE 10.15 THE ACTIVEX CONTROL IN THE COMPONENT GALLERY.

613

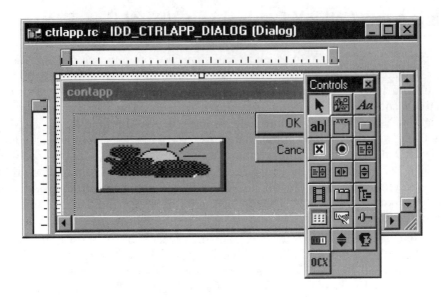

FIGURE 10.16 ADDING THE ACTIVEX CONTROL TO A VISUAL C++ PROGRAM.

Using CONTROL.OCX's Events in CONTAPP.EXE

We can now add a control of type CONTROL to CONTAPP's main dialog window, as shown in Figure 10.16. After we have added our new ActiveX control, we can use ClassWizard to connect a function to the posEvent (fired when the user clicks our button). We do that just as we would for any other control—we select the ID for our new control in ClassWizard, IDC_CON-TROLCTLR1, and ClassWizard displays posEvent in its Messages box. Click that entry and let ClassWizard add a new function connected to that event, OnposEvent. Now open that function:

```
void CCtrlappDlg::OnposEvent(long x, long y)
{

}
```

This function is called when a posEvent is fired by our ActiveX control (we fire the posEvent event when a mouse down event occurs in our ActiveX control). Note that, as we specified, this function receives two parameters, x and y, which hold the mouse location in our control. In our case, we might just make the computer beep this way when a posEvent is fired:

```
void CCtrlappDlg::OnposEvent(long x, long y)
{
        Beep(0, 0);
}
```

615

We've integrated our ActiveX control into a Visual C++ program. Run CON-TAPP, as shown in Figure 10.17. When we click the cloudy sky button, it changes momentarily to a sunny day, and fires the posEvent, which causes the computer to beep. Our ActiveX control program is a success so far.

The next step shows how to reach the properties and methods in CON-TROL.OCX from CONTAPP.

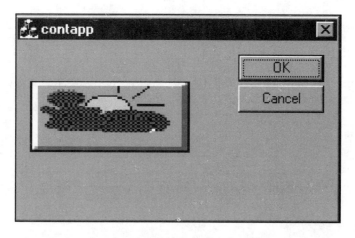

FIGURE 10.17 THE ACTIVEX CONTROL IN A RUNNING PROGRAM.

Using CONTROL.OCX's Properties and Methods in CONTAPP.EXE

When we added a control of type CONTROL to our CONTAPP project, Visual C++ automatically created a new class for us, CControl, whose support files are CONTROL.H and CONTROL.CPP Visual C++ will do this for you each time you add a new OCX control to your project; if we added a Lister control to CONTAPP, Visual C++ would create a new CLister class with the support files LISTER.H and LISTER.CPP This saves us the work of supporting OLE automation ourselves because Visual C++ determined the properties and methods of CONTROL.OCX and has already added them to the CControl class. To reach the CONTROL.OCX `Counter` property, we just have to call the new `CControl` functions `GetCounter()` and `SetCounter()` as now defined in the `CControl` class:

```
class CControl : public CWnd
{
protected:
        DECLARE_DYNCREATE(CControl)
                .
                .
                .

// Attributes
public:
  ->    short GetCounter();
  ->    void SetCounter(short);
```

And to invoke the CONTROL.OCX `Beep()` method, we just have to call it because it is now a member of the `CControl` class as well:

```
class CControl : public CWnd
{
protected:
        DECLARE_DYNCREATE(CControl)
                .
                .
                .

// Attributes
public:
        short GetCounter();
        void SetCounter(short);

// Operations
public:
  ->    void Beep();
```

The next question is: how do we connect this new `CControl` class to the actual control we have placed in our dialog window? That control is supported by CONTROL.OCX and was given the dialog window item `ID IDC_CONTROLCTRL1` by the dialog editor. To reach the `GetCounter()`,

SetCounter(), and Beep() functions, we have to create an object of class CControl and connect it to that dialog window item.

We begin by creating an object of class CControl in CONTAPPDLG.H, where we include CONTROL.H and declare a new object, m_control, of class CControl:

```
// contappDlg.h : header file
//


/////////////////////////////////////////////////////////////////////////////
// CContappDlg dialog

#include "control.h"     <-

class CContappDlg : public CDialog
        .

        .

        .

// Implementation
protected:
        HICON m_hIcon;
  ->    CControl m_control;

        .

        .

        .
```

Next, we use m_control's Create() function to connect this object with the dialog window item IDC_CONTROLCTRL1. We pass that function these parameters:

```
virtual BOOL Create(
        LPCTSTR lpszClassName,
        LPCTSTR lpszWindowName,
        DWORD dwStyle,
        const RECT& rect,
        CWnd* pParentWnd,
        UINT nID
    )
```

We can use NULL for the first three parameters. In addition, we will find the bounding rectangle of the dialog item IDC_CONTROLCTRL1 in our dialog window and pass that as the `rect` parameter. The `pParentWnd` parameter is a pointer to the parent window of the control, and that is simply CONTAPP's dialog window itself. Finally, `nID` is the dialog item ID of the control, and that is just `IDC_CONTROLCTRL1`. With that preparation, we can call `m_control.Create()` in CONTAPP's `OnInitDialog()` function this way:

```
BOOL CContappDlg::OnInitDialog()
{
        CDialog::OnInitDialog();
                .

                .

                .

        // TODO: Add extra initialization here
->      CRect rectControl;
->      GetDlgItem(IDC_CONTROLCTRL1)->GetWindowRect(&rectControl);
->      if(!m_control.Create(NULL, NULL, NULL, rectControl, this,
->          IDC_CONTROLCTRL1)){
->              MessageBox("Could not create control object.");
->      }

        return TRUE;  // return TRUE  unless you set the focus to a control
}
```

We can use `m_control`'s `GetCounter()` and `SetCounter()` functions in CONTAPP to reach COUNTER.OCX's Counter property, and `m_control`'s `Beep()` function to reach COUNTER.OCX's `Beep()` method. For example, add a new button (`IDC_BUTTON1`) to CONTAPP with the caption **Invoke Beep() method**, as shown in Figure 10.18. Next, use ClassWizard to connect a function, `OnButton1()`, to the button:

```
void CContappDlg::OnButton1()
{

}
```

When the user clicks this button, we can invoke CONTROL.OCX's `Beep()` method this way:

```
void CContappDlg::OnButton1()
{
```

```
    ->   m_control.Beep();
}
```

As you can see, Visual C++ has made it easy to reach our control's properties and methods. Our CONTROL.OCX program is a success. The files CONTROL.H and CONTROL.CPP appear in Listing 10.6, and the files CONTAPPDLG.H and CONTAPPDLG.CPP appear in Listing 10.7.

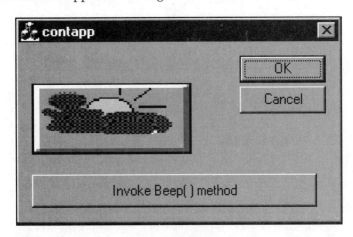

FIGURE 10.18 REACHING OUR CUSTOM OCX METHOD WITH A NEW BUTTON.

LISTING 10.6 CONTROL.H AND CONTROL.CPP

```
#ifndef __CONTROL_H__
#define __CONTROL_H__

// Machine generated IDispatch wrapper class(es) by Microsoft Visual C++

// NOTE: Do not modify the contents of this file.  If this class
// is regenerated by
//   Microsoft Visual C++, your modifications will be overwritten.


/////////////////////////////////////////////////////////////////////
// CControl wrapper class

class CControl : public CWnd
{
```

```
protected:
        DECLARE_DYNCREATE(CControl)
public:
        CLSID const& GetClsid()
        {
                static CLSID const clsid
                        = { 0xd96fbcc1, 0x90a, 0x101c, { 0xba, 0xc7, 0x4,
                                0x2, 0x24, 0x0, 0x9c, 0x2 } };
                return clsid;
        }
        virtual BOOL Create(LPCTSTR lpszClassName,
                LPCTSTR lpszWindowName, DWORD dwStyle,
                const RECT& rect,
                CWnd* pParentWnd, UINT nID,
                CCreateContext* pContext = NULL)
        { return CreateControl(GetClsid(), lpszWindowName, dwStyle, rect,
            pParentWnd, nID); }

    BOOL Create(LPCTSTR lpszWindowName, DWORD dwStyle,
                const RECT& rect, CWnd* pParentWnd, UINT nID,
                CFile* pPersist = NULL, BOOL bStorage = FALSE,
                BSTR bstrLicKey = NULL)
        { return CreateControl(GetClsid(), lpszWindowName, dwStyle, rect,
            pParentWnd, nID,
                pPersist, bStorage, bstrLicKey); }

// Attributes
public:
        short GetCounter();
        void SetCounter(short);

// Operations
public:
        void Beep();
        void AboutBox();
};


#endif // __CONTROL_H__
```

```
// Machine generated IDispatch wrapper class(es) by Microsoft Visual C++

// NOTE: Do not modify the contents of this file.  If this class
//   is regenerated by
//   Microsoft Visual C++, your modifications will be overwritten.

#include "stdafx.h"
#include "control.h"

/////////////////////////////////////////////////////////////////////
// CControl

IMPLEMENT_DYNCREATE(CControl, CWnd)

/////////////////////////////////////////////////////////////////////
// CControl properties

short CControl::GetCounter()
{
        short result;
        GetProperty(0x1, VT_I2, (void*)&result);
        return result;
}

void CControl::SetCounter(short propVal)
{
        SetProperty(0x1, VT_I2, propVal);
}

/////////////////////////////////////////////////////////////////////
// CControl operations

void CControl::Beep()
{
        InvokeHelper(0x2, DISPATCH_METHOD, VT_EMPTY, NULL, NULL);
}

void CControl::AboutBox()
{
```

```
        InvokeHelper(0xfffffdd8, DISPATCH_METHOD, VT_EMPTY, NULL, NULL);
}
```

LISTING 10.7 CONTAPPDLG.H AND **CONTAPPDLG.CPP**

```
// contappDlg.h : header file
//

/////////////////////////////////////////////////////////////////////////////
// CContappDlg dialog
#include "control.h"

class CContappDlg : public CDialog
{
// Construction
public:
        CContappDlg(CWnd* pParent = NULL);          // standard constructor

// Dialog Data
        //{{AFX_DATA(CContappDlg)
        enum { IDD = IDD_CONTAPP_DIALOG };
                // NOTE: the ClassWizard will add data members here
        //}}AFX_DATA

        // ClassWizard generated virtual function overrides
        //{{AFX_VIRTUAL(CContappDlg)
        protected:
        virtual void DoDataExchange(CDataExchange* pDX);
        //}}AFX_VIRTUAL

// Implementation
protected:
        HICON m_hIcon;
        CControl m_control;

        // Generated message map functions
        //{{AFX_MSG(CContappDlg)
        virtual BOOL OnInitDialog();
```

```
        afx_msg void OnSysCommand(UINT nID, LPARAM lParam);
        afx_msg void OnPaint();
        afx_msg HCURSOR OnQueryDragIcon();
        afx_msg void OnButton1();
        afx_msg void OnposEventControlctrl1(long x, long y);
        DECLARE_EVENTSINK_MAP()
        //}}AFX_MSG
        DECLARE_MESSAGE_MAP()
};


// contappDlg.cpp : implementation file
//


#include "stdafx.h"
#include "contapp.h"
#include "contappDlg.h"


#ifdef _DEBUG
#define new DEBUG_NEW
#undef THIS_FILE
static char THIS_FILE[] = __FILE__;
#endif


//////////////////////////////////////////////////////////////////////////
// CAboutDlg dialog used for App About

class CAboutDlg : public CDialog
{
public:
        CAboutDlg();

// Dialog Data
        //{{AFX_DATA(CAboutDlg)
        enum { IDD = IDD_ABOUTBOX };
        //}}AFX_DATA

        // ClassWizard generated virtual function overrides
        //{{AFX_VIRTUAL(CAboutDlg)
        protected:
```

```
        virtual void DoDataExchange(CDataExchange* pDX);    // DDX/DDV support
        //}}AFX_VIRTUAL

// Implementation
protected:
        //{{AFX_MSG(CAboutDlg)
        //}}AFX_MSG
        DECLARE_MESSAGE_MAP()
};

CAboutDlg::CAboutDlg() : CDialog(CAboutDlg::IDD)
{
        //{{AFX_DATA_INIT(CAboutDlg)
        //}}AFX_DATA_INIT
}


void CAboutDlg::DoDataExchange(CDataExchange* pDX)
{
        CDialog::DoDataExchange(pDX);
        //{{AFX_DATA_MAP(CAboutDlg)
        //}}AFX_DATA_MAP
}


BEGIN_MESSAGE_MAP(CAboutDlg, CDialog)
        //{{AFX_MSG_MAP(CAboutDlg)
                // No message handlers
        //}}AFX_MSG_MAP
END_MESSAGE_MAP()


/////////////////////////////////////////////////////////////////////////////
// CContappDlg dialog

CContappDlg::CContappDlg(CWnd* pParent /*=NULL*/)
        : CDialog(CContappDlg::IDD, pParent)
{
        //{{AFX_DATA_INIT(CContappDlg)
                // NOTE: the ClassWizard will add member initialization here
        //}}AFX_DATA_INIT
        // Note LoadIcon does not require a subsequent DestroyIcon in Win32
```

```
        m_hIcon = AfxGetApp()->LoadIcon(IDR_MAINFRAME);
}

void CContappDlg::DoDataExchange(CDataExchange* pDX)
{
        CDialog::DoDataExchange(pDX);
        //{{AFX_DATA_MAP(CContappDlg)
                // NOTE: the ClassWizard will add DDX and DDV calls here
        //}}AFX_DATA_MAP
}

BEGIN_MESSAGE_MAP(CContappDlg, CDialog)
        //{{AFX_MSG_MAP(CContappDlg)
        ON_WM_SYSCOMMAND()
        ON_WM_PAINT()
        ON_WM_QUERYDRAGICON()
        ON_BN_CLICKED(IDC_BUTTON1, OnButton1)
        //}}AFX_MSG_MAP
END_MESSAGE_MAP()

/////////////////////////////////////////////////////////////////////////
// CContappDlg message handlers

BOOL CContappDlg::OnInitDialog()
{
        CDialog::OnInitDialog();

        // Add "About..." menu item to system menu.

        // IDM_ABOUTBOX must be in the system command range.
        ASSERT((IDM_ABOUTBOX & 0xFFF0) == IDM_ABOUTBOX);
        ASSERT(IDM_ABOUTBOX < 0xF000);

        CMenu* pSysMenu = GetSystemMenu(FALSE);
        CString strAboutMenu;
        strAboutMenu.LoadString(IDS_ABOUTBOX);
        if (!strAboutMenu.IsEmpty())
        {
                pSysMenu->AppendMenu(MF_SEPARATOR);
```

```
                    pSysMenu->AppendMenu(MF_STRING, IDM_ABOUTBOX, strAboutMenu);
            }

            // Set icon for this dialog.  The framework does this automatically
            // when the application's main window is not a dialog
            SetIcon(m_hIcon, TRUE);                        // Set big icon
            SetIcon(m_hIcon, FALSE);                  // Set small icon

            // TODO: Add extra initialization here
            CRect rectControl;
            GetDlgItem(IDC_CONTROLCTRL1)->GetWindowRect(&rectControl);
            if(!m_control.Create(NULL, NULL, NULL, rectControl, this,
                IDC_CONTROLCTRL1)){
                    MessageBox("Could not create control object.");
            }

            return TRUE;  // return TRUE  unless you set the focus to a control
    }

    void CContappDlg::OnSysCommand(UINT nID, LPARAM lParam)
    {
            if ((nID & 0xFFF0) == IDM_ABOUTBOX)
            {
                    CAboutDlg dlgAbout;
                    dlgAbout.DoModal();
            }
            else
            {
                    CDialog::OnSysCommand(nID, lParam);
            }
    }

    // If you add a minimize button to your dialog, you will need the code below
    //  to draw the icon.  For MFC applications using the document/view model,
    //  this is automatically done for you by the framework.

    void CContappDlg::OnPaint()
    {
            if (IsIconic())
```

```
        {
                CPaintDC dc(this); // device context for painting

                SendMessage(WM_ICONERASEBKGND, (WPARAM) dc.GetSafeHdc(), 0);
```

```
                // Center icon in client rectangle
                int cxIcon = GetSystemMetrics(SM_CXICON);
                int cyIcon = GetSystemMetrics(SM_CYICON);
                CRect rect;
                GetClientRect(&rect);
                int x = (rect.Width() - cxIcon + 1) / 2;
                int y = (rect.Height() - cyIcon + 1) / 2;

                // Draw the icon
                dc.DrawIcon(x, y, m_hIcon);
        }
        else
        {
                CDialog::OnPaint();
        }
}


// The system calls this to obtain the cursor to display while the user drags
//   the minimized window.
HCURSOR CContappDlg::OnQueryDragIcon()
{
        return (HCURSOR) m_hIcon;
}


void CContappDlg::OnButton1()
{
        m_control.Beep();
}


BEGIN_EVENTSINK_MAP(CContappDlg, CDialog)
    //{{AFX_EVENTSINK_MAP(CContappDlg)
    ON_EVENT(CContappDlg, IDC_CONTROLCTRL1, 1 /* posEvent */,
        OnposEventControlctrl1, VTS_I4 VTS_I4)
    //}}AFX_EVENTSINK_MAP
```

```
END_EVENTSINK_MAP()

void CContappDlg::OnposEventControlctrl1(long x, long y)
{
        Beep(0, 0);
}
```

That's it for our survey of ActiveX controls. We'll look at database handling next.

Using Databases

Visual C++ makes it easy to handle databases as well as ActiveX controls. For example, say we had a database file named data.mdb that contains a database table named students, holding the names and grades of a classroom of students it has two fields: Names and Grades). We can connect this database to a Visual C++ program easily.

Using ApWizard, create a new SDI program named xdata. In the second AppWizard step, in answer to the question, "What database support would you like to include?" click the button marked **Database view with file support**. Next, click the **Data Source** button, opening the Database Options box, as shown in Figure 10.19. Select the **DAO** option and select our file, **data.mdb**, in the Datasource box, as shown in Figure 10.19. Click the **OK** button.

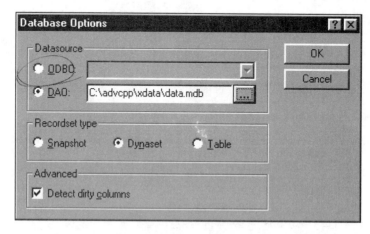

FIGURE 10.19 CONNECTING A DATABASE TO OUR PROGRAM.

This opens the Select Database Tables box; click the entry for our table, named **students**, and click the **OK** button. Finally, click **Finish** in the AppWizard, and click **OK** one more time to create the new project.

This creates a normal dialog box–based program. Open the main dialog box, IDD_XDATA_FORM, in the dialog editor, as shown in Figure 10.20. Place two text boxes in the dialog window, as also shown in Figure 10.20, and add a button with the caption **Show Current Record**.

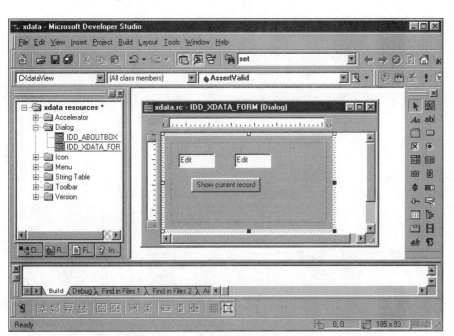

FIGURE 10.20 DESIGNING OUR DATABASE PROGRAM.

Next, connect the member variables m_text1 and m_text2 to the two text boxes, using ClassWizard. Now connect an event handler, OnButton1(), to the button we've added:

```
void CXdataView::OnButton1()
{

}
```

Visual C++ will display a set of buttons in the button bar for moving through the database, as well as the menu items First Record, Last Record, Next

Record, and Previous Record in the new Record menu. Using these items, the user can move through the database. The students table has two fields: Name and Grade, and Visual C++ provides us with two member variables: m_Name and m_Grade, which hold the current record's values for these fields. When the user moves through the database and clicks the **Show Current Record** button, we can display the field values for the current record in the two text boxes this way—note that a pointer to the dataset is stored as m_pSet by Visual C++:

```
        void CXdataView::OnButton1()
        {
->          m_text1 = m_pSet->m_Name;
->          UpdateData(false);

->          m_text2 = m_pSet->n_Grade;
->          UpdateData(false);
        }
```

Run the program, as shown in Figure 10.20. You can move through the database using either the arrow buttons in the toolbar or the menu items in the Record menu and press the **Show Current Record** button to display the field values for the current record, as shown in Figure 10.21.

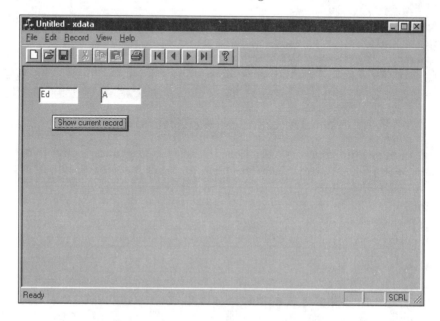

FIGURE 10.21 NAVIGATING THROUGH A DATABASE.

That's it for our survey of databases and that's it for our survey of advanced Visual C++.

In this book, we've come far, exploring such topics as splitter windows and customizing the toolbar by adding a dropdown combo box, status bar prompts, status bar indicators, and tool tips. We've gone from capturing the mouse to registering new window classes, from subclassing a window to using dialog boxes as main windows, from creating topmost windows to expanding dialog boxes on the fly, from using screen capture to filling owner-draw list boxes with graphics, from using metafiles for automatic window refreshing to drawing anywhere on the screen. We've explored Win32 memory handling, how to allocate large amounts of memory, how virtual and physical memory allocation work, how to scan through memory to see what program or module is where, how to use memory-mapped files to pass data between processes, and how to take advantage of custom 32-bit heaps for our C++ objects.

We've also seen dynamic link libraries, how to read Windows messages from a dynamic link library, how to share memory between DLLs, and how to export an entire class from a DLL to extend the MFC library. In addition, we've examined Windows hooks, from studying the kinds of hooks available to using a journal hook, from using a keyboard hook to make a hotkey program to using a hook procedure to send messages to a main window when certain events take place anywhere in Windows. We've looked at multithreaded multitasking programs, including coordination between threads and synchronization techniques as we launch background tasks. We've gone from working with Unicode to using the Windows registry. Now we've also seen how to create our own ActiveX controls and put them to work in Visual C++ programs, as well as how to support custom ActiveX control properties, methods, and events. All that remains now is to put all this technology to work for yourself. Happy programming!

Here is an overview of the projects that accompany the book:

✓ALERT	A Windows hook example showing how a hook function can send messages to a window. Create and link in ALERT-DLL.LIB to this project first (use the Build menu's **Settings...** item and the **Link** tab; copy ALERT.LIB to the ALERT directory). Place ALERTDLL.DLL in the WINDOWS\SYSTEM directory. In ALERT.EXE, click the **Watch for character a** button. Whenever that character is typed in Windows, the hook in ALERTDLL will notify ALERT.EXE, and you will see that notification in ALERT's text box.
ALERTDLL	A Windows DLL that provides the support for ALERT. Build this project to create ALERTDLL.LIB and ALERTDLL.DLL, which are needed for the ALERT project.
BOXER	An example showing how to add a combo box to a toolbar, as well as how to add a button to the toolbar and how to support status bar prompts. Run the program, select a drawing color from the combo box in the toolbar, click the **box-drawing** button in the toolbar (the button with a small box inside it), and draw boxes in that color.
CONTAPP	A Visual C++ program that uses the CONTROL.OCX control from the CONTROL project. Run this program, click the bit map button showing a cloudy day to see it display a sunny day bit map. When you do, the ActiveX control fires the posEvent event, intercepted in OnposEvent() in CTRLAPP, causing the computer to beep. Also, click the **Invoke Beep() method** button to invoke CONTROL's Beep() method. Make sure that the CONTROL type of control has been registered with Windows first.
✓ CONTROL	A custom ActiveX control example. This example creates an ActiveX control that displays a bit map of a cloudy day. When clicked, it displays a sunny day. In addition, it supports a custom event, posEvent, fired when the user clicks the ActiveX **control**. Build CONTROL.OCX with this project and

register the control with the Register Control item in the Visual C++ Tools menu. Then use the CTRLAPP project to see this control at work.

DLGWND   An example showing how to use a dialog box as a program's main window, how to make a window topmost, and how to expand a dialog box on the fly, exposing more controls. Run the program and click the **Make topmost** button to make the dialog window stay on top of all other windows. Also, when you click the button, the dialog window is expanded to reveal more controls (OK and Cancel in this case) and is repositioned to be fully on the screen.

DLLBAPP   A Visual C++ program that calls the functions in DLLBA-SIC.DLL. After creating and installing DLLBASIC.LIB and DLLBASIC.DLL as discussed in the DLLBASIC project, click the **Call Dllbasic functions** button in the DLLBAPP program to call the three functions (taking and returning various parameters) in DLLBASIC.DLL.

DLLBASIC   A basic dynamic link library application. Build DLLBA-SIC.LIB and DLLBASIC.DLL with this project, copy DLLBA-SIC.LIB to the DLLBAPP directory to link it into that project, and copy DLLBASIC.DLL to WINDOWS\SYSTEM.

DLLCAPP   A Visual C++ program that uses the DLLCLASS.LIB and DLL-CLASS.DLL files from the DLLCLASS project. The DLLCLASS dynamic link library exports the CPointer class, which is based on the MFC CPoint class. Link in DLLCLASS.LIB, run DLLCAP.EXE, and click the **Create CPointer object** button. As it indicates, the program creates an object of the new CPointer class, which was exported from DLLCLASS.DLL.

DLLCLASS   An example showing how to export an entire C++ class from a dynamic link library, extending the MFC library. Build DLL-CLASS.LIB and DLLCLASS.DLL; place DLLCLASS.LIB in the DLLCAP directory and place DLLLCLASS.DLL in WIN-DOWS\SYSTEM before building and running DLLCAP.EXE.

DLLEVAPP   A program that uses the DLLEVENT.LIB and DLLEVENT.DLL files from the DLLEVENT project and shows how to read keystrokes in a DLL function. Link in DLLEVENT.LIB and build the program. Run the program and type a few letters. You see those characters displayed in a message box, indicating that we can read keystrokes from a DLL function. Type **e** to end the program.

DLLEVENT

An example showing how to set up a message loop in a DLL function and read keystrokes; to be used with DLLEVAPP. This DLL shows how to read windows events—keystrokes here—from a function inside a dynamic link library function. Build DLLEVENT.LIB and DLLEVENT.DLL with this project. Copy DLLEVENT.LIB to the DLLEVAPP directory and DLLEVENT.DLL to WINDOWS\SYSTEM before building DLLEVAPP.EXE.

DRAWLIST

An example showing how to subclass a Windows control. In this case, we subclass a list box and draw graphics in it, filling it with colored ellipses. Click an ellipse, and the program will indicate which one you clicked. Also allows you to select ellipses by highlighting an ellipse you click.

✓EDITWND

An example showing how to use the MFC `CEditView` class. This class lets us cover our client area with a text box, making our window ready to accept text. Run the program and type some text to see it appear in the client area. The Edit menu's Cut and Paste items will also work. `CEditView` is ideal for text entry.

HOTDLL

The Windows hook DLL for the HOTKEY program. Create HOTDLL.LIB and HOTDLL.DLL with this project. Link HOT-DLL.LIB into the HOTKEY project to create HOTKEY.EXE. Place HOTDLL.DLL into WINDOWS\SYSTEM.

HOTKEY

A hotkey example, using a keyboard hook. This example uses control keys that you can press while in any other program to launch various Windows utilities. After placing HOTDLL.LIB in the HOTKEY directory so it can be linked in and placing HOTDLL.DLL in WINDOWS\SYSTEM, build HOTKEY.EXE. Run HOTKEY.EXE and click the **Click to toggle hotkey on or off** button. That installs the hotkey hook, allowing you to start some other program, start working in that program, and then press **Ctrl-D** to start the Windows calculator program from our hook. Pressing **Ctrl-B** starts the Windows notepad program. To de-install the hotkey hook, press **Ctrl-E**.

✓JHOOK

An example showing how to record and play back keystrokes with a journal hook. Click the **Record** button and type some

C:/ ———→ program files/Dev studio/My projects

keystrokes, which will be echoed in the text box. Next, make sure the program SHOWKEYS (see the SHOWKEYS project) is running and click the **Play** button to see your keystrokes typed to the SHOWKEYS program. Note that JHOOK expects SHOWKEYS.EXE to be running already.

✓LISTER

A simple ActiveX control example. This example creates an ActiveX control based on a list box. Build LISTER.OCX and register it with Windows using the Tools menu **Register Control** menu item. To test the control, select the **ActiveX Control Test Container** menu item in the Visual C++ Tools menu. Now select the **Insert OLE Control...** menu item in the test container's Edit menu. This opens the Insert OLE Control box. Select the entry **Lister Control in the Object Type box** and click **OK**. This inserts a new LISTER control in the test container. Next, click the **LISTER** control itself. When you do so, the control displays "Hello, world." in the list box.

LISTWNDS

A program that lets us examine the Windows environment. Run the program and click the **List windows** button to see a list of all current windows appear in the text box.

✓ MEMMAP

An example showing how to share data in memory between two processes that are using memory-mapped files. Create MEMMAP.EXE and run it twice. Now click the **Create mem mapped file** button. This creates a memory-mapped file named MemMap and places a text string in it. Go to the second instance of the program and click the **Read data from mem file** button. When you do, the MemMap file is opened, and we read the data in it, displaying that data. In this way, we can transfer data from one process to another through memory.

MEMNEW

An example that shows how a C++ object can allocate space for itself on its own local 32-bit heap (using its own heap allows better and more efficient memory management). Run the program and click the **object allocation** button. The program indicates that allocating the new object was successful, using its own local 32-bit heap. When you click the **deallocation** button, the program indicates that that operation— deallocating the new object—was also successful.

PERSIST

An example showing how to use metafiles to redraw a window's display if it needs to be redrawn. This solves a perennial programmer's problem—writing code to redraw a window that's been covered and then uncovered or reopened. Run the program. It will draw a grid of lines in the view and in a metafile. When you minimize or cover and then uncover this window, it redraws the grid of lines simply by playing the metafile.

REGISTER   An example showing how to use the Windows registry, where programs are supposed to keep initialization data and options settings. This program creates a new part of the Windows registry, adding a section named Initialization with an entry named FileNumber in it. Run the program and click the **Store value in Registry** button. When you do, the program writes the value 5 to the FileNumber entry in the registry and reads it back, displaying the result.

SCANMEM   A program that lets us examine the DLLs and various modules installed in memory by scanning through all memory and reporting what modules it finds. When you run this program and click the **Scan memory** button, you'll see the modules installed as displayed in the text box.

SCROLLER   An example that shows how to use scrolling. It is a `CScrollView` example—type something in a view (you can't use the Backspace key, but you can use the Enter key), then scroll that view using the scroll bars on the side.

SHAREAPP   An example showing how to share memory between dynamic link libraries in two different processes. From the SHARED project, link in SHARED.LIB. Copy SHARED.DLL to WINDOWS\SYSTEM and then build SHAREAPP.EXE and start two instances of it (i.e., two different processes). When you click either window, the total number of mouse clicks (counting clicks occurring in either window) is incremented and displayed. The DLLs in the two processes share an internal variable `nClicks`, which is incremented no matter which of the two instances of this program you click.

SHARED   An example showing how to share memory between DLLs in two processes. Build SHARED.LIB and SHARED.DLL and copy SHARED.LIB to the SHAREAPP directory and SHARED.DLL to WINDOWS\SYSTEM. Then continue with the SHAREAPP program.

SHOWKEYS   An elementary program showing how to read keystrokes, used as a review of Visual C++. Run the program and type a few keystrokes to see them echoed.

SUBCLASS   An example showing how to subclass a Windows control—in this case, a text box—to change its behavior. Build the program, run it, and click the **Subclass text box** button. When you type any character but a *x*, that character appears in the subclassed text box; when you type an *x*, the text box just beeps.

UNICODE   An example showing how to use Unicode strings in Windows. Creates two Unicode strings and concatenates them. Click the **Translate Unicode to ANSI** button, and the program will concatenate the Unicode strings "Hello " and "world.", displaying the result after translating it to ANSI. Also shows how to use Unicode or ANSI automatically in a program depending on how Windows is set up and displays text that can be either Unicode or ANSI in message boxes.

UPCURSOR   An example showing how to use the PreCreateWindow() function to change a window's class before it appears on the screen. In this case, we change the MDI child windows in this project so that they use an up arrow as their cursor whenever the mouse cursor moves over them.

VERSION   An example program using the new version resource. Run the program and click the **Get version info** button. When you do, the program will read its own version resource, retrieving the company name and the target operating system it was designed for, displaying this information in a text box. It also displays the current operating system version in the text box.

VIRTMEM   A program that shows how to use virtual memory. Run the program, click the **Reserve 1 MB of memory** button, followed by the **Commit first page of reserved memory** button to reserve and commit memory. To free the memory, click the **Free reserved and committed memory** button.

√ WNDCAP   An example showing how to perform screen capture, draw anywhere on the screen, and copy bit maps to the clipboard. Using WNDCAP, you can capture rectangles on the screen using the mouse. Press the left mouse button in WNDCAP's MDI child window to start mouse capture, move the mouse (while holding the left button down) to the beginning of the rectangle you want to capture on the screen, and press the right mouse button, stretching a rectangle that appears. When you release the right mouse button, the program captures the region you've outlined, showing it in the MDI child window and also placing it in the Windows clipboard, where you can paste it into a paint-type program.

WNDINFO — When you run WNDINFO, click the **Select window** button and then click any window. When you do, you see information about that window in WNDINFO's text box.

✓WORKER — A multithread example. Select the **Threads | Start Demo** menu item. This creates the workerthread and passes the math problem 1 + 2 = ? to it. The worker thread does the calculation and signals the main thread, which displays the result and terminates the worker thread.

✓WORKER2 — A multithread example using Windows events to signal between threads. This program is the same as WORKER, except that after the workerthread is created, it waits for an event to beset before continuing and the main thread pops a message box on the screen, when you click **OK** in the message box, the main thread sets the event, and the worker thread completes the calculation, signaling the main thread that it has done so.

INDEX